Basiswissen Computernetze

Informatik

Helmut Balzert, Heide Balzert, Andrea Krengel, Werner Poguntke

Das Internet
Beruflich und privat effizient und sicher nutzen

Tilman Bollmann, Klaus Zeppenfeld

Mobile Computing
Hardware, Software, Kommunikation, Sicherheit, Programmierung

Djamshid Tavangarian, Daniel Versick

Basiswissen Rechnerstrukturen & Betriebssysteme

Werner Poguntke

Basiswissen IT-Sicherheit, 2. Auflage
Das Wichtigste für den Schutz von Systemen & Daten

Management

Roman Bendisch, Andreas Führer

Projekte managen mit Microsoft® Project®
Projekte auch in stürmischen Zeiten auf Erfolg halten

Klaus Mentzel

BWL für Manager
Das Wichtigste an Beispielen erklärt

Zu diesen Bänden gibt es »E-Learning-Zertifikatskurse« unter www.W3L.de.

Olaf Benten

Basiswissen Computernetze

Theorie und Praxis
für Beruf und Privat

W3L-Verlag | Herdecke | Witten

Autor:
Olaf Benten
E-Mail: Olaf.Benten@gmx.de

Bibliografische Information Der Deutschen Nationalbibliothek:
Die Deutsche Nationalbibliothek verzeichnet diese Publikation in der Deutschen Nationalbibliografie. Detaillierte bibliografische Daten sind im Internet über http://dnb.ddb.de/ abrufbar.

Der Verlag und der Autor haben alle Sorgfalt walten lassen, um vollständige und akkurate Informationen in diesem Buch und den Programmen zu publizieren. Der Verlag übernimmt weder Garantie noch die juristische Verantwortung oder irgendeine Haftung für die Nutzung dieser Informationen, für deren Wirtschaftlichkeit oder fehlerfreie Funktion für einen bestimmten Zweck. Ferner kann der Verlag für Schäden, die auf einer Fehlfunktion von Programmen oder ähnliches zurückzuführen sind, nicht haftbar gemacht werden. Auch nicht für die Verletzung von Patent- und anderen Rechten Dritter, die daraus resultieren. Eine telefonische oder schriftliche Beratung durch den Verlag über den Einsatz der Programme ist nicht möglich. Der Verlag übernimmt keine Gewähr dafür, dass die beschriebenen Verfahren, Programme usw. frei von Schutzrechten Dritter sind. Die Wiedergabe von Gebrauchsnamen, Handelsnamen, Warenbezeichnungen usw. in diesem Buch berechtigt auch ohne besondere Kennzeichnung nicht zu der Annahme, dass solche Namen im Sinne der Warenzeichen- und Markenschutz-Gesetzgebung als frei zu betrachten wären und daher von jedermann benutzt werden dürften. Der Verlag hat sich bemüht, sämtliche Rechteinhaber von Abbildungen zu ermitteln. Sollte dem Verlag gegenüber dennoch der Nachweis der Rechtsinhaberschaft geführt werden, dann wird das branchenübliche Honorar gezahlt.

© 2011 W3L GmbH | Herdecke | Witten | ISBN 978-3-86834-004-4

Das Werk einschließlich aller seiner Teile ist urheberrechtlich geschützt. Jede Verwertung außerhalb der engen Grenzen des Urheberrechtsgesetzes ist ohne Zustimmung des Verlages unzulässig und strafbar. Das gilt insbesondere für Vervielfältigungen, Übersetzungen, Mikroverfilmungen und die Einspeicherung und Verarbeitung in elektronischen Systemen.

Gesamtgestaltung: Prof. Dr. Heide Balzert, Herdecke

Herstellung: Miriam Platte, Witten

Satz: Das Buch wurde aus der E-Learning-Plattform W3L automatisch generiert. Der Satz erfolgte aus der Lucida, Lucida sans und Lucida casual.

Druck und Verarbeitung: CPI buchbücher.de gmbh, Birkach

Vorwort

Herzlich willkommen in der Welt der Computernetze. Ein Grundwisssen über Computernetze – insbesondere zu den Techniken Ethernet, WLAN und dLAN – sollte heute jeder Computeranwender besitzen.

Dieses Buch vermittelt Ihnen theoretisch fundiertes und praxisorientiertes Wissen sowie entsprechende Fertigkeiten in den Bereichen Netzwerk und Internet. Sie werden nach dem Durcharbeiten in der Lage sein, ein Heimnetzwerk physikalisch aufzubauen, es softwaretechnisch einzurichten, in Betrieb zu nehmen und Ihr lokales Netzwerk an das Internet anzuschließen. Es handelt sich hierbei allerdings weder um ein theoretisches Referenzwerk – davon gibt es sicherlich genug – noch deckt es alle Gebiete der Netzwerktechnik ab. Es soll Sie als Leser und Leserin befähigen, mit aktueller Software und Hardware ein Heimnetzwerk zu planen, aufzubauen und zu nutzen. Im Vordergrund stehen dabei neben den technischen Grundlagen Praxis und Problemlösung sowie der aktuelle Stand der Technik. Auch zukünftige Entwicklungen und Standards werden dargestellt.

Zielsetzung

Dieses Buch ist für technisch interessierte Leser und Leserinnen geschrieben, die im Bereich Netzwerke wenig oder keine Vorkenntnisse besitzen. Es richtet sich an Interessenten, die schon Grundkenntnisse und Erfahrungen im Umgang mit Betriebssystem, Standardprogrammen, Internet und Computer-Hardware besitzen und das Ziel haben, in die Netzwerkadministration einzusteigen und den heutigen Stand der Netzwerktechnik und -anwendung kennenlernen möchten.

Zielgruppen

Um Ihnen als Leser das Lernen zu erleichtern, wurde für W3L-Lehrbücher eine neue Didaktik entwickelt. Der Buchaufbau und die didaktischen Elemente sind auf der vorderen Buchinnenseite beschrieben.

Neue Didaktik

Ergänzend zu diesem Buch gibt es den kostenlosen E-Learning-Kurs »Schnelleinstieg Computernetze«, der zusätzlich zahlreiche Tests erhält, mit denen Sie Ihr Wissen überprüfen können. Sie finden den Kurs auf der E-Learning-Plattform http://Akademie.W3L.de. Unter Startseite & Aktuelles finden Sie in der Box E-Learning-Kurs zum Buch den Link zum Registrieren. Nach der Registrierung und dem Einloggen geben Sie bitte die folgende Transaktionsnummer (TAN) ein: 4983323130.

Kostenloser E-Learning-Kurs

Wenn Sie Ihren Lernerfolg überprüfen wollen, dann sollten Sie den kostenpflichtigen, gleichnamigen E-Learning-Kurs auf http://Akademie.W3L.de buchen. Tests und Einsendeaufgaben (Hochladen auf den Server) helfen Ihnen, Ihr Wissen zu vertie-

Vom Lesen zum Zertifikat

fen und zu festigen. Mentoren und Tutoren betreuen Sie dabei. Bei erfolgreichem Abschluss erhalten Sie ein Test- und ein Klausurzertifikat, mit dem Sie Ihren Erfolg dokumentieren können. Ergänzend zu diesem Buch finden Sie in dem kostenpflichtigen E-Learning-Kurs zwei umfangreiche Kapitel zu den Themen:

- Praxis: Netzwerkadapter installieren
- Praxis: Heimnetzwerk einrichten

Danksagung Bei der Erstellung und der kontinuierlichen Überarbeitung haben zahlreiche Personen mitgewirkt und mich unterstützt. An erster Stelle danke ich Herrn Prof. Dr. Helmut Balzert für seine tatkräftige inhaltliche Unterstützung und die kritische Durchsicht des Manuskripts. Auch dem restlichen W3L-Team möchte ich an dieser Stelle für die konstruktive Zusammenarbeit herzlich danken.

Ans Werk Steigen Sie nun in die Welt der Computernetze ein.

Viel Spaß und Erfolg!

Ihr
Olaf Benten

Inhalt

1	**Aufbau und Gliederung ***	1
2	**Schnelleinstieg Computernetze ***	3
2.1	Vom Einzelplatzcomputer zum vernetzten Computer *	5
2.2	Der Netzwerk-Begriff *	6
2.3	Die Netzwerkkarte *	13
2.3.1	Bauweisen und Funktionsweise *	15
2.3.2	Praxis: Netzwerkadapter einbauen *	20
2.3.3	MAC-Adresse *	22
2.4	Praxis: Netzwerkeinstellungen **	25
2.5	Vorteile der Computervernetzung *	29
2.6	Problem: Sicherheit *	31
2.7	Aufgaben und Eigenschaften eines Netzwerkes *	33
2.8	Klassifizierung von Computernetzen nach ihrer Ausdehnung *	36
2.9	Adressierung der Computer im Internet *	43
2.9.1	IP 4-Adresse *	44
2.9.2	IP 6-Adresse *	47
2.9.3	Domains und das DNS *	48
3	**Server und Clients ***	53
3.1	Praxis: Benutzerverwaltung *	54
3.1.1	Benutzerrechte *	54
3.1.2	Sicherheit *	62
3.1.3	Checklisten *	63
3.1.4	Gruppenrichtlinien *	63
3.2	Server *	65
3.2.1	Proxy-Server *	65
3.2.2	Fax-Server *	68
3.2.3	File-Server *	69
3.2.4	DHCP-Server *	70
3.2.5	FTP-Server *	74
3.2.6	Praxis: DNS-Server anfragen *	75
3.2.7	Weitere Servertypen *	78
3.3	Clients *	80
3.4	Netzwerkarchitekturen *	81
3.4.1	Peer-to-Peer-Netzwerk *	81
3.4.2	Client/Server-Netzwerk *	83
3.5	Endgeräte in Computernetzwerken *	86
3.5.1	All-in-one PCs, Desktop-PCs, Supercomputer und Großrechner *	86
3.5.2	Terminals *	89
3.5.3	Tablet-PCs *	91
3.5.4	Weitere (Mobil-)Geräte *	92
4	**Netzwerkschichten und Protokolle ***	95
4.1	Verfahren der Netzwerkkommunikation *	95
4.1.1	Unicast, Multicast und Broadcast *	96
4.1.2	Verbindungsorientiert vs. verbindungslos *	100

4.1.3	Sonstige Kommunikationsverfahren *	102
4.2	Ports und ihre Absicherung *	105
4.3	Firewalls *	117
4.4	Das ISO/OSI-Schichtenmodell *	122
4.5	Adressierung *	128
4.5.1	Dynamische Adressierung per APIPA *	129
4.5.2	Automatische Adressierung/DHCP *	130
4.5.3	Manuelle Adressierung *	133
4.5.4	IP-Aliasing – mehrere Adressen einer einzigen Netzwerkkarte *	134
5	**Netzwerkprotokolle und -dienste im Detail ***	**137**
5.1	Normen und Regeln der Netzwerkprotokolle *	137
5.2	Funktion und Aufbau eines Netzwerkprotokolls *	139
5.3	Kontrollmechanismen bei der Datenübertragung im Netzwerk *	143
5.3.1	Fehlerkontrolle *	144
5.3.2	Überlastkontrolle *	146
5.3.3	Flusskontrolle *	147
5.4	Box: Überblick über spezielle Netzwerkprotokolle *	148
5.5	Einführung TCP/IP *	151
5.6	Protokolle in der Anwendungsschicht *	154
5.6.1	HTTP *	155
5.6.2	SMTP *	157
5.6.3	POP3 *	158
5.6.4	IMAP *	160
5.6.5	FTP *	162
5.6.6	Telnet *	164
5.7	Protokolle der Transport- und Vermittlungsschicht *	165
5.7.1	TCP *	166
5.7.2	Das *Internet Protocol* IP *	168
5.7.3	UDP *	176
5.7.4	SCTP *	176
5.8	VNC, VPN – Dienste für virtuelle Netze *	177
5.9	Box: Zusammenfassung und Ausblick *	181
6	**Kabelnetze und Ethernet ***	**183**
6.1	Das klassische Ethernet *	184
6.2	Der IEEE 802.3-Standard *	187
6.3	Das Ethernet heute *	194
6.4	Passive Netzkomponenten *	198
6.5	Aktive Netzwerkkomponenten *	207
6.5.1	*Repeater* *	207
6.5.2	*Bridge* *	209
6.5.3	*Switch* *	211
6.5.4	*Router* *	214
6.5.5	*Gateway* *	222
6.6	VLAN – virtuelle lokale Netzwerke *	223
6.7	Netzwerktopologien *	225
6.8	Alternativen zu Ethernet *	230
6.8.1	*Token Ring* **	230

6.8.2	USB *	231
6.8.3	*Firewire **	232
6.8.4	FDDI **	232
6.8.5	Home-PNA ***	233
6.8.6	Scratch ***	234
6.9	*Power over Ethernet **	235
7	**Drahtlose Techniken ***	**237**
7.1	Die Grundlagen von WLAN *	237
7.1.1	Standard und Definition *	240
7.1.2	802.11n – Die neue Technik *	242
7.2	Medienzugriff im WLAN *	247
7.2.1	CSMA/CA *	247
7.2.2	Versteckte und ausgelieferte Stationen *	249
7.2.3	Wartezeiten *	251
7.3	WLAN-Betriebsarten *	253
7.3.1	Infrastruktur-Modus *	254
7.3.2	Adhoc-Modus *	256
7.3.3	*Wireless Distribution System *	259
7.4	WLAN-Geräte *	260
7.4.1	Client-Hardware *	261
7.4.2	Access-Point *	265
7.4.3	Kombi-Geräte *	268
7.5	WLAN-Hotspots *	272
7.6	WLAN-Roaming *	274
7.7	Schwachstellen von WLAN *	276
7.8	Das WLAN der Zukunft *	277
7.9	Bluetooth *	279
7.9.1	Hardware/Geräte *	280
7.9.2	Architekturen *	281
7.9.3	Die Standards *	284
7.9.4	Die Technik *	285
7.9.5	Die Frequenzen *	286
7.9.6	Sicherheit *	287
7.9.7	Anwendung *	289
7.10	WiMax **	290
7.11	Box: Die Funkstandards im Vergleich *	293
7.12	Box: Zusammenfassung und Ausblick *	295
8	**WLAN-Praxis und -Sicherheit ***	**299**
8.1	*Wardriving *	302
8.2	Angriffe *	305
8.3	Haftung *	311
8.4	WLAN-Absicherung *	313
8.4.1	Allgemeine Maßnahmen *	313
8.4.2	*Service Set Identifier *	314
8.4.3	Schutz durch MAC-Filter *	316
8.4.4	WEP ***	319
8.4.5	WPA *	321
8.4.6	WPA2 *	325
8.5	WLAN verschlüsseln *	326

Inhalt

8.5.1	Verschlüsselung mit WPS *	327
8.5.2	Verschlüsselung manuell *	328
8.6	WLAN-Sicherheit verbessern *	331
8.7	Box: Checkliste – WLAN einrichten *	332
8.8	Infrastruktur-Netzwerk ohne *Access-Point* ***	333
8.9	Platzieren des *Access-Points* *	335
8.10	Box: Fehlersuche **	337
8.11	Box: Zusammenfassung *	339
9	**dLAN – Netzwerk über Stromleitung** **	**341**
9.1	dLAN-Grundlagen **	343
9.2	Der HomePlug-Standard **	349
9.3	dLAN-Technik **	352
9.4	HomePlug-Hardware *	358
9.5	Vernetzungsszenarien **	368
9.6	Praxis: dLAN einrichten ***	372
9.7	Firmware und Verschlüsselung **	377
9.8	Internet-Powerline ***	379
9.9	Die neue Norm IEEE P1901 ***	380
9.10	Box: Zusammenfassung **	383
10	**Internetzugang** *	**387**
10.1	Provider und Internet-Tarife *	388
10.2	Webspace *	391
10.3	Zugang zum Internet *	392
10.4	ICS ***	398
10.5	Internetzugang einrichten *	399
10.6	Praxis: DSL-Router und Betriebssystem *	402
10.7	Highspeed-Internet *	407
10.7.1	DSL-Varianten *	407
10.7.2	ADSL/VDSL: Anbieter und Tarife **	409
10.7.3	Kabel-DSL **	415
10.7.4	Internetempfang über Satellit *	417
10.7.5	Mobile Datendienste *	418
Glossar		**423**
Sachindex		**434**

1 Aufbau und Gliederung *

Dieses Buch vermittelt Ihnen die Grundlagen zu Computer-Netzwerken. Zunächst lernen Sie einige Gundbegriffe rund um das Thema **Netzwerke** kennen:

- »Schnelleinstieg Computernetze«, S. 3

Danach werden Netzwerkarchitekturen und die Endgeräte in einem Computernetzwerk behandelt:

- »Server und Clients«, S. 53

Im kostenpflichtigen E-Learning-Kurs zu diesem Buch finden Sie zwei umfangreiche Kapitel zu folgenden Praxisthemen:

- Praxis: Netzwerkadapter installieren
- Praxis: Heimnetzwerk einrichten

Firewalls, Ports, das OSI-Modell und Adressierung werden im weiteren behandelt:

- »Netzwerkschichten und Protokolle«, S. 95

Danach lernen Sie zahlreiche Netzwerkprotokolle und deren Aufgaben und Funktion kennen:

- »Netzwerkprotokolle und -dienste im Detail«, S. 137

Die populärsten Netzwerktechniken werden anschließend behandelt:

- »Kabelnetze und Ethernet«, S. 183
- »Drahtlose Techniken«, S. 237

Wie Sie Drahtlosnetzwerke einrichten, lernen Sie in dem Kapitel:

- »WLAN-Praxis und -Sicherheit«, S. 299

Immer wichtiger wird die HomePlug-Technik:

- »dLAN – Netzwerk über Stromleitung«, S. 341

Anschließend werden u. a. Internettarife, der Einrichtung eines Internetzugangs und Webdienstleistungen behandelt:

- »Internetzugang«, S. 387

2 Schnelleinstieg Computernetze *

Das **Internet** sowie **Intranets** und Netzwerke allgemein sind aktuell sehr angesagte Themen. Viele kleine Firmen und auch Privathaushalte bauen sich gezielt Netzwerke auf. Nicht zuletzt durch die rasante Entwicklung der Hardware und den fortwährenden Austausch der Computergenerationen besitzen immer mehr Anwender mehrere Computer und möchten diese – auch für den nicht professionellen Gebrauch – zu einem Netzwerk zusammenschließen (Abb. 2.0-1).

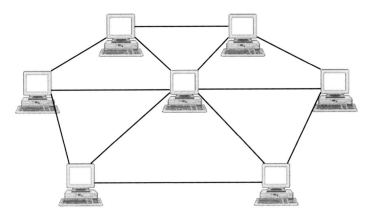

Abb. 2.0-1: Vernetzte Computer.

Die Abb. 2.0-1 zeigt ein einfaches Netzwerk ohne zentrale Verteiler. Die Verbindungen zwischen den einzelnen Computern sind entweder **Kabel** oder **Funkstrecken**.

Jeder Computer muss für jedes angeschlossene Netzwerkkabel mit einem separaten Netzwerkadapter (NIC) ausgestattet sein. Handelt es sich jedoch sämtlich um Funkverbindungen, so genügt in diesem Fall pro Computer ein einziger Adapter, der den Übergang zum Netzwerk herstellt und so die Kommunikation mit den anderen Computern ermöglicht.

Für die Kommunikation zwischen den einzelnen Stationen im Netzwerk werden die zu sendenden Daten in digitale (Binär-)Zeichen umgewandelt und etwa als Lichtteilchen durch ein Glasfaserkabel, per Funk durch die Luft oder als elektrisches Signal über ein Kupferkabel zum Empfänger gesendet.

Die Kommunikation von Computer zu Computer erfordert also

- ein Übertragungsmedium,
- Signalwandler zum Senden und Empfangen sowie
- eine Übertragungstechnik.

2 Schnelleinstieg Computernetze *

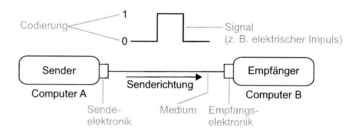

Abb. 2.0-2: Kommunikation zweier Computer in einem Netzwerk.

Netzwerk-adapter

Die Abb. 2.0-2 zeigt zwei Computer. Jeder von ihnen ist mit einem Netzwerkadapter (Sende-/Empfangselektronik) ausgestattet, der unter anderem die Anpassung der internen elektrischen Signale an das Übertragungsmedium (und auch umgekehrt) vornimmt.

War es vor noch nicht allzu langer Zeit schon oft ein Problem, Hardware für ein Netzwerk richtig in den Griff zu bekommen, so müssen Sie sich bei modernen Computersystemen weder um die Geräte bzw. Hardware noch um die Architektur des Netzwerkes besonders kümmern.

Mittlerweile ist es kaum noch ein Problem, die Hardware-Installation eines einfachen (Heim-)Netzwerks vorzunehmen, das den Anforderungen der meisten Anwender genügt. Außerdem sind Sie als Netzwerker heutzutage bezüglich sämtlicher Aspekte eines Netzwerks nicht auf teure Hardware oder Software bestimmter Hersteller beschränkt.

Stattdessen können Sie auch lokal die leistungsfähige und meist kostenlose Internettechnik sowie preiswerte, ausgemusterte Hardware verwenden, um Computer gleicher, oder auch unterschiedlichster Architektur bzw. Betriebssysteme zu verbinden.

Auch die Softwareseite, etwa Installation der Protokolle und Dienste, Benutzerverwaltung, Netzwerkkonfiguration und auch die Freigabe von Dateien, Ordnern und Geräten ist heute kein Hexenwerk mehr und verlangt im Regelfall (bezogen auf den Heimgebrauch) keine besonderen Kenntnisse und Fähigkeiten.

Zudem werden bei Neurechnern vom Händler/Verkäufer häufig Treiber, Netzwerkprotokolle und Benutzerprofile vorkonfiguriert, so dass in den meisten Fällen nur wenige Anpassungen für den Heimgebrauch notwendig sind.

In diesem Kapitel lernen Sie die Grundbegriffe rund um die Thematik **Netzwerke** kennen. Zunächst erfolgt eine Einführung in die Thematik:

- »Vom Einzelplatzcomputer zum vernetzten Computer«, S. 5

2.1 Vom Einzelplatzcomputer zum vernetzten Computer *

Was genau ist denn nun ein Netzwerk und welche Prozesse laufen dort ab? Das folgende Kapitel wird Ihnen diese Fragen beantworten:

- »Der Netzwerk-Begriff«, S. 6

Als Nächstes lernen Sie die Netzwerkkarte bzw. den Netzwerkadapter als Schnittstelle Ihres lokalen Computers zum Netzwerk kennen und sind der Lage, diese einzubauen bzw. nachzurüsten:

- »Die Netzwerkkarte«, S. 13

Nun folgen einige praktische Aspekte:

- »Praxis: Netzwerkeinstellungen«, S. 25

Die Kommunikation in Computernetzen hat eine ganze Reihe von Vorteilen:

- »Vorteile von Computernetzen gegenüber herkömmlicher Kommunikation«, S. 29

Sicherheitsfragen muss eine hohe Aufmerksamkeit geschenkt werden:

- »Problem: Sicherheit«, S. 31

Das folgende Kapitel beschreibt die verschiedenen Aufgaben und Eigenschaften eines Computernetzes:

- »Aufgaben und Eigenschaften eines Netzwerkes«, S. 33

Netzwerke lassen sich speziell nach ihrer Ausdehnung klassifizieren:

- »Klassifizierung von Computernetzen nach ihrer Ausdehnung«, S. 36

Das Thema Adressierung ist grundlegend für Netzwerke:

- »Adressierung der Computer im Internet«, S. 43

2.1 Vom Einzelplatzcomputer zum vernetzten Computer *

Einzelplatz-Computer stellen heute den Sonderfall dar. In der Regel sind heutige Computer miteinander vernetzt, um einen Informationsaustausch zu ermöglichen.

Aller Anfang ist oft ein Einzelplatz-System (s. Marginalie).

Die Abbildung zeigt zwei nicht vernetzte (Einzelplatz-)Computer bzw. Standalone-Computer. Ein Computer ist ein Standalone-Computer, falls keine Kommunikationsverbindung zwischen ihm und anderen Computern besteht. Eine gemeinsame Nutzung von Daten, Programmen und auch Hardware ist nicht gewollt bzw. nicht möglich.

Standalone-Computer

Das Einrichten eines Netzwerks ist schon dann sinnvoll, wenn zwischen zwei oder mehreren Computern des Häufigeren eine Datenübertragung notwendig oder gewünscht ist. Ohne Netzwerkverbindung funktioniert das nur per Datenträgeraustausch (DTA), also durch Übergabe eines physikalischen Speichers. Ein Medium, wie z. B. eine CD/DVD, die althergebrachte Diskette, eine externe Festplatte oder ein USB-Stick, kann dafür verwendet werden.

Komfortabler und flexibler ist es allerdings, wenn die Computer vernetzt sind. Das Einrichten eines Netzwerkes bzw. der Hardware können Sie schon mit den Grundfunktionen Ihres Betriebssystems vornehmen. Die speziellen Rechte für den Zugriff auf Ihr Netzwerk und die individuelle Freigabe von Ordnern und Daten steuern bzw. regeln Sie ebenfalls mithilfe Ihres (netzwerkfähigen) Betriebssystems. Entsteht also irgendwann der Bedarf, auf bestimmte Ressourcen gemeinsam zuzugreifen, so werden Sie die Computer miteinander vernetzen.

Die Abbildung in der Marginalie zeigt zwei über Netzwerkkabel verbundene Computer. Sie besitzen im Regelfall jeweils einen Netzwerkadapter. Eine Direktverbindung über Kabel – wie in der Abbildung dargestellt – ist auch ohne Netzwerkadapter möglich. Sie benötigen dafür etwa (falls beide Computer **USB**-Anschlüsse besitzen) ein USB-Laplinkkabel, siehe dazu Website PCWELT (http://www.pcwelt.de/start/computer/tipps_tricks/netzwerk/102310/grosse_datenmengen_austauschen/).

Frage
: Recherchieren Sie im Web, welche Möglichkeiten es gibt, zwischen Computern eine Kabelverbindung herzustellen.

Antwort
: Wie Sie bei Ihrer Recherche sicher herausgefunden haben, können Computer auch per Glasfaser- oder Nullmodemkabel vernetzt werden.

2.2 Der Netzwerk-Begriff *

Ein Netzwerk umfasst Hardware, Software und Techniken. Zu den Techniken gehören Übertragungsprotokolle, welche den Datentransfer regeln. Die meisten Übertragungsprotokolle bilden aus den Anwenderdaten vor der Datenübertragung Pakete und fügen diesen Metadaten und technische Informationen hinzu. Nach der Übertragung werden diese Zusätze wieder entfernt und die Nutzdaten schließlich wieder zusammengefügt.

Netzwerk
: Ein **Computernetz(werk)** oder einfach **Netz** besteht aus einem System miteinander durch ein elektrisches oder optisches Medium verbundener Computer und Kommunikationsgeräte, die über dieses Medium einen schnellen Austausch digitaler Daten vollziehen können.

2.2 Der Netzwerk-Begriff *

In Computernetzwerken können zum Einsatz kommen:

1 **Techniken**
 Übertragungsprotokolle, die Art und Weise der Datenübertragung festlegen (Schichtenmodell),
 internationale Standards,
 Schnittstellenspezifikationen,
 Verschlüsselungsalgorithmen.

2 **Hardware**
 Netzwerkkarten,
 Verteiler,
 Bridge,
 Modem/Router,
 Kabel.

3 **Software**
 Netzwerk-Betriebssystem,
 Netzwerkdienste des Betriebssystems,
 System- und Hilfsprogramme für die Administration,
 Programm für Netzerwerkanwendung,
 Diagnosewerkzeuge.

Hinzu kommen natürlich die im Netzwerk eingesetzten Endgeräte bzw. Instanzen, nämlich Server[1] und Clients[2], die jeweils aus Hardware und/oder Software bestehen, sowie die von diesen genutzten Ressourcen, wie etwa

- Speicher,
- Systemdienste,
- Ordner,
- Peripheriegeräte,
- Dateien,
- Anwendungsdienste.

Bei der Kommunikation im Netzwerk werden digitale Daten zwischen den einzelnen Netzwerkteilnehmern, die auch Knoten oder Stationen heißen, übertragen.

Digitale Daten sind Informationen, die in codierter Form (im Binärformat) vorliegen, entweder

- optisch[3],
- elektronisch[4],
- magnetisch[5] oder

---

[1] Server bieten Dienste an und stellen Ressourcen im Netzwerk zur Verfügung.
[2] Die Clients sind die Nachfrager bzw. »Kunden«; sie nehmen Dienste in Anspruch bzw. nutzen die freigegebenen Ressourcen.
[3] Optisch gespeicherte Daten befinden sich etwa auf einer (gebrannten oder gepressten) DVD-ROM oder CD-ROM.
[4] Daten in elektronischer Form befinden sich z. B. im Arbeitsspeicher (RAM), innerhalb des Prozessors während der Verarbeitung oder auch in Kupferkabeln während der Übertragung.
[5] Magnetische Daten liegen beispielsweise auf einer herkömmlichen Festplatte (keine *Solid State Disc* bzw. SSD!) oder einer Diskette vor.

- auf einem **Flash**-Speicher[6], siehe z. B. Website Wikipedia (http://de.wikipedia.org/wiki/Speicherkarte).

Sie können von Kommunikations- und IT-Geräten verarbeitet, transportiert und auch gespeichert werden. Daten im Binärformat (bi = »zwei«) bilden eine Folge zweiwertiger Zeichen bzw. Bits (bit = *binary digit*). Nicht selten besteht ein Datenstrom oder eine einzelne Datei aus Billionen von Bits. Folgende Speichereinheiten sind üblich:

- 1 Byte = 8 Bit
- 1 KB = 1 Kilobyte = 1024 Byte
- 1 MB = 1 Megabyte = 1024 KB
- 1 GB = 1 Gigabyte = 1024 MB
- 1 TB = 1 Terabyte = 1024 GB

Bei der Informationsübertragung in Computernetzen ist oft von »Paketvermittlung« die Rede.

Datenpaket

Ein **Datenpaket** ist eine Datenstruktur mit einem vorgegebenen Aufbau und einer bestimmten Länge. Datenpakete sind Transporteinheiten, in denen große Datenmengen durch die Transportprotokolle und -dienste **sicher, vollständig** und **schnell** übertragen werden. Dabei wird jedes Paket als Ganzes transportiert und bearbeitet.

Ein Paket besteht aus

- Paketkopf,
- Datenteil und
- Paketende.

Viele Übertragungsprotokolle, welche in Computernetzwerken Anwendung finden, verwenden jeweils eine vorgegebene maximale Paketgröße. Da diese technisch bedingt nicht überschritten werden kann, werden vor der Datenübertragung durch das jeweilige Protokoll die zu übermittelnden Informationen in einzelne Pakete aufgeteilt; anschließend wird jedes Paket um zusätzliche technische Informationen ergänzt.[7]

Nach dieser Paketzerlegung wird jedes Paket einschließlich Paketkopf und Paketende einzeln, unabhängig von allen anderen und häufig auch auf einem völlig unterschiedlichen Weg dem Empfänger übermittelt. Sind die Pakete angekommen, so entfernt das Protokoll die (technischen) Verwaltungsdaten (Kopf und Ende des Paketes) und fügt die Datenteile wieder in der ursprünglichen Reihenfolge zusammen.

---

[6]Flash-Verfahren kommen beim Speichern auf *Solid State Discs* (SSD) oder auch auf USB-Sticks und USB-Speicherkarten (etwa SD oder CF) zum Einsatz.
[7]Dies gilt nicht für alle Protokolle. Das *User Datagram Protocol* (UDP) zerlegt die Daten nicht, sondern transportiert diese als Ganzes. Das hat zur Folge, dass weniger Verwaltungsdaten übertragen werden müssen, die Effizienz deutlich größer ist, jedoch eine höhere Anzahl Übertragungsfehler zu vermerken sein wird.

Wie dieser Sachverhalt beim Absender abläuft, sehen Sie in Abb. 2.2-1.

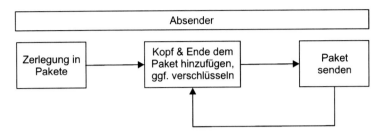

Abb. 2.2-1: Paketzerlegung beim Absender.

Abb. 2.2-2 zeigt den entsprechenden Ablauf beim Empfänger.

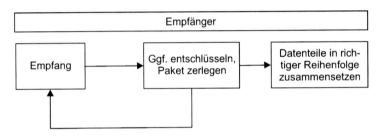

Abb. 2.2-2: Informationstransfer mit Paketzerlegung.

Der **Paketkopf** besteht aus Verwaltungs- und Steuerinformationen, etwa

- Zieladresse,
- Absenderadresse,
- Vorgängerpaket (soweit vorhanden) und
- Metadaten, die (system)technische Informationen über das Datenpaket selber enthalten.

Paketkopf

Im **Datenteil** befinden sich die gesendeten/zu übertragenden Informationen, die eigentlichen Nutzdaten.

Sowohl für Paketkopf als auch für das Paketende gilt, dass der Aufbau abhängig von den eingesetzten bzw. beteiligten Diensten und Protokollen ist. Es handelt sich hier lediglich um Beispiele und typische Bestandteile, die zum grundsätzlichen Verständnis der Datenübertragung in Computernetzwerken führen sollen.

Das **Paketende** *(Trailer)* besteht aus Kontroll- und Verwaltungsinformationen, dazu gehören z. B.

Trailer

- Prüfbit[8],
- CRC-Checksumme[9],
- Verschlüsselungsinformationen[10],
- Nachfolgepaket,
- Zugriffsrechte.

Durch Schutz vor dem Abhören der Leitung und auch durch Verschlüsselung lässt sich die Übertragungssicherheit erheblich vergrößern. Durch Prüfbitkontrolle und CRC werden viele Fehler bei der Übertragung erkannt.

Datenverschlüsselung ist das A und O der Netzwerkkommunikation. Denn: Man muss kein Computerprofi mehr sein, um Datenverkehr in Netzwerken abzuhören; bei unverschlüsselter Übertragung werden die Daten als Klartext gesendet, wodurch Spione leichtes Spiel haben.

Verschlüsselte Daten dagegen sind kryptisch, ohne weiteres also nicht verständlich bzw. interpretierbar. Man benötigt einen Schlüssel (ähnlich einem Passwort), der es möglich macht, diese wieder in Klartext umzuwandeln.

Die in heutigen Netzwerken eingesetzten Geräte und Programme unterstützen zahlreiche Sicherheitsstandards bzw. -methoden, wie etwa

- WPA2 (sehr sicher)
- WPA (weniger sicher) oder
- WEP (unsicher und veraltet).

Besonders in Funknetzwerken ist die Datenverschlüsselung von sehr großer Bedeutung. Eine Beschreibung der aktuellen Verschlüsselungsmethoden finden Sie auf der Website Sedubi.de http://www.sedubi.de/artikel-marketing/wlan-verschluesselung.html). Bei einer guten/sicheren Verschlüsselungsmethode verwendet man Schlüssel, die eine Länge von mehr als 100 Byte besitzen, welche selbst der schnellste Prozessor durch systematisches Ausprobieren sämtlicher möglicher Schlüsselkombinationen nur rein zufällig in einer akzeptablen Zeit »knacken« könnte. Diese Technik heißt *Brute Force*. Siehe hierzu auch Website 1pw (http://www.1pw.de/brute-force.html).

Häufig werden ersatzweise oder zusätzlich zu einer der oben genannten Methoden Verschlüsselungsprotokolle, wie z.B. **IP-**

---

[8]Ein Prüfbit ist ein an jedes zu übertragende Byte angehängtes binäres Zeichen, das zur Fehlererkennung dient. Das Prüfbit wird vor und nach der Datenübertragung berechnet und schließlich werden beide Werte miteinander verglichen.

[9]Die CRC-Checksumme *(Cyclic Redundancy Check)* hat dieselbe Funktion wie ein Prüfbit, besteht jedoch aus mehreren Bits und wird für ein ganzes Datenpaket berechnet.

[10]Verschlüsselung soll das Abgreifen bzw. Abhören der übertragenen Daten durch Unbefugte erschweren. Die Pakete werden in eine andere Darstellung umgewandelt und können erst mithilfe der Verschlüsselungsinformationen wieder in ihren Ursprungszustand versetzt werden.

2.2 Der Netzwerk-Begriff *

sec oder **SSL** eingesetzt. Näheres dazu finden Sie unter Wikepedia: Verschlüsselungsprotokoll (http://de.wikipedia.org/wiki/Verschlüsselungsprotokoll).

Einen sehr guten allgemeinen Beitrag ohne zu viele technische Details zum Thema »Verschlüsselung und Kryptografie« finden Sie auf der Website Netplanet (http://netplanet.org/kryptografie/).

Häufig besitzen Abhörsicherheit und Datenschutz beim Datentransfer in Netzwerken einen sehr hohen Stellenwert. In all diesen Fällen ist es von entscheidender Bedeutung, bei den Verfahren der Datenübertragung Software und Hardware in Bezug auf die eingesetzten Verschlüsselungstechniken zu optimieren.

Eine sichere Verschlüsselung geht allerdings oft zulasten der Netzwerk-Performance. Sie sollten daher bereit sein, ein wenig Zeitverlust bzw. Geschwindigkeitseinbuße zugunsten einer höheren Übertragungssicherheit in Kauf zu nehmen.

Die Datenverschlüsselung im Netzwerk wird von den Übertragungsprotokollen bewerkstelligt. Ein solches **Übertragungsprotokoll** enthält Vorschriften und Konventionen betreffend Form, Ablauf und Steuerung der Datenübertragung.

Übertragungsprotokoll

Derartige Vorschriften beschreiben unter anderem,

- wie ein Protokoll aufgebaut sein muss,
- welche Funktionen ein Protokoll zu erfüllen hat,
- wie die Kommunikation bzw. der Datenaustausch zwischen den einzelnen Protokollen zu realisieren ist.

Datenübertragungsprotokollvorschriften werden in Form von verbindlichen Standards, unverbindlichen (empfohlenen) Standards oder Quasistandards von den verschiedensten internationalen und nationalen Organisationen sowie von großen Firmen schriftlich niedergelegt und schließlich von Soft- und Hardware-Anbietern in den einzelnen Produkten implementiert bzw. technisch umgesetzt.

Standards werden von internationalen Gremien formuliert, die sich großenteils aus Vertretern der führenden Hard- und Softwarehersteller zusammensetzen, etwa HP, Samsung, Adobe, Medion, Motorola, Nokia, Intel, IBM, Microsoft, Netgear, Siemens, AMD.

Produkte, die standardkonform sind, darf der Hersteller mit einem entsprechenden *Label* auszeichnen und er erhält ein Zertifikat.

Quasistandards sind Entwicklungen, Eigenschaften oder Techniken von Software oder Hardware, die zunächst (inoffiziell) von einem oder mehreren Hersteller(n) bzw. Interessengruppen proprietär formuliert und in einzelne Produkte implementiert werden, danach aufgrund der Marktakzeptanz weiter entwickelt werden, so dass trotz Zurückhaltung bzw. Ablehnung durch die Kritiker weitere Hersteller »auf den Zug aufspringen«, also eigene entsprechende Produkte vermarkten und die Weiterentwicklung vorantreiben.

Ein Netzwerk ist also ein System, in dem mehrere unabhängige Computer miteinander verbunden sind, um die gemeinsame Nutzung von Ressourcen wie Hardware, Programmen, Daten zu ermöglichen.

Arbeiten im Netzwerk spart Zeit und Ressourcen, da beispielsweise zentrale Freigabe von Informationen oder Daten, zentrale Nutzung von Hardware und Programmen durch mehrere Anwender und eine zentralisierte Benutzerverwaltung möglich sind.

Je nach Netzwerk-Architektur gibt es entweder

- Clients, die Dienste nachfragen und Server, die diese Dienste anbieten (Abb. 2.2-3), oder
- keine eindeutige Verwendung der einzelnen Stationen als Client oder Server, d. h., alle fragen Leistungen nach und bieten auch welche an, so dass alle Computer gleichwertig sind.

Abb. 2.2-3: Client/Server-Prinzip.

Zu einem Netzwerk mit mehr als zwei Computern gehört/gehören

- freigegebene Daten, Geräte, Programme, Dienste und Ressourcen, die über das Netz allen angeschlossenen Computern und Anwendern gemäß festgelegten Zugriffsrechten zur Verfügung stehen,
- Computer, auf denen jeweils ein netzwerkfähiges Betriebssystem läuft,[11]
- Kommunikationsprotokolle und -regeln,
- Computer mit jeweils mindestens einem Netzwerkadapter,
- Computer, die Ressourcen freigeben und zur Verfügung stellen sowie Dienste anbieten,
- Anwender, die auf freigegebene Ressourcen zugreifen,

---

[11] Beispielsweise ist seit Windows 3.11 jede vollwertige Windows-Version netzwerkfähig.

- Medien, die die physische Verbindung herstellen (Kabel, Funkwellen).
- Clients und auch Server sind nicht notwendig **Hosts** bzw. eigenständige Computer. Es kann sich jeweils auch um einen Dienst oder ein Programm handeln, das die entsprechende Funktion erfüllt.

Sie haben nun bereits einen groben Überblick über

- die Bestandteile eines Computernetzwerks,
- die Funktionen eines Netzwerkes sowie
- die Vorteile, die sich aus der Computervernetzung ergeben.

Kann denn jeder Computer in ein bestehendes Computernetz integriert werden? Grundsätzlich ist das möglich, wenn er einen Netzwerkadapter besitzt und auf ihm ein Netzwerkbetriebssystem installiert ist.

Ein Netzwerkadapter ist also im Regelfall Bestandteil eines Netzwerkcomputers[12].

2.3 Die Netzwerkkarte *

Computer benötigen für den Zugang zu einem Netzwerk einen Adapter, eine Netzwerkkarte. Eine Netzwerkkarte (*Network Interface Card*, NIC) bildet die Schnittstelle[13] zwischen Computer und Netzwerk. Sie hat wichtige Aufgaben zu erfüllen:

NIC

- Sie muss die zu versendenden (elektrischen) Binärdaten in die entsprechenden Signale umwandeln, die dann über das Netzwerk übertragen werden.
- Sie hat zu prüfen, ob die eingegangenen Daten für den lokalen Computer bestimmt sind.
- Sie ist zuständig für den Empfang der Signale aus dem Netzwerk und deren Umwandlung in ein Format, das von den lokalen Protokollen weiter bearbeitet werden kann.

Des Weiteren hat eine Netzwerkkarte den Datenfluss im Übertragungsmedium des Netzwerkes (etwa im Kabel) zu steuern. Techniken, die speziell für den Datenfluss im Netzwerkkabel verwendet werden können, sind etwa Ethernet[14] und *Token Ring*[15].

---

[12] Eine Ausnahme stellt hier die Direktverbindung dar (etwa per USB-Laplink Kabel), welche allerdings unflexibel und nicht erweiterbar ist, und daher kaum Anwendung findet.
[13] Eine Schnittstelle ist eine Vereinbarung, wie Informationen zu interpretieren oder zu übertragen sind. Beim Datenaustausch muss der Sender die Daten korrekt zur Verfügung stellen, der Empfänger muss sie interpretieren können. Man unterscheidet grundsätzlich zwischen Schnittstellen auf Hardware- und auf Software-Ebene. Auf Hardware-Ebene gibt es etwa USB-Schnittstellen zum Anschluss von Tastatur, Maus und externen Speichern. Auf Software-Ebene gibt es z. B. Import- und Exportfilter, die einen Datenaustausch zwischen verschiedenen Programmen ermöglichen.
[14] Ethernet ist die in heutigen Kabelnetzwerken am Häufigsten eingesetzte Technik.
[15] Das Token-Ring-Netz war lange Zeit Standard bei Netzwerken von IBM. Allerdings setzte sich im Bereich der lokalen Netzwerke aufgrund der geringeren Kosten die Ether-

Adressierung im LAN

Ein Datenpaket im lokalen Netzwerk (LAN) enthält als Empfängerangabe[16] sowohl

- eine Softwarekennung (die IP-Adresse) als auch
- eine Hardwarekennung (die MAC-Adresse).

Beispielsweise werden Datenpakete mit der richtigen IP-Adresse und falscher MAC-Adresse durch die Netzwerkkarte geblockt; nur falls beide Adressen korrekt sind, wird ein Datenpaket »hereingelassen«, damit es verarbeitet werden kann (Abb. 2.3-1).

Dieser Mechanismus ist sehr effizient, denn die Netzwerkkarte erledigt bereits die Arbeit der Identifikation des Ziels und gibt das Datenpaket nur dann an die lokalen Protokolle weiter, wenn ein Datenpaket auch bearbeitet werden soll bzw. am richtigen Zielcomputer angekommen ist.

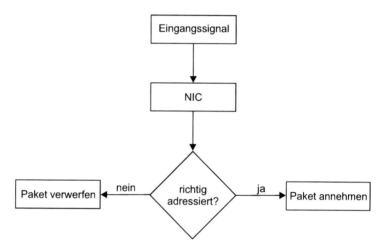

Abb. 2.3-1: Arbeitsweise einer Netzwerkkarte (NIC).

Die Netzwerkkarte hat außerdem die Aufgabe, für eine reibungslose Kommunikation mit der jeweiligen Technik zu sorgen.

Wie ist nun eine Netzwerkkarte aufgebaut und welche Typen von Netzwerkadaptern gibt es?

- »Bauweisen und Funktionsweise«, S. 15

Praxis

Im zugehörigen E-Learning-Kurs wird erklärt, wie Sie eine Netzwerkkarte einbauen können. Das wichtigste Erkennungsmerkmal eines Netzwerkadapters ist die MAC-Adresse:

- »MAC-Adresse«, S. 22

---

nettechnik durch. Während Ethernet weiterentwickelt wurde, stellte IBM die Entwicklung, den Support und den Vertrieb von Token Ring ein. Seit dem gilt *Token Ring* als veraltet.

[16] Als Empfängerangaben werden z. B. IP-Adressen wie 121.11.0.17 (Version 4) und MAC-Adressen wie FF-00-AC-11-14-FB verwendet.

2.3.1 Bauweisen und Funktionsweise *

Ein Netzwerkadapter ist eine Platine bzw. ein Chipsatz. Er identifiziert eingehende Datenpakete anhand der MAC-Adresse und der IP-Adresse des Empfängers. Der Netzwerkadapter besitzt eine Schnittstelle zum Netzwerk (etwa RJ45-Buchse oder Antenne) und eine Verbindung zum Systembus (PCI-Express, ISA etc.). Onboard-Karten sind fest mit dem *Motherboard* verlötet.

Die klassische Netzwerkkarte ist eine Platine[17], die man sich früher zusätzlich zu einem neuen Computer kaufen und dann in das Computergehäuse einbauen musste, siehe Wikipedia: Leiterpalette (http://de.wikipedia.org/wiki/Leiterplatte). Sie wurde über einen freien Steckplatz auf dem *Motherboard* mit dem Systembus (ISA[18], *Industry Standard Architecture*) oder **PCI** *(Peripheral Component Interconnect)* verbunden.

Ursprünglich gab es nur Netzwerkkarten, die eine Schnittstelle zum Kabelnetzwerk besaßen. Heute ermöglichen Netzwerkadapter auch die Vernetzung über andere Medien/Übertragungswege. Neben dem klassischen Ethernet lassen sich über derartige Karten auch Funkverbindungen via WLAN-Technik[19] (Website VOIP-information.de (http://www.voip-information.de/wlan.html)) oder Bluetooth[20] (Website Teltarif.de (http://www.teltarif.de/i/bluetooth.html)) herstellen.

Die Abb. 2.3-2 zeigt eine PCI-Netzwerkkarte (Ethernet), die auf der linken Seite (auf dem Bild verdeckt) ihren Anschluss für das Netzwerkkabel (eine Ethernet-Schnittstelle) besitzt:

Die Abb. 2.3-3 zeigt einen Adapter für die Vernetzung per Glasfaserkabel.

Auf einer Ethernet-Netzwerkkarte befindet sich ein Chipsatz (mehrere elektronische Bausteine), siehe Website Comtech-info.de (http://www.comptech-info.de/component/content/article/46-computer-infos/130-chipsatz-was-ist-das?directory=105), sowie die Schnittstelle zwischen Computer und Netzwerk in Form einer außen am Computergehäuse zugänglichen Buchse für den Anschluss des Netzwerkkabels.

---

[17] Eine Platine ist eine Leiterplatte, ein Träger für elektronische Elemente.
[18] Die ISA-Schnittstelle gilt heute als veraltet. Sie findet auf aktuellen *Motherboards* praktisch keine Verwendung mehr.
[19] WLAN ist ein lokales Netzwerk, in dem Daten per Funk übertragen werden. WLAN gilt als Ergänzung oder auch Ersatz für Ethernettechnik.
[20] Bluetooth ist ein Standard für die Datenübertragung in Kommunikationsnetzwerken per Funk; es eignet sich vorrangig für die Vernetzung besonders kleiner Geräte (Handys, PDAs, Headsets), die sich in unmittelbarer Nähe zueinander befinden, mit einem Computer oder untereinander. Im Vergleich zu WLAN-Adaptern haben Bluetooth-Chips niedrigeren Stromverbrauch, allerdings eine kleinere Datenübertragungsrate und geringere Reichweite. Bluetooth spielt im Bereich der Vernetzung von Computern untereinander im Vergleich zu den anderen Techniken eine stark untergeordnete Rolle.

2 Schnelleinstieg Computernetze *

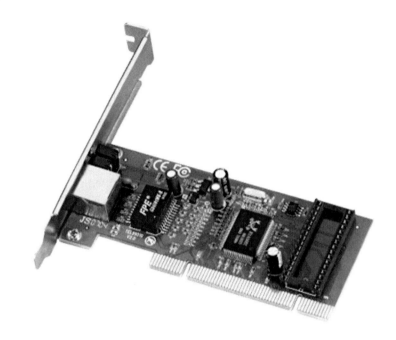

Abb. 2.3-2: Ethernet-Netzwerkkarte mit PCI-Schnittstelle.

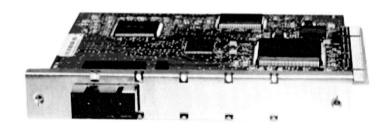

Abb. 2.3-3: Glasfaser-Netzwerkkarte mit PCI-Schnittstelle.

Frühere derartige Netzwerkkarten stellen einen Koaxialanschluss zur Verfügung (siehe Marginalspalte).

Viele heutige Modelle besitzen

- eine RJ45-Buchse[21] (Website Itwissen.info (http://www.itwissen.info/definition/lexikon/ RJ-45-Stecker-RJ-45-male-connector.html)) zum Anschluss des Computers an ein Kabelnetzwerk oder
- eine/mehrere interne oder externe Antennen für die Vernetzung per Funk.

---

[21] RJ45 (»Registered Jack«) ist ein verbreitetes Stecksystem für Kommunikationsnetzwerke.

2.3 Die Netzwerkkarte *

Die Abb. 2.3-4 sowie die Abbildungen in der Marginalspalte zeigen RJ45-Anschlüsse.

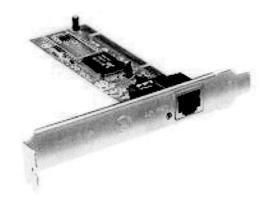

Abb. 2.3-4: Netzwerkkarte mit Ethernet-Schnittstelle (RJ45).

Die Abb. 2.3-5 zeigt einen Netzwerkadapter für die drahtlose Kommunikation.

Abb. 2.3-5: PCI-Netzwerkkarte mit externer Antenne (WLAN-Adapter) für den Zugang zu einem Funknetzwerk.

Es gibt auch Netzwerkkarten mit LWL-Schnittstelle für die optische Übertragung des Netzwerksignals in einem Kabel. Lichtwellenleiter (LWL) sind meistens Glasfaserkabel; beide Begriffe werden oft synonym verwendet.

Unabhängig vom Typ der Buchse befinden sich neben dieser in vielen Fällen zwei LEDs. Diese beiden Leuchtdioden zeigen den Zustand der Netzwerkkarte bzw. der Verbindung zum Netzwerk an:

- Die grüne LED gibt Auskunft darüber, ob die Karte richtig eingebaut und betriebsbereit ist.

- Die orangefarbene LED signalisiert den Status der Übertragung. Falls sie flackert, so findet gerade eine Datenübertragung statt.

Die steigende Popularität, Computer und Peripherie-Geräte über häusliche Stromleitungen zu vernetzen, lässt erwarten, dass bald auch Netzwerkkarten bzw. Chipsätze mit einer entsprechenden Schnittstelle angeboten werden, so dass eine direkte Verbindung zur Steckdose in der Wand möglich wird.

Die Datenübertragung findet hier nicht über mühsam zu verlegende Netzwerkkabel, sondern über das althergebrachte Stromkabel (ebenfalls eine Kupferleitung) statt; allerdings ist es heute noch notwendig, den Netzwerkadapter Ihres Computers per Netzwerkkabel, WLAN, USB-Kabel oder Bluetooth mit dem Adapter, der die Schnittstelle zum Stromnetz darstellt, zu verbinden. Eine kleine Transceiver-Einheit auf der Netzwerkkarte könnte hier Abhilfe schaffen.

Ausführliche Informationen zur zugrunde liegenden dLAN-Technik (Heimvernetzung über Stromkabel) finden Sie im Kapitel »dLAN-Technik«, S. 352.

NIC *onboard* Seit einigen Jahren ist die klassische Netzwerkkarte auf dem Rückzug, da die Schnittstelle zum Netzwerk bei sehr vielen Neurechnern fest integrierter Bestandteil des *Motherboards*[22] geworden ist. Man spricht dann von einer Onboard-Karte. Diese Integration reduziert die Herstellkosten der Hardware und führt zu einem deutlichen Performance-Gewinn.

Außerdem ist so insbesondere bei Laptops bzw. Notebooks, Subnotebooks, Netbooks eine kompaktere Bauweise möglich[23].

Die Abb. 2.3-6 zeigt ein solches *Motherboard* mit Speicherbausteinen (**RAM**, rechts auf dem Bild) und Prozessor (in der Mitte), welches typischerweise in ein Desktop- oder Towergehäuse eingebaut ist. Netzwerkadapter in ihrer ursprünglichen Form/Bauweise werden immer seltener eingesetzt. Die Rechtfertigung dafür liegt unter anderem darin, dass ein heutiger auf dem *Motherboard* integrierter Netzwerkcontroller dieselben Funktionen wie die herkömmliche Netzwerkkarte besitzt.

Außerdem besitzen eine integrierte Netzwerkkarte *(Onboard Controller)* und auch eine externe Netzwerkkarte (nahezu) identische Chipsätze.

---

[22] Motherboard bzw. Mainboard ist die Hauptplatine eines Computers, die Schnittstellen zum Prozessor, Arbeitsspeicher und zu externen Geräten besitzt. Je nach Modell, Hersteller und Chipsatz ist das Erweiterungspotenzial bedingt durch das Vorhandensein/die Anzahl von PCI-(Express), USB, S-ATA und anderen Schnittstellen sehr unterschiedlich.

[23] Die Begriffe Laptop und Notebook werden heute synonym verwendet. Es handelt sich ebenso wie bei Netbooks und Subnotebooks um Mobilcomputer.

2.3 Die Netzwerkkarte * 19

Abb. 2.3-6: *Motherboard*.

Hinzu kommt, dass heute Netzwerkverbindungen gänzlich ohne Kabel und damit auch ohne Ethernettechnik hergestellt werden können (Stichwort WLAN); in diesem Fall (reines WLAN) ist der Anschluss für das Netzwerkkabel und damit die RJ45-Schnittstelle überflüssig.

In manchen Fällen ist trotzdem der Einsatz einer einzubauenden Netzwerkkarte sinnvoll (wenn Sie denn unbedingt ein Netzwerkkabel anschließen möchten oder müssen):

- Sie besitzen ein altes *Board* ohne Netzwerkcontroller.
- Der Onboard-Controller ist defekt.
- Sie möchten ein zweites Netzwerkkabel an Ihren Computer anschließen.
- Das integrierte Netzwerkmodul (etwa Bluetooth oder WLAN-Technik) unterstützt nicht das gewünschte Medium (Ethernet).
- Der Netzwerkcontroller *onboard* ist zu langsam.
- Die Unterstützung des Controllers durch Treiber oder Betriebssystem ist unzureichend.
- Der Onboard-Controller verursacht einen Hardwarekonflikt und blockiert die Funktionsfähigkeit anderer Geräte.

Da alle Ausführungen in diesem Buch unabhängig von der Bauweise des Netzwerkcontrollers gültig sind, wird – wenn nicht explizit anders angegeben ist – stellvertretend für alle Schnittstellen zum Netzwerk immer von einer Netzwerkkarte oder einem Netzwerkadapter die Rede sein.

2.3.2 Praxis: Netzwerkadapter einbauen *

Vor dem Einbau sollten Sie ein paar Vorbereitungen treffen. Zunächst einmal ist entscheidend, ob der neue Adapter

1 als Ergänzung zu einer Onboard-Karte oder einer anderen Netzwerkkarte verwendet werden soll,
2 einen Onboard-Adapter ersetzen wird oder
3 gegen eine alte Netzwerkkarte ausgetauscht werden soll.

Fall 1 Im ersten Fall ist nach dem Einbau ein Konflikt mit der alten, noch aktiven Karte nicht auszuschließen.

Fall 2 Im zweiten Fall empfiehlt es sich, die Onboard-Karte per Bios oder per Jumper – je nach Modell (siehe Handbuch des Herstellers) – zu deaktivieren; zuvor sollten Sie sich allerdings die LAN-Einstellungen bzgl. IP-Adresse, DNS-Server, Standard-Gateway und DHCP-Server notieren, damit Sie ggf. ohne großen Aufwand die bisherige Netzwerkanbindung wieder herstellen können.

Fall 3 Im dritten Fall notieren Sie ebenfalls sicherheitshalber die wichtigsten Netzwerkeinstellungen.

War Ihr Computer vor dem Einbau des neuen Netzwerkadapters nicht mit einer Netzwerkkarte ausgestattet, so gibt es nichts Spezielles zu beachten.

Beim Einbau einer Netzwerkkarte sollten Sie – wie immer, bevor Sie das Computergehäuse öffnen – zunächst den Computer vom Stromnetz trennen. Das Ausschalten reicht in der Regel nicht.

Setzen Sie nach dem Öffnen des PC-Gehäuses die Karte gerade (je nach Vorrichtung bzw. Gehäusetyp waagerecht oder senkrecht) in einen freien Steckplatz/Slot ein und schrauben Sie diese fest (Abb. 2.3-7).

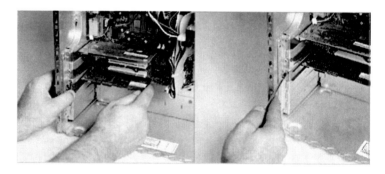

Abb. 2.3-7: Netzwerkkarte einsetzen und fest schrauben.

Gegebenenfalls bauen Sie eine alte (zu ersetzende) Netzwerkkarte zunächst aus, in dem Sie die Karte losschrauben und aus der Steckvorrichtung herausziehen.

2.3 Die Netzwerkkarte *

Möglicherweise müssen Sie vor dem Einbau eine kleine Blende entfernen. Diese Blenden sind bei einigen Gehäusetypen verschraubt; bei anderen Gehäusen sind sie verlötet, sodass sie vorsichtig herausgebrochen werden müssen.

Stellen Sie sicher, dass Sie bei Ihren Aktionen nicht irgendwelche Kabel oder sonstige Verbindungen gelockert/gelöst haben

Manche Computergehäuse bieten Klemmvorrichtungen für Erweiterungskarten anstelle der Verschraubung an.

Abschließend bauen Sie das Gehäuse wieder zusammen.

Nach dem Systemstart wird Ihr Betriebssystem die neue Hardware in den meisten Fällen automatisch erkennen *(Plug & Play)*. Sollte der Treiber nicht automatisch installiert werden, so können Sie ihn über den Gerätemanager manuell einrichten (Abb. 2.3-8).

Treiber-Installation

Abb. 2.3-8: Treiber für NIC einrichten.

Danach wird die neue Karte in den meisten Fällen einwandfrei funktionieren. Sollte das bei Ihnen nicht so sein, so müssen Sie jetzt mit der Fehlersuche beginnen.

Für die Anbindung an ein bestehendes Netzwerk übertragen Sie jetzt noch die Einstellungen des alten Netzwerkadapters, die Sie sich anfangs notiert oder gemerkt haben.

Falls Sie parallel mehrere Netzwerkadapter verwenden, überprüfen Sie in der Systemsteuerung, ob Ihr Betriebssystem irgendwelche Hardwarekonflikte festgestellt hat. Diese werden durch gelbe Ausrufungszeichen oder andere auffällige Hinweissymbole signalisiert.

Ist der Netzwerkadapter installiert, so erkennt das System dessen Hardwareadresse, die der Erkennung des Computers im lokalen Netzwerk dient.

2.3.3 MAC-Adresse *

Die MAC-Adresse ist die Hardware-Kennung einer Netzwerkkarte. Sie besteht aus 12 Hexadezimalzeichen, von denen die ersten 6 den Hersteller identifizieren, die letzten 6 eine Seriennummer darstellen. MAC-Adressen lassen sich anzeigen und manipulieren.

Jede Netzwerkkarte hat eine eindeutige Kennung, die völlig unabhängig von der softwaretechnischen Adressierung[24] ist. Die Adressierung durch die Netzwerkprotokolle wird vom lokalen Betriebssystem, von einem dafür vorgesehenen und eingerichteten Server oder von einem entsprechend konfigurierten *Router* (Steuergerät im Netzwerk) bewerkstelligt, die Kennung auf der Netzwerkkarte dagegen ist eine Hardwarecodierung.

MAC-Adresse

Eine solche Hardwarekennung heißt MAC-Adresse. Bereits bei der Herstellung bekommt jede Netzwerkkarte – egal, ob Sie eine Ethernet- oder eine Funkschnittstelle besitzt – eine derartige **MAC-Adresse** (*Media Access Control*, Hardware-Zugangssteuerung). Die MAC-Adresse ist eine zwölfstellige Hexadezimalzahl[25], siehe Website Magicstone (http://magicstone.de/rhwiki/article/Hexadezimal).

Häufig wird behauptet, dass die MAC-Adresse ein eindeutiges Kriterium für die Identifizierung eines bestimmten Computers sei; dem ist allerdings nicht ganz so. Tatsächlich kann dieselbe MAC-Adresse durchaus ein zweites Mal vergeben werden, sodass eine eindeutige Identifikation jeder einzelnen Netzwerkkarte (zumindest theoretisch) nicht gegeben ist.

Bei der Anmeldung eines Computers am lokalen Netzwerk ist die MAC-Adresse für den Server oder auch den *Router* ein wichtiges Erkennungsmerkmal. Die lokalen Transportprotokolle verwenden diese Adresse, um Datenpakete, die an das Netzwerk gesendet werden oder innerhalb eines Netzes versendet werden, dem richtigen Computer zuzustellen.

---

[24] Bei der Adressierung erhält jeder Computer eines Netzwerkes eine netzwerkweit eindeutige Kennung, die sogenannte »IP-Adresse«. Die Adressvergabe erfolgt durch das Internetprotokoll IP, welches Teil des Betriebssystemes ist.
[25] Hexadezimale Zeichen besitzen einen Wertebereich 0 ... F, entsprechend den Zahlen 0 bis 15. So entspricht D der Zahl 13, A5 entspricht der Zahl 165.

2.3 Die Netzwerkkarte *

Sie ist *das* Kennzeichen (quasi ein Fingerabdruck) einer jeden Netzwerkkarte; sie soll die eindeutige Identifikation eines Hosts bzw. Computers im lokalen Netzwerk ermöglichen. Die MAC-Adresse

- ist werksseitig fest auf einen Chip gebrannt und
- kann in der Regel (physikalisch) nicht mehr verändert werden.

Nicht nur wegen der nicht eindeutigen Kennung ist die Identifikation eines Computers anhand seiner MAC-Adresse nicht sicher. Das liegt daran, dass viele aktuelle Betriebssysteme beim *Handling* der MAC-Adresse(n) eine eklatante Sicherheitslücke aufweisen.

Das Sicherheitsproblem entsteht dadurch, dass das Betriebssystem nicht permanent die Kennung der Netzwerkkarte abfragt, sondern diese nur einmalig speichert.

Bei dem Vorgehen, auf die hier beschriebene Weise die MAC-Adresse eines Netzwerkadapters zu ändern, ist äußerste Vorsicht geboten, da manuelle Änderungen in der Registrierung die Funktionsunfähigkeit Ihres Betriebssystems zur Folge haben könnten.

Es gibt mehrere Möglichkeiten, die eigene wirkliche MAC-Adresse eines Netzwerkadapters zu verschleiern und seinen Computer (softwaretechnisch) mit einer falschen Adresse zu versehen:

1. Windows speichert bekanntermaßen die MAC-Adresse in seiner Registerdatenbank *(Registry)*, daher könnte man dort eine andere als die wirkliche Adresse eintragen[26]. Begünstigt wird dies dadurch, dass das System die Richtigkeit der dort eingetragenen Adresse nicht überprüft, sondern diese als Absenderkennung den ausgehenden Datenpaketen hinzufügt.
2. Unter Windows XP lässt sich für einige Netzwerkkarten in den Netzwerkeinstellungen eine Änderung der MAC-Adresse vornehmen.
3. Es gibt spezielle Programme, die die Änderung der MAC-Adresse zulassen. So zum Beispiel das kostenlose Programm Macshift, welches Sie unter Website Macshift (http://devices.natetrue.com/macshift/) herunterladen können.

Auch auf anderen Plattformen als unter Windows können Sie eine MAC-Adresse (softwaretechnisch) verändern,

---

[26] Folgendermaßen könnten Sie vorgehen, um die in der Registrierung eingetragene MAC-Adresse zu manipulieren: Öffnen Sie den Registrierungseditor durch Ausführen des Windows-Programms Regedit. Dort suchen Sie den entsprechenden Schlüssel und ändern seinen Wert; danach beenden Sie Regedit und speichern die Änderungen. Damit diese wirksam werden, muss Ihr Computer ggf. neu gestartet werden. Allerdings ignoriert Windows in den meisten Fällen die Änderung, wenn Sie keine lokalen Administratorrechte besitzen; häufig erscheint dann nicht einmal eine Fehlermeldung – es passiert einfach nichts und der Schlüsselwert ist trotz Ihres Eingriffes unverändert geblieben.

siehe etwa Website Topbits.com (http://www.topbits.com/how-to-change-a-mac-address.html).

Was genau ist nun eine MAC-Adresse?

Aufbau einer MAC-Adresse

Eine MAC-Adresse als Ganzes ist eine Zahl (48 Bit = 6 Byte), die aus 6 Blöcken à 2 Zeichen in hexadezimaler Schreibweise besteht. Die ersten drei Blöcke sind eine herstellerspezifische Kennung. So kann an der MAC-Adresse erkannt werden, von welchem Hersteller der jeweilige Netzwerkadapter stammt (wenn es denn die echte Adresse ist). Beispielsweise können Sie auf der folgenden Webseite den Hersteller einer Netzwerkkarte herausfinden: Website IEEE (http://standards.ieee.org/regauth/oui/index.shtml).

Geben Sie auf dieser Seite in das Eingabefeld »search for« die Herstellerkennung ein, die Teil Ihrer MAC-Adresse ist.

IEEE OUI and Company_id Assignments

The below public listings should be searched prior to applying for an OUI or IAB. Searching the list will allow you to determine whether your company or any parent/subsidiary companies already own an assignment. When searching the public listings, addresses should be entered as XX-XX-XX.

Your attention is called to the fact that the firms and numbers listed may not always be obvious in product implementations, as some manufacturers subcontract component manufacture and others include registered firm OUIs in their products.

Search the public OUI listing . . .
Search for: 00-1B-FC
[Search!] clear field

Abb. 2.3-9: Hersteller einer Netzwerkkarte herausfinden.

Sie erhalten unmittelbar die gewünschten Angaben über den Hersteller Ihrer Netzwerkkarte, wie Abb. 2.3-10 zeigt, siehe Website IEEE (http://standards.ieee.org/regauth/oui/index.shtml):

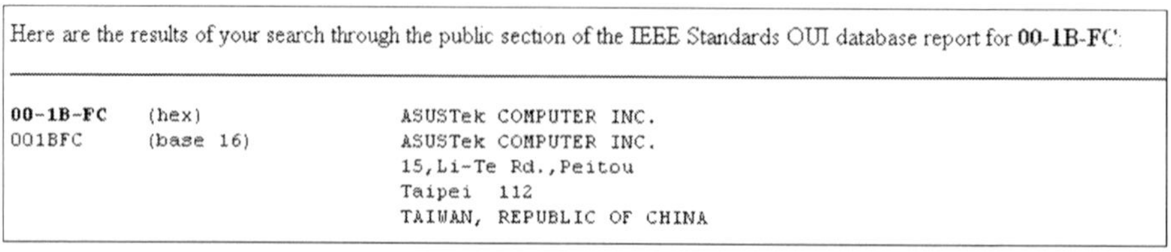

Here are the results of your search through the public section of the IEEE Standards OUI database report for **00-1B-FC**:

```
00-1B-FC      (hex)           ASUSTek COMPUTER INC.
001BFC        (base 16)       ASUSTek COMPUTER INC.
                              15,Li-Te Rd.,Peitou
                              Taipei  112
                              TAIWAN, REPUBLIC OF CHINA
```

Abb. 2.3-10: Anzeige des Herstellers der Netzwerkkarte auf der Seite http://standards.ieee.org/regauth/oui/index.shtml.

Eine (allerdings nicht vollständige) Liste der Hersteller finden Sie unter Website libe.net (http://www.libe.net/themen/MAC_Adresse_des_PCs_ermitteln.php).

Die letzten 3 Blöcke der MAC-Adresse werden vom Hersteller vergeben. Sie sind meistens ein Teil der Seriennummer oder eine laufende Nummer.

Durch diese 3 Blöcke bestehend aus je 2 Hexadezimalzahlen lassen sich $(2^4*2^4)^3 = 2^{24} = 16777216$ verschiedene Zahlen darstellen. Spätestens, wenn ein einzelner Hersteller diese Produktionsmenge überschritten hat, wird er einst vergebene MAC-Adressen zum wiederholten Male verwenden (müssen).

Kaum ein Hersteller wird allerdings eine derartige Anzahl Netzwerkadapter produzieren. Die Wahrscheinlichkeit, dass weltweit oder gar in demselben Netzwerk zweimal dieselbe (wahre) MAC-Adresse vorliegt, ist daher sehr gering.

Sind also eines Tages genug Netzwerkkarten hergestellt worden, so wird irgendwann auch einmal wieder eine Karte mit identischer MAC-Adresse im Umlauf sein, wie sie schon einmal vor einiger Zeit vergeben wurde.

Weitere Informationen zu MAC-Adressen finden Sie unter Website SccWeb (http://www.sccweb.de/themen/macadressen/).

- Suchen Sie im Web weitere Webseiten, auf denen Sie den Hersteller Ihrer Netzwerkkarte herausfinden können. Vergleichen das jeweilige Suchergebnis mit demjenigen auf der IEEE-Seite.
- Suchen Sie nach kostenlosen Programmen, die ebenfalls den Hersteller eines Netzwerkadapters ausgeben können.

2.4 Praxis: Netzwerkeinstellungen **

Die Netzwerkeinstellungen eines Betriebssystems sind unübersichtlich und teilweise schwer zugänglich. Werkzeuge wie der »Technitium MAC Address Changer« bieten Zugriff auf alle wichtigen Einstellungen auf einer einzigen Bildschirmseite.

Ein kostenloses Netzwerk-Werkzeug für Windows ist der »Technitium MAC Address Changer«, den Sie unter Website Technitium (http://www.technitium.de) herunterladen können. Die Funktionen dieses Programms gehen weit über die Manipulation der MAC-Adresse hinaus. Es lässt Sie sogar zahlreiche Netzwerkeinstellungen verändern, die ansonsten in der Tiefe von Windows verborgen und nicht unmittelbar zugänglich sind (Abb. 2.4-1).

Auch für Fehlerdiagnose und die Anzeige von Systeminformationen ist dieses Programm bestens geeignet. Kompakt und übersichtlich zeigt es sämtliche Ihrer Netzwerkverbindungen sowie

Abb. 2.4-1: Netzwerkeinstellungen und MAC-Adresse ändern mit dem Technitium MAC Address Changer.

deren Eigenschaften an. Zahlreiche Änderungen sind hier direkt möglich.

In der Abb. 2.4-1 sehen Sie oben eine Liste aller Netzwerkverbindungen einschließlich einiger Eigenschaften, wie

- Echtheit der registrierten MAC-Adresse,
- registrierte MAC-Adresse,
- Status,
- maximale theoretische Datenübertragungsgeschwindigkeit (hardwareabhängig).

In der Mitte seines Fensters zeigt das Programm zahlreiche Informationen zu derjenigen Verbindung an, die Sie oben in der Liste markiert haben:

- Name der Verbindung,

2.4 Praxis: Netzwerkeinstellungen **

- interner Name, welcher von der Firmware bzw. dem Controller-Chipsatz an Windows gemeldet wurde,
- die wirkliche MAC-Adresse (weiter unten) sowie den zu dieser Adresse gehörigen Hersteller,
- die festen oder dynamischen IP-Adressen einschließlich Subnetzmasken,
- den *Gateway* (lokale IP-Adresse des Routers, der die »Brücke« zum Internet bzw. zum Web-Server des Providers bildet),
- öffentliche DNS-Server Adressen (meistens übereinstimmend mit den Web-Servern des Internet-Providers), die die Auflösung der in die Adresszeile des Browsers eingegebenen Domänennamen in IP-Adressen vornehmen, damit die jeweilige Anforderung dem Zielrechner zugestellt werden kann.

Folgende Möglichkeiten stellt der MAC-Changer zur Verfügung:

- Gateway hinzufügen, ändern, entfernen,
- LAN-Verbindung deaktivieren/aktivieren,
- automatische Adressierung aktivieren/deaktivieren,
- hinzufügen, löschen, entfernen eines DNS-Servers,
- zufällige MAC-Adresse erzeugen.

Die Änderung der MAC-Adresse und anderer Systemeinstellungen ist grundsätzlich ein kritischer Vorgang. Die korrekte Funktionsweise eines Fremdanbieterprogrammes ist nie garantiert, so dass derartige Systemeingriffe immer auf eigene Verantwortung geschehen.

Der Vorgang, eine falsche MAC-Adresse vorzugeben, heißt »MAC-Spoofing«, siehe Wikipedia: MAC-Adresse (http://de.wikipedia.org/wiki/MAC-Adresse). Vor allem Online-Kriminelle nutzen diese Möglichkeit, um sich eine falsche Identität zu erschleichen.

MAC-Spoofing

Wenn Sie mit Boardmitteln von MS-Windows die MAC-Adresse (es handelt sich um die eingestellte MAC-Adresse, nicht unbedingt um die wirkliche) Ihrer eigenen Netzwerkkarte erfahren möchten, können Sie wie folgt vorgehen:

Öffnen Sie die Eingabeaufforderung durch Eingabe von cmd im Ausführen-Dialog (Abb. 2.4-2) von Windows[27].

Unter Windows 7 befindet sich standardmäßig das entsprechende Eingabefeld unten links im Startmenü. Es ist mit Programme/Dateien durchsuchen gekennzeichnet.

Tragen Sie hier zum Öffnen der Eingabeaufforderung ebenfalls cmd ein und drücken Sie die Enter-Taste. Geben Sie im danach angezeigten Eingabefenster am DOS-Prompt folgenden Befehl ein:
ipconfig/all

---

[27] Beachten Sie dabei, dass nicht alle Windows-Versionen bzw. -Installationen die Ausführung von Kommandozeilenbefehlen zulassen; bei manchem System steht Ihnen grundsätzlich die MSDOS-Eingabeaufforderung nicht zur Verfügung.

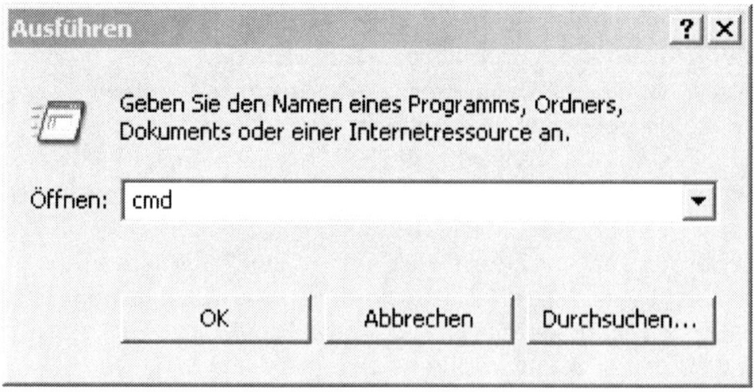
Ausführen
Geben Sie den Namen eines Programms, Ordners, Dokuments oder einer Internetressource an.
Öffnen: cmd
OK
Abbrechen
Durchsuchen...

Abb. 2.4-2: Der Dialog »Ausführen« unter älteren Versionen von Microsoft Windows.

Die Abb. 2.4-3 zeigt die Ausgabe des `ipconfig`-Befehls. Die dort ersichtliche MAC-Adresse heißt `00-1B-FC-2F-1D-A5`.

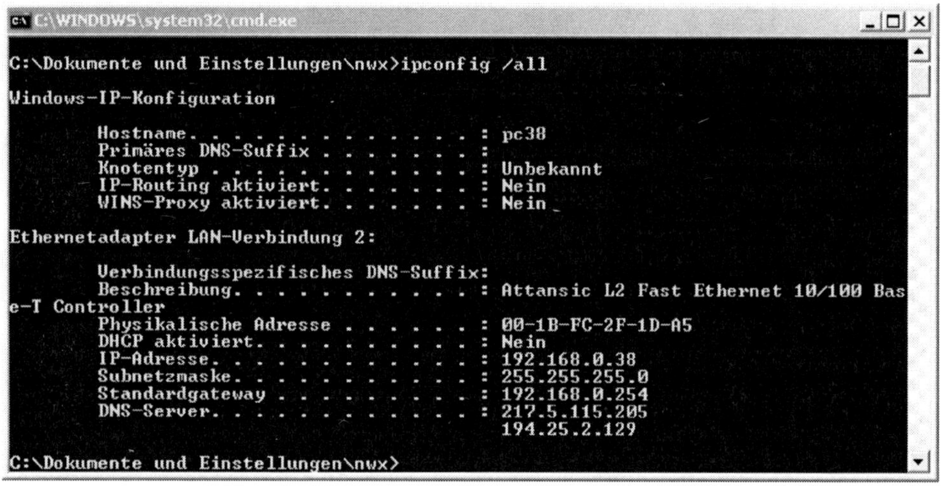
C:\WINDOWS\system32\cmd.exe
C:\Dokumente und Einstellungen\nwx>ipconfig /all
Windows-IP-Konfiguration
Hostname. . . . . : pc38
Primäres DNS-Suffix . . . . :
Knotentyp . . . . : Unbekannt
IP-Routing aktiviert. . . . . . . : Nein
WINS-Proxy aktiviert. . . . . . . : Nein
Ethernetadapter LAN-Verbindung 2:
Verbindungsspezifisches DNS-Suffix:
Beschreibung. . . . . : Attansic L2 Fast Ethernet 10/100 Base-T Controller
Physikalische Adresse . . . . . . : 00-1B-FC-2F-1D-A5
DHCP aktiviert. . . . . : Nein
IP-Adresse. . . . . : 192.168.0.38
Subnetzmaske. . . . . : 255.255.255.0
Standardgateway . . . . : 192.168.0.254
DNS-Server. . . . . : 217.5.115.205
194.25.2.129
C:\Dokumente und Einstellungen\nwx>

Abb. 2.4-3: Netzwerkkonfiguration.

Dieser Vorgang ist unter Windows relativ kompliziert. Zahlreiche Hilfsprogramme von Fremdanbietern, sogenannte »Netzwerk-Werkzeuge«, die Sie zum Download z.B. auf den Seiten `www.chip.de`, `www.heise.de` und `www.download.com` finden, bieten da viel mehr Komfort und präsentieren die Netzwerkeinstellungen erheblich benutzerfreundlicher. Im Regelfall erfolgt die Anzeige bei derartigen Programmen grafisch, wie es auch beim »Technitium MAC Address Changer« der Fall ist.

Zudem beschränken sich die Werkzeuge in den meisten Fällen nicht auf die Anzeige der Einstellungen, sondern ermöglichen auch sofortige intuitive Änderungen. Hilfsprogramme zur Konfiguration eines Netzwerkes gibt es nicht nur für Windows. Wie Sie auf anderen Plattformen Ihre MAC-Adresse herausfinden können, erfahren Sie etwa unter Website Libe.net (http://www.libe.net/themen/MAC_Adresse_des_PCs_ermitteln.php).

Ermitteln Sie fünf Hersteller von Netzwerkkarten und recherchieren Sie im Web jeweils nach deren hexadezimaler Herstellerkennung (die ersten 24 Bit der MAC-Adresse) an. Überprüfen Sie Ihre Ergebnisse auf der IEEE-Seite.

Wenn Sie Ihren Arbeitsplatzrechner in ein anderes Netzwerk einbinden möchten, müssen Sie sich die aktuellen Netzwerk-Einstellungen merken und neue Einstellungen angeben. Suchen Sie im Web nach Möglichkeiten, den Wechsel der Einstellungen mit den Werkzeugen, welche Ihr Betriebssystem zur Verfügung stellt, mit kostenlosen Fremdprogrammen zu vereinfachen/automatisieren.

Sie haben in diesem Kapitel den »Technitium MAC Address Changer« kennen gelernt. Recherchieren Sie nach einem weiteren kostenlosen Programm dieser Art.

2.5 Vorteile der Computervernetzung *

Die Datenübertragung im Netzwerk ist schnell und effektiv. Mit wenigen Klicks lassen sich riesige Datenmengen über eine beliebige Entfernung in wenigen Sekunden versenden.

Was zeichnet nun die Kommunikation über ein Netzwerk gegenüber den traditionellen Kommunikationsmöglichkeiten aus?

Ein Computernetzwerk garantiert eine hohe **Datenübertragungsgeschwindigkeit**. Es kann über ein Computernetz eine große Menge an Informationen in einer kürzeren Zeit (höhere Informationsdichte) übertragen werden, als es bei den herkömmlichen Kommunikationsformen wie Briefpost, Telefonie, Fernschreiben bzw. Fax möglich ist.

Datenrate

Kommunikation über Netzwerke ist im Gegensatz zur herkömmlichen Kommunikation **kostengünstig**: Bei der Informationsübertragung über Computernetze kann je nach Netzwerktechnik ein oft deutlich besseres Kosten/Leistungs-Verhältnis erreicht werden.

Elektronische Kommunikation ist **effektiv**: Da die Kommunikation unmittelbar vom Arbeitsplatz aus erfolgt und die Datenübertragungsgeschwindigkeit sehr hoch ist, kann eine wesentlich höhere Kommunikationsleistung erreicht werden. Räumliche Aspekte wie die Entfernung zwischen Sender und Empfänger,

Effektivität

der Standort des Servers und der genaue Weg der Datenpakete spielen keine Rolle.

Nahezu alle die Kompatibilität[28] von Daten bzw. Software betreffenden Probleme treten in den Hintergrund.

In Unternehmen werden Daten zunehmend maschinell bzw. per Computer verarbeitet und gespeichert und können so ohne zusätzliche Änderungen übertragen und beim Adressaten wieder in den Kreislauf der elektronischen Datenverarbeitung eingegliedert werden.

Auch im Falle, dass Absender und Empfänger verschiedene Betriebssysteme (etwa Windows und Mac OS), unterschiedliche Anwendungsprogramme (z. B. kommerzielle Programme und OSS[29], siehe auch Website Heise.de (http://www.heise.de/open/artikel/Die-Woche-Was-ist-Open-Source-222121.html)) oder verschiedene Computerplattformen (z. B. Apple MacIntosh und Großrechner) verwenden, verläuft die Kommunikation im Regelfall reibungslos.

Kommen Standardübertragungstechniken oder -protokolle zur Anwendung, so werden Inkompatibilitäten von Hard- und Software in nur wenigen Fällen auftreten. Die Hersteller gewähren in derartigen Ausnahmefällen ein Rückgaberecht.

Über das Netzwerk gesendete Daten können mithilfe eines Netzwerkdienstes oder eines Netzwerkprotokolls in einem Standardformat wie z. B.

- als Text (ASCII/ANSI, siehe auch Website Asphelper.de (http://www.asphelper.de/referenz/asciiansi.asp)),
- im Unicode-Zeichensatz[30], siehe auch Website Roland-unger.de (http://141.48.74.210/help/unicode.de.html),
- als E-Mail (Text- oder HTML-Format)[31] oder
- als Website (HTML-Format)

nahezu unabhängig von Hard- und Software des Senders empfangen, lokal gespeichert und weiter verarbeitet werden.

---

[28] Wenn die von Soft- und Hardwareproduzenten eingesetzten Techniken konform zu den aktuellen Standards sind, arbeiten alle fast Geräte und Programme herstellerunabhängig (nahezu) fehlerfrei zusammen; sie sind kompatibel. Zum Kompatibilitätsbegriff siehe etwa http://www.drweb.de/magazin/was-ist-lexikon-kompatibel/

[29] Open Source Software (OSS) sind Programme, die samt ihrem Quelltext offen für Anwendung, Bearbeitung und Weiterverbreitung sind.

[30] Mit Unicode können alle bekannten Text- und Grafikzeichen dargestellt werden.

[31] Hypertext Markup Language HMTL ist die Sprache des Web; sie ist die Basis zahlloser Internetseiten. Ähnlich wie bei Satzsystemen (etwa TEX oder LaTEX) werden sowohl Seitentext als auch Struktur- und Gestaltungsanweisungen *(Tags)* in reinen Textdateien gespeichert. Die endgültige Darstellung erfolgt erst im Browser oder E-Mail-Client.

Bisher typische Probleme beim Datenträgeraustausch DTA[32] (siehe auch Website Eldanorm.de (http://www.eldanorm.de/)) hinsichtlich Dateiformat, betriebssystemabhängigem Dateisystem[33] (siehe auch Wikipedia: Dateisystem (http://de.wikipedia.org/wiki/Dateisystem)), Datenträgerkapazität, Verschlüsselung der gespeicherten Dateien und physikalischer Fehler des Datenträgers treten kaum noch auf, da physikalische Datenträger bei der eigentlichen Datenübermittlung kaum noch eine Rolle spielen.

DTA

Ein weiterer wichtiger Vorteil des Einsatzes von Computernetzen ist die *ständige* Verfügbarkeit der in das Netzwerk integrierten Dienste, Programme und Geräte.

Üblicherweise stehen (Internet-)Kommunikationsdienste, Remote-Hardware und auch Remote-Software den Nutzern rund um die Uhr dauerhaft zur Verfügung, im Gegensatz zu herkömmlichen Kommunikationstechniken, die oft an bestimmte Arbeits- bzw. Ruhezeiten der Diensterbringer gebunden sind.

Aber: Es ist nicht alles Gold, was glänzt. Jede Netzwerkverbindung, egal ob lokal, öffentlich, privat, drahtgebunden, kabellos macht möglicherweise unkontrollierte und unautorisierte Zugriffe auf die lokalen Computer und die im Netzwerk übertragenen Datenströme von außen möglich.

Dem Thema Sicherheit sollten Sie also gerade in Netzwerken höchste Aufmerksamkeit widmen. Es sollte bei allen für die Planung, die Realisierung/Implementierung und den Betrieb Ihres Netzwerkes berücksichtigten Kriterien die maximale Priorität besitzen.

2.6 Problem: Sicherheit *

Die Kommunikation im Netzwerk erfolgt bidirektional. Lokale Protokolle bieten keinen ausreichenden Schutz vor ungewollten Zugriffen von außen auf den lokalen Computer. Datenverlust und auch Hardwareschäden können eine Folge sein.

In einem Netzwerk erreicht man schon durch die Eigenschaften der verwendeten Protokolle ein hohes Maß an Datensicherheit.

---

[32] DTA bestand lange Jahre darin, Dateien nicht selten unverschlüsselt in standardisierten Formaten, etwa als RTF-, TXT- oder DOC-Datei, auf Disketten zu speichern und weiterzugeben. Aufgrund der zunehmenden Computervernetzung wird DTA heute über Netzwerkverbindungen ohne physikalische Datenträger praktiziert; in seltenen Fällen werden als Medium USB-Speicher verwendet. Es findet heute also eher elektronischer Datenaustausch als der klassische Datenträgeraustausch Anwendung. Physikalische Datenspeicher (die Datenträger im eigentlichen Sinne) werden heute kaum noch eingesetzt. Normen für den DTA gibt es vor allem auf dem Finanzsektor, wo – zur Abwicklung des Zahlungsverkehrs – sensible Daten sicher übertragen werden müssen.
[33] Das Dateisystem ist der Teil des Betriebssystems, der Dateien und Ordner auf Datenträgern verwaltet.

Durch in die Protokolle (wenn diese denn aktuell sind) integrierte Maßnahmen der Übertragungssicherung können Verluste und Veränderungen der übertragenen Daten zum Teil automatisch erkannt und protokolliert werden. Ggf. werden Datenpakete neu angefordert.

Trotzdem ist es heute von enormer Wichtigkeit für alle Computeranwender, ihre persönlichen Anforderungen an Datenschutz und Datensicherheit sowie die Notwendigkeit der Geheimhaltung digital gespeicherter und verarbeiteter Daten zu definieren.

Je nach Sensibilität der zu verarbeitenden bzw. zu versendenden Daten empfiehlt es sich, regelmäßig

- Informationen über Sicherheitslücken in den verwendeten Programmen einzuholen,
- zeitgemäße Angriffstechniken in Erfahrung zu bringen,
- die Entwicklung aktueller und neuer Standards zu verfolgen.

Die gewonnenen Erkenntnisse helfen Ihnen, Ihr System sicherheitstechnisch zu optimieren und auf den neuesten Stand zu bringen. Dies erreichen Sie etwa dadurch, dass Sie

- Ihre Betriebssystemkonfiguration anpassen,
- verhaltensbedingte Sicherheitslücken schließen,
- Treiber- und Systemaktualisierungen installieren,
- nur Hardware und Software verwenden/kaufen, die aktuellste Protokollversionen und Sicherheitstechniken unterstützen,
- neue Updates für Ihre Anwendungsprogramme zeitnah herunterladen und einrichten.

Auch wenn Ihre Sicherheitsmaßnahmen schon zahlreiche Lücken schließen und Gefahren vorbeugen, so ist trotzdem der zusätzliche bzw. ergänzende Einsatz von Schutzprogrammen gegen **Malware** und Spionageprogramme dringend zu empfehlen, um etwa den Schutz vor bösartigen Datei- oder Systemmanipulationen und unbemerkten Abhörtechniken zu verbessern.

Die Systemdienste und Protokolle stellen hier keine wirkliche Sicherheit dar. Ein schadhaftes oder fehlerhaftes Paket, das etwa einen Virus oder einen Wurm enthält[34], wird nämlich nur dann geblockt oder gelöscht, falls das Übertragungsprotokoll einen Fehler erkennt, also etwa

- es in der Größe verändert wurde,
- eine falsche Checksumme vorliegt oder
- das Protokoll ein falsches Prüfbit erkannt hat.

---

[34] Viren und Würmer sind bösartige Programme (Malware), die auf dem Anwendersystem die Funktionsfähigkeit von Hardware und Software beeinträchtigen und sogar zum Komplettausfall führen können.

Falls Sie ein nicht fehlertolerantes Protokoll einsetzen, wird das Paket dann erneut angefordert und übertragen. Fehlertolerante Protokolle dagegen führen kaum oder gar keine Überprüfung auf Übertragungsfehler durch.

Zudem sind die speziellen Kontrollmechanismen bei den einzelnen Protokollen sehr unterschiedlich.

In zahlreichen Fällen erreichen den Empfänger manipulierte Datenpakete, die vom System bzw. den Protokollen und deren Kontrollmechanismen nicht als solche erkannt wurden. Die Ursache dafür ist technischer Natur: Weder per Prüfbit noch per Prüfsumme bzw. Checksumme ist eine eindeutige Identifizierung möglich. Ebenso wie ein fehlerhaftes/manipuliertes Datenpaket dieselbe Prüfsumme wie das ursprünglich gesendete Paket besitzen kann, so kann auch das Prüfbit eines veränderten bzw. fehlerhaft übertragenen Zeichens dem ursprünglich berechneten Prüfbit entsprechen.

2.7 Aufgaben und Eigenschaften eines Netzwerkes *

In einem Netzwerk können Programme, Daten und auch Hardwareressourcen gemeinsam genutzt werden.

Die Vernetzung von Computern vereinfacht die interne und die externe Kommunikation. Kommunikationsprozesse werden effektiver und kostengünstiger, es treten weniger Kompatibilitätsprobleme auf und ein hohes Maß an Datensicherheit ist gewährleistet.

Vorteile eines Netzwerkes

Welche software- oder hardwaretechnischen Aufgaben kann ein Computernetzwerk übernehmen?

Ein Computernetz ermöglicht

- die zentrale Speicherung von Daten und Programmen sowie die Zugangsmöglichkeit für alle Netzwerkanwender und -administrator gemäß ihren Zugriffsrechten,
- die zentrale Pflege, Wartung und Aktualisierung der Datenbestände,
- die direkte Kommunikation zwischen den Nutzern durch Versenden von Nachrichten bzw. den Austausch von Dateien.

Das in Abb. 2.7-1 dargestellte Netzwerk zeigt vier PCs, die über einen Verteiler (Hardware/Gerät, das die Signale weiter leitet) mit einander kommunizieren können. PC1 stellt für alle Teilnehmer des Netzwerkes den Zugriff auf eine Datenbank zur Verfügung.

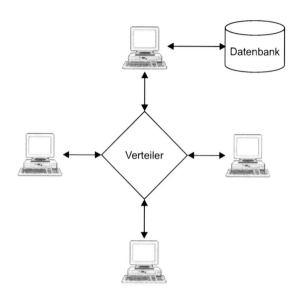

Abb. 2.7-1: Gemeinsamer Datenbankzugriff im Netzwerk.

Ein Netzwerk stellt z. B.

- externe Speicherkapazitäten zentral für alle angeschlossenen Computer bereit oder
- zentrale Dienste (Fax, Internetzugang, ...) zur Verfügung.

Spezielle technische Ausstattung muss nur einmalig angeschafft und eingerichtet werden, danach ist sie für alle Teilnehmer des Netzwerkes nutzbar.

In einem Netzwerk lässt sich ein Teil der sonst lokal auszuführenden Arbeit auf spezielle Netzwerkrechner verlagern, wie etwa auf

- einen Fileserver/Dateiserver oder Datenbankserver für den Zugriff auf freigegebene Datenbanken/Dateien und Ordner oder
- einen Printserver/Druckserver, der Druckaufträge entgegen nimmt und an einen Drucker oder Plotter weiterleitet.

In der Abb. 2.7-2 sehen Sie vier Computer, die über einen Verteiler vernetzt sind. Sowohl die PCs als auch die Server (genauer: die angemeldeten Benutzer) können die freigegebenen Ressourcen Datenspeicher und Drucker gemäß den hinterlegten Berechtigungen nutzen.

Eine derartige Umverteilung von Aufgaben führt zu einer besseren Kapazitätsauslastung durch gleichmäßigere Verteilung der Rechenlast und auch der Leitungskapazitäten.

2.7 Aufgaben und Eigenschaften eines Netzwerkes *

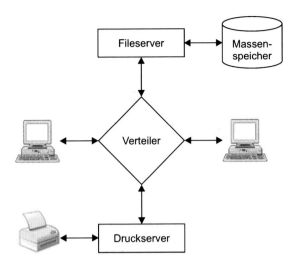

Abb. 2.7-2: Netzwerk mit Druck- und Fileserver.

Durch die Vernetzung von Computern wird es möglich,
- die auf den Servern gehaltenen Datenbestände und Dienste ständig allen Stationen verfügbar zu machen und
- dass allen Teilnehmern jederzeit die zentral verwalteten Soft- und Hardwareressourcen zur Verfügung stehen.

So wird auch der Zugriff auf Datenbestände und Dienste anderer Netze, etwa über eine Internetverbindung, möglich.

Des Weiteren können in einem Netzwerk einzelne Computer für spezielle Aufgaben delegiert werden und es lassen sich (technische) Maßnahmen zur Fehlertoleranz sowie ein System von Zugangsberechtigungen für alle im Netz befindlichen Computer bzw. Knoten zur Verfügung stellen.

In Netzwerken kommen häufig Cluster zum Einsatz. Ein Computercluster ist ein Verbund zusammengeschlossener Computer, die alle eine gemeinsame Aufgabe besitzen und sich dabei die Arbeit teilen, siehe auch Wikipedia: Computercluster (http://de.wikipedia.org/wiki/Computercluster). Vorteil dieser Clusterbildung ist u. a., dass

Cluster

- lange Wartezeiten entfallen, da aufwendige Berechnungen bzw. Aufträge oder Anfragen von mehreren Computern gleichzeitig bzw. parallel übernommen werden,
- der Ausfall von einem einzelnen Computer oder sogar von mehreren Computern sich zwar auf die Gesamtleistung des Clusters auswirkt, jedoch nicht das gesamte System lahm legt.

Nun kennen Sie Aufgaben, Nutzen und Anwendungsmöglichkeiten von Computernetzen. Doch wie lassen sich Netzwerke klassifizieren?

Klassifizierung von Netzwerken

Netzwerke lassen sich grundsätzlich nach verschiedenen Kriterien unterscheiden. Ein Computernetzwerk lässt sich kennzeichnen durch

- seine Ausdehnung bzw. Reichweite (siehe »Klassifizierung von Computernetzen nach ihrer Ausdehnung«, S. 36),
- die physikalische Anordnung der Computer bzw. Knoten/Stationen,
- die Übertragungstechnik (optisch per Glasfaserkabel, elektrisch per Kupferkabel, ...),
- das Übertragungsverfahren (Medienzugriff, Steuerung),
- das Übertragungsprotokoll (Datenformat, Steuerungsinformationen, technischer Standard),
- die angeschlossenen Computersysteme (homogen, heterogen).

2.8 Klassifizierung von Computernetzen nach ihrer Ausdehnung *

Häufig werden Netzwerke nach ihrer Ausdehnung klassifiziert. PAN ist ein Kleinstnetzwerk, etwa eine Direktverbindung zweier Computer. LAN ist ein lokales Heim- oder Firmennetzwerk, WAN ist ein Weitverkehrsnetz, ein Verbund mehrerer LANs. GAN ist ein weltweites Netzwerk wie zum Beispiel das Internet. Ein VPN ist ein privates Netzwerk, welches öffentliche Datenleitungen verwendet.

Direktverbindung

Die einfachste Form der Computervernetzung ist die Direktverbindung zweier Computer. Bei einer solchen Direktverbindung ist der Übertragungsweg eindeutig festgelegt und auf die Verbindung beschränkt.

Eine Computer-Direktverbindung erfolgte früher meistens über

- die parallele Schnittstelle (siehe Marginalie) oder
- ein serielles Kabel (Abb. 2.8-1).

Heute dagegen verbindet man zwei Computer (Direktverbindung!) je nach

- zur Verfügung stehender Schnittstellen,
- Entfernung,
- vorhandener Hardware,
- Anforderungen an die Bandbreite,
- Sichthindernissen zwischen den Computern und
- den vorhandenen Elektro-Steckdosen

2.8 Klassifizierung von Computernetzen nach ihrer Ausdehnung *

vorwiegend

- über den *Universal Serial Bus* (USB-Schnittstelle),
- per Netzwerkkabel (Kupfer oder Glasfaser),
- über Stromkabel oder
- per Funk (etwa WLAN, selten Bluetooth).

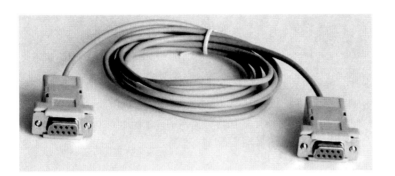

Abb. 2.8-1: Serielles Kabel.

Andere Übertragungswege bzw. -techniken werden in der Netzwerkpraxis nur noch selten verwendet.

Neben einer direkten Vernetzung von Computern gibt es Kommunikationsverbindungen, bei denen

- die Daten über stetig wechselnde Leitungen/ Übertragungswege gesendet werden (verbindungslos),
- die Leitungen bzw. Übertragungsmedien gleichzeitig auch für andere Verbindungen zur Verfügung stehen *(Shared Medium)*.

Netzwerke lassen sich ebenfalls nach ihrer **Flächenabdeckung** und/oder ihrer **Reichweite** charakterisieren.

Die ersten zwei Kategorien sind eher technischer Natur. Beide sind auf einen stark begrenzten Raum eingeschränkt, deren Kategorisierung ist jedoch eher auf ihren Zweck zurückzuführen. Sie heißen

- CAN und
- SAN.

Ein **CAN** (Controller Area Network) bezeichnet vernetzte Steuerelemente in der Automatisierungstechnik. Die Ausdehnung eines CAN ist eher gering, da es auf ein Labor oder eine Werkstatt beschränkt ist.

CAN

In einem **SAN** (Storage Area Network) werden große Speicherkapazitäten auf zentralen Servern mit riesigen Festplatten oder Bandlaufwerken zur Verfügung gestellt.

SAN

CANs und SANs gehören bezogen auf ihre Ausdehnung zu den *Personal Area Networks* (PAN), technisch gesehen gehören sie zu den *Local Area Networks* (LAN), da der Zugriff auf Steuerelemente und auch Zentralspeicher durch mehrere Stationen erfolgt und nicht nur über eine Direktverbindung.

PAN
: Unter einem PAN (Personal Area Network) versteht man ein (Kleinst-)Netz, das eher aus kleinen Kommunikationsgeräten wie PDAs oder Mobiltelefonen als aus Computern besteht. PANs können daher mittels verschiedener drahtgebundener Übertragungstechniken, wie USB oder FireWire, oder auch mittels drahtloser Techniken, wie etwa IrDA oder Bluetooth aufgebaut werden. Die Reichweite eines PANs ist sehr gering. Sie beträgt nur wenige Meter. Ein PAN ist ein sehr kleines Netz.

Ein typisches PAN wird durch zwei Computer gebildet, die per USB-Link (Abb. 2.8-2) verbunden sind. Diese Verbindung

- ist aufwendig einzurichten,
- bietet wenig Komfort,
- ist nicht erweiterbar bzw. skalierbar,
- macht relativ teure Hardware notwendig.

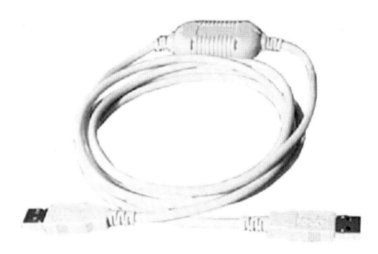

Abb. 2.8-2: USB-Laplink-Kabel.

Also bauen Sie besser ein kleines LAN auf, denn Vernetzung mit zwei Netzwerkkarten, Verteiler und Kabeln ist viel flexibler als eine starre Direktverbindung.

PANs sind rein private Netzwerke. Ihre Ausdehnung/Reichweite ist auf wenige Meter beschränkt. Jeder Betreiber wird und sollte trotzdem bestrebt sein, dass die Erreichbarkeit des Netzwerkes von außen durch Nachbarn, Passanten, Internetbenutzer usw. nicht möglich ist.

2.8 Klassifizierung von Computernetzen nach ihrer Ausdehnung *

Eine Erweiterung des PANs stellt ein LAN dar. Ein lokales Netzwerk (LAN, Local Area Network) verbindet selbstständige Computer und Großrechner zur Datenübertragung in einem räumlich begrenzten Bereich (Gebäude, Betriebsgelände, Reichweite bis zu 10 km) unter rechtlicher Aufsicht des Betreibers. LANs werden lokal verwaltet, sind also privat und nicht öffentlich. Es werden Kommunikationswege mit umfangreichen individuellen Sicherheitsvorkehrungen, hoher Übertragungsrate und geringer Fehlerrate eingesetzt.

LAN

Local Area Networks sind größer als *Personal Area Networks*, aber kleiner als *Metropolitan Area Networks, Wide Area Networks* und *Global Area Networks*, die im Folgenden beschrieben werden.

LANs sind die Grundbausteine des Internets. Über das Internet ist weltweit eine sechsstellige Anzahl lokaler Netzwerke verbunden. Zahllose private Haushalte und auch Unternehmen verfügen nämlich über ein eigenes LAN mit Internetzugang.

Ein LAN kann über Zusatzgeräte zur Kopplung von Netzen an andere LANs angeschlossen werden.

Die Abb. 2.8-3 zeigt Ihnen, wie zwischen Netzwerken oder Teilnetzen bzw. Subnetzen oder Netzwerksegmenten eine Verbindung hergestellt werden kann. In der Abbildung entscheidet jeder *Router*, ein intelligentes Gerät, das den Datenverkehr im lokalen Netzwerk und auch die netzwerkübergreifende Datenübertragung steuert sowie das lokale Netz verwaltet, ob die Daten in seinem lokalen Teilnetz (Segment) bleiben oder an ein anderes Netz bzw. an einen anderen *Router* weitergegeben werden müssen.

Hier sind drei verbundene LANs (Client/Server-Netzwerke) zu sehen. Die integrierten Computersysteme können netzübergreifend untereinander Daten austauschen. Die **Router** sorgen unter anderem für

- die Identifizierung des Ziels eingehender Datenpakete,
- die Übergabe der Datenpakete,
- die Festlegung bzw. Auswahl des Übertragungsweges, über den ausgehende Datenpakete zum Ziel geleitet werden.

Wie definiert die ISO *(International Standardisation Organisation)*[35] ein LAN? Es ist ein Netz für bitserielle Übertragung von Informationen zwischen untereinander verbundenen unabhängigen Geräten. Das Netz unterliegt vollständig der Zuständigkeit des Anwenders und ist auf ein Grundstück begrenzt.

---

[35] In der ISO, die 1946 gegründet wurde, arbeiten die nationalen Normungsinstitute aus über 100 Ländern zusammen. Ziel der ISO ist es, mit weltweit einheitlichen Normen den internationalen Austausch von Gütern und Dienstleistungen zu erleichtern sowie die Zusammenarbeit auf wissenschaftlichem, technischem und ökonomischem Gebiet über die Grenzen hinweg zu erreichen.

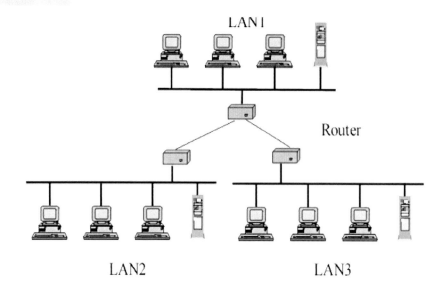

Abb. 2.8-3: Durch *Router* verbundene LANs.

Es werden also nicht nur Computer in einem LAN verwendet, sondern auch andere Geräte wie etwa Drucker, Monitore, Massenspeicher, Kontrollgeräte, Steuerungen, Fernkopierer.

Die ISO grenzt ein LAN u. a. durch seine begrenzte Ausdehnung, hohe Datenübertragungsrate, geringe Fehlerrate, dezentrale Steuerung von anderen Netzwerken ab.

MAN Die nächste Stufe nach dem LAN bildet ein MAN. Ein städtisches Netzwerk **MAN** (**M**etropolitan **A**rea **N**etwork) ist eine Verbindung mehrerer LANs in Ballungsgebieten (< 10–20 km). Durch Einsatz von Lichtleitertechnik wird eine schnellere und effektivere Verbindung als über WAN erreicht.

WAN Die Erweiterung eines MANs auf einen größeren Raum heißt WAN. Ein Weitverkehrsnetz bzw. Fernverkehrsnetz (**WAN**, **W**ide **A**rea **N**etwork) verbindet Großrechner, Rechenzentren und ganze LANs über größere Entfernungen unter Verwendung (überwiegend) öffentlicher Leitungen regional oder landesweit. Dabei besteht oft eine dauerhafte Verbindung zwischen den entfernten Standorten, die vom Netzbetreiber reserviert/zur Verfügung gestellt wird (gemietete Standleitung).

Als Übertragungsmedium im WAN von LAN zu LAN wird oft herkömmliches Netzwerkkabel *(Twisted-Pair)*, Glasfaserkabel, eine Funkstrecke oder das öffentliche Telefonnetz verwendet. WANs (Abb. 2.8-4) sind hinsichtlich ihrer Flächenabdeckung kaum beschränkt. Je nach Bedarf kann ein WAN sich über wenige Kilometer oder auch über eine erheblich größere Distanz erstrecken.

2.8 Klassifizierung von Computernetzen nach ihrer Ausdehnung *

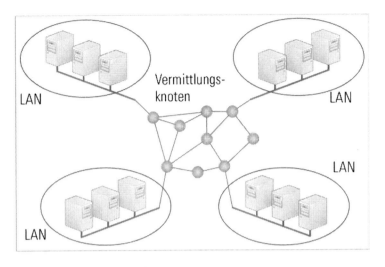

Abb. 2.8-4: *Wide Area Network*.

Im Gegensatz zum LAN ist die Datenübertragungsrate im WAN gering. WANs sind speziell für Unternehmen mit mehreren Niederlassungen interessant, wenn die Entfernung so groß ist, dass der Aufbau eines eigenen lokalen Netzwerkes unwirtschaftlich wäre, da der Betreiber sämtliche Kabel, Verstärker und Verteiler selber verlegen, anschließen, warten und stetig kontrollieren müsste.

Im Zuge der zunehmenden Privatisierung von Rundfunk/Fernsehen und Telekommunikation findet die Internet-Kommunikation beinahe ausschließlich über öffentliche Leitungen bzw. Verbindungen statt. Zwar ist der Markt (noch) staatlich reguliert, die eigentlichen Netzbetreiber und auch Eigentümer sind jedoch mehr und mehr private Unternehmen, welche die Netzinfrastruktur sowie die Flächendeckung stetig verbessern.

Ein noch größeres Netzwerk als ein WAN ist das GAN. Ein globales (weltweites) Kommunikationsnetz GAN (Global Area Network) unterliegt keiner räumlichen Beschränkung mehr und verbindet WANs, MANs sowie LANs meistens über Satelliten-Funkstrecken. Es können bei der Übertragung größere Zeitverzögerungen auftreten. Ein GAN kann etwa bei der Vernetzung weltweiter Standorte eines internationalen Konzerns Anwendung finden.

GAN

Übrigens gilt auch das Internet, das aus zahllosen weltweit vernetzten Computern besteht, als GAN. Das Internet (»Netz der Netze«) verbindet eine große Zahl entfernter Computer und Computerverbunde; wichtig für das Verständnis des Internet-Begriffes ist die Tatsache, dass es voneinander unabhängige Netzwerke miteinander verbindet und nicht jedoch einzelne Com-

Internet

puter innerhalb eines lokalen Netzwerks öffentlich zugänglich macht.

Die Abb. 2.8-5 zeigt die verschiedenen Netze im Überblick.

Kurzform	PAN	LAN	MAN	WAN	GAN
Bezeichnung	Personal Area Network	Local Area Network	Metropolitan Area Network	Wide Area Network	Global Area Network
	Persönliches Netz	Lokales Netzwerk	Städtisches Netzwerk	Fernverkehrsnetz	Weltweites Netz
Reichweite	Wenige Meter	1 km	10 km	Einige 100 km	Unbegrenzt
	Arbeitsplatz, Büro	Grundstück, Gebäude	Ballungsraum (Stadt)	Großraum	Welt
Betreiber	Privathaushalt, Firma	Privathaushalt, Firma	Kabelnetzbe-treiber	Großunternehmen, Telefongesellschaft	Öffentliche Institutionen
Regelungen	Keine Gesetze	Keine Gesetze	Vorgaben/Vorschriften des Betreibers	Gesetze des Staates	Technolo-gische Standards, internationale Vorgaben durch Gremien

Abb. 2.8-5: Netzwerkkategorien (Übersicht).

VPN Ein **VPN** (**V**irtual **P**rivate **N**etwork) ist ein Netz, über welches private Daten in einem öffentlichen Netz (Internet) transportiert werden. Der Zugriff auf diese Daten darf allerdings nur durch autorisierte Personen erfolgen. Dazu werden Daten verschlüsselt übertragen, die Netzverbindungen zwischen VPN-Client und VPN-Server werden durch Tunnel realisiert. Ein VPN (Abb. 2.8-6) besitzt eine große Ausdehnung, da diese Technik internetbasiert ist.

Die Datenübertragung im VPN findet nicht über eine feste gemietete Verbindung (Standleitung), sondern verbindungslos über das Internet (virtueller Datenübertragungskanal) statt. Allerdings müssen auf den an der Kommunikation beteiligten Computern je nach deren Funktion spezielle Programme (VPN-Client oder VPN-Server) eingerichtet sein, damit eine abhörsichere, ununterbrochene Verbindung zustande kommt. Das ist gar nicht so selbstverständlich, da durch das Internet zu jedem Zeitpunkt unzählige Datenpakete »liegen.«

Campus Area Network Manchmal findet man in der Literatur noch eine weitere Netzwerkkategorie: das *Campus Area Network*, das ebenfalls mit CAN abgekürzt wird. Ein *Campus Area Network* umfasst mehrere Gebäude auf einem geschlossenen Grundstück. Der Name Campus

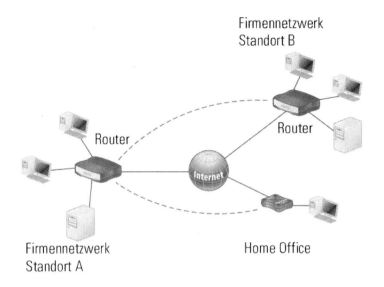

Abb. 2.8-6: *Virtual Private Network*.

deutet auf ein Universitätsgelände hin. Hier sind die Universitäten aus dem angelsächsischen Bereich gemeint, die größere Gebiete umfassen, da auf ihrem Gelände nicht nur die Lehrgebäude, sondern auch die Wohngebäude für die Studierenden untergebracht sind. Auch auf größeren Firmengeländen werden CANs betrieben.

Für die Verbindungen werden die Techniken aus dem LAN eingesetzt. Die Reichweite eines *Campus Area Network* ist geringer als die eines MAN oder WAN. Beispiele für *Campus Area Networks* sind die Netzwerke von Airbus, der Lufthansa und des Düsseldorfer Flughafens.

2.9 Adressierung der Computer im Internet *

Um in einem Computernetzwerk Daten von Computer zu Computer senden zu können, müssen die Informationen eine Empfängerangabe und auch eine Absenderangabe enthalten. In einem öffentlichen Netzwerk können dazu alternativ unterschiedliche Adressformate eingesetzt werden:

- »IP 4-Adresse«, S. 44
- »IP 6-Adresse«, S. 47
- »Domains und das DNS«, S. 48

Sie sind vollkommen gleichwertig.

IP-Adressen gibt es heute in der Version 4 und der Version 6. Die klassische IP 4-Adresse ist noch sehr oft in Verwendung, da IP 6-Adressen von den gängigen Protokollen und Browsern bzw. Anwendungen lange Jahre unzureichend oder gar nicht unterstützt wurden. Die Ablösung von IP 4 durch IP 6 ist jedoch in Sicht, denn die Grenzen der dem Adressformat von IP 4 zu Grunde liegenden Techniken werden bald erreicht sein.

2.9.1 IP 4-Adresse *

IP 4-Adressen (32 Bit) werden bald ausgedient haben. Der Adressbereich wurde einst in Klassen zerlegt. Die deutschen IP 4-Adressen werden von der DENIC verwaltet.

Damit in einem Computernetzwerk die einzelnen Computer eine Datenübertragung auf den gemeinsamen Leitungen durchführen können, muss jeder Computer über eine eindeutige Kennung verfügen.

Aufbau einer IP 4-Adresse

Jeder Computer im Internet erhält für den Zeitraum, in dem er online ist, eine weltweit eindeutige IP-Nummer (Internetprotokoll-Adresse), die bei IP, Version 4, eine Länge von 32 Bit besitzt.

Der besseren Lesbarkeit wegen wird diese IP-Nummer in vier Quads je 8 Bit aufgeteilt, die jeweils durch einen Punkt voneinander getrennt sind, etwa 131.18.1.12

Portangabe

Optional kann auch ein Port dazu angegeben werden. Die Darstellung sieht dann bei Adressierung an den Port 110 wie folgt aus: 131.18.1.12:110

Der maximale Bereich für die IP-4-Nummern erstreckt sich theoretisch von 0.0.0.0 bis 255.255.255.255. Die Verwaltung und Vergabe dieser IP-Nummern für die Domäne DE erfolgt durch eine Organisation, das *Network Information Center* an der Universität Karlsruhe DENIC[36] (siehe Website Denic (http://www.denic.de)), kurz als NIC[37] bezeichnet.

Die Adressen werden nicht einzeln vergeben, sondern in großen Bereichen (Klassen). Diese haben verschiedenen Umfang und die Rechteinhaber in Bezug auf einen solchen Adressbereich sind allein für die Aufteilung der Adressen auf ihre einzelnen Hosts

---

[36] Die DENIC (Deutsches Network Information Center) ist eine eingetragene Genossenschaft, deren Mitglieder Internet Service Provider sind, die ihren Kunden Zugänge zum Internet zur Verfügung stellen. Die Gesellschaft verwaltet deutsche Internet-Adressen (Domain-Namen); sie arbeitet darüber hinaus mit internationalen Gremien wie z. B. dem ICANN zusammen und stellt auf Anforderung Informationen u. a. zu rechtlichen Fragen bei der Domainvergabe und -verwaltung zusammen.

[37] Vorsicht: Die Abkürzung NIC hat in der Netzwerktechnik zwei völlig unterschiedliche Bedeutungen. Sie steht einerseits für das Gremium, das die IP-Adressen und DNS-Adressen vergibt (Network Information Center), und andererseits für die Netzwerkkarte selber (Network Interface Controller).

zuständig. Innerhalb ihres Adressbereichs können die Rechteinhaber weitere Teilnetze einrichten.

Nicht alle Adressen sind für den öffentlichen Einsatz vorgesehen, so hat man zum Beispiel den Bereich von 192.168.0.0 bis 192.168.255.255 für den privaten Gebrauch in lokalen Netzwerken reserviert.

Jede IP 4-Adresse besteht aus zwei Teilen, einem Netzwerkanteil (Netzadresse) und einem Hostanteil (Hostadresse, welche die Computeradresse in diesem Netz darstellt):

IP-Adresse = Netzwerkanteil.Hostanteil

Damit das Internetprotokoll also die Datenpakete selbstständig zu dem gewünschten Computer befördern kann, muss die Adresse maschinenlesbar sein.

Im Internet und auch in privaten Netzwerken gibt es zahlreiche *Router*, die für die Wahl der kürzesten und kostenoptimalen Verbindung verantwortlich sind. Sie verwenden die Adressinformation und ihre in internen Tabellen gespeicherten Verbindungsdaten, um die günstigste Verbindung zwischen Sender und Empfänger zu ermitteln.

Eine IP 4-Adresse, bei der das letzte Quad gleich 0 ist, z. B. 131.1.1.0, bezeichnet das Netzwerk, eine Adresse mit dem Wert 255 im letzten Quad, z. B. 131.1.1.255, bezeichnet alle Computer des Netzwerkes (Broadcast-Adresse).

Die IP 4-Adressen wurden lange Jahre in fünf Klassen eingeteilt. Diese sollten den Aufbau unterschiedlich großer Netzwerke ermöglichen. In jeder Klasse haben Netzwerkanteil und Hostanteil unterschiedliche Gewichtung bzw. Länge (Abb. 2.9-1).

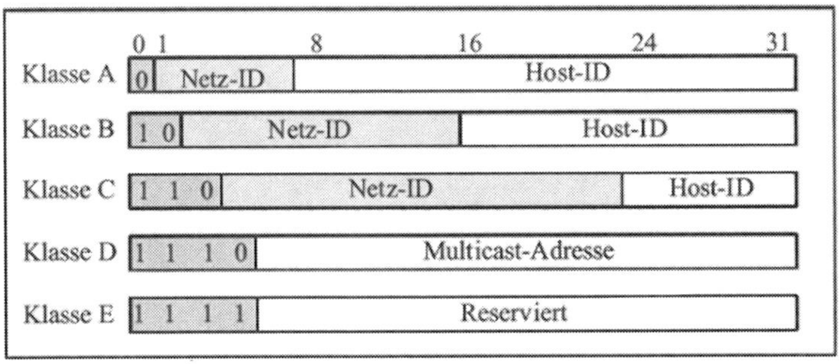

	0 1	8	16	24	31
Klasse A	0	Netz-ID	Host-ID		
Klasse B	1 0	Netz-ID		Host-ID	
Klasse C	1 1 0		Netz-ID		Host-ID
Klasse D	1 1 1 0		Multicast-Adresse		
Klasse E	1 1 1 1		Reserviert		

Abb. 2.9-1: Klassen von IP-Adressen.

Dabei hat die Klasse E experimentellen Charakter, steht also für den normalen Gebrauch nicht zur Verfügung. Adressen aus diesem Bereich verweisen nicht auf reale Netzwerke.

Klasse E

Klasse D — Bilden die vier höchstwertigen Bits zusammen den binären Wert 1110, so handelt es sich um eine Multicast-Adresse, ein Netzwerk der Klasse D.

Das erste Quad beträgt also bei einem D-Klasse Netzwerk mindestens 224, höchstens jedoch 239; die Adressen lauten also 224.x.x.x bis 239.x.x.x.

In der D-Klasse gibt es keinen Netzwerkanteil.

Broadcasting über D-Klasse-Adressen wird z. B. bei Videokonferenzen und bei der Übertragung von Internet-Radio angewendet.

Je nach Klasse sind die Bits

- 1 (Klasse A),
- 1 bis 2 (Klasse B),
- 1 bis 3 (Klasse C) oder
- 1 bis 4 (Klasse D und E)

feststehend für alle IP-Nummern dieser Klasse. Eine Adresse der Klasse C besitzt 110 als die ersten 3 Bit, der Netzwerkanteil besteht aus 21 Bit, der Computeranteil aus 8 Bit. Aufgrund der Größe des Netzwerkteils gibt es viel mehr C-Klasse-Netze als A-Klasse-Netze. Jedes A-Netz kann daher viel mehr Computer aufnehmen als ein C-Netz.

Die Netz-ID adressiert das Netzwerk als Ganzes. Jedes Endgerät im Netzwerk (Netzwerkadapter oder Steuergerät) bekommt eine eindeutige HOST-ID und verwendet zusätzlich die für alle im Netz befindlichen Geräte identische Netz-ID.

Außerdem wird eine Subnetz-Maske benötigt. Diese gibt an, aus wie vielen Bit der gesamten IP-Adresse der Netzwerk-Anteil besteht. Die Subnetzmaske besteht ebenfalls aus 32 Bits. Sie beginnt mit einer Folge von Einsen und endet mit Nullen. Ein Beispiel: 11111111 11111111 11111111 00000000 bezeichnet einen C-Klasse Computer, da die ersten 24 Bit den Wert 1 besitzen.

Beispiel — Die IP-Adresse 54.123.54.43 mit der Subnetz-Maske 255.0.0.0 gehört zu einem Netzwerk der A-Klasse, denn die ersten 8 Bit der Subnetz-Maske haben den Wert 1. Die Dezimalzahl 255 entspricht der Binärzahl 11111111.

Da in einem Netzwerk nur IP-Adressen aus einem zusammenhängenden Nummernbereich verwendet wurden, wurde durch die Klassenbildung das Leiten einer Nachricht an einen bestimmten Computer auch über das Internet sehr stark vereinfacht.

Diese Klassenbildung spielt allerdings heute kaum noch eine Rolle, da

- zusammenhängende IP 4-Adressen kaum noch zur Verfügung stehen,

2.9 Adressierung der Computer im Internet *

- zahlreiche Netzwerke zerklüftet sind, also aus Computern bestehen, die keinem zusammenhängenden IP-Adressbereich angehören,
- es keine Klasse für mittelgroße Organisationen gibt,
- die heutigen *Router* nahezu alle klassenlos arbeiten.

Mittlerweile gilt die Klassenbildung als veraltet. Kaum ein *Router* arbeitet heute noch nach diesem veralteten Verfahren. Siehe dazu auch: Website Compu-seite.de (http://www.compu-seite.de/netzwerke/grundlagen/ip_klassen.htm) und Website Itwissen.info (http://www.itwissen.info/definition/lexikon/IP-Adresse-IP-address.html).

Durch klassenloses Routing entfällt die Festlegung auf Netz-IDs mit fester Länge; bisher waren nur die Längen 24, 16 und 8 Bit möglich. So kann bei klassenloser Adressierung die zu der IP-Adresse 15.4.65.251 gehörige Subnetz-Maske 255.255.248.0 heißen, deren Dualdarstellung 11111111.11111111.11111000.00000000 lautet.

Klassenloses Routing

Die Subnetz-Maske besteht hier also aus 21 führenden Einsen, der Computeranteil hat die Länge 11 Bit. Somit kann dieses Netzwerk aus etwas mehr als 2000 Computern mit verschiedenen IP-Adressen bestehen.

Früher, als es noch die Klassen gab, konnten nur die Subnetz-Masken 255.0.0.0, 255.255.0.0 sowie 255.255.255.0 verwendet werden.

Weitere Informationen zum klassenlosen Routing finden Sie unter Website Teialehrbuch (http://www.teialehrbuch.de/Kostenlose-Kurse/Internet-Technik/16127-Erweiterung-des-IP-Adressklassenkonzeptes.html).

2.9.2 IP 6-Adresse *

IP 6-Adressen (128 Bit) treten die Nachfolge der IP 4-Adressen an. Ebenfalls werden deutsche IP 6-Adressen bei der DENIC registriert.

Die IP 6-Adressen besitzen den gleichen Zweck wie die IP 4-Adressen. Sie werden die ältere Generation schließlich ablösen. Auch deren Vergabe/Registrierung läuft analog über die DENIC.

IP-Adressen der Version 6 bestehen aus 128 Bit und werden als Kette von 16 Bit-Zahlen in Hexadezimalform, jeweils getrennt durch einen Doppelpunkt (»:«), dargestellt.

Aufbau einer IP 6-Adresse

Folgen von Nullen können einmalig durch einen doppelten Doppelpunkt (»::«) abgekürzt werden. Da in einer Netzwerkadresse der Doppelpunkt mit der optionalen Portangabe kollidiert, werden IP 6-Adressen in eckige Klammern gesetzt, falls eine Portangabe folgt.

Beispiel
Hier sehen Sie ein Beispiel für eine Adresse der Version 6 des Internet-Protokolls IP mit Portangabe:
[20AA:FFFF:D0AE:00C0:00A8:0001:0002:1770]:8421

2.9.3 Domains und das DNS *

Eine Domain ist ein eindeutiger Computername in einem öffentlichen Netzwerk. Durch DNS ist eine eindeutige Zuordnung zwischen einer Domain und einer IP-Adresse möglich. Auch deutsche Domains werden von der DENIC verwaltet.

Im Internet existiert parallel zur IP-Adresse ein weiteres Adressformat, das allerdings alphanumerische Zeichen, also Kombinationen zwischen Ziffern, Buchstaben und Sonderzeichen[38], verwendet.

DNS
Das dieser Art der Adressierung zugrunde liegende System heißt Domänen-Prinzip, *Domain Name System* oder kurz **DNS**. Dadurch wird die Adressierung der Computer (Hosts) verständlicher gemacht. Jedes eigenständige Gerät im Internet (falls es eine öffentliche IP-Adresse besitzt), kann zusätzlich zu seiner öffentlichen IP-Adresse mit einem aussagefähigen zuvor bei der DENIC zu registrierenden Namen versehen werden. Beispiele dafür sind meinestadt.de und 1drucker.de. Würde man die Namensvergabe völlig unabhängig von der IP-Adressvergabe organisieren, so müsste

- eine Tabelle mit den registrierten IP-Adressen,
- eine Tabelle mit den registrierten Domänennamen und zusätzlich
- eine Tabelle mit den Zuordnungen zwischen Domänennamen und IP-Adressen geführt werden.

In jeder dieser Tabellen müsste zu jedem Namen die zugehörige IP-Adresse aufgelistet sein; die Tabellen hätten mehrere hundert Millionen Einträge und müssten ständig aktualisiert werden.

Aus diesem Grund hat man das Domain-Prinzip entwickelt, bei dem die Hosts, welche die Zuordnung zwischen IP-Adressen und Domains vornehmen, im Internet einzelnen Bereichen zugeteilt werden.

Damit das Internetprotokoll auch per DNS adressierte Datenpakete dem gewünschten Empfänger übermitteln kann, muss

---

[38] Als einziges Sonderzeichen in Domänennamen darf das Minuszeichen (-) vorkommen.

2.9 Adressierung der Computer im Internet *

die DNS-Adresse zuerst in eine IP-Adresse umgewandelt werden. Hierzu existieren spezielle Computer:
- DNS-Server bzw.
- *Name Server.*

Geben Sie beispielsweise in Ihrem Webbrowser die Adresse www.gmx.de ein, so wird die Anfrage an einen DNS-Server gesendet, der zur DNS-Adresse die zugehörige IP-Adresse ermittelt und diese an den anfragenden Computer sendet, sodass dessen lokale Protokolle nun seine Anfrage an den Zielrechner mithilfe der erhaltenen IP-Adresse übermitteln können.

Beispiel 1a

Eine DNS-Adresse (z. B. rz.uni-duesseldorf.de) wird genau andersherum gelesen als eine IP-Adresse. Die erste Angabe von links steht für den gewünschten Computer, die nächste Angabe bezeichnet das Netzwerk, zu dem dieser Computer gehört. Der letzten Angabe verdankt die DNS-Adresse ihren Namen: Sie gibt das Gebiet *(domain)*, also die *Top-Level Domain* an, der der Computer angehört.

Die allgemeine Darstellung einer Web-Adresse bzw. DNS-Adresse lautet:
Dienst.Second-Level Domain.Top-Level Domain

Bei der Adresse www.gmx.de ist
- www der Dienst,
- gmx die *Second-Level Domain* bzw. der Computername,
- de die *Top-Level Domain,*
- gmx.de die DNS-Adresse.

Beispiel 1b

Für jede Top-Level Domain (de, fr, it, gov, com usw.) gibt es mindestens einen Computer, der die IP-Adressen der jeweiligen Domäne kennt und verwaltet. Auf einem derartigen DNS-Server befindet sich eine Tabelle, in der jede eingetragene DNS-Adresse (z. B. schule.de) mit ihrer zugehörigen IP-Adresse aufgeführt ist. Ein solcher Computer für die Domain de gehört zum Beispiel der DENIC an der Uni Karlsruhe; alle deutschen Domänen wie auch IP-Adressen sind dort registriert.

Top-Level Domain

Domänen und IP-Adressen werden getrennt verwaltet, sodass für jeden Bereich wesentlich weniger Organisationsaufwand nötig ist (verteilte Datenbank).

Übergeordnete Domains (*Top-Level Domains*, TLDs) sind teils nach Ländern und teils nach Sachgebieten gegliedert.

Die Tab. 2.9-1 zeigt einige *Top-Level Domains* nach Sachgebieten differenziert.

Domain	Sachbereich
Com	Kommerzielle Unternehmen
Edu	Bildungsstätten (z. B. Universitäten)
Gov	Nicht militärische Regierungsangelegenheiten
Mil	Militär
Net	Netzwerke, die in keine der anderen Kategorien passen
Org	Organisationen

Tab. 2.9-1: *Top-Level Domains* nach Sachgebieten.

Die Tab. 2.9-2 zeigt einige *Top-Level Domains* differenziert nach Ländern.

Neben weiteren bekannten Domains wie z. B. eu, uk, info und gov und unbekannteren Domains wie museum, travel und mobil soll es nun beliebig viele weitere *Top-Level Domains* geben. Von nun an kann jeder Begriff zur TLD werden, falls sich eine Firma findet, welche diese vermarkten möchte.

ICANN Die *Internet Corporation for Assigned Names and Numbers* (ICANN) verwaltet als Non-Profit-Organisation Namen und Adressen im Internet und koordiniert technische Aspekte des digitalen Raums. Besonders wichtig ist der Erhalt eines gut funktionierenden *Domain Name Systems*, damit man bei der Eingabe des Namens einer Website oder E-Mail-Adresse nicht an unterschiedlichen Orten im Netz landet, sondern weltweit nur auf eine klar definierte Adresse zugreift. Die Selbstbeschreibung der ICANN finden Sie hier: Website ICANN (http://www.icann.org/general/).

Auf dem 37. ICANN-Meeting im März 2010 haben die Internet-Direktoren in Nairobi endlich den Weg für neue *Top-Level Domains* freigemacht.

Antragsteller müssen zunächst einmal 180.000 Dollar zahlen, danach fallen die Kosten der weiteren Prüfung durch die oberste Internet-Behörde ICANN noch deutlich höher aus. Der ICANN bleibt jederzeit vorbehalten, einen Antrag abzulehnen, etwa weil der beantragte Begriff geschützt ist.

In der zweiten Jahreshälfte von 2010 soll die Ausschreibung beginnen. Ab 2011 können dann die ersten Anträge gestellt werden, sodass die Verbraucher ab 2012 *Domains* mit den neuen TLDs beantragen können.

2.9 Adressierung der Computer im Internet *

Domain	Land	Domain	Land
Aq	Antarktis	mx	Mexiko
Au	Australien	nz	Neuseeland
Be	Belgien	nl	Niederlande
Br	Brasilien	no	Norwegen
Bg	Bulgarien	at	Österreich
Cl	Chile	pl	Polen
Dk	Dänemark	pt	Portugal
De	Deutschland	pr	Puerto Rico
Ee	Estland	ru	Russland
Fi	Finnland	se	Schweden
Fr	Frankreich	ch	Schweiz
Gr	Griechenland	sg	Singapur
Gl	Grönland	sk	Slow. Republik
Uk	Grossbritannien	si	Slowenien
Hk	Hongkong	es	Spanien
In	Indien	sa	Südafrika
Ir	Irland	tw	Taiwan
Is	Island	th	Thailand
It	Italien	cz	Tsch. Republik
Jp	Japan	tn	Tunesien
Ca	Kanada	tr	Türkei
Kr	Korea	hu	Ungarn
Kw	Kuwait	us	USA
Lv	Lettland	ve	Venezuela
Lu	Luxemburg	cy	Zypern
My	Malaysia		

Tab. 2.9-2: *Top-Level Domains* differenziert nach Ländern.

3 Server und Clients *

Ein kleines Netzwerk ist nicht nur im Büro, sondern auch zu Hause eine sinnvolle Angelegenheit.

Möchten Sie einen Internetzugang, einen Drucker oder Daten von mehreren Computern aus gemeinsam nutzen? Mit den heutigen Betriebssystemen, Diagnose-Werkzeugen und kostenlosen Administratorwerkzeugen können Sie Ihr Vorhaben schnell und unkompliziert realisieren.

Ihr neues Netzwerk kann mehrere Computer zu einer Arbeitsgruppe zusammenfassen, ohne dass Sie eine Client/Server-Architektur benötigen. So kann beispielsweise ein neu angeschaffter Computer oder auch eine Multimediastation Speicherplatz auf einer großen Festplatte anbieten, während ein älterer Computer die Druckjobs erledigt oder für die Datensicherung zuständig ist. Schließen Sie dann noch alle Computer an einen DSL-*Router* an, so ist auch die gemeinsame Nutzung eines einzigen Internetzuganges möglich.

Ein Netzwerk wird unter anderem durch

- die Funktion und
- die Ausstattung

der eingesetzten Computer charakterisiert.

Sie werden sehen, dass die Endgeräte verschiedene Rollen/Funktionen im Netzwerk übernehmen können.

Die Anforderungen, welche die Anwender oder auch Administratoren an die Netzwerkcomputer stellen, sind sehr weit gefächert, z. B.:

- Mobilität,
- Anzahl der Anschlussmöglichkeiten,
- Bedienungsmöglichkeiten (Touchscreen, Spracheingabe),
- Erweiterbarkeit und
- Bildschirmgröße

Nach dem Durcharbeiten dieses Kapitels können Sie grundlegende Einstellungen in der Benutzerverwaltung vornehmen:

- »Praxis: Benutzerverwaltung«, S. 54

Sie können die Funktion der einzelnen Computer im Netzwerk erläutern:

- »Server«, S. 65
- »Clients«, S. 80

Sie können Netzwerke anhand der Funktion der an der Kommunikation beteiligten Computer kategorisieren:

- »Netzwerkarchitekturen«, S. 81

Sie sind in der Lage, die einzelnen Computerkategorien hinsichtlich ihrer Ausstattung und ihrer Mobilität unterscheiden:

- »Endgeräte in Computernetzwerken«, S. 86

3.1 Praxis: Benutzerverwaltung *

Zum Arbeiten an einem Computersystem benötigen Sie Rechte. Wie Sie Benutzer anlegen, diese einer Gruppe zuordnen können und wie Sie die Einstellungen eines Benutzerkontos vornehmen können, das erfahren Sie als Erstes:

- »Benutzerrechte«, S. 54

Was es sicherheitstechnisch bei der Benutzerverwaltung zu beachten gilt, erfahren Sie anschließend:

- »Sicherheit«, S. 62

Wichtige Vorgehensweisen werden vermittelt:

- »Checklisten«, S. 63

Für die Praxis ist das Einrichten von Gruppen wichtig:

- »Gruppenrichtlinien«, S. 63

3.1.1 Benutzerrechte *

Die Benutzerverwaltung eines Betriebssystemes ermöglicht das Anlegen von Benutzerkonten sowie die Vergabe von Berechtigungen. Nur Administratoren besitzen Systemrechte, dürfen also Einstellungen verändern oder Programme installieren.

Nicht nur bei der Konfiguration eines Netzwerkes werden Sie häufiger auf eine Problematik stoßen: **Benutzerrechte**. Je nach Betriebssystem gibt es diesbezüglich mehr oder weniger vielfältige und auch komplizierte Einstellungen.

Das Prinzip ist jedoch immer das gleiche: Jeder Computer, der entweder

- von mehr als einer Person genutzt wird,
- irgendwelche schützenswerte, geheime oder sensible Informationen beherbergt,
- Zugang zu irgendeinem Netzwerk hat (lokales Kabelnetz, Funknetz, Internet, ...) besitzt,

sollte (zumindest laienhaft) abgesichert werden.

Allein über das Thema »Benutzerverwaltung unter Microsoft Windows« gibt es umfangreiche Bücher mit vielen 100 Seiten Umfang. Im Folgenden werden daher nur einige Basiskenntnisse vermittelt.

Für die Rechtevergabe stellen Ihnen alle aktuellen Betriebssysteme eine Benutzerverwaltung zur Verfügung. Dabei handelt es sich um eine Datenbank bzw. mehrere Tabellen, die miteinander verknüpft sind. Diese Datenbank wird vom jeweiligen Betriebssystem, etwa Mac OS, Windows oder Linux verwaltet.

In diesem Zusammenhang ist des Öfteren von sogenannten **Gruppenrichtlinien** die Rede. Gruppenrichtlinien sollen die Benutzerverwaltung vereinfachen und vereinheitlichen: Einer Gruppe werden Rechte zugeordnet, ein Benutzer erbt schließlich die Rechte der Gruppen, zu denen er gehört. Weitere Informationen dazu finden Sie unter Website Netzwerktotal (http://www.netzwerktotal.de/gruppenrichtlinien.htm).

Gruppenrichtlinien

Der Zugriff auf die Benutzer- und Rechteverwaltung geschieht über die Systemeinstellungen bzw. die Systemsteuerung.

So wie hier unter Mac OS X (Abb. 3.1-1) können Sie auch unter anderen Betriebssystemen Benutzer(konten) anlegen und verwalten.

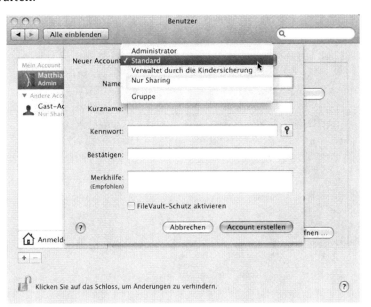

Abb. 3.1-1: Benutzereigenschaften unter Mac OS X, Erstellung eines neuen Benutzerkontos.

Wie in Abb. 3.1-2 ersichtlich, ändern Sie hier auch die Rechte vorhandener Benutzer oder legen neue Gruppen an.

Bei der Vernetzung von Computern spielt die Einrichtung und Verwaltung von Benutzerkonten *(Accounts)* eine entscheidende Rolle. Ein *Account*, auch Benutzerkennung, Benutzerkonto oder *User ID* genannt, bezeichnet in einem Netzwerk das Zugangs-

Account

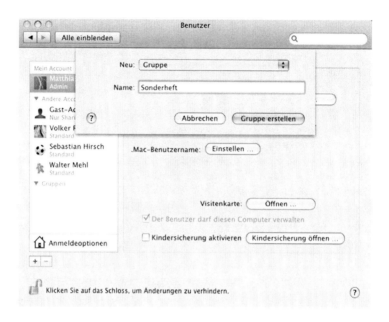

Abb. 3.1-2: Gruppe unter Mac OS X anlegen.

recht eines Teilnehmers und die Festlegung all seiner Rechte im Computernetz sowie alle Parameter, die den Zugriff auf das Netzwerk und die freigegebenen Ressourcen ermöglichen.

Der Begriff *Account* ergibt sich aus der Tatsache, dass die Benutzerdaten und Benutzerberechtigungen tabellarisch in Form eines Kontos dargestellt werden können. Ein Konto der Benutzerverwaltung kann beinhalten:

- Name und Alias,
- Passwort,
- Gruppenzugehörigkeit,
- Zugriffsrechte,
- zugewiesene Einlogzeiten bzw. Anmeldezeiten,
- persönliche Speicherplatzkontingente.

Betriebssystemabhängig steht schon nach der Installation des Systems eine Liste von Benutzern und auch von Benutzergruppen zur Verfügung, von denen jede einzelne Gruppe eine von den Softwareentwicklern festgelegte Kombination von Anwenderrechten, lokalen Administratorrechten und Berechtigungen im Netzwerk besitzt.

Im nicht-professionellen Bereich kommt man mit diesen Vorgaben in der Regel aus. Falls Ihnen jedoch eine detailliertere Rechtevergabe sinnvoll/notwendig erscheint, so sollten Sie nach den speziellen Berechtigungen der einzelnen Gruppen in Diskussionsforen, auf der Webseite des Softwareherstellers, in System- und Administratorhandbüchern oder auch per Suchmaschine suchen und die Einstellungen Ihres Betriebssystems entsprechend ändern/anpassen.

Wie schon angemerkt, reichen die vom Betriebssystem vorgegebenen Benutzergruppen und Rechtestrukturen in den meisten Fällen völlig aus. Zwar sind diese nicht unmittelbar ersichtlich, jedoch ist die Kenntnis der einzelnen Rechte im Detail, die den einzelnen Benutzern und Gruppen zugeordnet sind, für die meisten Computeranwender nicht von Bedeutung; im Vordergrund steht ja schließlich, dass Sie einfache, trotzdem wirksame Sicherheitsvorkehrungen gegen fremde Einsicht in Ihre persönlichen Dateien, Manipulation von Daten, Programmen und Hardware treffen.

Der Eingriff in die Benutzerverwaltung kann dazu führen, dass Sie sich selber aussperren. Merken Sie sich also die angegebenen Kennwörter (nicht auf die Tastatur schreiben!) und seien Sie vorsichtig. Es passiert leicht, dass man das einzige Administratorkonto sperrt oder löscht, oder ihm einfach nur einige Rechte nimmt. Manchmal hilft danach nur eine komplette Neuinstallation des Systems.

Wenn Sie das Passwort eines Benutzerkontos ändern, die detaillierten Rechte einer Gruppe vergeben, die Zuordnung eines Benutzers zu einer/mehreren Gruppen anpassen möchten, und auch bei vielen anderen Aktionen, benötigen Sie Zugriff auf Benutzerdaten und/oder Gruppenrichtlinien in der Systemsteuerung. Ihr Betriebssystem wird derartige Aktivitäten allerdings im Regelfall nur dann zulassen, wenn Sie

- als lokaler Administrator angemeldet sind oder
- bei Anforderung eine entsprechende Legitimation angeben.

Sollten Ihre Rechte nicht ausreichend sein, so reagieren die einzelnen Betriebssysteme sehr unterschiedlich und inkonsistent. In einigen Fällen erhalten Sie eine Fehlermeldung, wie sie die Abb. 3.1-3, die Abb. 3.1-4, die Abb. 3.1-5 und die Abb. 3.1-6 zeigen.

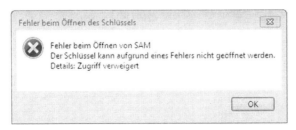

Abb. 3.1-3: Systemmeldung bei fehlenden Benutzerrechten.

3 Server und Clients *

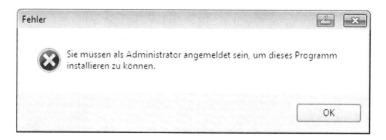

Abb. 3.1-4: Hier sind Administratorrechte notwendig.

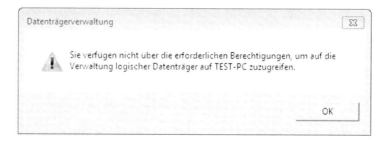

Abb. 3.1-5: Fehlende Rechte.

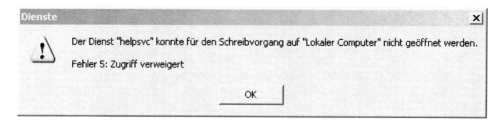

Abb. 3.1-6: Fehlermeldungen bei unzureichenden Rechten.

In anderen Fällen – speziell bei Aktivitäten im Netzwerk – fragt das System nach dem Konto und dem Passwort eines Administrators, wie in Abb. 3.1-7 zu sehen ist.

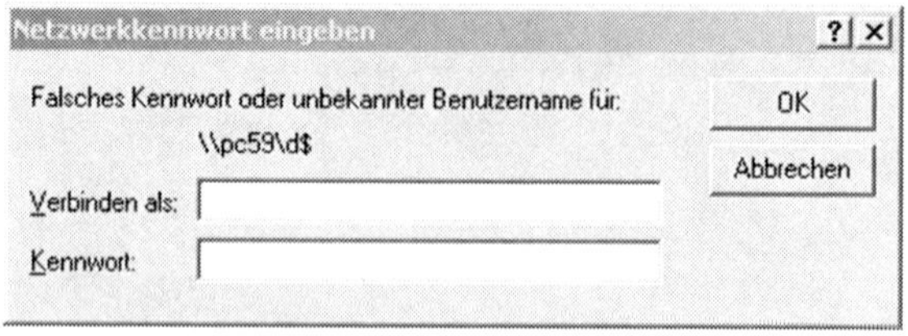

Abb. 3.1-7: Legitimation angeben.

Häufig deaktiviert das System einige Schaltflächen (Abb. 3.1-8).

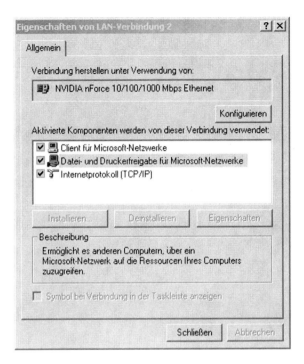

Abb. 3.1-8: Deaktivierte Schaltflächen bei fehlenden Rechten.

Hier sind die unten befindlichen Steuerelemente aufgrund fehlender Systemrechte grau, also nicht verfügbar.

Manchmal passiert einfach gar nichts, in einigen Fällen funktioniert alles fehlerfrei. Es kommt auch vor, dass scheinbar alles glattgeht, Ihnen jedoch irgendwann auffällt, dass die Änderungen – ohne dass eine Meldung erschien – nicht wirksam geworden sind.

In der Benutzerverwaltung können Sie sich alle lokalen Benutzerkonten anzeigen lassen (Abb. 3.1-9, Abb. 3.1-10).

Für die Änderung von Systemeinstellungen benötigen Sie lokale Administratorrechte (Abb. 3.1-10, Abb. 3.1-11).

Für normale Anwendungen wie etwa Bildbearbeitung und Internetsurfen reicht es, wenn Ihr Konto Standardbenutzerrechte besitzt oder zur Gruppe Benutzer gehört (Abb. 3.1-12).

Über Kontotyp ändern (Windows 7) weisen Sie dem Benutzer eine andere Gruppe zu, wie in der Abb. 3.1-13 zu sehen ist.

Die Benutzerverwaltung ist zwar unter Windows 7 und auch unter Windows Vista übersichtlich und einfach zu handhaben, jedoch lässt sie kaum Einstellungen zu.

3 Server und Clients *

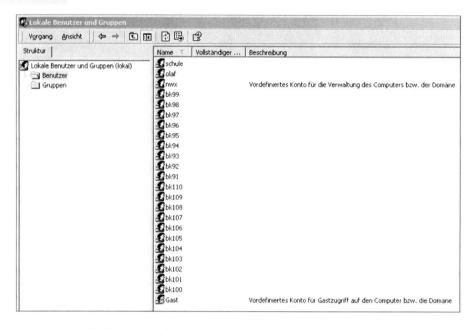

Abb. 3.1-9: Liste der Benutzer.

Abb. 3.1-10: Benutzer, der zu den lokalen Administratoren gehört (Windows 7).

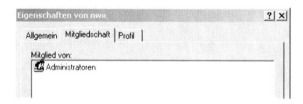

Abb. 3.1-11: Lokales Administratorkonto (Windows 2000).

Die Benutzerverwaltung ist zwar unter Windows 7 und auch unter Windows Vista übersichtlich und einfach zu handhaben, jedoch lässt sie kaum Einstellungen zu.

Abb. 3.1-12: Benutzer, der nur Anwenderrechte besitzt (Windows 7).

Abb. 3.1-13: Gruppenzuordnung ändern.

Wer sich an die Dialoge von Windows 2000 oder XP gewöhnt hat, findet eine ähnliche Darstellung im Benutzermanager, den Sie über Start-Ausführen durch Aufruf der entsprechenden Microsoft-Management-Konsole erreichen (Abb. 3.1-14).

Dieses Vorgehen funktioniert auch unter Windows 2000 und Windows XP. Hier können Sie detailliertere Einstellungen vornehmen.

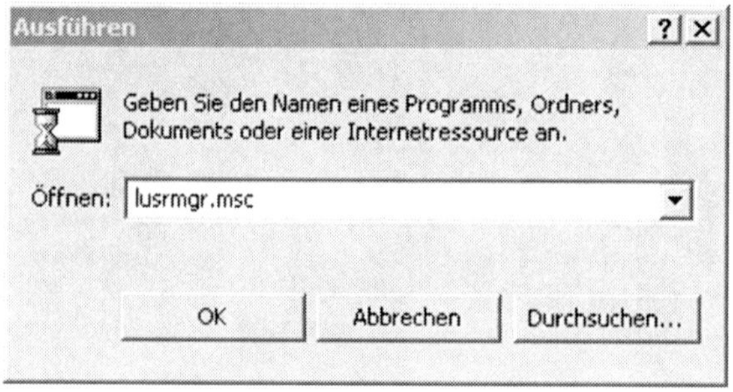

3 Server und Clients *

Abb. 3.1-14: Benutzermanager öffnen.

3.1.2 Sicherheit *

Deaktivieren des Gast-Kontos und Ändern des Standard-Administratorkontos sind zur Erhöhung der Sicherheit im Netzwerk sehr zu empfehlen.

Wie in jedem anderen Bereich auch, sollten Sie hier einige Dinge beachten:

1   Deaktivieren Sie grundsätzlich das Konto Gast (Abb. 3.1-15).

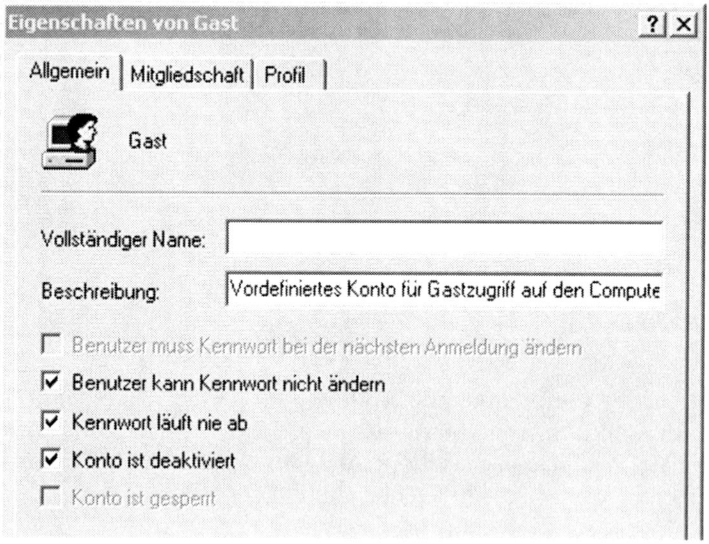

Abb. 3.1-15: Gastkonto deaktivieren.

2   Geben Sie dem Konto Administrator einen kryptischen Namen, wie af2_3b7xD.
3   Schützen Sie jedes Konto durch ein ausreichend langes kryptisches Kennwort.

4 Wählen Sie alle Passwörter ausreichend lang und notieren Sie speziell die Administrator-Passwörter nirgends.
5 Ersetzen Sie wichtige Kennwörter regelmäßig durch neue.

Richten Sie jeweils ein Benutzer- und ein Administratorkonto ein. Geben Sie einige Aktionen an, die für den (eingeschränkten) Benutzer durch das Betriebssystem *nicht* erlaubt werden.

3.1.3 Checklisten *

Dieser Abschnitt vermittelt Ihnen, wie Sie beim Anlegen von Benutzern und der Vergabe von Berechtigungen vorgehen können.

Folgendermaßen könnten Sie vorgehen, wenn Sie zahlreiche Benutzer mit ähnlichen/gleichen Berechtigungen einrichten müssen:

1 Sie definieren Gruppen, die verschiedene Berechtigungen erhalten sollen. Vergeben Sie z. B. die Namen »Sachbearbeiter«, »Abteilungsleiter« und »Administrator«.
2 Sie ordnen jeder Gruppe ihre Berechtigungen zu.
3 Sie erstellen die Benutzerkonten, geben diesen jeweils einen Namen sowie ein Kennwort und legen weitere Eigenschaften fest.
4 Jedem Benutzer weisen Sie mindestens eine Gruppe zu, deren Berechtigungen er erhalten soll.
5 Um Berechtigungen zu ändern, erstellen Sie neue Gruppenrichtlinien, sodass die Änderungen sofort für alle Benutzer, welche der entsprechenden Gruppe zugeordnet sind, wirksam werden.

Im Regelfall werden allerdings keine speziellen Rechte benötigt. Dann reicht es, die Standardgruppen von Ihrem Betriebssystem zu verwenden:

1 Benutzer anlegen.
2 Kontoeigenschaften angeben.
3 Gruppe zuweisen.

Bei einem Benutzer ist die Einstellung `Kennwort läuft nie ab` deaktiviert. Recherchieren Sie, was diese Einstellung genau zur Folge hat. Geben Sie auch zwei Links als Beleg an.

3.1.4 Gruppenrichtlinien *

Der Gruppenrichtlinieneditor macht die komfortable Vergabe von Rechten möglich.

Bei Windows XP/Vista/7 gibt es für die Versionen Pro, Business, Enterprise und Ultimate einen Editor zum Anpassen der Gruppenrichtlinien: GPEDIT.

Bei »Windows Home« und »Home Premium« steht dieser Editor für die Gruppenrichtlinien leider nicht zur Verfügung.

Geben Sie unter Ausführen im Startmenü gpedit.msc ein.

Gruppenricht-linieneditor
Mit dem Gruppenrichtlinieneditor (Abb. 3.1-16) öffnet sich ein Werkzeug mit einer immensen Auswahl an systemweiten Einstellungsmöglichkeiten.

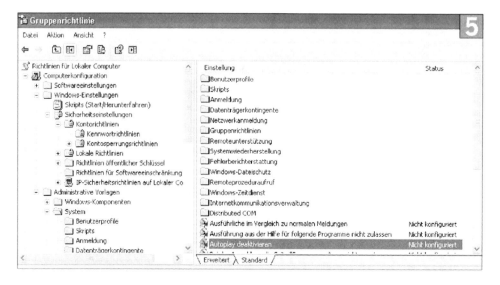

Abb. 3.1-16: gpedit – der Gruppenrichtlinien-Editor.

So können Sie etwa über den Pfad Computerkonfiguration/Windows-Einstellungen/Sicherheitseinstellungen/Kontorichtlinien/Kennwortrichtlinien individuelle Kriterien für die Windows-Kennwörter festlegen.

Über den Pfad Computerkonfiguration/Administrative Vorlagen/Windows-Komponenten finden Sie hingegen die Richtlinien zur automatischen Wiedergabe von CDs, DVDs und USB-Sticks.

Weitere Informationen zu Benutzern und Berechtigungen finden Sie beispielsweise unter

- Website A-M-I (http://www.a-m-i.de/tips/winsec/secu_basic.php)
- Website Microsoft (http://windows.microsoft.com/de-DE/windows-vista/User-groups-in-Windows)
- Website t-Online (http://computer.t-online.de/windows-xp-benutzerverwaltung-wer-darf-was-am-pc-/id_1666258/index)
- Website Computerleben.net (http://www.computerleben.net/artikel/Erweiterte_Benutzerverwaltung-203.html)
- Website PG-Forum (http://www.pg-forum.de/benutzer-rechteverwaltung/1580-benutzerverwaltung-unter-windows-xp.html)

- Website Teialehrbuch (http://www.teialehrbuch.de/Kostenlose-Kurse/Windows-XP/23930-Benutzerverwaltung-und-Berechtigungen.html)

3.2 Server *

Einzelne Computer bzw. Geräte sowie auch Programme unterscheidet man hinsichtlich ihrer Funktion im Netzwerk.

Ein Netzwerkknoten, der Dienste anderen angeschlossenen Computern, den **Clients**, zur Verfügung stellt, heißt **Server**.

Server

Server können z. B.

- zentral Daten und Programme verwalten,
- den Zugriff auf Datenbestände über ein Datenbankmanagementsystem ermöglichen oder
- zur Publikation von Dokumenten im Internet oder Intranet dienen.

Allerdings ist ein Server nicht unbedingt ein eigenständiges Gerät. Auch eine Software allein kann als Server dienen. So ist etwa denkbar, dass auf einer einzigen Maschine ein Datenbankmanagementsystem läuft (Datenbankserverfunktion) und derselbe Computer zusätzlich als Printserver, Web-Client und Fax-Server eingesetzt wird.

Im Internet nennt man einen Server – wenn er ein eigenständiges Gerät ist – auch **Host**. In vielen Fällen benutzt man den Begriff »Host« gleichwertig mit »Computer« oder »Rechner«.

Host

Im folgenden werden einige spezielle Servertypen und deren Funktionen und Aufgaben behandelt:

- »Proxy-Server«, S. 65
- »Fax-Server«, S. 68
- »File-Server«, S. 69
- »DHCP-Server«, S. 70
- »FTP-Server«, S. 74
- »Domains und das DNS«, S. 48
- »Weitere Servertypen«, S. 78

3.2.1 Proxy-Server *

Ein Proxy-Server puffert von den Clients angeforderte Daten/Dateien in seinem Cache-Speicher.

Ein Proxy-Server, auch **Cache-Server** genannt, speichert die angeforderten Internetseiten in einem temporären Zwischenspeicher bzw. Cache (siehe auch Wikipedia: Cache (http://de.wikipedia.org/wiki/Cache)), um den erneuten späteren Zugriff auf die angeforderte Seite zu beschleunigen.

3 Server und Clients *

Er ermöglicht außerdem Systemen, die keinen direkten Zugang zum Internet haben, den indirekten Zugang zum Netz. Das können solche Systeme sein, die durch eine **Firewall** aus Sicherheitsgründen vom unmittelbaren Zugang ausgeschlossen sind oder aufgrund technischer Probleme/Fehler temporär keinen unmittelbaren Zugang zum Internet besitzen.

IP-Adresse

Ein Proxy-Server kann ein lokales Netzwerk mit dem Internet verbinden. Er benutzt zur Identifikation im Internet oft (für alle Internet-Anwender ersichtlich) eine einzige vom **Internet-Provider** dynamisch zugewiesene IP-Adresse[1]. Bei jedem Zugriff aus dem Netzwerk hinterlässt er diese Adresse quasi als Visitenkarte oder Fingerabdruck und verschleiert so die Existenz der Workstations, d. h. der einzelnen Arbeitsplatzrechner in seinem Netzwerk. Für die Internet-Benutzer und auch den Web-Server des Providers erscheint der Proxy-Server und auch das ganze Netzwerk wie ein einziger Client. In seinem riesigen Cache-Speicher legt der Proxy-Server Dokumente ab, die von den in seinem Netzwerk eingesetzten und mit ihm verbundenen Browsern (Darstellungsprogramme für Internetseiten) angefordert worden sind.

Funktionsweise

Fordert ein Browser ein Dokument an, so prüft der Proxy-Server zuerst, ob er dieses Dokument bereits im Speicher hat. Falls ja, so prüft er nach, ob das Dokument in Bezug auf bestimmte Kriterien noch aktuell ist. Ist es das, so sendet er es an den Browser, andernfalls sendet er dem ursprünglichen Server eine Anfrage, ob das Dokument in der Zwischenzeit modifiziert worden ist. Falls ja, so fordert er das neue Dokument an und gibt es an den Browser weiter, andernfalls sendet er dem Browser das bereits gespeicherte Dokument.

Nur dann, wenn der Proxy-Server ein Dokument noch nicht kennt oder die bekannte Version in Bezug auf bestimmte Kriterien veraltet ist, fordert er die aktuelle Version selbstständig beim ursprünglichen Server an und gibt diese an den anfragenden Browser weiter. Damit kann der Netzwerkverkehr und der Internet-Traffic wesentlich reduziert werden, insbesondere dann, wenn viele Browser den gleichen Proxy-Server benutzen und/oder wenn dieselben Dokumente immer wieder angefordert werden, sodass sie der Proxy-Server nicht aus dem Internet erneut abrufen muss. Eine grafische Darstellung der Funktionsweise eines Proxy-Servers zeigt die Abb. 3.2-1.

---

[1] Diese IP-Adresse ist eine dauerhaft oder nur für die Dauer einer Netzwerkverbindung bzw. Sitzung gültige Zahl, die den Proxy-Server und damit auch das angeschlossene Netzwerk eindeutig identifiziert. Die Internetprotokolle benötigen genau diese Adresse, damit sie dem Computer, der sie hinterlässt, eine Anfrage bzw. eine Nachricht zustellen können. Auch innerhalb von lokalen Netzwerken verwenden die Protokolle und Dienste IP-Adressen – hier allerdings in Kombination mit der MAC-Adresse – zur Identifikation des Zielrechners; diese könnten fest vergeben sein oder alternativ bei jeder Anmeldung am Netzwerk neu festgelegt werden.

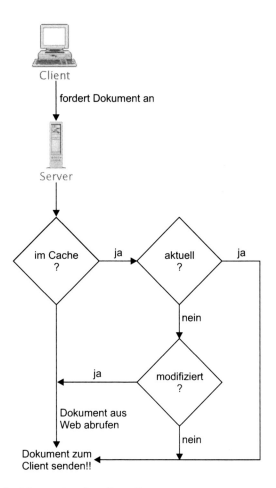

Abb. 3.2-1: Funktionsweise eines Proxy-Servers.

Der Betrieb eines Proxy-Servers

- führt bei wiederholt angeforderten Dokumenten zu wesentlich verkürzten Antwortzeiten,
- verringert das Downloadvolumen,
- schützt das lokale Netzwerk und
- reduziert den Internet-Datenverkehr.

Vorteile eines Proxy-Servers

3 Server und Clients *

3.2.2 Fax-Server *

Ein Fax-Server erlaubt es, im Zusammenspiel mit der Telefonanlage Fax-Nachrichten am Computer-Arbeitsplatz als Dateien zu empfangen oder von Software-Anwendungen (z. B. Textverarbeitungsprogrammen) aus direkt zu versenden.

Ein Fax-Server ist oft ein eigenständiges Gerät, etwa
- ein Faxmodem oder
- ein *Router* mit Faxfunktionalität.

Im Regelfall liegt diesen Geräten eine Client-Software bei. Ebenso gehört eine Beschreibung dazu, die darstellt,
- welche Software-Einstellungen (meistens per Browser) am Gerät vorgenommen werden müssen,
- wie die Client-Software installiert wird,
- was bei der Client/Server-Verbindung zu beachten ist.

Beim Faxversand per Computer wird zunächst eine Datei erstellt. Eine spezielle Software, der Fax-Client, fügt der digitalen Nachricht, welche zunächst in ein Bild (Binärdaten) umgewandelt wird, zusätzliche Informationen, etwa Absender, Empfänger und Metadaten hinzu und übermittelt diese an einen Fax-Server. Der Fax-Server stellt die Schnittstelle zum Telefonnetz dar. Er wandelt die digitalen Daten in analoge Signale um (Bridge-/Modem-Funktion) und versendet sie an den Empfängeranschluss. Hier finden Sie ein paar faxfähige Client-Programme:

- Fax Software Alpha, siehe Website Freeware.de (http://www.freeware.de/download/fax-software-alpha11_19598.html)
- fax@Mail 2008, siehe Website Download-Tipp.de (http://www.download-tipp.de/download/Telekommunikation/Faxprogramme/fax@MAIL-2008-L13115/)
- CapiFax, siehe Website Download-Tipp.de (http://www.download-tipp.de/download/software-22295.shtml)

Virtueller Drucker Bei der Installation derartiger Software wird ein virtueller Drucker[2] eingerichtet, der sich von jedem Anwendungsprogramm ansteuern lässt, welches die Standard-Druckfunktionen des Betriebssystems unterstützt. Über den Druck-Befehl Ihrer Anwendung (etwa MS-Word oder Adobe Acrobat Reader) senden Sie die zu faxenden Daten einschließlich der Empfängeradresse (Faxnummer) an den virtuellen Drucker, der die Umwandlung der Daten in das Fax-Format (Pixel-Grafik im Binärformat) vornimmt.

---

[2] Ein Virtueller Drucker(treiber) simuliert ein Druckergerät – der Unterschied zu einem gewöhnlichen Druckertreiber besteht darin, dass er die grafischen Daten des zu druckenden Dokuments, beispielsweise eines MS-Word-Dokuments (*.doc), nicht von der druckenden Anwendung, also in diesem Beispiel MS Word, auf einen Drucker weiterleitet, sondern es in ein Bild umwandelt.

Es gibt auch Fax-Server im Internet. Hier wird das Senden in das Telefonnetz an ein Faxgerät vom Anwendercomputer aus ermöglicht. Kostenlose Dienste dieser Art gibt es kaum, wenige stellen ein kostenloses Basis-Account zur Verfügung, wobei bei einigen dieser Angebote monatlich eine geringe Anzahl Faxsendungen kostenfrei ist.

Unter Website Directbox (http://www.directbox.com) können Sie ein E-Mail Postfach mit Faxempfang und auch Faxversendung nutzen (Abb. 3.2-2). Der Versand ist allerdings kostenpflichtig.

Abb. 3.2-2: Webangebot unter www.directbox.com.

Ermitteln Sie einen weiteren Faxdienst und stellen Sie die Unterschiede der beiden Angebote heraus.

3.2.3 File-Server *

Ein File-Server (Dateiserver) ist ein Gerät im Netzwerk, welches seine Ressourcen, etwa zentral abgelegte Datenbanken oder zentralen Festplattenspeicher, allen Netzwerkrechnern bzw. -geräten zur Verfügung stellen kann.

Auf einem File-Server können Daten gemeinsam bearbeitet, Programme zentral abgelegt und Datensicherungen für alle Netzwerkrechner durchgeführt werden.

Auf einem File-Server sind zahlreiche Regeln hinterlegt, durch die spezifiziert ist, welcher Benutzer auf welche Daten/Programme von welchem Computer aus lesend, mit Löschrechten, mit der Berechtigung, Daten zu ändern, zugreifen darf.

Ausstattung eines Datei-Servers

Ein Dateiserver besitzt

- einen großen Arbeitsspeicher,
- schnelle und große Massenspeicher sowie
- Software, die den Zugriff auf die Daten über ein Netzwerk ermöglicht.

Zentrale Datenspeicherung

Die zentrale Speicherung von Dateien auf einem File-Server ist durch folgende Eigenschaften charakterisiert:

- Bei entsprechender Organisation ist ein besserer Überblick über vorhandene Daten möglich.
- Konflikte zwischen unterschiedlichen Versionen eines Dokuments werden vermieden.
- Aufgrund der zentralen Speicherung können Arbeitsgruppen leichter mit denselben Dateien arbeiten, ohne diese z. B. auf Datenträgern transportieren zu müssen.
- Es ist problemlos möglich, Daten zwischen Computern, auf denen verschiedene Betriebssysteme installiert sind, auszutauschen.
- Datensicherung ist einfacher, da diese nicht auf jedem Client einzeln gesondert erfolgen muss. Im Idealfall kann die Sicherung bei laufendem Betrieb durchgeführt werden (**Snapshot** oder **Datenspiegelung**), soweit es das Dateisystem zulässt (siehe Website Consequa.de (http://www.consequa.de/glossar.htm)).

3.2.4 DHCP-Server *

Eine Software oder ein Gerät, welche(s) jedem Gerät bei dessen Netzwerkanmeldung eine für diese Sitzung gültige – manchmal zeitlich begrenzte – Software-Adresse zuordnet und alle diese Adressen verwaltet.

DHCP-Server

Ein DHCP-Server (DHCP = *Dynamic Host Control Protocol*) kann ein eigenständiges Gerät (Host) oder auch eine Software bzw. ein Prozess sein. Er vergibt IP-Adressen an die im Netzwerk angemeldeten Computer, bei denen DHCP aktiviert ist, damit diese eindeutig für ihn identifizierbar sind.

Adressvergabe

Der DHCP-Server führt eine Tabelle, in der die ihm zugewiesenen Adressen gelistet sind. Erhält er eine Anfrage (Broadcast oder Unicast), so ermittelt er aus der Tabelle eine noch nicht vergebene IP-Adresse, markiert diese als belegt und teilt diese dem anfragenden Computer in einer an dessen MAC-Adresse gerichteten Nachricht mit.

Diese IP-Adresse bleibt dem DHCP-Client bis zur Abmeldung vom Netzwerk – je nach DHCP-Einstellung nur bis das Ende ihrer Lebenszeit vorbei ist – zugeordnet. Nach dem Beenden der Verbindung (sowohl server- als auch clientseitig) ist diese IP-Adresse wieder verfügbar und kann einer anderen Verbindung zugeordnet werden, da der DHCP-Server die Zuordnung der Adresse zu dem Computer wieder aufgehoben hat.

Zu unterscheiden sind lokale und öffentliche IP-Adressen. Lokale Adressen können die Betreiber/Administratoren eines Netzwerkes selber manuell an jedem Computer festlegen. Oder sie setzen einen DHCP-Server (etwa einen eigenständigen Computer oder einen *Router* mit DHCP-Funktion) für die automatische Vergabe (dynamisch oder fest) der IP-Adressen ein.

Lokal vs. öffentlich

Lokale IP-Adressen sind jenseits eines Routers (außerhalb des Segmentes) nicht sichtbar. Für die Kommunikation über das private Netzwerk hinaus (etwa im Internet) besitzt der *Router*, welcher das Bindeglied zwischen privatem Netz und den anderen Kommunikationspartnern darstellt, eine öffentliche IP-Adresse. Diese erhält er entweder vom Provider als dynamische Adresse, oder vom Netzwerkbetreiber (fest oder dynamisch), falls dieser eigene IP-Adressen gekauft/registriert hat.

Die dynamische Vergabe von IP-Adressen erledigen speziell dafür vorgesehene Geräte im lokalen Netzwerk, etwa

- ein Access-Point (Basisstation im Funknetzwerk),
- ein *Router* (Steuergerät im Kabelnetzwerk),
- ein WLAN-Modem (Komibinationsgerät mit Schnittstellen zu Funknetzwerk, Kabelnetzwerk und/oder Internet/DSL),
- ein eigenständiger Computer.

Dazu benötigt ein solches Gerät die Funktion eines DHCP-Servers, der für die Verwaltung der Computer-Adressen in seinem Netzwerk zuständig ist.

Ein DHCP-Client, z. B. Netzdrucker, Laptop oder Desktop-Computer, sendet beim Start bzw. Hochfahren direkt an den DHCP-Server oder an alle im Netzwerk angemeldeten Geräte ein Signal – eine Broadcast-Sendung, die keine spezielle Empfängeradresse enthält. Falls es im Netzwerk einen DHCP-Server gibt, so bekommt der anfragende Client von diesem eine nur für diese Sitzung gültige IP-Adresse.

Ist das lokale Netzwerk mit dem Internet verbunden und ist in den lokalen Netzwerkeinstellungen des Clients kein Standardgateway angegeben, so teilt der *Router* dem Client auch die Adresse des Gateways für den Zugriff auf das Internet mit. Alle Anfragen, die ins Internet gehen sollen, wird der Client dann an die Adresse des Gateway richten.

Außerdem teilt der *Router* dem Client (falls die automatische Suche der Einstellungen aktiviert ist, sodass der Client keine DNS-Server Adresse in seiner Netzwerkkonfiguration vorfindet) die Adresse des zuständigen DNS-Servers mit, der für ihn die Auflösung der Domainnamen in IP-Adressen vornimmt.

Wird der *Router* (mit DHCP-Server Funktion) neu gestartet oder meldet er sich nach den Clients am Netzwerk an, so sendet er selbst ein Broadcast-Signal an alle Netzwerk-Computer, um ihnen neue IP-Adressen zu vergeben.

Vorteile von DHCP

Der Einsatz von DHCP im lokalen Netzwerk hat den Vorteil, dass

- kaum Adresskonflikte auftreten,
- die Pflege weniger zeitaufwendig ist, da auch in großen Computernetzwerken kaum Arbeiten an den einzelnen Clients erforderlich sind.

Einzig müssen Sie DHCP bzw. die automatische Adressierung auf jedem einzelnen Computer aktivieren.

DHCP aktivieren

Wie aktiviert man DHCP unter Windows XP? Öffnen Sie in der Systemsteuerung die Netzwerkverbindungen (Abb. 3.2-3).

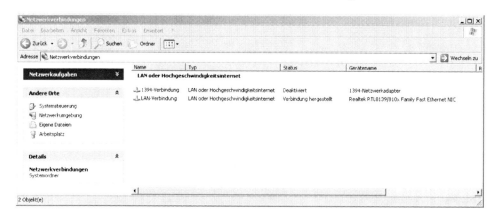

Abb. 3.2-3: Netzwerkverbindungen.

Sind keine Netzwerkverbindungen vorhanden?

Sollte die Liste der Netzwerkverbindungen leer sein, so könnte dies unter anderem daran liegen, dass

- Ihr Computer über keine Netzwerkkarte verfügt,
- TCP/IP unvollständig oder gar nicht installiert ist,
- die Netzwerkeinstellungen defekt sind.

Vielleicht haben Sie eine oder mehrere Netzwerkverbindungen selber entfernt? Auf jeden Fall ist in derartigen Fällen *Troubleshooting* angesagt:

1 Liegt es etwa an der Hardware, an der Treibersoftware, an den Bios-Einstellungen?
2 Oder besitzen Sie schlicht keine Administratorrechte, sodass das System Ihnen den Zugriff auf die Einstellungen verweigert?
3 Ist es ein Windows-Problem?

Die Ursachen können sehr vielfältig sein. Auch dann, wenn Sie bisher kein Netzwerk verwendet haben, könnte die Liste der Verbindungen leer sein. In diesem Fall sollen Sie eine neue (Dummy-)Verbindung einrichten um die folgenden Aktionen nachvollziehen zu können.

Beim Erstellen einer neuen Verbindung mag eine Fehlermeldung (Abb. 3.2-4) angezeigt werden.

Abb. 3.2-4: Fehlermeldung.

Dann spricht alles für

- einen Hardwarekonflikt,
- einen fehlenden oder defekten Netzwerkadapter oder
- ein Treiberproblem.

Sollte allerdings bis hierhin alles glatt gegangen sein, so können Sie fortfahren. Zeigen Sie nun mit der Maus auf diejenige Verbindung, deren Einstellungen Sie ändern möchten, und wählen Sie im Kontextmenü, das sich durch Drücken auf die rechte Maustaste öffnen lässt, den Befehl Eigenschaften (Abb. 3.2-5). Wichtig ist hier die Einstellung »IP-Adresse automatisch beziehen«.

Auf diese Weise deaktivieren Sie die manuelle Festlegung einer statischen festen Adresse, und erreichen, dass Ihr System bei der Anmeldung an das Netzwerk einen »Hilferuf« in Form einer Broadcast-Sendung absetzt, der eine IP-Adresse anfordert. Befindet sich zum Zeitpunkt der Netzwerkanmeldung ein DHCP-Server im Netz, so wird dieser eine entsprechende Adresse zuweisen; falls es keinen DHCP-Server in Ihrem Netzwerk gibt, wird Ihr Computer sich selbst eine solche Adresse zuweisen.

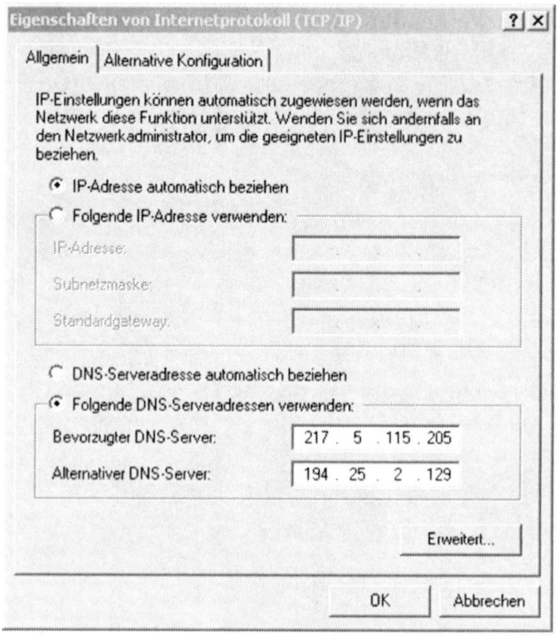

Abb. 3.2-5: Eigenschaften einer Verbindung im Rechnernetzwerk.

Bei DHCP-Einsatz sind Adresskonflikte eine Seltenheit, da der DHCP-Server die Vergabe der IP-Adressen zentral steuert und im Regelfall (Welche Software ist schon perfekt?) jede Adresse zur selben Zeit nur einmal vergibt.

3.2.5 FTP-Server *

Ein FTP-Server ist ein Computer/eine Software, welche für die Datenübertragung zwischen einem Client und einem Server in einem Netzwerk eingesetzt werden kann. Der Server verwendet einen Datenkanal zur Übertragung von Nutzdaten und einen Steuerkanal für die zu übermittelnden Kommandos.

FTP
Das **File Transfer Protokoll** FTP ist eines der ältesten und auch solidesten Protokolle, die heute im Internet eine tragende Rolle spielen. Sowohl Downloads (Datentransfers vom Server zum Client) als auch Uploads (Übertragung vom Client zum Server) finden häufig über FTP statt.

FTP-Server
FTP-Server regeln den Datentransfer zwischen zwei entfernten Computern. Dies geschieht, indem zwischen Server und Client zwei Verbindungen initiiert werden:

- Ein Steuerkanal zur Kommandoübertragung und
- ein Datenkanal für den Transfer der Nutzdaten.

3.2 Server *

Ein FTP-Server ist meistens ein Internet-Computer, von dem Sie etwas downloaden möchten. Auf diesem ist eine Server-Software eingerichtet.

Der FTP-Client(-Computer) ist im Regelfall ein Arbeitsplatzrechner oder Home-PC; auf diesem muss ein Client installiert sein, der die Client/Server-Kommunikation via FTP zulässt. Es gibt zahlreiche derartige Programme; dazu gehören etwa WinSCP, FTP on the Go, Filezilla, Vicomsoft FTP Client, AllFTP, Automatication. Es gibt auch FTP-Clients, die sich in einen Browser integrieren lassen, z. B. www2ftp und anyclient.

Hier einige Links mit weiteren Informationen zu FTP:
- Wikipedia: FTP (http://de.wikipedia.org/wiki/File_Transfer_Protocol)
- Website PQTuning (http://www.pqtuning.de/winxp/special/ftp/ftp.htm)
- Website Kioskea.de (http://de.kioskea.net/contents/internet/ftp.php3)
- Website Wise-FTP (http://www.wise-ftp.de/know-how/ftp_und_sftp_protokoll.htm)

3.2.6 Praxis: DNS-Server anfragen *

Ein DNS-Server wandelt Domains in IP-Adressen und umgekehrt.

Ein DNS-Server bzw. Name-Server wandelt eine in die Adresszeile des Browsers eingegebene URL bzw. Web-Adresse (etwa www.google.de) oder auch die *Domain* (google.de) in eine IP-Adresse (z. B. 68.1.3.104 in der Version 4) um.

DNS-Server

Das **Domain Name System** (DNS) ist ein verteiltes System zur Konvertierung von URLs, Computernamen und Domains in IP-Adressen. Es gibt keine zentrale Datenbank mit der gesamten Information aller DNS-Server aus dem Internet. Im Gegenteil: Die Informationen sind auf Tausende solcher DNS-Server verteilt.

DNS

Es gibt zahlreiche kostenlose Programme, die diese Informationen auswerten.

Öffnen Sie die Webseite Website Nirsoft (http://www.nirsoft.net/utils/ipnetinfo.html) und laden Sie das Programm IPNETINFO herunter. Auf derselben Seite finden Sie auch einen Download-Link zu einer deutschen Sprachdatei.

Entpacken Sie beide Archive (RAR und ZIP) in einen einzigen Ordner und starten Sie IPNETINFO (Abb. 3.2-6).

Tragen Sie eine IP-Adresse ein, klicken Sie auf OK um diese auflösen zu lassen. Sie erhalten umfangreiche Informationen, die das Programm bei einem DNS-Server aus dem Internet abgefragt hat (Abb. 3.2-7).

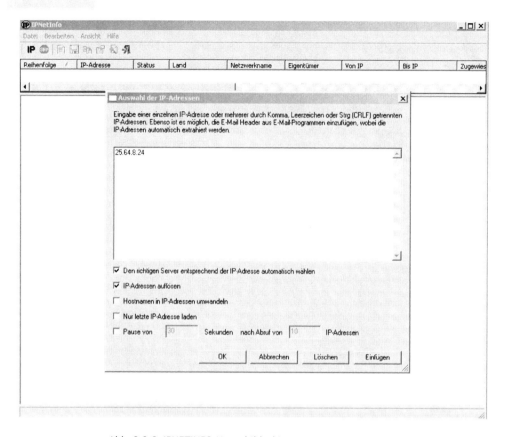

Abb. 3.2-6: IPNETINFO Hauptbildschirm.

Umgekehrt können Sie auch zu einer *Domain* die IP-Adressen und weitere Informationen ermitteln. Klicken Sie im Hauptfenster oben links auf IP und geben Sie eine Domain, etwa web.de ein, aktivieren Sie Hostnamen in IP-Adressen umwandeln und starten Sie die den Vorgang. Sie sehen schließlich, wie die Abb. 3.2-8 zeigt, umfangreiche Informationen zu Ihrer Anfrage.

Unter anderem zeigt Ihnen das Programm zu einer IP-Adresse oder einer *Domain*

- eine Kontakt-Adresse,
- den Sitz,
- den Namen des Eigentümers sowie
- registrierte IP-Adressen des Eigentümers.

Whois-Software Programme mit derartigen Fähigkeiten heißen Whois-Software.

3.2 Server *

Abb. 3.2-7: IPNETINFO, Ergebnis einer DNS-Abfrage.

Suchen Sie ein weiteres portables kostenloses Programm im Web, das zu DNS-Anfragen fähig ist. Richten Sie das Programm auf Ihrem Computersystem ein und lassen Sie das Programm nach einigen *Domains* und auch IP-Adressen suchen. Vergleichen Sie die Ergebnisse mit denen, welche Ihnen IPNETINFO liefert.

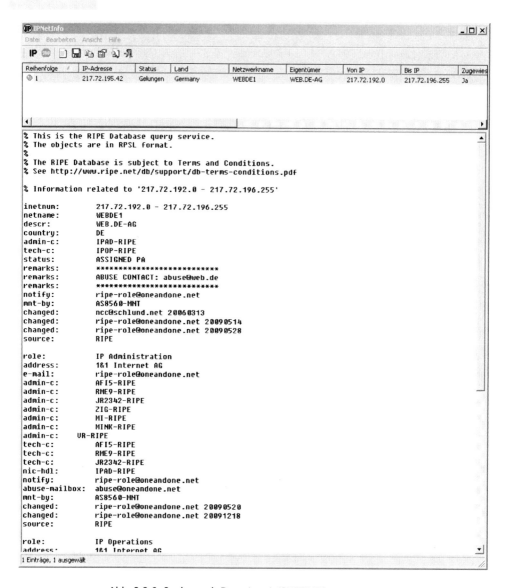

Abb. 3.2-8: Suche nach Domain mit IPNETINFO.

3.2.7 Weitere Servertypen *

Ein Web-Server ist ein Computersystem, welches mit einer entsprechenden Web-Software ausgerüstet ist, um Daten für Internetcomputer bereitzustellen. Print-Server stellen Druck-Dienste im Netzwerk zur Verfügung, Mail-Server verwalten E-Mail-Postfächer.

Server sind Diensteanbieter im Netzwerk. Proxy-Server puffern Client-Anfragen, Fax-Server bilden eine Schnittstelle zwischen digitalen Datennetzen und analogem Telefonnetz. File-Server organisieren zentrale Ordner und Dateien, DHCP-Server verwalten die Adressen der Computer im Netzwerk. FTP-Server steuern Upload und Download von Dateien, DNS-Server lösen IP-Adressen in Domänennamen auf und umgekehrt.

Ein Web-Server ist in der Regel ein Programm, das vom Server angeforderte Webseiten dem Client über das Hypertext-Übertragungsprotokoll (HTTP) bereitstellt. Bekannte Web-Server sind
Web-Server

- der Internet Information Server (Website Microsoft (http://technet.microsoft.com/de-de/library/cc785089(WS.10).aspx)) von Microsoft und
- das Open-Source-Programm Apache, ein kostenloser Web-Server, der trotz Microsoft-Konkurrenz das Internet beherrscht (Website Html-world.de (http://www.html-world.de/program/apache_ov.php)).

Häufig wird der Computer selbst, auf dem das Web-Server Programm läuft, als Web-Server bezeichnet.

Web-Server heißen auch HTTP-Server.
HTTP-Server

Ein Print-Server ist eine Funktionseinheit (ein Programm oder ein Computer) zur Verwaltung von Druckaufträgen, die von einzelnen Arbeitsstationen gesendet werden. Vorteilhaft ist der Einsatz eines Print-Servers immer dann, wenn teure Hochleistungsdrucker von mehreren Stationen aus genutzt werden sollen, wie etwa
Print-Server

- zur Druckausgabe langer Texte in mehrfacher Ausfertigung oder
- zur Erstellung hochqualitativer Drucke.

Auf Mail-Servern werden E-Mails verwaltet und (zwischen)gespeichert, ein Mail-Server hat also die Funktion eines Postamtes. Die persönliche Post kann von einem Mail-Server auf den Client heruntergeladen werden oder umgekehrt zum Weiterversand an den Mail-Server übermittelt werden. Dabei hat jeder Benutzer auf dem Mail-Server ein **virtuelles Postfach**, in dem seine Post lagert und das mit einem Passwort gegen unbefugten Zugriff geschützt ist.
Mail-Server

Zu jedem Postfach gehört eine weltweit eindeutige Adresse, etwa bill.gates@microsoft.com. Diese wird auch Mail-Adresse genannt. Sie besteht aus 2 Teilen, die durch das @-Zeichen getrennt sind. Die allgemeine Darstellung lautet: Postfach-Ordner@Mail-Server

Der Name des Mail-Servers bzw. eines Computers im Internet überhaupt wird in Kombination mit dem zugehörigen Webdienst auch als *Fully Qualified Domain Name* (FQDN) bezeichnet; hier heißt der *Fully Qualified Domain Name* folglich www.microsoft.com
FQDN

URL	Der FQDN bezeichnet oft eine Ressource im Web (einen *Uniform Resource Locator* URL). Im hier vorliegenden Fall handelt es sich die Microsoft-Homepage[3] bzw. den Web-Server von Microsoft, auf die/den der Zugriff durch den Web-Dienst und damit per Standardprotokoll HTTP erfolgt.
	Der Computername selber, hier `microsoft.com`, heißt einfach *Domain* oder Domäne.
Gateway-Server	Ein Gateway-Server stellt den angeschlossenen Netzwerken bzw. Geräten eine Kommunikationsleistung zur Verfügung. Oft stellt er eine Verbindung zum Internet her und wird deswegen auch als »Tor zum Internet« bezeichnet.
Beispiel	Ein leistungsfähiger Großrechner *(Mainframe)* wird als Gateway-Server genutzt, um den angeschlossenen Computern einen zentralen Zugang zu Datenbanken und anderen Netzen (z. B. Internet) zu ermöglichen, wobei auf den einzelnen Stationen unterschiedliche Betriebssysteme und Anwendungsprogramme im Einsatz sind. Siehe dazu auch Website Bullhost.de (http://www.bullhost.de/g/grossrechner.html).

3.3 Clients *

Clients nehmen Dienste in Anspruch und nutzen Netzwerkressourcen.

Client	Neben der Server-Funktion kann ein Programm/ein Computersystem auch als Client fungieren. Als Client (Kunde) bezeichnet man Soft- oder Hardware, die bestimmte Dienste von einem Server in Anspruch nimmt.
	Ein Client-Gerät ist zumeist ein Computer, der sich mit einem Netzwerk verbindet und Dienste/Informationen abruft, selbst aber keine anbietet.
Client-Software	Ein Software-Client ist ein Programm, mit dem die Anwender die Leistungen eines Servers abfragen bzw. abrufen, also z. B. ein

- Browser, der beim Web-Server oder beim Proxy-Server eine Webseite anfordert,
- FTP-Client, der eine Webseite auf den Web-Server hochlädt oder
- E-Mail-Programm wie etwa Thunderbird, mit dem Sie beispielsweise E-Mails vom GMX-Server (Computer des E-Mail-Providers GMX) herunterladen.

In vielen Fällen findet allerdings zwischen Client und Server als Gerät keine strikte Trennung statt, da ein einziger Computer so-

---

[3] Als Homepage wird ein ganzes Web-Portal oder ein vollständiger Web-Auftritt – nicht nur die Startseite – bezeichnet.

wohl einen Dienst anbieten, z. B. Druckaufträge im Netz verwalten (Server-Funktion), als auch eine Leistung in Anspruch nehmen, z. B. eine entfernte Datenbank abfragen (Client-Funktion) kann.

3.4 Netzwerkarchitekturen *

In einem Peer-to-Peer Netzwerk sind alle Computer gleichberechtigt:

- »Peer-to-Peer-Netzwerk«, S. 81

In einem Client/Server-Netzwerk gibt es dedizierte Server, welche Dienste zur Verfügung stellen und Clients, welche ausschließlich auf Ressourcen zugreifen:

- »Client/Server-Netzwerk«, S. 83

3.4.1 Peer-to-Peer-Netzwerk *

In einem Peer-to-Peer-Netzwerk sind alle Computer gleichberechtigt. Peer-to-Peer-Netzwerke sind eine preiswerte Lösung, da weder teure Server-Software benötigt wird noch nennenswerter Administrationsaufwand entsteht. Jeder kann Ressourcen zur Verfügung stellen. Es gibt keine zentrale Verwaltungsinstanz, alle Teilnehmer können auf freigegebene Ressourcen zugreifen. Allerdings herrscht geringe Datensicherheit, da außer durch Zusatzgeräte keine Kontrolle/Steuerung der Kommunikation und der netzinternen Abläufe stattfindet. Peer-to-Peer ist nur für kleine Netze geeignet.

Peer-to-Peer (P2P) ist die am Häufigsten eingesetzte Netzwerkarchitektur. In Peer-to-Peer-Netzwerken versucht man, ohne eine zentralisierte Serverstruktur und vor allem ohne unnötig teure Hard- und Software-Komponenten auszukommen.

Die Kommunikation verläuft hier direkt von Computer zu Computer oder über Verteiler. Teure Server kommen nicht zum Einsatz.

Alle angemeldeten Benutzer können innerhalb eines P2P-Netzwerkes ohne Umwege z. B. auf Dateien, die sich in freigegebenen Ordnern befinden, zugreifen oder miteinander kommunizieren.

In einem Peer-to-Peer-Netz sind alle Computer Server und Client zugleich. Jeder Benutzer ist für seine eigene Sicherheitsstufe und lokale Freigaben verantwortlich. Für die erforderlichen Einstellungen stellt ein netzwerkfähiges Betriebssystem entsprechende Dialoge und Einstellungsoptionen zur Verfügung, in denen Sie Benutzerrechte vergeben und Gruppenrichtlinien festlegen können.

3 Server und Clients *

Es gibt in P2P-Netzwerken keine zentrale Administration. Zu einem Peer-to-Peer-Netzwerk kann durchaus eine dreistellige Anzahl Computer gehören, wenn auf Sicherheit weniger Wert gelegt wird und ein schnelles sowie starkes Wachstum des Unternehmens bzw. des Netzwerkes auszuschließen ist.

Wenn Sie allerdings auf den einzelnen Netzwerkrechnern, die Server-Funktionalitäten bereitstellen, kein Serverbetriebssystem verwenden, dann sind die Netzwerkfunktionalitäten in der Regel stark eingeschränkt.

Derartige (Nicht-Server-)Betriebssysteme sind Desktop- bzw. Peer-to-Peer-Versionen. Auf manchen Computern finden auch reduzierte Mobil-Systeme Verwendung. Hier können aufgrund der geringen Anzahl Netzwerklizenzen nur wenige Netzwerkverbindungen gleichzeitig zu derselben Ressource hergestellt werden.

Peer-to-Peer-Vernetzung ist relativ kostengünstig, da weder ein dedizierter Server noch ein Netzwerk-Administrator erforderlich ist. Auch die Anschaffung teurer Server-Software entfällt. Zudem ist ein Peer-to-Peer-Netzwerk relativ einfach einzurichten.

Freigaben   Ein Peer-to-Peer-Netzwerk dient oft der Freigabe von zentralen Ressourcen für bestimmte oder auch alle Computer, die Zugang zum Netzwerk haben. Derartige Ressourcen können sein:

- Ordner/Dateien auf einer lokalen Festplatte,
- Drucker/Multifunktionsgeräte, die lokal an LPT1 oder einer USB-Schnittstelle angeschlossen sind. Siehe dazu Wikipedia: Standard Parallel Port (http://de.wikipedia.org/wiki/Standard_Parallel_Port) und Website USB-Infos (http://www.usb-infos.de/).

Zu beachten ist jedoch, dass derjenige Computer, der einen anderen Computer bedient bzw. diesen Ressourcen/Leistungen zur Verfügung stellt, starke Leistungseinbußen vernimmt, da die Ressourcenverwaltung Computerleistung verbraucht und Arbeitsspeicher belegt. Die Benutzer müssen sich unter Umständen viele Passwörter für die jeweils von anderen Netzwerkteilnehmer freigegebenen Ressourcen merken.

File-Sharing   Ein typisches Beispiel für P2P ist das *File-Sharing*. Zahlreiche Internetanwender bilden hier ein Netzwerk, in dem sie allen angemeldeten Benutzer ausgewählte auf ihren lokalen Computern gespeicherte Dateien zum Download zur Verfügung stellen. Weitere Informationen zum *File-Sharing* finden Sie unter Website Usenet-Infos (http://www.usenet-infos.de/was-ist-filesharing-wie-funktioniert-filesharing.html) und auch hier: Wikipedia: Filesharing (http://de.wikipedia.org/wiki/Filesharing).

Ein anderes Einsatzgebiet von P2P ist die vernetzte Zusammenarbeit, die Benutzer aus allen Teilen der Welt in einem virtuellen Büro zusammen bringt, in dem gemeinsam geplant und Informationen ausgetauscht werden können.

Neben der direkten Kommunikation zwischen Teilnehmern und dem Austausch von Dateien lassen sich im Peer-to-Peer-Netzwerk auch Ressourcen, wie etwa Computerleistung, zur Verfügung stellen.

Diese Technik bezeichnet man als Distributed Computing. Sie stellt ein wichtiges Merkmal von P2P dar und führt zu einer sehr hohen Effizienz des Computereinsatzes. Beim *Distributed Computing* nutzt man brachliegende Computerkapazitäten, um sehr rechenintensive Aufgaben zu lösen. Siehe dazu etwa Wikipedia: Verteiltes Rechnen (http://de.wikipedia.org/wiki/Verteiltes_Rechnen).

Distributed Computing

3.4.2 Client/Server-Netzwerk *

Bei Client/Server-Netzwerken gibt es eine strikte Trennung zwischen Clients und Servern.

Client/Server-Netzwerke kommen spätestens dann zum Einsatz, wenn

- die Peer-to-Peer Kommunikation zu langsam geworden ist (siehe »Peer-to-Peer-Netzwerk«, S. 81),
- die Möglichkeiten im P2P-Netz nicht mehr ausreichend sind oder
- das zugrunde liegende Netzwerk unter dauerhafter Überlastung leidet.

C/S-Netzwerk

Ein Peer-to-Peer-Netzwerk unter Windows (ohne Server) stößt schnell an seine Grenzen, wenn beispielsweise in kürzerer Zeit zu viele Clients denselben Drucker nutzen möchten. In derartigen Fällen blockt Windows die Anfrage/Verbindung. Es kommt dann oft zu unerwarteten Fehlermeldungen, wie die Abb. 3.4-1 zeigt.

Abb. 3.4-1: Windows-Fehler.

3 Server und Clients *

Tatsächlich ist die Hardware jedoch korrekt installiert, die wirkliche Ursache besteht in der Ausschöpfung der Client-Lizenzen im Windows-Netzwerk (häufig handelt es sich um Windows Home-, Ultimate- oder Professional-Clients) – die Fehlermeldung ist also irreführend.

Manchmal beschreibt die Meldung allerdings die wahre Ursache (Abb. 3.4-2).

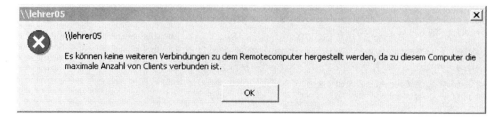

Abb. 3.4-2: Fehlermeldung bei Netzüberlastung.

Es handelt sich hier um zwei völlig unterschiedliche Fehlermeldungen, deren Ursache dieselbe ist.

Eine einmal aufgebaute Netzwerkverbindung wird dabei oft stark zeitlich verzögert wieder von Windows freigegeben. Hier geht es um Profit: Für über zehn Verbindungen möchte Microsoft Ihnen ein teures Server-Betriebssystem verkaufen.

Dedizierter Server

In einem Client/Server-Netzwerk kommen oft dedizierte (spezialisierte) Server zum Einsatz, die die anderen Computer (Clients) bedienen. Ein C/S-Netzwerk kann aus Tausenden Computern bestehen und es lassen sich große Benutzerzahlen verwalten. Die Client-Computerhardware kann auf die Anforderungen der Benutzer beschränkt werden, da die für sie erforderlichen Ressourcen von dedizierten Servern oder Zusatzgeräten zur Verfügung gestellt werden. Dedizierte Server erfüllen keine Clientfunktion. Sie dienen lediglich zur Administration und Verwaltung von Benutzern, Diensten und Ressourcen.

Es gibt verschiedene Arten von Servern, die in C/S-Netzwerken eingesetzt werden, z. B. Datei-, Print-, Fax-, Web-, Mail-, Datenbank-Server.

Ein Server-Computer ist im Regelfall mit einem teuren Netzwerk- bzw. Server-Betriebssystem ausgestattet, wodurch erst eine sinnvolle zentrale Benutzer- und Rechteverwaltung möglich ist. Server-Computer können je nach Software-Ausstattung

- mehrere Funktionen besitzen und vor allem
- genügend Client-Lizenzen zur Verfügung stellen.

Die Tab. 3.4-1 zeigt einige Beispiele.

3.4 Netzwerkarchitekturen *

Funktion	Software
Datenbank-Server	MS SQL Server
Mail-Server	MS Exchange Server

Tab. 3.4-1: Server-Software.

Der MS SQL Server ist ein skalierbares Datenbankserversystem für geschäftskritische Anwendungen mit höchster Verfügbarkeit und Sicherheit. Siehe dazu etwa Website Microsoft (http://www.microsoft.com/germany/sql/2008/default.mspx). — MS SQL Server

Der MS Exchange Server ist ein Groupware- und Nachrichtensystem, mit dem etwa E-Mails verwaltet und gefiltert, Zeitpläne erstellt, Termine vereinbart und Diskussionen geführt werden können. Siehe z. B. Website Microsoft (http://www.microsoft.com/germany/exchange/default.mspx). — MS Exchange Server

Bei einem C/S-Netzwerk ist die Installation, Konfiguration und Verwaltung aufwendiger als bei einem Peer-to-Peer-Netzwerk. Allerdings ist die Erweiterung um zusätzliche Clients jederzeit problemlos möglich.

Steigt die Belastung und damit die Antwortzeit zu sehr an, so können zusätzliche Server eingerichtet werden, die weitere Kapazitäten, wie etwa Speicherplatz oder Rechenleistung zur Verfügung stellen und so zur Entlastung der Leitungen und auch der anderen Server beitragen.

Die C/S-Struktur erleichtert die Verwaltung und Administration der Ressourcen, da diese sich an einer zentralen Stelle befinden.

Je nach Größe erfordert ein C/S-Netzwerk jedoch mehrere geschulte Administratoren. Ein wichtiger Grund für die Wahl eines C/S-Netzwerkes ist die Implementierung von Sicherheitsstandards, die ein Administrator mit Hilfe von Richtlinien festlegt.

Durch die zentrale Verwaltung der Ressourcen ist für die Benutzer nur noch ein Passwort erforderlich, das bei der Anmeldung einmalig eingegeben wird, egal an welchem Computer im Netzwerk die Anmeldung erfolgt.

Aus Sicherheitsgründen sollten alle Server und auch die zentralen Ressourcen in einem speziell gesicherten Raum untergebracht sein (Klimaanlage, Zugangskontrolle, Kameraüberwachung), um Manipulation, Datendiebstahl und Entwendung von Hardware vorzubeugen bzw. zu erschweren.

Um Engpässe zu vermeiden, sollte die Netzwerklast auf mehrere spezielle Server mit jeweils identischen oder zumindest ähnlichen Aufgaben aufgeteilt werden. So hält man die Folgen eines einzelnen Computerausfalls möglichst gering.

Clients und Server sind letztlich Hardware, also Computer, auf denen Software mit unterschiedlichsten Funktionalitäten im Einsatz ist.

3.5 Endgeräte in Computernetzwerken *

Es gibt zahlreiche Computermodelle, die in einem Computernetzwerk genutzt werden können. Maßgeblich für die Entscheidung/Differenzierung sind hier unter anderem

- die Leistung,
- der Komfort,
- der Preis.

Die einzelnen Computer im Netzwerk unterscheiden sich zum Teil erheblich im Hinblick auf

- Mobilität,
- Hardwareausstattung,
- Erweiterbarkeit,
- Software.

Zu den Endgeräten im Netzwerk gehören Hochleistungscomputer wie Großrechner, Supercomputer, Desktop-Computer und All-in-one PCs:

- »All-in-one PCs, Desktop-PCs, Supercomputer und Großrechner«, S. 86

Es gibt Computer mit speziellen Funktionen:

- »Terminals«, S. 89
- »Tablet-PCs«, S. 91

Immer wichtiger werden mobile Computer:

- »Weitere (Mobil-)Geräte«, S. 92

3.5.1 All-in-one PCs, Desktop-PCs, Supercomputer und Großrechner *

Desktop-PCs sind Arbeitsplatzrechner. Supercomputer sind Hochleistungscomputer, welche auf ihre Rechenleistung hin optimiert sind. Großrechner sind auf Zuverlässigkeit hin optimiert, All-in-one PCs sind kompakte Computer, bei denen sich sämtliche Komponenten in einem kleinen Gehäuse befinden.

Zu den nicht-mobilen Geräten gehören Großrechner, Supercomputer, All-in-one PCs, Desktop-PCs und Terminals. Sie alle benötigen eine dauerhafte Energieversorgung über das Stromnetz, besitzen dafür hohe Systemleistung, ein großes Gehäuse uvm.

All-in-one PCs sind Kompaktgeräte, bei denen alle Komponenten in einem einzigen Gehäuse untergebracht sind (Abb. 3.5-1).

All-in-one PC

Abb. 3.5-1: All-in-one PC.

Die Geräte besitzen in der Regel lediglich einen Stromanschluss für ein externes Netzteil – das ist praktisch bei der Wandmontage, weil nur ein einziges Kabel zu verlegen ist. Verbindung zu Netzwerken finden sie drahtlos per WLAN. Mitgelieferte Maus und Tastatur arbeiten ebenfalls mit Funktechnik.

Alle Programme sind auch durch Berühren des Bildschirms steuerbar (virtuelle Tastatur).

Viele Modelle sind multitouchfähig, so dass etwa das Zoomen mit zwei Fingern möglich ist. Sie besitzen eingebaute Module für WLAN, Ethernet und TV-Empfang. Als Betriebssystem ist meistens zum Zeitpunkt des Kaufs eine aktuelle Windows-Version (Home, Professional oder Premium) vorinstalliert.

Eine weitere Gruppe der nicht-mobilen Computer sind Desktop-Computer. Die Abb. 3.5-2 zeigt Ihnen einen typischen Desktop-Computer.

Desktop-Computer

Desktop-PCs sind die althergebrachten Homecomputer, die heute seltener in einem Gehäuse, wie dem hier abgebildeten, sondern viel häufiger in einem Tower-Gehäuse (Untertischgerät in Form eines Mini- oder Big-Tower, Abb. 3.5-3) ausgeliefert werden. Auf ihnen ist ein Standard-Betriebssystem (etwa Windows oder Linux) installiert und die handelsüblichen Anwendungen wie Office, Browser, Mediaplayer etc. sind im Einsatz.

3 Server und Clients *

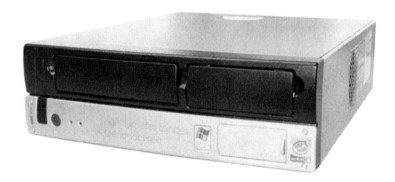

Abb. 3.5-2: Rechner im Desktop-Gehäuse.

Abb. 3.5-3: Tower PC.

Desktop-Computer werden im Regelfall als Arbeitsplatzrechner zu Hause oder im Büro eingesetzt; häufig finden sie als Clients im C/S-Netzwerk oder in P2P-Netzwerken Verwendung.

Die seit Jahren fallenden Hardware-Preise haben allerdings dazu geführt, dass immer mehr Desktop-Computer mit schnellen Prozessoren, riesigem Arbeitsspeicher und großen Festplatten als Server eingesetzt werden, da sie preismäßig erheblich günstiger als Großrechner sind, leistungsmäßig jedoch den Anforderungen der Netzwerkteilnehmer standhalten können.

Großrechner und Supercomputer sind nicht mobile Hochleistungsmaschinen mit jedoch unterschiedlichen Zielsetzungen.

3.5 Endgeräte in Computernetzwerken *

Während Supercomputer auf ihre Leistung hin optimiert sind, um extrem rechenintensive Aufgaben zu lösen, ist ein Großrechner *(Mainframe)* auf Zuverlässigkeit und hohen Datendurchsatz ausgelegt.

Supercomputer

In einem Großrechner sind sorgfältig aufeinander abgestimmte, robuste und hochgradig redundante Komponenten verbaut. Üblicherweise wird die Wartung dieser Computer im laufenden Betrieb durchgeführt, auch Hardwareaustausch und Aufrüstungen führen zu keiner Beeinträchtigung oder gar Unterbrechung des Betriebs.

Großrechner

Typischerweise werden Großrechner etwa in Banken, Versicherungen, großen Unternehmen und der öffentlichen Verwaltung eingesetzt, wo hohe Verfügbarkeit, Datenschutz und Sicherheit vor Datenverlust besondere Bedeutung besitzen.

Großrechner werden in der Regel als Server-Computer eingesetzt. Sie können im Online-Betrieb *(Time Sharing)* eine große Anzahl von Benutzern bedienen, im Batch-Betrieb[4] aber auch komplizierte und aufwendige Aufgaben bewältigen. Die Benutzer erhalten beim Online-Betrieb Zugang zu einem Großrechner über Computer-Terminals (siehe »Terminals«, S. 89), z. T. auch über PCs mit **Terminalemulation**. Siehe dazu etwa Website IT-Wissen (http://www.itwissen.info/definition/lexikon/Terminal-Emulation-terminal-emulation.html).

Großrechner werden eher im Kontext der zentralen statt der verteilten Datenverarbeitung eingesetzt.

Ein heutiger Großrechner arbeitet mit kostengünstigen Mikroprozessoren, sodass sich Banken, Unternehmen und Behörden weiterhin auf den *Mainframe* als soliden, zuverlässigen und sicheren Computer für kritische Transaktionen und Daten verlassen können und ihm neue Aufgaben – wie die Ausführung von webbasierten Programmen – zuweisen können.

Die ursprünglichen *Mainframes* waren in riesige Metallgehäuse eingebaut – neuere *Mainframes* besitzen nur noch ungefähr die Größe eines Kühlschrankes.

3.5.2 Terminals *

Terminals sind reduzierte Ein- und Ausgabegeräte.

Ein Terminal (Abb. 3.5-4), auch als Konsole bezeichnet, ist ein Benutzerendgerät zur Eingabe und Anzeige von Daten. Herkömmliche Terminals sind reduzierte Computer.

---

[4] Batch-Betrieb oder auch Stapelverarbeitung bezeichnet die sequenzielle, nicht-interaktive Bearbeitung von Aufgaben.

3 Server und Clients *

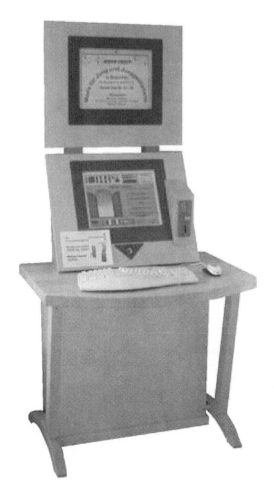

Abb. 3.5-4: Terminal.

Sie besitzen

- wenige Schnittstellen,
- schwache Prozessoren (wenn überhaupt ein Prozessor eingebaut ist),
- keine lokale Speichermöglichkeit,
- einen Chip mit fest installierter Software.

Die seit 1977 anhaltende Verbreitung der PCs hat die Terminals mittlerweile aus den meisten Büros verdrängt. Viele Terminals sind durch Terminalemulationen ersetzt worden, die auf einem herkömmlichen Computer installiert sind. Heute sind Terminals allerdings nur in einigen wenigen Bereichen verbreitet.

Mit der Einführung lokaler Netzwerke, etwa auf der Basis von Ethernet (Kabelnetzwerk), gab es dann neue Anschlussmöglichkeiten für Terminals, von denen sich letztlich nur die, welche das Internet-Protokoll verwendeten, durchgesetzt haben.

Durch die Einführung des Internets ist so ein einheitlicher Anschluss lokaler und entfernt aufgestellter Terminals über marktübliche Netzwerkkabel möglich geworden.

Terminals sind mit sehr geringem und auch sehr speziellem Funktionsumfang ausgestattet, der auf ihren Einsatzzweck abgestimmt ist.

Man unterscheidet zwischen Text- und Grafikterminals. Erstere können nur die Ziffern, Buchstaben und einige Sonderzeichen eines bestimmten Zeichensatzes (häufig ASCII) darstellen.

Arten von Terminals

3.5.3 Tablet-PCs *

Ein Tablet-PC ist ein tragbarer Computer, welcher mit einem Stift bedient werden kann.

In letzter Zeit sind mobile Tablet-PCs ein wenig in Mode gekommen.

Ein Tablet-PC (übersetzt: Schreibtafel, Notizblock) ist ein tragbarer stiftbedienbarer Computer, der unter anderem wie ein Schreibblock verwendet werden kann. Die Benutzer können dabei – anders als auf handelsüblichen Notebooks – Eingaben per Stift oder Finger direkt auf dem Bildschirm tätigen. Damit kann das Gerät im Stehen und mit nur einer Hand bedient werden.

Ein derartiges Gerät sieht zusammengeklappt wie ein herkömmliches Notebook aus Abb. 3.5-5). Geöffnet sehen Sie am Gerät einen Bildschirm, der in alle Richtungen gedreht und geneigt werden kann. Die meisten Geräte werden mit vorinstalliertem Windows (spezielle reduzierte Tablet-Version) ausgeliefert.

Ein Tablet-PC stellt hinsichtlich seiner Eingabe-Funktionalitäten eine Erweiterung herkömmlicher Notebooks dar, und ist meistens mit spezieller Software zur Handschrifterkennung ausgestattet.

Abb. 3.5-5: Tablet PC.

3.5.4 Weitere (Mobil-)Geräte *

Eine Vielzahl von mobilen Geräten sind heute netzwerkfähig, z. B. Smartphone, Netbooks und Subnotebooks.

Es gibt zahlreiche netzwerkfähige Kommunikationsgeräte, so z. B.

- Notebook/Laptop,
- Ultra Mobile PC (UMPC),
- Smartphone,
- Personal Digital Assistant (PDA),
- Netbook,
- Pocket PC,
- Subnotebook.

Diese unterscheiden sich in vielen, teilweise speziellen Kriterien:

- Bilddiagonale,
- Energieverbrauch,
- Einschränkungen beim Zugang zu Netzwerken *(Simlock)*[5],
- Touchscreen,
- spezielles mobiles (minderwertiges) Betriebssystem,
- Prozessorleistung,

[5] Durch SIM-Lock bzw. Netzcode wird die Nutzbarkeit eines Mobilfunkgerätes auf SIM-Karten, die bestimmte Kriterien erfüllen, etwa aus einem bestimmten Land stammen, von einem bestimmten Anbieter herausgegeben sind, oder zu einem bestimmten Netz gehören, eingeschränkt.

- Anzahl Schnittstellen/Anschlüsse,
- Gewicht,
- vertragliche Bindung an einen (Internet-)Provider,
- Austauschbarkeit der Hardware,
- Akku-Laufzeit,
- eingebaute Laufwerke,
- Bildschirmauflösung,
- Multimedia-Fähigkeit,
- Organizer-Funktionen und
- Preis.

Die Übergänge sind hier fließend. Einzelne Geräte lassen sich oft nicht eindeutig einer einzelnen Klasse zuordnen.

Netbooks besitzen bei den mobilen Computern noch die größten Marktanteile. Es wird jedoch in naher Zukunft deren Ablösung durch Mini-Computer erwartet, da das Preis-/Leistungsverhältnis der Mini-Computer im Vergleich zu dem der Netbooks sich zunehmend verbessert.

Netbook

Was zeichnet ein Netbook aus? Die Eigenschaften ändern sich laufend. Netbooks sind im Gegensatz zu konventionellen Notebooks und Subnotebooks leistungsschwächer, das Display ist in der Regel etwas kleiner (Bilddiagonale ab 8,9 Zoll), ein optisches Laufwerk bei kaum einem derartigen Gerät integriert.

In Abgrenzung zu den UMPCs verfügen Netbooks nur selten einen Touchscreen, dafür aber über eine vollwertige Tastatur und ein **Touchpad**.

Die Geräte sind vorwiegend für die Internetnutzung, Büroarbeiten und zum Abspielen von Musik oder Videos konzipiert.

Als Netbook-Betriebssystem kommen inzwischen fast ausschließlich Microsoft Windows XP und Windows 7 zum Einsatz. Für Windows Vista ist die Prozessor- bzw. Rechenleistung der meisten Netbooks nicht ausreichend. Linux selbst spielt kaum noch eine Rolle, das gilt auch für neue Betriebssysteme auf Linux-Basis wie Google Android.

Die einzelnen Netbook-Varianten unterscheiden sich technisch deutlich. Dieser Trend wird sich durch die größere Auswahl an Prozessoren, die vermehrte Verwendung von Touchscreens und neue Entwicklungen bei den Betriebssystemen verstärken.

Nicht selten spielt bei der Anschaffung eines Mobilcomputers das Design eine entscheidende Rolle. Vom verlässlichen aber unhandlichen Arbeitsgerät bis hin zum flachen platzsparenden Edelnetbook in einem Gehäuse aus gebürstetem Edelstahl ist alles zu bekommen.

Wenn an das Mobilgerät allerdings keine speziellen Anforderungen gestellt werden, so bestechen Notebook/Laptop durch

- viele Schnittstellen,
- schnelle Prozessoren,
- großen Arbeitsspeicher,
- hohe Grafikleistung,
- vollwertiges Betriebssystem und
- großes Display
- bei minimalem Preis.

Einzig bei Mobilitätskriterien und ergonomischen Aspekten haben sie das Nachsehen, wie

- Gewicht,
- Akkulaufzeit,
- Energieverbrauch,
- dem Design und auch
- Spezialfunktionen (Touchscreen, ...)

Die Entscheidung für das ideale Gerät ist offensichtlich völlig individuell zu treffen.

4 Netzwerkschichten und Protokolle *

Netzwerkknoten (Computer und auch andere netzwerkfähige Geräte) besitzen einen oder mehrere Netzwerkadapter, welche die Verbindung zum Übertragungsmedium und/oder zu einem Kopplungsgerät (Schnittstelle zu einem anderen Teilnetz/Segment oder Netzwerk) herstellen. Protokolle und Dienste bewerkstelligen die Netzwerkkommunikation. Einige Kommunikationsverfahren werden vorgestellt:

- »Verfahren der Netzwerkkommunikation«, S. 95

Die einzelnen Protokolle belegen jeweils einen Port des Computers, damit dieser die eingehenden Signale identifizieren und richtig interpretieren kann. Diese stellen allerdings ein Sicherheitsrisiko da:

- »Ports und ihre Absicherung«, S. 105

Es gibt eine Reihe von Mitteln, ein Computersystem gegen Angriffe zu sichern:

- »Firewalls«, S. 117

Die Kommunikation im Netzwerk findet auf sieben Schichten statt, die durch das OSI-Modell festgelegt sind:

- Anwendungsschicht,
- Darstellungsschicht,
- Sitzungsschicht,
- Transportschicht,
- Vermittlungsschicht,
- Sicherungsschicht,
- Bitübertragungsschicht.

Details über die einzelnen Schichten werden vorgestellt:

- »Das ISO/OSI-Schichtenmodell«, S. 122

Übertragungsprotokolle benötigen Sender- und Empfängerangaben:

- »Adressierung«, S. 128

4.1 Verfahren der Netzwerkkommunikation *

Es gibt verschiedene Formen der Kommunikation in einem Netzwerk. Eine Klassifizierung erfolgt nach der Anzahl der teilnehmenden Stationen:

- »Unicast, Multicast und Broadcast«, S. 96.

Außerdem kann nach der Art der Verbindung klassifiziert werden:

- »Verbindungsorientiert vs. verbindungslos«, S. 100

Es kann auch nach der Übertragungsrichtung eine Klassifizierung vorgenommen werden:

- »Sonstige Kommunikationsverfahren«, S. 102

4.1.1 Unicast, Multicast und Broadcast *

Unicast-Kommunikation erfolgt unmittelbar und gezielt zwischen zwei Stationen. Bei Multicast wird eine Nachricht gezielt an mehrere Stationen versendet, während Broadcast-Sendungen ohne bestimmte Ziel-Adresse gesendet werden und alle Netzwerkteilnehmer erreichen.

Unicast — Eine wichtige Eigenschaft von Kommunikationsprozessen ist die Anzahl von Parteien, die gleichzeitig an der Kommunikation teilnehmen (können). Gibt es für eine Übermittlung immer nur einen Empfänger, spricht man von Unicast. Unicast ist eine Methode, um im Netzwerk Daten auszutauschen. Für die Übertragung wird eine direkte Verbindung vom Sender zum Empfänger (Client) aufgebaut (Abb. 4.1-1).

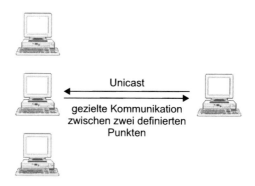

Abb. 4.1-1: Unicast-Kommunikation.

Sollen mehrere Clients Daten per Unicast erhalten, so müssen dieselben Datenpakete zu jedem Empfänger parallel übertragen werden. Dies führt zu Redundanzen und es entsteht ein wesentlich höheres Datenvolumen bei der Übertragung, sodass die momentane Netzwerkbelastung steigt. In diesem Fall ist oft statt Unicast der Einsatz des Broadcast-Verfahrens sinnvoll.

Broadcast — Broadcast ist die Wurfsendung unter den Kommunikationsmöglichkeiten. Eine Information wird einmal gesendet, aber nicht mit einer genauen Zieladresse versehen. Dies hat zur Folge, dass alle Computer diese Information empfangen werden, auch wenn sie

4.1 Verfahren der Netzwerkkommunikation *

für den einen oder anderen Empfänger nicht von Interesse ist. Broadcast ist eine sehr alte Art der Kommunikation und nicht sehr effektiv. Mit Broadcast wird ein Netzwerk sehr schnell mit unnötigen Sendungen stark belastet und dadurch langsam. Außerdem ist Broadcast auf ein **Segment** beschränkt und kann daher nicht über einen **Router** hinweg eingesetzt werden.

Ein *Router* wird üblicherweise an ein externes Netzteil angeschlossen. Die Funktion eines Routers wird aus der Abb. 4.1-2 ersichtlich.

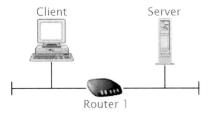

Abb. 4.1-2: Router verbindet mehrere Computer.

Die Abb. 4.1-2 zeigt einen *Router*, der unmittelbar mit den beiden Kommunikationspartnern verbunden ist. In der Abb. 4.1-3 leitet ein *Router* die Datenpakete an den Zweiten weiter. Dieser wiederum liefert die Datenpakete an den richtigen Zielrechner in seinem Teilnetz aus.

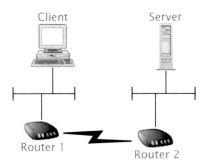

Abb. 4.1-3: Router verbinden ganze Netzwerke/Teilnetze.

Die Abb. 4.1-4 visualisiert das Broadcastverfahren.

Bei der Broadcast-Kommunikation werden von einer Station (rechts auf dem Bild) Informationen unadressiert an alle Computer, die sich in demselben Teilnetz befinden, gesendet. Zur Übertragung per Unicast siehe z.B. Website TV-on-Demand (http://www.tv-on-demand.at/uebertragung/unicast-und-multicast-verfahren.html).

Ein weiteres Verfahren zur Netzwerkkommunikation ist Multicast. **Multicast** verbindet die Vorteile von Unicast mit denen von

Multicast

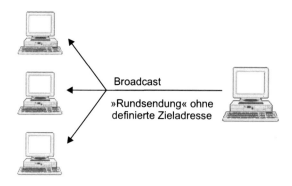

Abb. 4.1-4: Broadcast-Kommunikation.

Broadcast. Stellen Sie sich folgendes Problem vor: Sie möchten eine Videokonferenz abhalten, in der Sie mit den Abteilungsleitern Informationen austauschen können. Alle anderen Kollegen sollen davon aber nichts mitbekommen. Abb. 4.1-5 und Abb. 4.1-6 zeigen zwei Möglichkeiten, das Problem zu lösen.

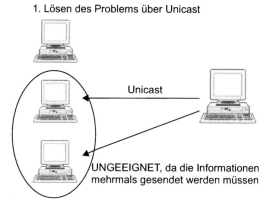

Abb. 4.1-5: Kommunikation mit mehreren Stationen.

Bei einer Kommunikation über Unicast kann immer nur eine Adresse als Ziel angegeben werden. Somit müssen die Daten an alle Adressen, die erreicht werden sollen, getrennt versendet werden. Dies ist ein immens großer Datenübertragungsaufwand, und das Netzwerk wird mit den Datenmengen, die bei einer Videokonferenz entstehen, unter Umständen überlastet, da die Daten an jeden Zielcomputer einzeln – also redundant – gesendet werden müssen.

Bei der Kommunikation über **Broadcast** wird die Information zwar nur einmal versendet, aber alle Computer werden sie empfangen, egal, ob die Informationen direkt vom Absender für sie

4.1 Verfahren der Netzwerkkommunikation *

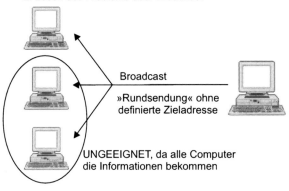

Abb. 4.1-6: Kommunikation mit mehreren Stationen.

bestimmt waren oder nicht. Also sind die beiden Methoden, die Sie bisher kennen, für diese Anwendungssituation ungeeignet.

Um nur einige bestimmte Computer zu erreichen, gibt es die Kommunikationsart **Multicast**. Hierbei werden vorher Multicastgruppen bzw. Verteilerlisten definiert, wie zum Beispiel »Abteilungsleiter«, und diesen werden Empfänger- bzw. Netzwerkadressen zugeordnet. Danach werden die Daten an diese Gruppe übertragen. Zur Multicast-Kommunikation siehe auch Website Comptech-Info (http://www.comptech-info.de/component/content/article/46-computer-infos/199-multicast-was-ist-das?directory=105).

Auf diese Weise können die Vorteile von Unicast (gezielte Kommunikation) und Broadcast (nur eine einmalige Datenübertragung ist nötig) miteinander kombiniert werden.

Beschreiben Sie Fälle, in denen eine Kommunikation per Unicast *nicht* möglich ist. Welches Verfahren findet dann Anwendung?	Frage
Unicast-Kommunikation ist nur möglich, wenn der Sender die Empfänger-Adresse kennt. Ist das nicht der Fall, so sendet er per Broadcast.	Antwort
Unicast-Kommunikation ist nur möglich, wenn der Sender die Empfänger-Adresse kennt. Ist das nicht der Fall, so sendet er per Broadcast.	
○ Ein Client fordert bei der Netzwerkanmeldung eine lokale IP-Adresse an, ohne dass er die Adresse des DHCP-Servers kennt. ○ Ein DSL-Router benötigt eine DNS-Information. In beiden Fällen findet Broadcast Anwendung.	Beispiele für Broadcast-Kommunikation

4.1.2 Verbindungsorientiert vs. verbindungslos *

Bei verbindungsloser Kommunikation findet der Datenaustausch zweier Stationen über unterschiedliche Wege/Leitungen statt. Verbindungsorientierte Datenübertragung ist dagegen langsamer aber zuverlässiger, da während des gesamten Kommunikationsprozesses ein fester Übertragungsweg reserviert ist, also zwischen den beteiligten Stationen eine durchgehende Verbindung besteht.

Bei der Kommunikation in Computernetzwerken kommen zwei verschiedene Typen zur Anwendung:
- Verbindungsorientierte Kommunikation und
- verbindungslose Kommunikation.

Verbindungsorientierte Kommunikation

Bei der verbindungsorientierten Kommunikation wird der Kommunikationspartner vor Beginn der eigentlichen Informationsübermittlung angewählt, und es wird durch das Netz hindurch ein Kommunikationsweg zwischen den beiden beteiligten Netzwerkknoten aufgebaut (eine dedizierte Verbindung).

Steht die Verbindung, so kann der Informationsaustausch beginnen. Die Datenpakete werden im Laufe eines Kommunikationsprozesses immer auf demselben Weg von der einen Station zur anderen übertragen.

Ist der Datenaustausch abgeschlossen, so wird die Verbindung wieder abgebaut und die Leitung freigegeben.

Die Adresse des Kommunikationspartners wird im Allgemeinen nur beim Verbindungsaufbau benötigt. Für den weiteren Verlauf werden sich die an der Kommunikation beteiligten Netzwerkknoten und auch die beteiligten Netzwerkdienste und -protokolle die Verbindungsdaten Zielgerät, Route der Datenpakete merken.

Beispiel Verbindungsorientierte Kommunikation lässt sich gut am Beispiel eines Telefongesprächs erläutern:
1. Es findet keine Kommunikation statt. Es besteht keine Verbindung.
2. Der Anrufer wählt eine Nummer.
3. Der Angerufene nimmt den Anruf an. Die Verbindung ist zustande gekommen.
4. Die Kommunikationspartner sprechen. Es findet Informationsaustausch statt.
5. Gegebenenfalls wird der Anruf weitergeleitet oder umgeleitet.

> 6 Beide beenden das Gespräch durch Auflegen der Hörer. Die Kommunikation ist beendet, die Leitung ist wieder frei.

Wie beim Telefongespräch gibt es auch bei der (elektronischen) verbindungsorientierten Kommunikation mehrere Kommunikationsphasen, für deren Steuerung die beteiligten Protokolle verantwortlich sind:

Es findet keine Kommunikation statt; die Leitung ist frei.

Die Kommunikationsbeziehung wird aufgebaut; der Initiator sendet eine Anfrage, die beteiligten Knoten verständigen sich.

Gegebenenfalls werden eingehende Signale an ein anderes Segment oder ein benachbartes Netzwerk durchgeleitet.

Es werden Nutzdaten übertragen; außerdem müssen Verwaltungsdaten ausgetauscht werden, z. B. betreffend

- Senderechten,
- Fehlerkontrolle,
- Verschlüsselung.

Die beteiligten Netzwerkknoten beenden die Übertragung, die Leitung wird wieder freigegeben.

Viele Dienste und Protokolle in Weitverkehrsnetzen (nicht im Internet!) arbeiten verbindungsorientiert.

Verbindungslose Kommunikation

Das Gegenstück zur verbindungsorientierten Kommunikation ist die verbindungslose Datenübertragung. Hier muss kein expliziter Aufbau der Verbindung erfolgen. Verglichen mit der verbindungsorientierten Kommunikation gibt es

- keine entsprechende Aufteilung der Kommunikationsphasen,
- keine feste Beziehung zwischen den beteiligten Stationen und auch
- keinen gleich bleibenden festen Übertragungsweg für die Dauer des Datenaustauschprozesses.

Da keine Informationen über den bisherigen Verlauf der Verbindung bzw. des Informationsaustausches vorliegen bzw. gespeichert sind, muss jede zu übertragende Information bei der verbindungslosen Kommunikation separat adressiert werden. Der Übertragungsweg wird jedes Mal neu festgelegt, sodass die einzelnen Datenpakete im Regelfall über unterschiedliche Routen durch das Netzwerk zum Empfängercomputer gelangen.

Da die zwischen den beteiligten Computern befindlichen Netzwerkknoten alle möglichen Übertragungswege kennen, ist es nicht gewährleistet, dass alle Datenpakete auf demselben Weg vom Sender zum Empfänger gelangen.

Da es keine explizite Auf- und Abbauphase für eine Verbindung gibt, ist aus Sicht des Netzes auch nicht bekannt, wann tatsächlich Daten übermittelt werden sollen (jeder der angeschlossenen Endpunkte kann jederzeit ohne Ankündigung senden).

Der wesentliche Unterschied zur verbindungsorientierten Kommunikation ist, dass im Netz keine Zustandsinformationen pro Verbindung gespeichert werden müssen. Damit steigt die Ausfallsicherheit des Netzes. Wenn nämlich bei der verbindungsorientierten Kommunikation ein Netzknoten ausfällt, werden damit alle Verbindungen beendet, die durch diesen Netzknoten verlaufen. Bei verbindungsloser Kommunikation werden die Informationseinheiten einfach um den ausgefallenen Knoten herumgeleitet, und die Kommunikation zwischen den Endpunkten wird kaum beeinträchtigt.

Einige Fragen und Antworten zu dieser Thematik finden Sie unter Website Slideshare (http://www.slideshare.net/scudelari/11-nu-p-02-2).

Verbindungsorientiert arbeitende Protokolle wie TCP stellen eine gesicherte Vollduplex-Verbindung zwischen Sender und Empfänger her, die von beiden Seiten bestätigt werden muss. Die Übertragung der Daten wird überwacht, fehlerhafte Pakete können neu angefordert werden, die Pakete werden außerdem vom Protokoll geordnet. Bei verbindungsloser Übertragung (z. B. per UDP) werden in sich abgeschlossene Nachrichten übermittelt, die jeweils alle notwendigen Informationen in einer Informationseinheit enthalten.

Vorteile Gegenüber der verbindungslosen Übertragung hat die verbindungsorientierte Kommunikation den Vorteil, dass

- ein höheres Maß an Sicherheit gewährleistet ist,
- über den offenen Kanal auch andere Dienste gleichzeitig laufen können.

Nachteil Nachteilig ist dagegen, dass sie langsamer als bei verbindungslos arbeitenden Protokollen abläuft.

4.1.3 Sonstige Kommunikationsverfahren *

Simplex-Übertragung findet nur in eine Richtung statt. Im Vollduplex-Modus kann gleichzeitig in beide Richtungen übertragen werden. Bei symmetrischer Kommunikation sind alle beteiligten Stationen gleichberechtigt. Bei synchroner Kommunikation gibt es einen Zeittakt zwischen den Kommunikationspartnern.

4.1 Verfahren der Netzwerkkommunikation *

Verfahren der Netzwerkkommunikation kann man hinsichtlich der Übertragungsrichtung unterscheiden. Findet die Kommunikation immer nur über eine bestimmte Leitung bzw. Verbindung statt, so spricht man von **Simplex-Übertragung**.

Simplex

Fließen die Daten wechselweise in beide Richtungen, so heißt die Übertragung **Halbduplex** (Abb. 4.1-7). Findet dabei ein automatisches Umschalten zum Wechsel der Übertragungsrichtung statt, so spricht man von **Zeitmultiplex-Übertragung**.

Halbduplex

Abb. 4.1-7: Halbduplex-Übertragung.

Die gleichzeitige Übertragung in beide Richtungen (Gegensprechen) heißt **Vollduplex-Verfahren** (Abb. 4.1-8).

Vollduplex

Abb. 4.1-8: Vollduplex-Übertragung.

Veranschaulichen lassen sich diese Verfahren anhand des Straßenverkehrs (Tab. 4.1-1).

Beispiel

Übertragungsverfahren	Entspricht
Simplex	Alle fahren nur in eine Richtung (Einbahnstraße).
Halbduplex	Es ist genau eine Spur vorhanden, allerdings wird in beide Richtungen im Wechsel gefahren.
Zeitmultiplex	Es gibt nur eine Spur, das Fahrtrecht in beide Richtungen wird jeweils durch eine Ampel geregelt.
Vollduplex	Es sind zwei Spuren vorhanden, wobei für jede Fahrtrichtung genau eine Spur dediziert ist.
Multiplex	Für mindestens eine Fahrtrichtung sind mehrere Spuren dediziert, für jede Fahrtrichtung steht jedoch mindestens eine Spur zur Verfügung.

Tab. 4.1-1: Übertragungsverfahren im Vergleich.

Multiplex — Falls in mindestens eine Richtung mehrere Signale gleichzeitig bzw. parallel gesendet werden können, und zudem zur gleichen Zeit in jede Richtung mindestens ein Signal, so heißt die Technik **Multiplex-Übertragung**.

Frage — Die ersten Druckerkabel unterstützten keine bidirektionale Datenübertragung. Welches Datenübertragungsverfahren fand hier Anwendung? Welchen entscheidenden Nachteil hatte dieses Verfahren gegenüber der heutigen Technik?

Antwort — Es fand Simplex-Übertragung statt. Der Drucker konnte keine Signale/Fehler- oder Erfolgsmeldungen an die Computer senden.

Frage — Beschreiben Sie kurz die Kommunikation zwischen zwei CB-Funkern. Welches Datenübertragungsverfahren kommt hier zum Einsatz?

Antwort — Polizei oder Feuerwehr verwenden oft im Einsatz CB-Funkgeräte. Wer spricht, muss zuvor die »Leitung« bzw. den Übertragungskanal reservieren, danach wieder freigeben (halbduplex).

Symmetrisch — Eine weitere Eigenschaft von Netzwerkprotokollen betrifft die Stellung der Kommunikationsteilnehmer: Sind diese untereinander gleichberechtigt, so spricht man von Peer-to-Peer-Kommunikation (siehe »Peer-to-Peer-Netzwerk«, S. 81) oder **symmetrischer Kommunikation**, anderenfalls von **asymmetrischer Kommunikation**.

C/S-System — Das am weitesten verbreitete asymmetrische Modell ist das **Client/Server-System** (C/S-System), bei dem ein Dienstanbieter (der Server) Anfragen von verschiedenen Clients bearbeitet, wobei es immer die Clients sind, die die Kommunikation initiieren, d. h. einen Übertragungskanal öffnen (siehe »Client/Server-Netzwerk«, S. 83).

In einem C/S-Netzwerk sind die Clients die aktiven, die Server die passiven Teilnehmer.

Synchron — Wird nach einer Anfrage auf Antwort gewartet, spricht man von **synchroner Kommunikation**, sonst von **asynchroner Kommunikation**.

Bei asynchroner Übertragung gibt es keinen gemeinsamen Zeittakt zwischen Sender und Empfänger. Die Taktinformation wird durch ein Startbit oder eine Startsequenz (festgelegte Bitfolge) bestimmt, das Ende durch ein Stoppbit. Bei synchroner Übertragung werden alle Zeichen in einem festen Zeitraster übertragen. Es besteht ein Synchronismus zwischen den Stationen.

Paketorientiert — Bei **paketorientierter Kommunikation** wird das zu übertragende Datenvolumen zunächst in Datenpakete zerlegt. Die Datenpakete werden dann oft zeitversetzt, in wilder Folge und auch auf unterschiedlichen Wegen zum Empfänger übertragen.

Somit kommt es vor, dass die Datenpakete beim Empfänger in anderer Reihenfolge ankommen, als sie ursprünglich abgesendet wurden.

Im E-Learning-Kurs zu diesem Buch finden Sie eine Animation, die paketorientierte Kommunikation veranschaulicht.

Animation

Beim *Streaming* bzw. bei leitungsgebundener Kommunikation wird mit einem kontinuierlichen Datenstrom einzelner Zeichen gearbeitet. Die Daten werden sequenziell über dieselbe Route übertragen.

Streaming

Alle hier vorgestellten Verfahren sollen problemlos funktionieren. Genau diese Aufgabe übernehmen die im Netzwerk eingesetzten Protokolle.

4.2 Ports und ihre Absicherung *

Ports sind interne Datenübertragungskanäle. Von den 65535 Ports sind 1023 für Systemprogramme/Prozesse/Protokolle reserviert, ca. 48000 Ports können offiziell registriert werden, die restlichen sind frei verfügbar. Die Verwaltung der Ports wird von der IANA übernommen. Offene Ports sind eine erhebliche Gefahr für jeden Computer, daher ist es wichtig, die Ports durch Spezialprogramme und/oder eine Firewall abzusichern.

Datenpakete, die über ein Netzwerk gesendet werden, enthalten eine Empfängerangabe, die IP-Adresse. Diese Angabe reicht allerdings nicht, um zu entscheiden, für welches Protokoll oder welchen Dienst die Information/Anfrage bestimmt ist. Dafür gibt es Ports.

Ein **Port** bzw. Anschluss ist ein Teil einer Computeradresse, der Zugang zu einem Computer über ein Netzwerk. Während etwa die IP-Adresse 65.1.102.7 (IP 4) oder 2000:F345:24DA:0050:A5F8:FDA1:0002:17AC (IP 6) einen Computer identifiziert[1], so wird durch die zusätzliche Angabe eines Ports, z.B. durch 65.1.102.7:80 (IP 4) bzw. [2000:F345:24DA:0050:A5F8:FDA1:0002:17AC]:80 (IP 6) festgelegt, für welche Anwendung, welchen Dienst oder welches Protokoll das eingehende Datenpaket bestimmt ist – hier ist es jeweils der Port 80, der für HTTP reserviert ist.

Port

Datenströme im Netzwerk werden mithilfe der Port-Adressierung an das zuständige Programm weitergeleitet.

---

[1] Achtung: Die beiden hier beispielhaft angegebenen IP-Adressen sind nicht gleichwertig bzw. gleichbedeutend. Es wird zudem kaum gleichwertige IP 4- und IP 6-Adressen geben, da gewolltermaßen die Größe des jeweiligen Adressraumes erheblich unterschiedlich ist.

Ports sind in vielen Kommunikationsprotokollen und -diensten realisiert. Insbesondere die Transportprotokolle, zu denen TCP, UDP und SCTP gehören, unterstützen das Port-Konzept.

Obwohl Computer oft nur eine einzige IP-Adresse besitzen, ist es möglich, viele Dienste (Gopher, Web, FTP, News ...) auf ihnen laufen zu lassen. Dies wird dadurch erreicht, dass jeder Dienst eine spezifische Nummer (einen Port), mit der man ihn ansprechen kann, zugeordnet bekommt.

Beispiel Angenommen, auf einem Server mit der IP-Adresse 192.168.0.1 laufen mehrere Dienste. Wenn der Computer ein Datenpaket erhält, ist ohne das Port-Konzept nicht ohne Weiteres ersichtlich, an welchen Dienst die Anfrage gerichtet ist. Ist allerdings eine Portnummer angegeben, so kann der zuständige Dienst eindeutig ermittelt werden.

Für die Organisation der Port-Konzeptes ist die IANA zuständig. Die IANA *(Internet Assigned Numbers Authority)* vergibt die offizielle Berechtigung, bestimmte Computeradressen, Internetadressen und Protokollnummern für eigene Zwecke/Anwendungen einzusetzen. Weitere Informationen dazu finden Sie hier: Website IT-Administrator.de (http://www.it-administrator.de/lexikon/iana.html).

Well-Known Ports Die Ports mit den Nummern 1 bis 1023 *(Well-Known Ports)* sind durch die Institution IANA für Standardprogramme und -dienste (Web, FTP...) reserviert, die höchstmögliche Nummer eines Ports überhaupt ist 65535, d. h., der Wertebereich der Portnummern ist 1 bis 65535.

Registered Ports Die Nummern 1024 bis 49151 bezeichnen die *Registered Ports*. Diese Ports können Anwendungshersteller, Softwarefirmen und Programmierer bei der IANA für eigene Protokolle registrieren lassen.

Durch diese Registrierung kann eine Anwendung anhand der Portnummer identifiziert werden. Die restlichen Ports von Portnummer 49152 bis 65535 sind sogenannte *Dynamic* und/oder *Private Ports*. Diese lassen sich variabel einsetzen, da sie nicht registriert und damit keiner Anwendung offiziell zugehörig sind (Tab. 4.2-1). Eine Liste der Ports finden Sie etwa unter Website Bekkoame.ne (http://www.bekkoame.ne.jp/~s_ita/port/port1-99.html).

Einige reservierte Ports zeigt die Tab. 4.2-2.

Tauschen Computer untereinander Daten aus, so werden die einzelnen Datenströme durch Ports voneinander getrennt.

4.2 Ports und ihre Absicherung *

Port	Kategorie
1..1023	Well-Known Ports
1024..49151	Registered Ports
49152...65535	Dynamic/private Ports

Tab. 4.2-1: Portnummern und deren Verwendung.

Nummer	Programm
7	Echo (Ping)
20	FTP (Datenkanal)
21	FTP (Steuerkanal)
23	Telnet
25	SMTP
53	DNS
70	Gopher
79	Finger
80	WWW bzw. http
110	POP3
119	NNTP (News)
143	IMAP
194	IRC
443	SSL, HTTPS

Tab. 4.2-2: Reservierte Ports.

Ein großer Teil der Ports wird durch die Protokollfamilie TCP/IP belegt. Eine (nahezu) vollständige Liste der reservierten Ports finden Sie unter Website Meineipadresse.de (http://meineipadresse.de/html/ip-ports.php).

Welche Ports belegen SCTP und UDP? *Frage*

Ein SCTP-Port ist 2905, ein UDP-Port ist 68. *Antwort*

Welcher Dienst/welches Protokoll nutzt den Port 143 und den Port 110? *Frage*

Den Port 110 nutzt POP3, 143 wird von IMAP verwendet. *Antwort*

Verwendete und offene Ports stellen grundsätzlich ein Sicherheitsrisiko für Ihren lokalen Computer und auch für Ihr Netzwerk dar. Es ist daher angebracht bzw. notwendig, derartige Sicherheitslücken zu schließen und auf diese Weise Spionen und Angreifern die Arbeit zu erschweren.

Viele Ports sind bei einem ungesicherten Betriebssystem offen. Angreifer können dies ausnutzen, sodass ein Computer in der Regel *nicht* sicher ist.

Ein Port ist in der Regel nur offen und über das Netzwerk zugänglich, wenn das Programm, für welches er reserviert ist, aktiv ist. So sind nach der Standardinstallation eines Betriebssystems zahlreiche Dienste aktiv, die bei jedem Systemstart automatisch aufgerufen bzw. gestartet werden. Als Standardanwender benötigt man allerdings viele dieser Dienste nicht, sodass diese gefahrlos deaktiviert werden können. Ist ein Dienst deaktiviert, so wird auch der zugehörige Port gar nicht erst geöffnet, was eine Verbesserung der Systemsicherheit zur Folge hat.

Das Sperren ungenutzter Ports kann die Systemsicherheit erheblich verbessern.

Portsperre

Eine Portsperre ist das Blocken oder Drosseln eines bestimmten Ports bzw. des darauf zugreifenden Dienstes. Das Sperren von Ports wird auf einigen Web-Servern praktiziert, um Dienste wie etwa das *File Sharing* zu blockieren.

Sie werden im Folgenden einige Programme, allerdings nur unter Microsoft Windows, anwenden und Vorgehensweisen erarbeiten, um offene Ports zu erkennen und ggf. zu schließen. Auch für andere Betriebssysteme gibt es zahlreiche Programme, die gleichwertige Funktionen zur Verfügung stellen.

Beachten Sie dabei, dass es sich dabei teilweise um einen systemkritischen Vorgang handelt. Das heißt, dass äußerste Vorsicht angebracht ist, da geänderte Sicherheitseinstellungen zu einem instabilen oder gar funktionsunfähigen System führen können.

Empfehlenswert ist, vor derartigen kritischen Vorgängen ein System-Backup *(Image)* zu erstellen, damit bei Bedarf der vorherige Zustand wieder zurückkopiert werden kann.

Stellen Sie zunächst sicher, dass Sie für derartige Manipulationen Ihres Windows-Computers ausreichende Systemrechte besitzen. Unter Windows XP oder einem älteren Windows benötigen Sie Administratorrechte – der Benutzer, mit dem Sie angemeldet sind, sollte also zur Gruppe der lokalen Administratoren gehören (Abb. 4.2-1). Bei Windows Vista oder einer neueren Windows-Version lässt sich manches Programm nur über das Kontextmenü starten (»als Administrator ausführen«).

Lesen Sie vor jedem Start bzw. vor jeder Programminstallation (nicht nur hier und jetzt!) die Lizenzbestimmungen und stellen Sie sicher, dass Ihr Computersystem die Hardware und Software-

4.2 Ports und ihre Absicherung *

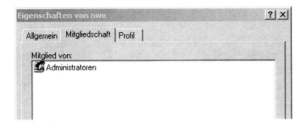

Abb. 4.2-1: Das Benutzerkonto gehört zur Gruppe der lokalen Administratoren.

Anforderungen erfüllt, die der Anbieter des Programms empfiehlt bzw. voraussetzt.

Die Analyse offener Ports können Sie den LaMa-Creation Portscanner durchführen lassen. Unter der Web-Adresse Website Chip.de (http://download.chip.eu/de/Portscanner_3359554.html) finden Sie Infos zu dieser Freeware sowie einen Downloadlink.

Es ist nicht auszuschließen, dass der Autor dieser Software oder irgendeines Programms, das Sie im Folgenden verwenden, seine Lizenzbestimmungen zwischenzeitlich geändert hat, oder auch dass der Download mittlerweile kostenpflichtig ist. Seien Sie also auf der Hut – wie überall im Internet lauern auch hier Kostenfallen.

Entpacken Sie nach dem Download das Zip-Archiv. Das Programm lässt sich ohne Installation verwenden. Nach dem Start geben Sie die IP-Adresse sowie den Port-Bereich an und starten die Portanalyse durch Klick auf die SCAN-Schaltfläche. Das Ergebnis lässt sich als CSV-Datei oder auch im PDF-Format speichern und natürlich auch am Bildschirm auswerten (Abb. 4.2-2).

Hier sehen Sie, dass auf dem lokalen Computer (IP 127.0.0.1) die Ports 50–60 sämtlich geschlossen sind, also kein Sicherheitsrisiko darstellen.

Das Programm zeigt für jeden untersuchten Port den Status sowie ggf. ein Programm oder einen Dienst an, das/der den jeweiligen Port verwendet (Abb. 4.2-3). Offene Ports sollten Sie mit einer Firewall schließen, angezeigte Dienste oder Programme sollten Sie deaktivieren, falls Sie diese nicht benötigen.

Falls Sie Startverhalten oder andere Einstellungen eines Systemdienstes ändern möchten, so gelangen über Start-Ausführen nach Eingabe von SERVICES.MSC zu dem entsprechenden Einstellungsdialog (Abb. 4.2-3).

Per Doppelklick auf einen Eintrag können Sie auf seine Diensteigenschaften zugreifen (Abb. 4.2-4).

Dienste/Diensteigenschaften ändern

4 Netzwerkschichten und Protokolle *

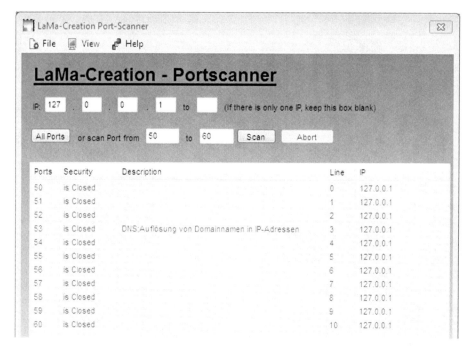

Abb. 4.2-2: Analyse offener Ports.

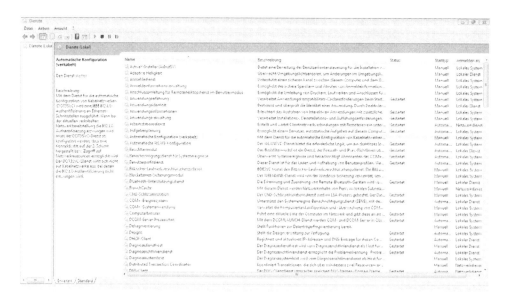

Abb. 4.2-3: Systemdienste unter Windows.

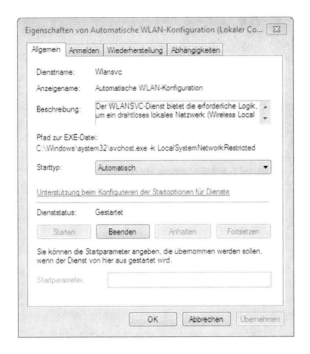

Abb. 4.2-4: Eigenschaften eines Dienstes ändern.

Sie können hier

- einen gestarteten Dienst anhalten oder beenden,
- einen angehaltenen Dienst fortsetzen,
- einen beendeten Dienst starten,
- den Starttyp ändern (manuell, automatisch, deaktiviert).

Seien Sie hier sicher, dass Sie keine systemkritischen Dienste ausschalten!

Geben Sie weitere MMCs an, welche auf Ihrem Windows-Rechner installiert sind. — Frage

Weitere MSC-Dateien sind z. B. CERTMGR.MSC (Sie können Zertifikate verwenden, um Ihre persönlichen Identifikationsdaten im Internet und Ihren Computer vor nicht sicherer Software zu schützen. Ein Zertifikat ist eine Bescheinigung, welche die Identität einer Person oder die Sicherheit einer Website garantiert. Es gibt verschiedene Arten von Zertifikaten. Ein persönliches Zertifikat stellt sicher, dass Sie die Person sind, die Sie zu sein vorgeben. Diese Informationen werden verwendet, wenn Sie persönliche Informationen über das Internet an eine Website senden, die zur Überprüfung Ihrer Identität ein Zertifikat verlangt. Sie können die Verwendung Ihrer Identität durch einen privaten Schlüssel kontrollieren, den nur Sie auf Ihrem eigenen System kennen. Bei der Verwendung in E-Mail-Programmen — Antwort werden Sicherheitszertifikate mit privaten Schlüsseln auch als Digitale IDs bezeichnet. Ein »Sitezertifikat« bescheinigt, dass eine bestimmte Website sicher und authentisch ist. Es stellt sicher, dass keine andere Website die Identität der tatsächlichen sicheren Site annehmen kann. Wenn Sie persönliche Daten über das Internet senden, empfiehlt es sich als gute Praxis, das Zertifikat der verwendeten Website zu überprüfen, um sicherzustellen, dass Ihre persönlichen Identifikationsdaten dort geschützt sind. Wenn Sie Software aus dem Internet downloaden oder ausführen, können Sie anhand von Zertifikaten sicherstellen, dass die Software aus einer bekannten und verlässlichen Quelle kommt). Siehe z. B. Website Uni Konstanz (http://www.ub.uni-konstanz.de/a-z/w-z/zertifikate.html), MSINFO32.MSC (Systeminformationen), CIADY.MSC (Indexdienst). Ports können auch mit einer Firewall gesperrt werden, siehe etwa Wikipedia: Firewall (http://de.wikipedia.org/wiki/Firewall). Bei einer lokalen Firewall wird allerdings normalerweise umgekehrt vorgegangen: Nur die tatsächlich benötigten Ports werden freigegeben und alle anderen Ports bleiben gesperrt. Somit werden die Angriffspunkte auf das geschützte Netz bzw. den lokalen Computer erheblich reduziert.

Viele Kombinationsgeräte, Modems und *Router* besitzen eine integrierte Firewall zum Blocken von Angriffen aus dem Netzwerk. Zudem gibt es zahlreiche Freeware-Programme, die softwaretechnisch einen Computer absichern können (Personal Firewalls).

Ein Vertreter dieser Kategorie ist die PCTools Firewall Plus. Unter Website Chip.de (http://download.chip.eu/de/PC-Tools-Firewall-Plus_700345.html) finden Sie eine Beschreibung. Hier können Sie das Programm auch herunterladen.

Das Programm überwacht sowohl eingehende als auch ausgehende Datenströme und zeigt detailliert an, welche Anwendungen welche Verbindungen nutzen. Durch die Definition von Anwendungsregeln lässt sich der gesamte Datenaustausch mit dem Netzwerk und auch dem Internet umfassend kontrollieren.

Während der Installation können Sie schon Einfluss auf das Sicherheitsniveau nehmen und den Umfang der Meldungen festlegen (Abb. 4.2-5).

Wenn Sie alle Installationsschritte durchlaufen haben, müssen Sie Ihr System neu starten, damit die Änderungen wirksam werden.

Nach einem System-Neustart öffnen Sie die Firewall-Software und warten die Initialisierung ab, die einige Minuten dauern kann (Abb. 4.2-6).

4.2 Ports und ihre Absicherung * 113

Abb. 4.2-5: Firewall-Installation.

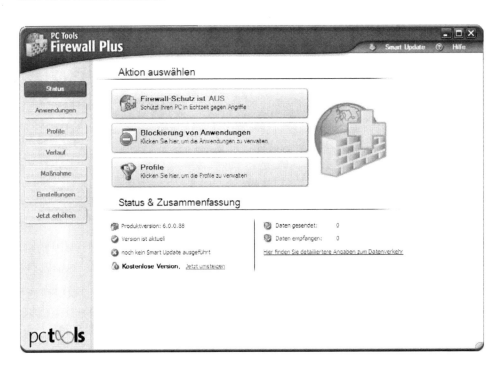

Abb. 4.2-6: Hauptbildschirm der PCTools Firewall Plus.

Unter Anwendungen können Sie zu blockierende oder freizugebende Programme festlegen, unter Einstellungen wählen Sie u. a. zwischen Benutzer- und Expertenmodus. Das Programm ist selbsterklärend, Profikenntnisse sind nicht erforderlich.

Zum Absichern von Ports gibt es neben Firewalls und den hier vorgestellten Programmen zahlreiche weitere kostenlose Programme, etwa die Software »Windows-Dienste abschalten«, welche sehr einfach zu bedienen ist.

Zunächst rufen Sie die Seite Website Dingens.org (http://www.dingens.org) auf. Dort gibt es schon eine sehr gute Erläuterung zum Programm.

Beachten Sie die Hinweise des Anbieters. Die Software ist gedacht für Windows 2000 und einige Windows XP Installationen. Stellen Sie sicher, dass Ihr System die angegebenen Anforderungen erfüllt.

Auf der linken Seite des Fensters gibt es die Möglichkeit, »Windows Dienste abschalten« herunter zu laden. Führen Sie die heruntergeladene Datei win32sec.exe mit einem Doppelklick aus (Abb. 4.2-7).

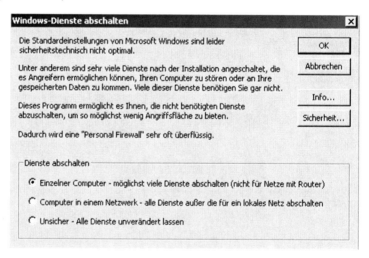

Abb. 4.2-7: Windows-Dienste abschalten.

Nur für Anwender eines Computers, die per Modem mit dem Internet verbunden sind, ist die oben gezeigte Auswahl richtig. Für einen Computer, der an einem Netzwerk angemeldet ist oder sich häufiger mit einem solchen verbindet, sollte die zweite Auswahl getroffen werden. Dann klicken Sie auf OK und führen den geforderten Neustart durch – fertig.

Hat man seinen Computer mit diesem Programm gesichert, ist eine Firewall – also ein zusätzlicher Schutzmechanismus – in vie-

4.2 Ports und ihre Absicherung *

len Fällen überflüssig. Ähnliche Software gibt es auch für die neueren Windows-Versionen. Unter Website Netbrain.de (http://www.the-netbrain.de/downloads.htm) finden Sie eine entsprechende Freeware für Windows Vista und Windows 7 (Abb. 4.2-8).

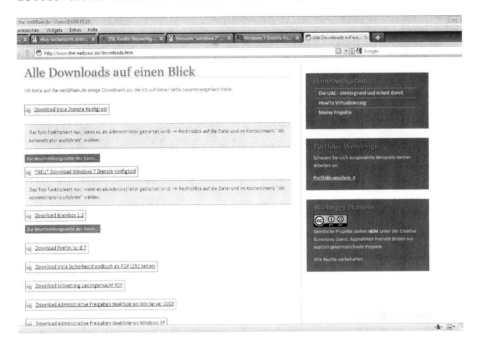

Abb. 4.2-8: Werkzeuge zur Konfiguration von Windows-Diensten herunterladen.

Die Werkzeuge liegen nach dem Download im RAR-Format vor und müssen nur in einen eigenen Ordner entpackt werden. In diesem befindet sich eine cmd-Datei. Wenn Sie diese per Kontextmenü als Administrator ausführen, startet das Programm (Abb. 4.2-9).

Das Programm ermöglicht Ihnen

- die Standard-Einstellungen bezogen auf die Windows-Dienste wieder herzustellen,
- die Deaktivierung sämtlicher Netzwerkdienste,
- die aktuelle Dienste-Konfiguration in einer Datei zu sichern,
- eine gespeicherte Konfiguration zu laden.

Im Vergleich zu Windows Vista oder auch Windows XP ist Windows 7 gerade technisch für die meisten Anwender noch Neuland. Informationen zu den einzelnen Diensten von Windows 7 finden Sie etwa hier: Website Windows 7-Forum (http://www.windows-7-forum.net/windows-7-anpassen-und-individualisieren/350-windows-7-unnoetige-dienste-abschalten-deaktivieren.html).

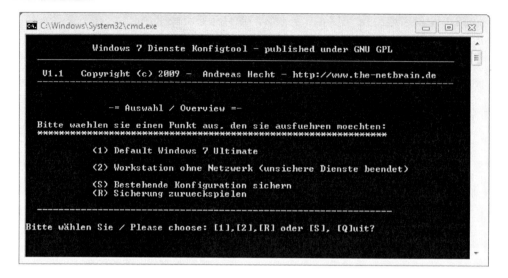

Abb. 4.2-9: Dienste Konfig-Tool.

Ein gutes Tutorial zu diesem Thema betreffend Windows XP und Windows Vista gibt es bei tecChannel: Website Tecchannel (http://www.tecchannel.de/pc_mobile/windows/445486/windows_xp_vista_dienste_services_aufraeumen/)

Die Kommunikation im Netzwerk findet über Ports statt. Durch dieses Konzept lassen sich Dienste und Protokolle eindeutig adressieren.

Aus Sicherheitsgründen empfiehlt es sich, nicht benötigte Dienste/Protokolle sowie unnötigerweise geöffnete Ports zu blocken/zu deaktivieren.

Frage Geben Sie weitere kostenlose Firewallprogramme mit jeweils einem Download-Link an.

Antwort Eine kostenlose Personal Firewall ist etwa Sunbelt Kerio Personal Firewall oder auch Sygate Personal Firewall.

Frage Durch eine Firewall sollen unter anderem Spionageprogramme und systemkritische Angriffe abgewehrt werden. Hat die Firewall versagt, so ist Handeln angesagt. Welche Programme können Ihnen in dem Fall weiter helfen? Beschreiben Sie kurz deren Funktionsweise.

Antwort Ein schädliches Programm wird durch eine Firewall etwa erkannt
- an seinen Aktivitäten,
- dem Namen,
- an einigen Bits, welche zu seinem Programmcode gehören.

Eine Anti-Malware kann auch im Nachhinein Schaden mindern, sie wacht im Arbeitsspeicher über
- das Dateisystem,
- die Vorgänge im Betriebssystem.

Je nach Einstellung
- generiert die Anti-Malware eine Warnmeldung,
- schreibt sie einen Protokoll-Eintrag,
- löscht sie eine potenziell gefährliche Datei,
- verschiebt sie verdächtige Dateien in Karantäne,
- blendet sie eine Abfrage ein, welche Aktion sie vornehmen soll.

4.3 Firewalls *

Firewalls sind Programme oder eigenständige Computer, welche einen Computer oder ein ganzes Netzwerk vor Angriffen wirksam schützen. Grundsätzlich sollte jede Netzwerkverbindung durch eine Firewall abgesichert werden. Zahlreiche Netzwerkgeräte besitzen eine (in ihre Firmware integrierte) Firewall. Auch moderne Betriebssysteme sind mit einer Firewall ausgestattet. Sowohl eine Router-Firewall als auch die Firewall des lokalen Betriebssystems sollten grundsätzlich aktiviert sein. Eine zusätzliche Personal Firewall bietet weiteren Schutz für das lokale System und auch das LAN.

Firewalls spielen in Netzwerken eine wichtige Rolle. Sie steigern die Sicherheit erheblich. Eine Firewall (Brandmauer) schützt vorrangig an ein Netzwerk angeschlossene Computer vor dem unberechtigten Zugriff anderer externer Computer und Benutzer.

Firewalls filtern/kontrollieren den Datenverkehr (Abb. 4.3-1) zwischen Netzwerksegmenten, einzelnen Computern und ganzen Computernetzen.

Eine Firewall filtert in beide Richtungen nach Absender-IP, Empfänger-IP, Inhalt/Bitmustern die Datenströme und leitet nur zugelassene Datenpakete weiter.

Was können Firewalls?
- Zentrum für Schutzmaßnahmen bilden,
- Sicherheitspolitik durchsetzen,
- alle Aktivitäten effizient protokollieren,
- Angriffsfläche verkleinern.

Was leisten Firewalls nicht?
- Schutz vor Insidern,
- direkten Schutz vor Computerviren,

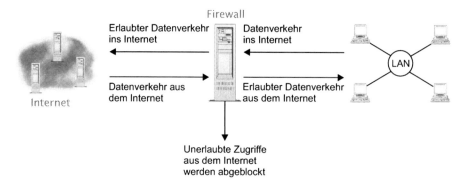

Abb. 4.3-1: Firewall zwischen LAN und Internet.

- Schutz vor Verbindungen, welche die Firewall umgehen.

Der Internetzugang aus einem Firmennetzwerk (LAN) heraus ist keine komplizierte Angelegenheit. Im Gegenteil: Im Prinzip reicht ein DSL-Modem und eine Netzwerkkarte, und schon kann es losgehen.

Netzwerk als Sicherheitsrisiko

Die Verbindung zum Internet ist genauso schnell und einfach hergestellt wie eine Telefonverbindung. Die Verbindung zwischen einem Computer und dem Internet ist vergleichbar mit einem Computer in einem LAN. Der Computer ist (sobald eine Verbindung zum Internet hergestellt ist) im Internet vollständig sichtbar. Sichtbar heißt in diesem Zusammenhang, dass alle seine Eigenschaften und Leistungsmerkmale aus dem Internet heraus erkennbar sind, z. B. der Computername, der Name des angemeldeten Benutzers und freigegebene Verzeichnisse.

Viele Gefahren sind unsichtbar

Das Gefahrenpotenzial im Netzwerk ist oft unsichtbar, sollte aber nicht unterschätzt werden. Werden etwa im LAN Dateien von einem Computer zu einem anderen über das Netzwerk kopiert, kann dieses prinzipiell auch zwischen dem Computer und dem Internet erfolgen. Ein Computer steht also wie eine offene Tür gegenüber dem Internet da. Er ist von Haus aus völlig ungeschützt.

Dementsprechend ist es oft sehr einfach, aus dem Internet auf den Computer zuzugreifen und diverse Dinge auf bzw. von dem Computer aus zu tun: Dateien kopieren, E-Mails versenden, Dokumente einsehen, Daten und ganze Ordner freigeben, Webseiten publizieren, beliebige Verträge abschließen.

Wenn ein Computer nun sowohl eine Verbindung zum LAN als auch zum Internet hat, kann vom Internet aus nicht nur auf den Computer, sondern sogar durch ihn hindurch auf alle Geräte im Netzwerk (LAN) zugegriffen werden. Somit steht Hackern das gesamte Netzwerk zum Spionieren und Manipulieren von außen offen. Sämtliche Ressourcen Server, Datenbanken, Computer, Drucker usw. sind dann über das Internet von außen zu erreichen.

Einen adäquaten Schutz vor solchen unsichtbaren Bedrohungen bieten Firewalls. Eine Firewall ist eine Schutzmauer. Sie trennt das LAN strikt vom Internet. Jegliche Verbindung zwischen dem Internet und den Computern im Netzwerk wird ausschließlich über die Firewall (statt über einen Computer mit DSL-Modem oder Router) realisiert, ein Eindringen in das Netzwerk (Hackerangriff) wird damit erheblich erschwert bzw. oft abgewehrt/geblockt.

Schutz vor unsichtbaren Gefahren

Eine Firewall ist eine Hardware oder Software, die dazu entwickelt wurde, Außenseiter davon abzuhalten, Zugang zu Ihrem Computer oder Netzwerk zu erhalten. Die Firewall ist in der Regel ein unabhängiger Computer, ein *Router* mit spezieller Software oder ein eigenständiges Programm, das jede eingehende Verbindungsanfrage bewertet. Es werden nur Verbindungsanfragen von autorisierten Hosts weiterverarbeitet, die anderen Verbindungsanfragen werden abgelehnt.

Was ist eine Firewall

Die meisten Firewalls erreichen dies, indem sie die Ursprungsadresse überprüfen. Wenn Sie beispielsweise nicht wollen, dass die Benutzer eines bestimmten Computers Zugang zu Ihrem Computer oder Netzwerk erhalten, können Sie die entsprechende Adresse sperren, und die zugehörigen Verbindungsanfragen blockieren. An deren Ende wird dann eine Meldung wie »Verbindung abgelehnt« oder ähnlich generiert, oder es gibt gar keine Meldung und der Versuch zum Verbindungsaufbau wird einfach ignoriert.

Firewalls können ankommende Datenpakete von verschiedenen Protokollen analysieren. Basierend auf dieser Analyse kann eine Firewall verschiedene Aktionen starten. Daher können Firewalls an Bedingungen geknüpfte Auswertungen durchführen, z. B. einen bestimmten Pakettypen löschen oder zurückweisen.

Diese an Bedingungen geknüpften Konstruktionen werden **Regeln** genannt. Wenn Sie eine Firewall einschalten, werden Sie sie im Allgemeinen mit Regeln versorgen, die die Zugangsrichtlinien Ihrer Organisation bzw. Ihres Netzwerkes widerspiegeln.

Angenommen, Sie haben Buchhaltungs- und Vertriebsabteilungen. Unternehmensrichtlinien verlangen, dass nur die Vertriebsabteilung Zugang zu Ihrer Website erhält. Um diesen Richtlinien zu entsprechen, weisen Sie Ihrer Firewall eine Regel zu, sodass nur Verbindungsanfragen und Verbindungen aus der Vertriebsabteilung erlaubt werden bzw. entsprechende Datenpakete von der Firewall hindurch gelassen werden.

Beispiel

In dieser Hinsicht sind Firewalls für Netzwerke das, was Benutzerrechte und -richtlinien für Betriebssysteme sind. Zum Beispiel können Sie unter Windows festlegen, welche Benutzer auf einen Prozess, einen Systemdienst, ein Laufwerk, eine bestimmte Datei, ein Programm oder ein bestimmtes Verzeichnis zugreifen können, lesend, schreibend oder mit Vollzugriff. Das ist benutzerdefinierte Zuweisung von Zugriffsberechtigungen auf Betriebssystemebene. Auf ähnliche Weise ermöglichen Ihnen Firewalls Zugriffsberechtigungszuweisungen zu Ihren vernetzten Workstations oder anderen Netzwerkgeräten.

Diese Zugangsüberprüfung ist allerdings nur ein Teil dessen, was moderne Firewalls leisten. Zum Beispiel ermöglichen die meisten kommerziellen Firewalls eine Überprüfung des Inhalts. Diese Möglichkeit können Sie ausnutzen, um **Java**, **JavaScript**, VBScript und ActiveX-Scripts sowie Cookies durch die Firewall abzuweisen. Sie können sogar Regeln festlegen, um bestimmte Angriffssignaturen (Bitmuster innerhalb des Datenstroms) zu blockieren.

Angriffssignaturen sind Befehle oder Bitfolgen, die üblich für einen bestimmten Angriff sind. Wenn z. B. ein Benutzer eine Anfrage mit untypischen Inhalten sendet, könnte seitens der Firewall eine Reaktion stattfinden. Wenn Sie Ihrer Firewall beibringen, diese untypischen Inhalte zu erkennen, kann die Firewall lernen, solch einen Angriff zu blockieren. Das ist dieselbe Technik, die auch bei Anti-Malware verwendet wird, um **Viren**, **Trojaner** oder **Würmer** zu erkennen.

Eine Firewall ist die einzig wirksame und dringend nötige Schutzvorrichtung, um den unsichtbaren digitalen Gefahren wirksam vorzubeugen. Hackern wird es somit nahezu unmöglich, auf Arbeitsplatzrechner, Server usw. aus dem Internet heraus zuzugreifen. Nur durch den Einsatz einer Firewall ist ein guter Schutz gegenüber dem weltweiten Datennetz gegeben.

Funktionen einer Firewall

Hier die Funktionen einer Firewall zusammengefasst:

- Sie ermöglicht nur autorisierten Benutzern an einem streng kontrollierten Punkt Zugang zum Netzwerk,
- sie sorgt dafür, dass Datenpakete das Netz auf einem einzigen Weg verlassen können.

Allzu oft wird die Anschaffung, Administration und auch die Kontrolle von Firewall-Systemen vernachlässigt. Kaum einem Computeranwender ist klar, dass er kontinuierlich abgescannt wird.

Abscannen als Vorstufe eines Angriffs

Unter **abscannen** versteht man den Vorgang, der immer als erster Schritt eines möglichen späteren Hacker-Angriffs stattfindet. Systematisch werden hierbei alle möglichen auffindbaren Geräte

4.3 Firewalls *

bzw. Netzwerke im Internet auf evtl. Schwachstellen (offene Türen) überprüft. Jede softwaretechnische Sicherheitslücke ist ein idealer Ansatzpunkt für weitere Spionageaktionen und Angriffe.

Das Scannen selber ist so einfach wie wirkungsvoll, zumal es derzeit keine strafbare Handlung darstellt. Manche Hacker haben sogar fremde Systeme gekapert und diese so manipuliert, dass sie vom Eigentümer unbemerkt und vollautomatisch, unauffällig und ständig fremde Computer im Internet abscannen. Sobald sie etwas Interessantes entdecken, benachrichtigen solche Systeme den Hacker, der sich dann direkt um die gefundenen interessanten Fälle kümmern kann.

Dieses Scannen kann man sich etwa so vorstellen: In einer Stadt (Internet) befinden sich viele Straßen (Netzwerke). In einer Straße stehen viele große und kleine Häuser (Geräte, Computer). Jedes dieser Häuser hat einige Türen und Fenster. Bei manchen Häusern sind Türen und Fenster geschlossen, weil der Brandschutz (Firewall) dieses so vorsieht. Bei anderen Häusern stehen einige Türen und Fenster weit offen.

Nun geht jemand zu Fuß durch die Straßen der Stadt und schaut sich die Türen und Fenster an, ob sie geschlossen oder offen sind. Das ist keine strafbare Handlung. Für einen (potenziellen) Einbrecher stellen die offenen Fenster und Türen geradezu eine Einladung dar.

Waren elektronische Einbrüche (Hacks) früher insbesondere nur technisch versierten Freaks mit detaillierten Kenntnissen über die Funktionsweise von Netzwerken usw. möglich, hat sich das Gefahrenspektrum aus dem Internet nun erheblich erweitert.

Mittlerweile existieren erhebliche Mengen an Spezialprogrammen, die das Fachwissen und die Fähigkeiten von Hackern auch technischen Laien zugänglich machen. Dank grafischer Benutzeroberfläche und Fenster-Technik kann heute jeder Laie mit ein paar Mausklicks Systeme scannen, Schwachstellen aufspüren und diese auch ausnutzen, also hacken.

Die Firewall ist damit der zentrale Dreh- und Angelpunkt der grundsätzlichen Absicherung des eigenen IT-Systems gegenüber dem Internet. Folglich ist dieses auch der wundeste Punkt der eigenen Verteidigungsstrategie. Ist die Firewall überwunden oder ausgetrickst, ist der Weg möglicherweise wieder offen, etwa so, als wäre gar keine Firewall da.

Es kommt also darauf an, ein wirksames Konzept aufzubauen, wie man sich effektiv mit einer Firewall schützt. Ebenso ist die regelmäßige Wartung der Firewall sehr wichtig. Die Scan-Methoden der Hacker werden immer ausgefeilter, somit ist auch die Art und Weise, wie die Firewall schützt, einerseits durch die Soft-

und Hardwarehersteller, andererseits auch durch die AnwenderInnen, den neuen Gegebenheiten anzupassen.

Die Kombination aus einer (ggf. auch mehreren) Firewall(s) und einem geeigneten, aufzubauenden Schutzkonzept, gewährt grundsätzliche Sicherheit. Aber auch nur auf der hier beschriebenen untersten (und für den Anwender völlig unsichtbaren) Ebene.

Alle weiteren eher sichtbaren Gefahren, können von Firewalls, die zwar eine sehr wichtige Funktion wahrnehmen, nicht abgewehrt werden. Hier müssen andere Strategien und Werkzeuge her.

Eine Firewall schützt einen Computer und ein ganzes Netzwerk vor Angriffen, welche zu Schäden führen können. Unter anderem wird das Ausspähen geheimer nicht öffentlicher Daten, das Löschen lokaler Dateien, die Fernsteuerung des lokalen Computers, die Manipulation von Daten und Programmen, das Protokollieren von Tastatureingaben durch ungewollte unautorisierte Eingriffe von außen erheblich erschwert.

Als Firewall kann ein speziell dafür konfigurierter Computer, ein Router/DSL-Modem/Access-Point, auf dessen Chip sich ein Schutzprogramm befindet, ein modernes Betriebssystem, in welches Schutzfunktionalitäten integriert sind, ein vom Administrator installiertes Anwendungsprogramm (Personal Firewall), welches genau für diesen Zweck entwickelt wurde, eingesetzt werden. Das Risiko, ohne Einsatz einer Firewall Opfer eines Angriffes zu werden, ist heute so hoch wie nie zuvor. Daher ist es ratsam, die Firewall des Betriebssystems und auch die Firewall des Routers zu aktivieren. Wer mehr Sicherheit benötigt, richtet zusätzlich eine Personal Firewall ein.

4.4 Das ISO/OSI-Schichtenmodell *

Das OSI-Modell beschreibt die Kommunikation im Netzwerk. Es sieht 7 Schichten vor, zwischen denen eine strikte Aufgabentrennung besteht. Die Schichten bauen aufeinander auf, sodass jede Aktion/Aufgabe eindeutig einer einzigen Schicht zugeordnet werden kann und Datenaustausch bzw. Kommunikation ausschließlich mit einem Prozess/einer Anwendung, welche(r) einer angrenzenden Schicht zugeordnet ist, möglich ist. So ist ein modularer Aufbau der einzelnen Anwendungen und Dienste im Netzwerk möglich, da es definierte Schnittstellen zwischen den einzelnen Schichten gibt. Das Modell beginnt auf der Bit-Ebene (Hardware, Mediumzugriff) und endet beim Anwendungsprogramm.

4.4 Das ISO/OSI-Schichtenmodell *

In einem Computernetzwerk erfüllt jedes Protokoll bzw. jeder Dienst eine bestimmte Aufgabe, etwa Datentransport, Vollständigkeitsprüfung, Authentifizierung, Verschlüsselung usw. Die Basis für die Netzwerkprotokolle und -dienste bildet ein Schichtenmodell, durch welches einzelne Ebenen für die Kommunikation im Netz festgelegt/standardisiert sind.

Das OSI-Referenz- bzw. Schichtenmodell (OSI steht für *Open Systems Interconnection*) der Internationalen Standardisierungsorganisation ISO (*International Standards Organization*, siehe Website ISO (http://www.iso.org), Wikipedia: ISO (http://de.wikipedia.org/wiki/Internationale_Organisation_für_Normung))[2] wurde 1977 als Grundlage für die Bildung von Kommunikationsstandards zwischen Kommunikationsmedien und Anwendungen entworfen. Für die Kommunikationsarchitektur sind sieben Schichten definiert.

Dieses Modell ist die Basis sämtlicher Netzwerkanwendungen. Es unterteilt sich wie folgt:

- Die Schichten 1 bis 3 erfüllen die netzorientierten Funktionen. Dazu gehören technische Spezifizierung, Fehlerbehandlung, Übertragungsorganisation und Routing[3].
- Die Schicht 4 ist das Bindeglied zwischen Netz- und Anwendungsschichten und fungiert als Transportschicht. Sie gewährleistet auch die Unabhängigkeit der Anwendungen vom Transportsystem.
- Die Schichten 5 bis 7 bilden die anwendungsorientierten Schichten. Das TCP/IP-Modell fasst diese zu einer einzigen Schicht zusammen.

Eine wichtige Eigenschaft des OSI-Schichtenmodells ist sein hierarchischer Aufbau. Dadurch ist festgelegt, dass die in einer Ebene angesiedelten Funktionen nur auf Funktionen der direkt darunter liegenden Schichten zurückgreifen können. Umgekehrt lassen sich Dienste nur der darüber liegenden Schicht zur Verfügung stellen.

Setzt man die Einhaltung des Modells voraus, so wird dadurch erreicht, dass prinzipiell Hardware- und Softwarekomponenten, mit denen die Funktionen einer oder mehrerer Schichten realisiert werden,

- von den unterschiedlichsten Herstellern stammen können,
- keine Aufgaben erfüllen müssen, die anderen Schichten zugeordnet sind.

---

[2] Die Internationale Organisation für Normung – kurz ISO *(International Organization for Standardization)* – ist die internationale Vereinigung von Normungsorganisationen und erarbeitet internationale Normen in allen Bereichen; Ausnahme bilden die Elektrik, die Elektronik und die Telekommunikation.
[3] Routing umfasst unter anderem die Wahl des optimalen Wegs eines Datenpakets zum Empfängercomputer.

Dabei werden die Schichten

- 7 und 6 durch Betriebssystem und Netzwerkbetriebssystem,
- 5, 4 und 3 durch die Netzwerk-Treibersoftware und Netzwerkprotokolle,
- 2 und 1 durch die Hardware und die zugehörige Software, z. B. Netzwerkkarten und hardwarenahe Treiber,

abgedeckt.

Die Schichten heißen im Einzelnen (Abb. 4.4-1):

- *Physical Layer* (Bitübertragungsschicht),
- *Data Link Layer* (Sicherungsschicht),
- *Network Layer* (Vermittlungsschicht),
- *Transport Layer* (Transportschicht),
- *Session Layer* (Sitzungsschicht),
- *Presentation Layer* (Darstellungsschicht),
- *Application Layer* (Anwendungsschicht).

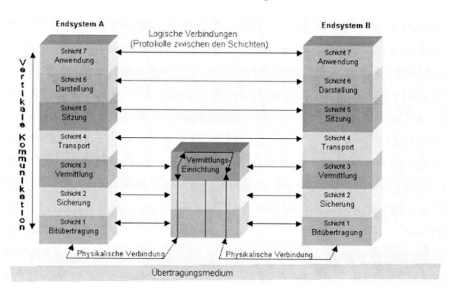

Abb. 4.4-1: Das OSI-Schichtenmodell.

Der Datenaustausch findet ausschließlich zwischen direkt benachbarten bzw. auf einander aufbauenden Schichten statt (Abb. 4.4-2).

Welche Schicht besitzt nun genau welche Aufgaben?

Bitübertragungsschicht

Die **Bitübertragungsschicht** spezifiziert das Übertragungsmedium, regelt die Übertragung der einzelnen Bits (Leitungscodes, Spezifikation von Kabeln und Steckern, Bitübertragungsverfahren). Sie stellt also die hardwaretechnischen Hilfsmittel für die Übertragung der digitalen Daten zur Verfügung, siehe Web-

4.4 Das ISO/OSI-Schichtenmodell *

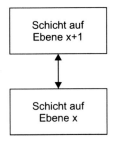

Abb. 4.4-2: Datenaustausch zwischen den OSI-Schichten.

site IT-Administrator.de (http://www.it-administrator.de/lexikon/bituebertragungsschicht.html). Dazu gehören unter anderem

- Switches als zentrale Verteiler im Netzwerk, siehe auch Website Cosmiq.de (http://www.cosmiq.de/qa/show/743670/Was-ist-der-Unterschied-zwischen-einem-Hub-einem-Switch-und-einem-Router/) und Website Switch.ch (http://www.switch.ch/de/about/profile/switch/index.html),
- Repeater, die das Datensignal verstärken, siehe Website Netzmafia.de (http://www.netzmafia.de/skripten/netze/netz7.html),
- Ethernetkabel,
- RJ45-Stecker.

In dieser Schicht wird die physikalische Verbindung zwischen den Kommunikationspartnern spezifiziert; möglich ist

- Drahtlos-Übertragung elektromagnetischer Wellen,
- Übermittlung elektrischer Signale über Netzwerk- oder Stromkabel,
- das Senden optischer Signale über Lichtwellenleiter[4].

Die Möglichkeiten, digitale Informationen zu versenden sind vielseitig.

Die **Sicherungsschicht** hat die Aufgabe, die korrekte Übertragung zwischen zwei direkt benachbarten Stationen zu gewährleisten. Sie baut die logischen Verbindungen auf und ist für die elementare Fehlererkennung verantwortlich. Bei den

Sicherungsschicht

---

[4] In einigen Unternehmen werden z. T. auch Lichtwellenleiter (LWL) für die Übertragung von Informationen eingesetzt. Dieser Begriff selbst ist von der DIN genormt und bezeichnet einen Leiter, in dem Daten in Form von moduliertem Licht übertragen werden. Lichtwellenleiter bestehen meistens aus Glasfaser und zeichnen sich vor allem durch ihre hohen Übertragungsraten aus, die bis zu mehreren Milliarden Bit/s betragen können. Aus diesem Grund wird der Begriff »Lichtwellenleiter« gleichbedeutend mit »Glasfaserkabel« verwendet. LWL werden nicht durch elektrische Störfelder beeinflusst, sodass sie ohne Probleme parallel zu Stromkabeln verlegt werden können. Außerdem ist auch die Signaldämpfung mittlerweile nur noch sehr gering. Unter Dämpfung muss man sich bei Lichtwellenleitern vorstellen, dass sie, wie auch alle anderen Stoffe die Energie des Lichts verringern; aus diesem Grund müssen die Fasern aus besonders "durchsichtigem" hochreinen Glas bestehen, um den Widerstand gering zu halten. Die digitalen Informationen, symbolisiert durch 0 und 1, werden durch die Lichtstärke (dunkel = 0, hell = 1) dargestellt.

meisten Übertragungsprotokollen werden die Bits zu Datenpaketen (auch Frames bzw. Rahmen genannt), zusammengefasst und zwecks Fehlererkennung mit Prüfsummen versehen. Fehlerhafte Frames werden verworfen oder neu angefordert, siehe auch Website IT-Administrator (http://www.it-administrator.de/lexikon/sicherungsschicht.html).

Vermittlungsschicht

Die **Vermittlungsschicht** ist verantwortlich für die Kommunikation zwischen nicht benachbarten Knoten bzw. Stationen im Netzwerk. Für Datenblöcke muss eine Route durch das Netzwerk aufgebaut werden. Die Übertragungsregeln für Datenpakete sind in Routingprotokollen[5] spezifiziert, siehe Website Fefe.de (http://www.fefe.de/routing/routing.pdf).

Eine weitere Aufgabe der Vermittlungsschicht ist das Aufteilen und das Wiederzusammenfügen von Paketen. Hierzu siehe auch Website IT-Administrator (http://www.it-administrator.de/lexikon/network_layer.html).

Frage

Router arbeiten auf der Vermittlungsschicht des OSI-Modells. Welche Konsequenz hätte es, wenn sie auf der Bitübertragungsschicht angesiedelt wären?

Antwort

Es müsste für jedes Medium (Funk, Glasfaser, Ethernet, ...) unterschiedliche Routertypen geben.

Transportschicht

Die **Transportschicht** hat folgende Aufgaben:

- Aufbau von virtuellen **Ende-zu-Ende-Verbindungen** und somit Behandlung der Probleme des Verlusts bei der Duplikation und Sortierung von Datenpaketen, siehe Wikipedia: Direktverbindung (http://de.wikipedia.org/wiki/Direktverbindung),
- Korrektur von Übertragungsfehlern.

Es besteht eine starke Abhängigkeit der Transportschicht von der Sicherungsschicht und der Vermittlungsschicht. Für weitere Informationen zur Transportschicht siehe etwa Website FH Aachen (http://www.zielinski.fh-aachen.de/FHK/15_Schicht_4\,\%20_Transportschicht_.pdf).

Sitzungsschicht

Die **Sitzungsschicht**

- sorgt für einen geregelten Kommunikationsablauf zwischen zwei Kommunikationsprozessen,
- stellt die Verbindungen zwischen den Prozessen her und synchronisiert die einzelnen Prozesse untereinander. Zur Sitzungsschicht siehe auch Website IT-Administrator (http://www.it-administrator.de/lexikon/sitzungsschicht.html).

---

[5]Routingprotokolle sind für die zielgerichtete Weiterleitung von Daten im Netzwerk zuständig.

In der **Darstellungsschicht** erfolgt die Umsetzung unterschiedlicher Darstellung von Information (Zeichensätze, Datenkompression, Datenverschlüsselung). Die verschiedenartig dargestellten/kodierten Informationen werden in Standardformate umgewandelt.

Darstellungsschicht

Hier werden die Daten systemunabhängig für die Anwendungsschicht interpretiert. Die Darstellungsschicht ist u. a. zuständig für

- den E-Mail Aufbau,
- zeichenabhängige byteweise Codierung/Decodierung und
- Verschlüsselung.

Siehe dazu auch Website FH Aachen (http://www.zielinski.fh-aachen.de/FHK/17_Schicht_6_Darstellungsschicht_.pdf).

Die **Anwendungsschicht** übernimmt die Kommunikationsregelung der gesamten Anwendung. Zu ihr gehören anwendungsunterstützende Dienste und das Netzwerkmanagement. Zur Anwendungsschicht siehe auch Website FH Aachen (http://www.zielinski.fh-aachen.de/FHK/18_Schicht_7_Anwendungsschicht_.pdf)

Anwendungsschicht

Inoffiziell und nicht dokumentiert spielen noch zwei weitere Schichten bei der Netzwerkkommunikation eine Rolle; trotzdem sie offiziell im OSI-Modell nicht berücksichtigt sind, sind sie ein wichtiger Bestandteil bei der Modellierung eines Computernetzwerkes.

Die 8. Schicht wird durch die Endanwender symbolisiert, welche einen Computer bedienen und durch ihre Eingaben und Anfragen Vorgänge innerhalb des Netzwerks auslösen. Zu dieser Schicht 8 zählt ebenso das Endgerät, an welchem die AnwenderInnen arbeiten (Computer, Smartphone, ...).

Zur Schicht 0 gehört alles, was nicht unmittelbarer Bestandteil des Netzwerks ist, allerdings beim Betrieb des Netzwerks eine entscheidende Rolle spielt. Dazu gehört etwa

- die Stromversorgung und
- die Datenströme (z. B. Funksignale).

Es müsste für jedes Medium (Funk, Glasfaser, Ethernet, ...) unterschiedliche Routertypen geben.

Frage

Die Schichten 0 und 8 gehören nicht zum OSI-Modell, sie sind beide nicht ISO-standardisiert. Sie unterliegen physikalischen Gesetzen und/oder sie sind anderweitig reguliert (235 V/60 Hz, Strom, ohmsche Widerstände, Abstrahlung, ...).

Antwort

In der Anwendungsschicht können verschiedenste Protokolle arbeiten und ankommende Datenpakete schließlich auswerten, da sie die Datenpakete angefordert oder versendet haben. Beispiele für Protokolle der Anwendungsschicht sind

- FTP (Dateiübertragung/File Transfer Protocol),
- TELNET (entfernte Terminalsitzung/Terminalemulation),
- HTTP (Übertragung im Web/HTTP) oder auch
- SMTP (E-Mail/ *Simple Mail Transfer Protocol*).

Fazit Das OSI-Modell ist ein gutes Strukturierungsmittel, um komplexe Vorgänge im Netzwerk darzustellen. Allerdings ist die strikte Trennung der einzelnen Schichten schwierig umsetzbar und ineffizient.

Das OSI-Schichtenmodell für Kommunikationsprotokolle

- besteht offiziell aus 7 aufeinander aufbauenden Schichten,
- bildet die Grundlage aller Netzwerkprotokolle,
- ist ISO-standardisiert,
- gewährleistet herstellerunabhängige Regeln und Strukturen in Computernetzen.

Durch das Schichtenmodell werden Aufgabe und Funktionen der einzelnen Netzwerkdienste strukturiert und auch standardisiert.

4.5 Adressierung *

Wie lässt sich der Standort des Zielcomputers einer Nachricht, einer Anfrage, eines Datenpaketes herausfinden? In einem Computernetzwerk kann die Adressierung statisch, dynamisch, automatisch, manuell erfolgen.

Während bei manueller Adressierung immer eine statische IP-Adresse vergeben wird, hängt das Ergebnis der automatischen Adressierung, d. h., ob sie statisch oder dynamisch ist, von den Eigenschaften und Einstellungen des Routers sowie von der (lokalen) LAN-Konfiguration ab.

Eine durch einen *Router* automatisch vergebene Adresse ist statisch, falls

- der *Router* statische Adressierung unterstützt und
- in der Routerkonfiguration eine feste IP-Adresse angegeben ist.

Viele Autoren setzen automatische Adressierung gleich dynamisch und auch manuelle Adressierung gleich mit statischer Adressierung. Da in der Netzwerkpraxis sehr selten feste IP-Adressen automatisch zugewiesen werden, scheint dieses Vorgehen gerechtfertigt. Auch wenn es ein nicht zu unterschätzender Vorteil ist, durch automatische Vergabe statischer IP-Adressen die Verwaltung der IP-Adressen weiter zu zentralisieren.

Je nach Netzwerkkonfiguration erhält eine neue Station, die sich am Netzwerk anmeldet,

4.5 Adressierung *

- immer diejenige IP-Adresse, die der Systemadministrator in den lokalen Netzwerkeinstellungen festgelegt hat,
- eine wechselnde Adresse vom DHCP-Server,
- immer die gleiche Adresse vom DHCP-Server,
- eine wechselnde IP-Adresse, die von den lokalen Protokollen vergeben wird.

Die Tab. 4.5-1 zeigt Ihnen die verschiedenen Kombinationen.

Verfahren	automatisch	manuell
dynamisch	APIPA, DHCP	---
statisch	DHCP	TCP/IP

Tab. 4.5-1: Mögliche Kombinationen.

Details werden im Folgenden behandelt:
- »Dynamische Adressierung per APIPA«, S. 129
- »Automatische Adressierung/DHCP«, S. 130
- »Manuelle Adressierung«, S. 133
- »IP-Aliasing – mehrere Adressen einer einzigen Netzwerkkarte«, S. 134

4.5.1 Dynamische Adressierung per APIPA *

APIPA alias Zeroconf ermöglicht den konfigurationsfreien Betrieb eines IP-Netzwerkes.

Unter *Automatic Private IP Addressing*, kurz APIPA, versteht man eine Technik zur konfigurationsfreien Adressierung von Geräten in lokalen Computernetzen. Andere Bezeichnungen für dieses Verfahren sind z. B. Zeroconf *(Zero Configuration Networking)* oder Auto-IP.

APIPA

Durch APIPA ist ein einfaches Einrichten und konfigurationsloser Betrieb von IP-Netzen möglich. Zu den APIPA-Funktionalitäten gehört zum Beispiel

- automatische Zuweisung von IP-Adressen ohne DHCP-Server,
- Übersetzung von Hostnamen in IP-Adressen ohne DNS-Server.

Bei einer Direktverbindung über Crossover-Kabel konfigurieren beide Computer automatisch ihre Netzwerkschnittstellen und kommunizieren über IP. Dies geschieht ohne jeden Benutzer- oder gar Administratoreingriff.

Genau dann wenn die Netzwerkschnittstelle eines Computers aktiviert wird, etwa durch Einschalten, Reboot, das Aufwachen aus dem Sleep-Modus, das Einstecken eines Ethernet-Kabels oder das automatische Einhängen eines Computers in ein WLAN, dann benötigt dieser Computer eine IP-Adresse. Er sendet dazu – je nach lokaler TCP/IP-Konfiguration – eine Unicast-Anfrage an den DHCP-Server oder eine Broadcast-Anfrage an alle Computer im Netzwerk; wenn er keinen DHCP-Server erreicht, der ihm eine IP-Adresse zuweisen kann, dann kommt APIPA zum Einsatz.

Die lokalen Protokolle generieren dann eine hardwareabhängige IP-Adresse aus einem vorgegebenen Bereich. Dieser Bereich ist hart programmiert und fest in die lokalen Protokolle des (Netzwerk-)Betriebssystems integriert.

Nach der Auswahl einer geeigneten IP-Adresse beansprucht der Computer diese für sich, indem er

- ermittelt, ob diese nicht schon von einem anderen Computer verwendet wird,
- gegebenenfalls weitere Adressen aus seinem Adressbereich kreiert, bis er eine noch nicht belegte IP-Adresse gefunden hat,
- diese – falls noch nicht vergeben – schließlich als Absenderkennung seinen Datenpaketen hinzufügt.

Während des Netzwerkbetriebs ist eine stetige Konflikt-Erkennung aktiv. Enthält beispielsweise ein Datenpaket, das von einem anderen Computer, der auf APIPA eingestellt ist, versendet wurde, als Sender-IP Adresse die eigene IP-Adresse, so diagnostiziert der Empfänger einen Adressenkonflikt. Je nach Priorität wird er nun seine IP-Adresse verteidigen oder eine neue generieren.

4.5.2 Automatische Adressierung/DHCP *

DHCP ist ein Server-Dienst, welcher Netzwerk-Clients bei der Anmeldung am Netzwerk automatisch eine dynamische oder feste IP-Adresse zuweist.

Wenn einem Host bei jeder neuen Verbindung mit einem Netzwerk eine (nicht unbedingt) neue IP-Adresse zugewiesen wird, spricht man von automatischer Adressierung. Im LAN-Bereich ist die automatische Adressierung per *Dynamic Host Control Protocol*/DHCP (in größeren Netzwerken, in denen APIPA überfordert wäre) sehr verbreitet, ein *Router* übernimmt dabei oft die Rolle des DHCP-Servers.

Zuvor müssen Sie allerdings in seinem Konfigurationsprogramm die DHCP-Server Funktionalität aktivieren (Abb. 4.5-1).

Sie können dabei einen IP-Bereich festlegen sowie die Gültigkeit der vergebenen Adressen in Tagen bestimmen.

Dynamische Adressierung wird unter anderem von Internetanbietern eingesetzt.

4.5 Adressierung *

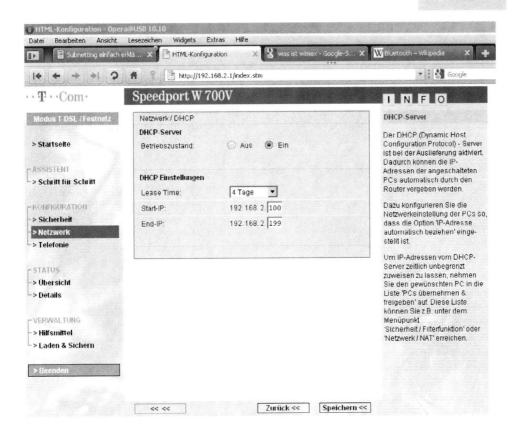

Abb. 4.5-1: DHCP-Server Konfiguration.

Vorteil der dynamischen Adressierung ist, dass im Durchschnitt deutlich weniger als eine IP-Adresse pro Kunde bzw. Netzwerkrechner benötigt wird, da nie alle Kunden/Stationen gleichzeitig online sind. Ein Verhältnis zwischen 1:10 und 1:20 ist üblich.

Die Internetanbieter müssen allerdings Nachweise über die Verwendung der ihnen für die Zuweisung an Internetanwender zur Verfügung stehenden IP-Adressen führen.

In Ihrem lokalen Netzwerk können Sie selber entscheiden, ob Sie automatische oder/und dynamische Adressierung verwenden möchten. Die Eigenschaften Ihrer Netzwerkverbindungen, die Sie unter Windows 7 über das Netzwerk- und Freigabecenter erreichen, geben Auskunft über die Einstellungen (Abb. 4.5-2).

Unter Windows 2000 und auch unter Windows XP finden Sie die DHCP-Einstellung über Netzwerkverbindungen. Dort aktivieren Sie die entsprechende Netzwerkverbindung und öffnen den zugehörigen Eigenschaftsdialog (Abb. 4.5-3).

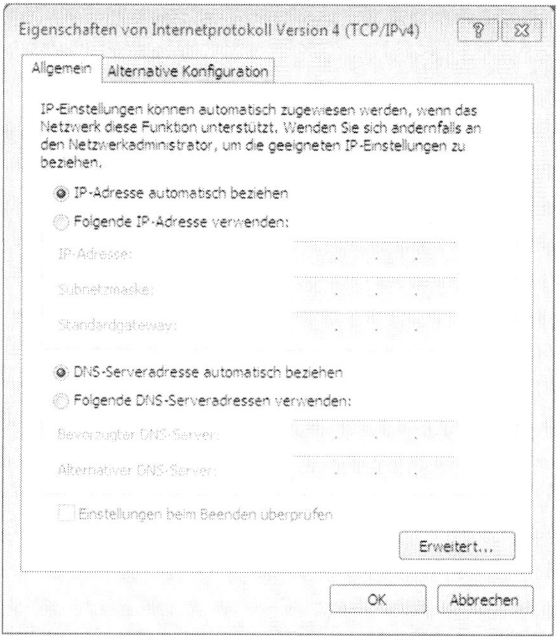

Abb. 4.5-2: Aktivieren der automatischen Adressvergabe beim Client, ab Windows Vista.

Um automatische Adressierung zu aktivieren, müssen Sie auch hier IP-Adresse automatisch beziehen anklicken und die Änderungen speichern. Danach ist ein Computerneustart und eine erneute Anmeldung am lokalen Netzwerk notwendig.

Windows wird dann im Netz einen zuständigen DHCP-Server suchen, der ihm eine IP-Adresse zuteilen soll; findet es keinen solchen Computer, so tritt die automatische Adressvergabe per APIPA in Aktion. Gegebenenfalls entscheidet die Konfiguration des DHCP-Servers, ob die IP-Adresse dynamisch oder statisch vergeben wird.

4.5 Adressierung *

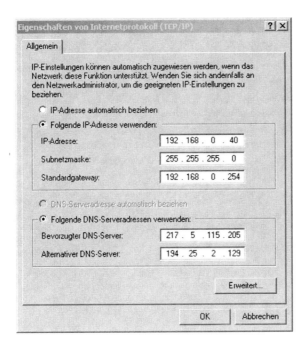

Abb. 4.5-3: Eigenschaften einer Netzverbindung.

4.5.3 Manuelle Adressierung *

Bei manueller Adressierung bekommt jeder Client im Netzwerk eine feste IP-Adresse, welche in seiner lokalen Netzwerkkonfiguration hinterlegt ist.

Das Gegenteil der automatischen Adressvergabe ist die manuelle Adressierung. Sie müssen dann in den Einstellungen zur Netzwerkverbindung eine feste IP-Adresse angeben.

Zu beachten ist dabei, dass alle zu vernetzenden Computer bzw. Geräte dieselbe Subnetzmaske besitzen müssen – nur dann wird die Adresse als zu demselben Netzwerk gehörig interpretiert – und dass es nicht zu einem Adresskonflikt kommen darf, da sämtliche Computer und Geräte in Ihrem lokalen Netzwerk unterschiedliche IP-Adressen benötigen.

Erstellen Sie also ein Konzept für die Adressvergabe. Ermitteln Sie zunächst die IP-Adressen Ihrer *Router*, Modems, etc. die Sie – soweit die Standardeinstellungen unverändert geblieben sind – dem jeweiligen Benutzerhandbuch entnehmen können. Vergeben Sie dann Adressen aus demselben Nummernbereich.

Hat Ihr Router – er ist im Regelfall der Gateway, also das Verbindungsgerät zum Internet oder anderen Netzwerken – etwa

Beispiel

die Adresse 192.168.1.3 so könnten Ihre Computer die Adressen 192.168.1.4, 192.168.1.5, 192.168.1.6 usw. erhalten; als Subnetzmaske müssen Sie für alle Geräte 255.255.255.0 eintragen.

Statische Adressierung wird prinzipiell überall dort verwendet, wo eine dynamische Adressierung technisch nicht möglich oder nicht sinnvoll ist. So erhalten in LANs zum Beispiel Server oder Netzwerk-Drucker in der Regel feste IP-Adressen. Im Internet-Zugangsbereich wird statische Adressierung vor allem für *Router* an Standleitungen verwendet.

Statische Adressen werden meist manuell konfiguriert, allerdings in seltenen Fällen automatisch vom DHCP-Server zugeordnet.

Ein DHCP-Server hat also die Aufgabe, gemäß seiner Konfigurationseinstellungen die einzelnen Netzwerk-Clients mit Adressen zu versorgen. Er liefert nach Anfrage eine freie Adresse aus und protokolliert, welche Adresse er bereits an welchen Client vergeben hat. Bei der Adressvergabe sind folgende Modi einstellbar:

- Fordert ein Client eine IP-Nummer an, wird ihm eine freie Adresse auf unbestimmte Zeit übermittelt.
- Um Verwaltungsaufwand zu minimieren ist für jeden Client im Netzwerk eine IP-Nummer fest zugeordnet.
- Jeder Client bekommt auf Anfrage für eine bestimmte Zeitspanne *(Lease-Time)* gültige IP-Adresse. In dieser Betriebsart werden die meisten DHCP-Server betrieben.

4.5.4 IP-Aliasing – mehrere Adressen einer einzigen Netzwerkkarte *

Per IP-Aliasing kann eine Netzwerkkarte mehrere IP-Adressen erhalten.

Meist wird jeder Netzwerkschnittstelle (zum Beispiel Netzwerkkarte) eines Hosts genau eine IP-Adresse zugewiesen. In einigen Fällen ist es allerdings notwendig/erwünscht, einer Netzwerkschnittstelle mehrere IP-Adressen zuzuweisen.

Besitzt ein Netzwerkadapter mehrere IP-Adressen, so bezeichnet man diesen Sachverhalt als IP-Aliasing. Alias-IPs werden unter anderem verwendet, um

- mehrere gleiche Dienste parallel auf einem Host zu betreiben oder
- einen Computer für Anwender aus einem anderen Subnetz erreichbar zu machen.

4.5 Adressierung *

Die dazu notwendigen Einstellungen nehmen Sie ab Windows XP in den Eigenschaften der Netzwerkverbindung auf der Registerkarte Alternative Konfiguration vor (Abb. 4.5-4).

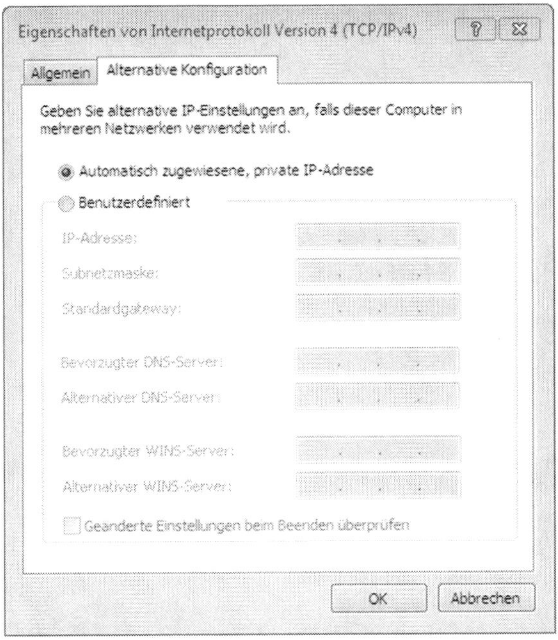

Abb. 4.5-4: Weitere IP-Adresse angeben, Windows XP oder neuer.

5 Netzwerkprotokolle und -dienste im Detail *

In diesem Kapitel geht es um spezielle Netzwerkprotokolle und deren Funktionsweise. Zunächst einmal geht es um die Standards:

- »Normen und Regeln der Netzwerkprotokolle«, S. 137

Danach erfahren Sie wie Protokolle aufgebaut sind:

- »Funktion und Aufbau eines Netzwerkprotokolls«, S. 139

Es muss sichergestellt werden, dass die Datenübertragung korrekt vorgenommen wird:

- »Kontrollmechanismen bei der Datenübertragung im Netzwerk«, S. 143

Einige Protokolle werden genau vorgestellt:

- »Box: Überblick über spezielle Netzwerkprotokolle«, S. 148

Eine besondere Bedeutung besitzt das TCP/IP-Protokoll:

- »Einführung TCP/IP«, S. 151

Anschließend werden die wichtigsten Protokolle der Anwendungs-, der Transport- und Vermittlungsschicht beschrieben:

- »Protokolle in der Anwendungsschicht«, S. 154
- »Protokolle der Transport- und Vermittlungsschicht«, S. 165

Virtuelle Dienste haben eine zunehmende Bedeutung insbesondere für Unternehmen und Organisationen:

- »VNC, VPN – Dienste für virtuelle Netze«, S. 177

5.1 Normen und Regeln der Netzwerkprotokolle *

Das IETF gibt RFCs *(Requests for Comments)* heraus. In diesen Dokumenten ist die Funktion der Protokolle und Dienste in Netzwerken spezifiziert.

Jedes Protokoll/jeder Dienst besitzt im Computernetzwerk eine klar definierte Aufgabe/Funktion. Die einzelnen Vorgänge im Netzwerk lassen sich durch das ISO/OSI-Schichtenmodell beschreiben.

Was genau macht ein Protokoll aus?

- Welche Schnittstellen müssen vorhanden sein?
- Müssen bestimmte Techniken/Prozesse implementiert werden?

5 Netzwerkprotokolle und -dienste im Detail *

RFC   Damit die Netzwerkkommunikation überall einheitlich und weitgehend problemlos ablaufen kann, sind Aufbau und Funktion der einzelnen Netzwerkprotokolle durch spezielle Funktionsbausteine festgelegt, diese heißen RFCs. Ein RFC *(Request For Comments)* ist ein Dokument, dessen Inhalt die Referenz, also alle offiziellen Vorgaben bzw. Vorschriften für die funktions- und programmtechnische Realisierung eines Kommunikationsprotokolls oder -dienstes darstellt.

RFCs beschreiben, spezifizieren, standardisieren, implementieren zahlreiche Normen, Techniken und Protokolle, welche in irgendeiner Form das Internet oder auch Netzwerke allgemein betreffen.

IETF   Speziell die auf die TCP/IP-Protokollfamilie bezogenen RFCs sind vom IETF *(Internet Engineering Tasking Force)*[1] verfasst worden, siehe auch Website Computerlexikon.com (http://www.computerlexikon.com/was-ist-ietf)).

Jedes einzelne dieser RFC-Dokumente – jeweils eine Textdatei mit fortlaufender Nummer – enthält eine Spezifikation, die jederzeit durch ein neues Dokument ergänzt oder ersetzt werden kann. Mittlerweile gibt es über 5000 RFCs mit einem Gesamtumfang weit über 200 MB. Die Tab. 5.1-1 zeigt einige RFCs.

Der RFC 822 ist schon älterer Natur. Er beschreibt ein Format zum Austausch von textbasierten Mails im ARPANet, siehe Website Normes-Internet (http://www.normes-internet.com/normes.php?rfc=rfc822\&lang=de).

Im RFC 1206 und auch im RFC 1207 (beide wurden 1991 veröffentlicht) wird die Organisation des Internet definiert. Eine deutsche Übersetzung des jeweiligen RFCs finden Sie hier:

- Website Normes-Internet (http://www.normes-internet.com/normes.php?rfc=rfc1206\&lang=de)
- Website Normes-Internet (http://www.normes-internet.com/normes.php?rfc=rfc1207\&lang=de)

Auch der RFC1208 stammt aus dem Jahr 1991. Er enthält die Definitionen zahlreicher Fachbegriffe aus dem Internet-Bereich; unter Website Normes-Internet (http://www.normes-internet.com/normes.php?rfc=rfc1208\&lang=de) finden Sie eine deutsche Übersetzung.

Eine ausführliche Liste der RFCs finden Sie unter Website FH Giessen (http://velociraptor.mni.fh-giessen.de/rfc/rfc-liste.html). Jeder kann ein RFC verfassen und der IETF unterbreiten. Falls der Vorschlag angenommen wird, so erscheint dieser

---

[1] Bei der *Internet Engineering Taskforce* handelt es sich um die zentrale Organisation zur technischen Entwicklung und Standardisierung des Internets. Sie entwickelt heute nahezu alle Internetstandards.

mit den Kommentaren der Verantwortlichen als neuer RFC. Im RFC1543 *(Instructions to RFC Authors)* erfahren Sie, was zu tun ist, wenn Sie einen RFC verfassen möchten.

Spezifikation	Baustein
UDP	RFC768
IP	RFC791
ICMP	RFC792
TCP	RFC793
FTP	RFC959
Internet Mail	RFC822
Telnet	RFC854
TCP/IP	RFC1180
FAQ für Anfänger	RFC1206
FAQ für Fortgeschrittene	RFC1207
Glossar über Netze	RFC1208
Portnummern	RFC3232
http	RFC2068
SMTP	RFC2821

Tab. 5.1-1: Ausgewählte RFCs.

Durch RFCs werden also Standards und Protokolle beschrieben, die Netzwerke allgemein und speziell das Internet betreffen. Sie sind jedem per Internet zugänglich.

Jeder RFC ist eindeutig, die zugehörige Nummer wird nur einmalig vergeben. Nach der Vergabe wird das zugehörige Dokument nicht mehr verändert. Gegebenenfalls wird es durch nachfolgende RFCs ergänzt oder ersetzt.

5.2 Funktion und Aufbau eines Netzwerkprotokolls *

Ein Netzwerkprotokoll ist einer OSI-Schicht zugeordnet. Es besitzt definierte, normierte Schnittstellen zu anderen Diensten im Netzwerk.

In einem Netzwerk
- kommunizieren die Geräte miteinander,
- werden Ressourcen zentral zur Verfügung gestellt,
- kommen Fernsteuerungstechniken zum Einsatz, ...

5 Netzwerkprotokolle und -dienste im Detail *

Regeln im Netzwerk

Damit alles in einem Netzwerk reibungslos funktioniert, gibt es Regeln und Funktionen:

1. Protokolle sind für die Kommunikation und sämtliche Abläufe im Netzwerk zuständig.
2. Ein **Netzwerkprotokoll** ist eine exakte Vereinbarung, nach der Daten zwischen Computern bzw. Prozessen ausgetauscht werden, die durch ein Computernetzwerk miteinander verbunden sind (**verteiltes System**).
3. Die Netzwerkkommunikation folgt einem Satz von Regeln und Formaten (**Syntax**).
4. Die Vorgaben der IETF bestimmen nicht nur den Aufbau der Protokolle und Dienste, sondern auch das Verhalten der kommunizierenden Instanzen in den Computern (**Semantik**).

Die Abb. 5.2-1 veranschaulicht diese komplexen Zusammenhänge.

Abb. 5.2-1: Arbeitsweise eines Netzwerkprotokolls.

Protokolle regeln gemäß den RFCs die funktionale und zeitliche Abfolge der Interaktionen in einem Computernetzwerk.

Gäbe es keine derartigen Regeln, so wäre es extrem aufwendig, zwischen irgendwie heterogenen Systemen, etwa in Bezug auf Hersteller der Hardware, Firmware-, Bios- oder Betriebssystemversion eine stabile, sichere und schnelle Kommunikation zu realisieren.

Beispiel

Die Notwendigkeit solcher Regeln zeigt Ihnen das folgende Szenario. Es beschreibt grob die Datenübertragung zwischen beliebig entfernten Computern beim Abruf einer Internetseite.

1. Der/die Endanwender(in) gibt in die Adresszeile des Browsers eine Adresse, beispielsweise www.msn.de, ein und fordert so die MSN-Startseite vom Web-Server an (etwa eine PHP- oder eine HTML-Datei).

5.2 Funktion und Aufbau eines Netzwerkprotokolls *

2 Die Domain/der URL wird durch einen DNS-Server aufgelöst.
3 Der Web-Server leitet die Anfrage (Request) an den Zielrechner weiter, der die entsprechende Webseite im Angebot hat.
4 Treten keine Fehler auf, so erhält der Web-Server die angeforderten Daten.
5 Die Seite wird an den Client übergeben.

An diesem Vorgang als Ganzes sind zahlreiche Computer beteiligt. Dazu gehören

- der anfragende Client-Computer,
- Web-Server,
- der Zielcomputer,
- zahlreiche Netzknoten (Hops), über die die Daten geroutet bzw. vom Sender zum Empfänger geleitet werden.

Es ist gar nicht so selbstverständlich, dass diese recht komplexe Aktion ohne Probleme abgewickelt werden kann.

Kommunikationsprotokolle müssen gewährleisten, dass alle Vorgänge in einem Computernetzwerk reibungslos ablaufen. Wenn die beteiligte Hard- und Software standardkonform ist, halten sich die Probleme in Grenzen.

Datenübertragung im Netzwerk erfordert häufig ein Zusammenspiel zahlreicher Protokolle, die unterschiedliche Aufgaben übernehmen und die Abhängigkeiten klar definieren.

Um die mit der Kommunikation in Computernetzwerken verbundene Komplexität beherrschen zu können, werden die einzelnen Protokolle in Schichten organisiert. Im Rahmen einer solchen Architektur gehört jedes Protokoll einer bestimmten Schicht an und ist für die Erledigung von speziellen Aufgaben zuständig, etwa Überprüfung der Daten auf Vollständigkeit in Schicht 2.

Protokolle höherer Schichten verwenden Dienste von Protokollen tieferer Schichten. Ein Protokoll der Schicht 3 verlässt sich z. B. darauf, dass die Daten vollständig angekommen sind (Aufgabe von Schicht 2). Zusammen bilden die so strukturierten Protokolle einen Protokollstapel – in Anlehnung an das **OSI-Referenzmodell**.

Nachrichten einer bestimmten Schicht werden auch als Protokolldateneinheiten *(protocol data units)* oder *Frames* bezeichnet.

In der Regel bestehen diese Nachrichten aus Datenpaketen, die von einem Protokoll an ein Anderes übergeben werden. Dahinter steht das Schichtenmodell, in vielen Fällen wird demzufolge ein Datenpaket von Schicht zu Schicht gereicht. Je nach Richtung (von einer höheren Schicht zu einer darunter liegenden oder umgekehrt) fügt das erhaltende Protokoll zu einem Frame weitere Verwaltungsdaten hinzu und vergrößert das Datenvolumen oder es entfernt seine Verwaltungsdaten und verkleinert das Datenvolumen wieder.

Diese Verwaltungsdaten enthalten für den Datenaustausch wichtige Informationen über das Paket, darunter etwa

- dessen Absender und Empfänger[2],
- der Typ des Pakets (z. B. Verbindungsaufbau, Verbindungsabbau oder reine Nutzdaten),
- die Paketlänge[3],
- eine Prüfsumme[4].

Diese Informationen werden den Nutzdaten als *Header* (Kopfdaten des Paketes) oder als *Trailer* (Daten am Ende des Paketes) hinzugefügt.

Außerdem werden in einem Protokoll feste Techniken und Vereinbarungen für den Verbindungsaufbau sowie für den Verbindungsabbau beschrieben. Durch die Dokumentation dieser Techniken entsteht weiterer Datenverkehr bzw. *Traffic* auf den Datenleitungen – der **Overhead**.

Dieser *Overhead* (Abb. 5.2-2) ist unerwünscht, weil er das Datenvolumen vergrößert. Er wird allerdings aufgrund der wichtigen Aufgaben, die Protokolle leisten, in der Regel in Kauf genommen.

Abb. 5.2-2: Overhead.

---

[2] Dazu gehören IP-Adresse und ggf. MAC-Adresse des sendenden und des empfangenden Netzteilnehmers.
[3] Die Länge eines Paketes ist die Anzahl Zeichen bzw. Bytes, aus der es besteht.
[4] Aus den Eigenschaften des Paketes wird eine Kennzahl berechnet und dem Paket hinzugefügt. Diese wird nach der Übertragung neu berechnet und mit der ursprünglich berechneten Kennzahl verglichen.

5.3 Kontrollmechanismen bei der Datenübertragung im Netzwerk *

In einem Netz können die zu übertragenden Daten verfälscht werden. Die Ursachen dafür sind meist auf die schlechte Qualität des Übertragungsmediums zurückzuführen. Eine Verfälschung der Daten kann auch durch äußere Einflüsse wie etwa starke elektromagnetische Felder in der Umgebung oder durch etwaiges **Nebensprechen** entstehen.

In einem großen Netzwerk reicht es nicht aus, Verbindungen per *Router* herzustellen. Man benötigt zusätzliche Kontrollmechanismen und -techniken, um das Netz davor zu schützen, dass

- zu viele Datenpakete in Umlauf kommen bzw.
- Speicher- und Leitungskapazitäten überschritten werden.

Derartige Funktionalitäten müssen in den Kommunikationsprotokollen implementiert bzw. enthalten sein. Andernfalls würden des Häufigeren in großem Maße Pakete verloren gehen; diese müssten dann erneut angefordert werden.

Nicht nur Übertragungsstörungen führen zu einer Datenverfälschung und zu einem Datenverlust. Auch hat die Kapazität der Netzwerkgeräte und auch der Leitungen ihre Grenzen; zunächst werden allerdings die eingesetzten Netzwerkdienste und Techniken trotzdem versuchen, alle zur Übertragung erhaltenen Datenpakete unverzüglich an die Empfänger zu übermitteln.

Das kann einige Probleme mit sich bringen:

- Überschreitet bei ansonsten niedriger Netzauslastung das Datenvolumen einer einzigen logischen Verbindung die Aufnahmekapazität des Empfängers, so kommt es zu Störungen und/oder Datenverlust.
- Bei zu hoher Datenlast geht die Netzwerkleistung drastisch zurück; die Behandlung von Engpässen, Konflikten und Überlastungsproblematiken kostet Computer- und Leitungskapazität.

Moderne Protokolle ergreifen als Maßnahmen gegen diese (potenziellen) Probleme:

- »Fehlerkontrolle«, S. 144
- »Überlastkontrolle«, S. 146
- »Flusskontrolle«, S. 147

5.3.1 Fehlerkontrolle *

Bei der Fehlerkontrolle werden fehlerhaft übertragene Datenpakete erkannt und neu angefordert.

Zunächst einmal geht es hier um die Behandlung von Übertragungsfehlern.

Die Fehlerkontrolle *(Fault Control)*, umfasst alle Maßnahmen in einem Kommunikationsprotokoll, mit denen Datenverfälschungen und -verluste während der Übertragung entdeckt und beseitigt werden können.

Die Fehlerkontrolle hat die Aufgabe, jede fehlerhafte Situation im Laufe des Prozesses der Datenübermittlung zu entdecken und zu beseitigen. Sie ist Bestandteil beinahe jedes Kommunikationsprotokolls und wird beim Empfänger mithilfe von festgelegten Quittungen (Bestätigungen) und beim Sender durch die Zeitüberwachung realisiert (Abb. 5.3-1).

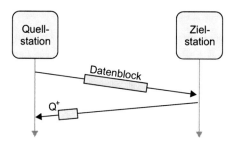

Abb. 5.3-1: Fehlerlose Übertragung wird durch positive Quittung bestätigt, der Sender löscht die Daten.

Datenblöcke bzw. Pakete oder *Frames* (diese drei Bezeichnungen werden üblicherweise synonym verwendet), können während der Übertragung verfälscht werden. Deshalb muss nach dem Absenden eines jeden Datenpaketes eine Kopie auf der Quellstation verbleiben, für den Fall, dass eine wiederholte Übertragung notwendig werden sollte.

Negative Auswirkungen infolge der Verfälschung von übertragenen Datenblöcken können dann durch eine wiederholte Übertragung kompensiert werden (Abb. 5.3-2).

In der Abb. 5.3-2 sehen Sie eine Übertragungsstörung. Das fehlerhafte Paket wird vom Empfänger negativ quittiert und verworfen. Da die Quellstation noch eine Kopie des betreffenden Paketes besitzt, sendet sie das gleiche Datenpaket noch einmal zum Ziel – diesmal fehlerfrei. Die Zielstation quittiert den Vorgang positiv, sodass die Kopie des übertragenen Datenpaketes nun vom Sender gelöscht werden kann.

5.3 Kontrollmechanismen bei der Datenübertragung im Netzwerk *

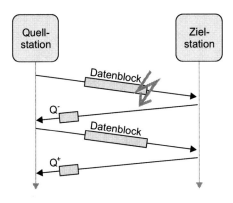

Abb. 5.3-2: Fehlerhafte Übertragung.

Allerdings könnten nicht nur die Datenblöcke, sondern auch die Quittungen während der Übertragung verfälscht werden. Wenn der Absender eine positive Quittung als negativ interpretiert, führt dies zu einer unnötigen wiederholten Übertragung des betreffenden Datenblocks und zur Verdopplung von Daten am Ziel. Der umgekehrte Fall (Abb. 5.3-3) ist allerdings problematischer.

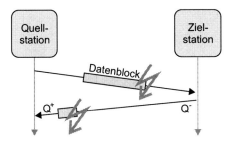

Abb. 5.3-3: Datenpaket und Quittung sind manipuliert.

Für diesen Fall findet bei einigen Protokollen zusätzlich eine Quittierung auf Datei-Ebene statt, sodass bei Bedarf die ganze Datei neu übertragen wird.

5.3.2 Überlastkontrolle *

Durch Überlastkontrolle ist die gleichmäßige Auslastung der Netzwerkkapazitäten möglich.

Nicht nur manipulierte Datenpakete sind problematisch; auch kapazitive Engpässe können zu Datenverlust führen.

Die Überlaststeuerung *(Congestion Control)* soll die Vermeidung und Auflösung von Staus in paketvermittelten Netzwerken erreichen. Ein verbreitetes Verfahren zur Stauvermeidung ist die explizite Reservierung von Netzwerkbandbreite für jede zum Computernetzwerk gehörige Station, also für alle beteiligten Clients und Server. Hinzu kommt noch die Staustseuerung in Routern und *Switches*[5], den Vermittlungsgeräten.

Die Kontrolle und Vermeidung von Überlast in Computernetzwerken wird beispielsweise erreicht durch

- Paketklassifikation[6], siehe z.B. Website Uni Freiburg (http://netalg.ad.informatik.uni-freiburg.de/projects/specifications/proposal_netalg_2006_09_p02.pdf).
- *Queueing*[7] und
- Algorithmen zur Verwaltung von Warteschlangen[8].

Traffic Shaping Diese Techniken dienen nicht nur dem Schutz vor Geräte- und Netzüberlastung und einem damit verbundenem Daten- und Performanceverlust, sondern die aktuellen Protokolle und Dienste verwenden sie grundsätzlich zur Steuerung des Datenverkehrs und zum Optimieren der Auslastung von Netzwerkverbindungen; derartige Dienste und Techniken werden manchmal als *Traffic Shaping*[9] bezeichnet, siehe z.B. Website Wikipedia (http://de.wikipedia.org/wiki/Traffic-Shaping).

---

[5] Ein *Switch* ist ein Verteilergerät innerhalb eines lokalen Computernetzwerks (LAN), welches auf intelligente Weise Datenpakete an den Zielrechner weiterleitet.

[6] Paketklassifikation besteht hier darin, den Typ eines Paketes entsprechend der Informationen in den Protokollfeldern korrekt zu ermitteln, um darauf basierend zu entscheiden, ob es etwa zu verwerfen ist, oder eine bestimmte Bandbreite zu reservieren ist und das Paket zu einer bestimmten Zieladresse weitergeleitet werden soll, die im Paketkopf angegeben ist.

[7] *Queueing* stammt aus der Warteschlangentheorie; es gleicht in Netzwerken unterschiedliche Übertragungsgeschwindigkeiten einander an.

[8] Eine Warteschlange besteht hier aus zwischengespeicherten Datenpaketen, die etwa nach dem FIFO-Prinzip *(First In – First Out)* oder einem anderen Verfahren abgearbeitet werden. In großen Netzwerken mit relativ schwachen Netzwerkadaptern können Staus auftreten. Zu diesem Zweck besitzen teure Verteilergeräte große interne Pufferspeicher und warten den Abbau eines Staus weitgehend ab, bevor Sie die zwischengespeicherten Daten weiter durch das Netzwerk leiten.

[9] Beim *Traffic Shaping* werden bestimmte Datenpakete priorisiert, sodass wichtige Informationen eher beim Empfänger ankommen als die weniger priorisierten. So lässt sich etwa die »Verstopfung« von Datenleitungen verringern/vermeiden.

5.3 Kontrollmechanismen bei der Datenübertragung im Netzwerk *

Weitere Informationen zu dieser Thematik finden Sie beispielsweise unter

- Website Net.InTum (http://www.net.in.tum.de/teaching/WS02/inetprak/sockets.pdf)
- Website Computerwoche (http://www.computerwoche.de/heftarchiv/1995/44/1117816/)
- Website Searchnetworking (http://www.searchnetworking.de/themenbereiche/grundlagen/basiswissen/articles/223796/)
- Website Uni Erlangen (http://www7.informatik.uni-erlangen.de/~ksjh/Teaching/06S/ost/f/pdf/EinfuehrungKS.pdf)

5.3.3 Flusskontrolle *

Flusskontrolle wirkt vorbeugend gegen staubedingten Paketverlust im Netzwerk.

Eine weitere wichtige Technik zur Vermeidung von Datenverlust in Computernetzwerken ist die Flusskontrolle *(Flog Control)*. Durch dieses Verfahren lassen sich ebenfalls viele Probleme beseitigen; die Protokolle versuchen dazu, unkontrolliertes Senden und Massensendungen in den Griff zu bekommen.

Durch Flusskontrolle werden Stauquellen behandelt; die Protokolle sollen die eigentliche Ursache, nämlich das übermäßige Senden von Paketen verhindern.

Die Flusskontrolle wird bei vielen Protokollen wie folgt realisiert:

1. Sender und Empfänger vereinbaren in einer Wechselbeziehung, wie viele Pakete ein Sender höchstens senden darf, ohne von einem Empfänger eine Empfangsbestätigung erhalten zu haben. Der Sender erhält für jedes erlaubte Paket 1 Kredit.
2. Der Sender zählt bei jedem Paket seine Kredite herunter; erhält er eine Empfangsbestätigung, so erhöhen sich seine Kredite wieder bis höchstens auf den ursprünglich vereinbarten Wert.
3. Um sowohl doppelte Datenpakete als auch doppelte Empfangsbestätigungen erkennbar zu machen, werden Pakete und Meldungen durch das Protokoll fortlaufend nummeriert, sodass die am Kommunikationsprozess beteiligten Parteien die Reihenfolge und Zuordnung der Datenpakete und Meldungen erkennen können.

Sammelquittung   Das Verfahren der Flusskontrolle kann den Overhead bei der Datenübertragung erheblich vergrößern; aus diesem Grund findet bei einigen Diensten/Protokollen diesbezüglich eine Optimierung Anwendung: Der Empfänger bestätigt bei relativ kleinen Paketen nicht ein einzelnes Paket, sondern eine ganze Gruppe von Paketen auf einmal (Sammelquittierung). Dies vermindert den Overhead.

Sollte bei dieser Technik allerdings ein Paket fehlerhaft beim Empfänger angekommen sein, so reicht es nicht mehr aus, ein einziges Paket erneut anzufordern und nachzuliefern – schließlich ist dieses aufgrund der ausgebliebenen Einzelbestätigungen nicht mehr eindeutig identifizierbar. Daher muss die vollständige Gruppe von Paketen, welche seit der letzten Empfangsbestätigung den Sender verlassen hat, ein weiteres Mal übertragen werden.

Weitere Informationen zur Flusskontrolle finden Sie beispielsweise unter

- Website AG-Intra.net (http://www.ag-intra.net/netz-hard.html)
- Website IT-Infothek (http://www.it-infothek.de/fhtw/semester_2/re_od_03.html)
- Wikipedia: Datenflusskontrolle (http://de.wikipedia.org/wiki/Datenflusskontrolle)

5.4 Box: Überblick über spezielle Netzwerkprotokolle *

Welche Protokolle kommen mit welchen Aufgaben genau in heutigen Netzwerken zum Einsatz? Die Tabellen zeigen einige Netzwerkprotokolle und deren Aufgaben (Tab. 5.4–1 und Tab. 5.4–2).

5.4 Box: Überblick über spezielle Netzwerkprotokolle *

Protokoll	Beschreibung	Schicht
ARP *(Address Resolution Protocol)*	Durch ARP wird im lokalen Netz zu einer IP-Adresse die MAC-Adresse ermittelt, damit die Datenpakete an die entsprechende Station übertragen werden können.	Vermittlungsschicht
RARP *(Reverse Address Resolution Protocol)*	RARP wandelt – umgekehrt zu ARP – eine MAC-Adresse in eine IP-Adresse um.	Vermittlungsschicht
DNS *(Domain Name System)*	DNS übernimmt die Namens- & Adressauflösung. Mithilfe der zahllosen DNS-Server im Internet können logische Computer- bzw. Knotennamen (Domains oder URLs) anstelle von IP-Adressen verwendet werden, um auf Netzwerkressourcen oder Webseiten zuzugreifen.	gemischt
FTP *(File Transfer Protocol)*	Mithilfe des FTP können Dateien oder Nachrichten zwischen Computern, die zu verschiedenen Netzwerken gehören, übermittelt werden, wobei keine Systemabhängigkeit besteht.	Anwendungsschicht
ICMP *(Internet Control Message Protocol)*	ICMP dient der Übermittlung von Fehlermeldungen und anderen Kontrollangaben.	Vermittlungsschicht
IGMP *(Internet Group Management Protocol)*	IGMP stellt eine Erweiterung zu ICMP dar. Es unterstützt u. a. die Verwendung von Multicastgruppen bei der Datenübertragung.	Vermittlungsschicht
IP *(Internet Protocol)*	Das verbindungslose IP stellt auf der OSI-Vermittlungsschicht **Datagrammdienste** zur Verfügung. In erster Linie ist IP für die Adressierung verantwortlich.	Vermittlungsschicht
NFS *(Network File System)*	NFS stellt eine Protokollfamilie dar, die die Freigabe von Dateien ermöglicht und für TCP/IP entwickelt wurde. Hierzu gehören zahlreiche Protokolle, die es einem NFS-Client erlauben, auf die Laufwerke des NFS-Servers zuzugreifen, als wären beide direkt verbunden. NFS wird i. Allg. für die Freigabe von Dateien in Unix-Netzen eingesetzt.	Anwendungsschicht
RIP *(Routing Information Protocol)*	Das RIP der TCP/IP-Familie ermittelt den Weg mittels eines **Distance-Vector-Verfahrens**, indem die Anzahl der **Hops** berechnet wird, die passiert werden müssen, um ein Paket über einen bestimmten Weg an sein Ziel zu leiten. Dabei sendet jeder *Router*, der mit RIP arbeitet, sämtliche ihm bekannten Routen und den von ihm für jede Route ermittelten *Hop-Count* an alle seine Nachbarn. Durch den Distanzvektor-Algorithmus lernen die *Router* untereinander Routen – die Wege der Datenpakete im Netz. Ändert sich etwas im Netzwerk, z. B. dass *Router* ausfallen oder neue *Router* hinzukommen, dauert es je nach Größe des Netzwerkes eine Weile bis alle *Router* auf dem aktuellen Stand sind.	Anwendungsschicht

Tab. 5.4-1: Einige Netzwerkprotokolle und deren Aufgaben (Teil 1).

OSPF *(Open Shortest Path First)*	OSPF ist ein **Link-State Routingprotokoll**, das entwickelt wurde, um die Nachteile von RIP auszugleichen. Die - Vorteile von OSPF gegenüber RIP bestehen darin, dass OSPF Änderungen im Netzwerk wesentlich schneller erkennt, und dass es für seinen Overhead eine geringere Bandbreite benötigt.	Transportschicht
SCTP *(Stream Control Transmission Protocol)*	Wie auch TCP ist das SCTP ein verbindungsorientierter Transportdienst.	Transportschicht
SIP *(Session Initiation Protocol)*	Das SIP ist ein Netzprotokoll zum Aufbau, zur Steuerung und zum Abbau einer Kommunikationssitzung zwischen zwei und mehr Teilnehmern. In der IP-Telefonie ist das SIP ein häufig angewandtes Protokoll.	Anwendungsschicht
SMTP *(Simple Mail Transfer Protocol)*	Das SMTP wird für die Übertragung von elektronischer Post über TCP/IP-Netzwerke verwendet. SMTP dient nicht als Mailschnittstelle für den Benutzer, sondern nur als Mailschnittstelle zwischen den Systemen.	Anwendungsschicht
SNMP *(Simple Network Management Protocol)*	Das SNMP ist ein weit verbreitetes Protokoll für die Verwaltung in TCP/IP-Netzwerken. Mit SNMP können die mit dem Netzwerk verbundenen Geräte überwacht und verwaltet werden. In der SNMP-Terminologie wird das zu verwaltende Gerät als MNE *(Managed-Network Entity)* bezeichnet. Auf dem MNE läuft der SNMP-Agent und überwacht den Status des Gerätes. Auf der zentralen NMS *(Network-Management-Station)* läuft der SNMP-Manager, der Informationen aller zu verwaltenden MNEs sammelt und bearbeitet. Die NMS und die zu verwaltenden NMEs müssen einer *Community* angehören. Eine *Community* bezeichnet eine Gruppe von Hosts, die von einem Server verwaltet werden.	Transportschicht
TCP *(Transmission Control Protocol)*	Das TCP gehört zur Transportschicht des OSI-Modells. TCP bietet eine zuverlässige Transportleistung für alle Netzwerkverbindungen. Es steht in unmittelbarer Konkurrenz zu UDP.	Transportschicht
Telnet	Der Telnetdienst stellt eine Anwendung bzw. ein Protokoll für die Terminalemulation dar. Mithilfe von Telnet können PCs als nicht intelligente Terminals eingesetzt bzw. simuliert werden, die z. B. über einen Server mit dem Internet verbunden sind oder etwa nur Datenerfassungsfunktionalität besitzen.	Anwendungsschicht
UDP *(User Datagram Protocol)*	Das UDP gilt als ein verbindungsloses Host-zu-Host Protokoll der Transportschicht. UDP arbeitet nicht mit Nachrichtenbestätigung oder Fehlerkorrektur. Es übergibt eine Datei als Ganzes ohne Zerlegung.	Transportschicht

Tab. 5.4-2: Einige Netzwerkprotokolle und deren Aufgaben (Teil 2).

5.5 Einführung TCP/IP *

Zu TCP/IP gehören mehrere Hundert Protokolle der Anwendungs-, der Vermittlungs- und auch der Transportschicht. TCP/IP ist herstellerunabhängig auf beliebigen Computersystemen in allen Netzwerken einsetzbar.

Zur Zeit des Kalten Krieges, in den 60er und 70er Jahren entwickelten militärische Institutionen und Universitäten das ARPA-Net. Dahinter stand die *Advanced Research Projects Agency* des Verteidigungsministeriums der USA *(Department of Defense)*.

ARPANet

Ziel war es, die zentralistische Netzwerkarchitektur durch ein dezentrales System mit zahlreichen unabhängigen Querverbindungen zu ersetzen. Dadurch sollte im Falle eines atomaren Angriffs das Risiko des Totalausfalls des Netzwerkes in Grenzen gehalten werden.

1984 wurde das Projekt in einen militärischen Bereich und einen wissenschaftlichen Bereich aufgeteilt. Gleichzeitig wurde die TCP/IP-Protokollfamilie eingeführt.

Zu TCP/IP gehören *nicht*, wie man zunächst vermuten wird, nur die zwei Protokolle TCP und IP. TCP/IP ist nämlich viel mehr. Es handelt sich um eine Sammlung von ca. 500 Protokollen, die

- an keinen Hersteller gebunden sind,
- auf einfachen Computern und auch auf Supercomputern implementiert werden können,
- in allen Netzwerken, vom LAN bis zum GAN, einsetzbar sind,
- die Anwendung vom Übertragungssystem unabhängig machen.

Ausbau und Entwicklung des Internets haben zu einem ungeahnten Erfolg für TCP/IP geführt. Es ist damit zu einem Standard gereift, auf dem weltweit nahezu alle Netzwerke basieren.

TCP/IP hat einige herausragende Eigenschaften. Unabhängig von der Anwendung ist TCP/IP in der Lage, über jedes Übertragungssystem Daten zu übertragen und auszutauschen. Es ist dabei ganz egal, wo die Kommunikationspartner sich befinden.

TCP/IP ist allerdings *nicht*, wie oft fälschlicherweise angenommen wird, eine Kombination aus TCP und IP allein. Trotzdem kommen bei zahlreichen Übertragungsprozessen TCP/IP's Hauptbestandteile, nämlich TCP und IP selbst, zum Einsatz. IP sorgt dann dafür, dass das Datenpaket sein Ziel erreicht, und TCP kontrolliert die Datenübertragung und stellt den Datenstrom der Anwendung zu.

TCP/IP ist eine Protokoll-Kombination, zu der zahlreiche Protokolle der Anwendungsschicht, der Transportschicht und der Vermittlungsschicht des OSI-Schichtenmodells gehören. Sie verbindet also die Anwendung mit den hardwarenahen Diensten.

In den letzten Jahren hat die Protokollfamilie TCP/IP zunehmend an Bedeutung gewonnen. Sie zählt heute zu den gebräuchlichsten Netzwerkprotokollen. In kaum einem Computernetzwerk auf der Welt wird auf TCP/IP völlig verzichtet.

Die Ursachen für diesen hohen Beliebtheitsgrad und Verbreitungsgrad sind:

1. TCP/IP ist herstellerunabhängig. Es wurde nach den Bedürfnissen der Industrie entwickelt; es ist eine für alle offene Protokollfamilie, die von den meisten Herstellern (Hardware und Software) unterstützt wird. Nahezu jeder Markenartikel für Computer unterstützt heute TCP/IP.
2. TCP/IP war schon frühzeitig für Unix erhältlich. Die Protokolle wurden in die BSD-Implementierungen (**Berkeley Standard Distribution**) von Unix integriert. Schon damals erlangte TCP/IP weltweit Akzeptanz in der Unix-Gemeinde und ist heute eine Standardkomponente aller Unix-Versionen.

Kleine Datenpakete

Allerdings ist die Kombination aus TCP und IP allein alles andere als eine effiziente Technik, mit der Daten übertragen werden. Denn kleine Datenpakete, die eigentlich keine Netzbelastung darstellen, werden speziell durch TCP stark vernachlässigt. Bei einer Nutzlast von nur wenigen Byte pro Datenpaket ergibt sich nämlich, falls TCP im Einsatz ist, ein sehr großer Verwaltungsanteil von mindestens 40 Byte pro Datenpaket. Nur wenn man große Datenpakete von einem Kilobyte oder mehr versendet, hält sich der Anteil der Verwaltungsdaten in einem akzeptablen Rahmen. Der Overhead vergrößert dann das zu übertragende Datenvolumen nicht wesentlich.

Je größer die Pakete sind,

- desto geringer ist der Header-Anteil mit den Verwaltungsdaten und
- desto größer ist der Anteil der Nutzdaten.

Die Tab. 5.5-1 zeigt, dass die Effizienz bei der Übertragung durch TCP mit erst zunehmender Paketgröße erheblich steigt.

Paketgröße	Overhead
50 Byte	80 %
500 Byte	13 %
1400 Byte	3 %

Tab. 5.5-1: Overhead in % der Paketgröße bei TCP.

5.5 Einführung TCP/IP *

Die Paketgröße wird heutzutage mittels *Path MTU Discovery* (siehe auch Wikipedia: Path_MTU_Discovery (http://de.wikipedia.org/wiki/Path_MTU_Discovery)) automatisch auf den maximal möglichen Wert gesetzt, den die beteiligten Knoten gerade noch senden können. Er wird von beiden Seiten zu Beginn der Übertragung ausgehandelt. Daher braucht man ihn nicht manuell einzustellen. Bei **DSL** (siehe auch Website DSL Web (http://www.dslweb.de/dsl-schritt1.htm)) und auch bei **PPPoE** beträgt dieser Maximalwert 1492 Byte.

Path MTU Discovery

TCP/IP wurde ursprünglich für eingeführte Standards wie Ethernet entwickelt. Es enthält jedoch keine Protokolle für die Sicherungs- und Bitübertragungsschicht, sondern setzt vielmehr auf die Standards dieser Schichten auf. Aus diesem Grund ist TCP/IP grundsätzlich unabhängig vom Übertragungsmedium.

Es besitzt allerdings Schnittstellen zu den meisten Techniken der Sicherungsschicht und der Bitübertragungsschicht. Die einzelnen (nicht unbedingt zu TCP/IP gehörigen) Protokolle verwenden z. T. eine unterschiedliche Adressierung, um einen Netzwerkknoten, wie z. B. einen Client, einen Server, einen *Router* oder einen Drucker zu identifizieren (Tab. 5.5-2).

Adressentyp	Verwendung
MAC-Adresse	Protokolle der Sicherungsschicht verwenden die MAC-Adresse (Hardwarekennung des Netzwerkadapters, physische Adresse), um einen Rechner im lokalen Netzwerk zu identifizieren.
IP-Adresse (IP4, IP 6)	IP-Adressen sind Zahlen zur Identifizierung eines Rechners im Netzwerk. Sie besitzen je nach IP-Version eine unterschiedliche Darstellung, etwa 192.168.0.4 (IP 4) oder 2001:0db8:85a3:08d3:1319:8a2e:0370:7344 (IP 6). Je nach Ausdehnung des Netzes und Netzzugehörigkeit der kommunizierenden Stationen wird für die Identifizierung des Empfängers eine öffentliche oder eine lokale IP-Adresse verwendet.
Domänenname (DNS)	Die Computer werden in öffentlichen Netzwerken durch alphanumerische Kennungen, die Domänennamen, identifiziert. Diese lassen sich von den Anwendern leichter einprägen als die numerischen IP-Adressen, z. B. www.W3L.de.
Gerätename	Analog zur Domain im öffentlichen Netzwerk kann im lokalen Netzwerk ein Computer bzw. eine Station mit dem Gerätenamen, der als lokale Eigenschaft in der Geräteverwaltung durch den Administrator festgelegt wird, identifiziert werden.

Tab. 5.5-2: Möglichkeiten der Adressierung.

Während im ISO/OSI-Schichtenmodell die Übertragungsaktivitäten in Netzwerken in sieben Schichten unterteilt, hält man sich bei der Zuordnung der zu TCP/IP gehörigen Protokolle zu den

TCP/IP-Schichtenmodell

Schichten im Netzwerk *nicht* ganz an diese Unterteilung (Abb. 5.5-1).

Abb. 5.5-1: TCP/IP-Schichten und einige zugehörige Protokolle (die untere Schicht ist nicht zu TCP/IP gehörig).

Im Vergleich zum ISO/OSI-Modell wird bei der Zuordnung von TCP/IP-Protokollen von einem 5-Schichten Modell (Abb. 5.5-2) ausgegangen. Anwendungs-, Darstellungs- und auch Sitzungsschicht werden zur Anwendungsschicht zusammengefasst.

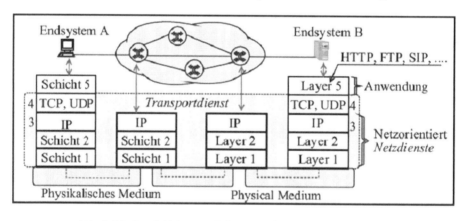

Abb. 5.5-2: Das Schichtenmodell von TCP/IP.

5.6 Protokolle in der Anwendungsschicht *

Die bekannteste Nutzung von Protokollen und Netzwerkdiensten findet rund um das Internet statt. Zahlreiche von ihnen gehören der Anwendungsschicht an. Folgende werden detaillierter behandelt:

5.6 Protokolle in der Anwendungsschicht *

- »HTTP«, S. 155
- »SMTP«, S. 157
- »POP3«, S. 158,
- »IMAP«, S. 160
- »FTP«, S. 162
- »Telnet«, S. 164

5.6.1 HTTP *

HTTP dient dem Abruf von Webseiten durch den Browser.

HTTP *(Hypertext Transfer Protocol)* ist ein Protokoll zur Übertragung von Daten über ein Netzwerk. Es wird hauptsächlich eingesetzt, um Webseiten und andere Daten aus dem Web in einen Webbrowser zu laden.

Das HTTP läuft in der Anwendungsschicht, über der das Modell keine weiteren Schichten vorsieht. Die Anwendungsschicht wird von den Anwendungsprogrammen angesprochen, im Fall des HTTP ist dies meistens der Webbrowser.

HTTP ist ein zustandsloses Protokoll. Das bedeutet, dass nach erfolgreicher Datenübertragung die Verbindung zwischen den beiden Kommunikationspartnern nicht aufrechterhalten wird. Sollen weitere Daten übertragen werden, muss zunächst eine weitere Verbindung aufgebaut werden. Durch Erweiterung seiner Anfragemethoden, Header-Informationen und Fehlercodes ist HTTP allerdings nicht auf Hypertextseiten beschränkt, sondern wird zunehmend zum Austausch beliebiger Daten (Text, Sprache, Multimedia) verwendet. Zur Kommunikation ist HTTP auf ein zuverlässiges Transportprotokoll angewiesen. In nahezu allen Fällen wird hierfür TCP verwendet.

Zustandslos

HTTP wurde 1989 von Tim Berners-Lee zusammen mit dem URL *(Uniform Resource Locator*, der Ort einer Datei/Ressource im Netzwerk) und der HTML *(Hypertext Markup Language)* erfunden, wodurch praktisch das Web geboren wurde.

HTTP ist ein Kommunikationsschema, um Webseiten, Bilder oder beliebige Dateien von einem entfernten Computer auf den eigenen zu übertragen.

Wenn auf einer Webseite der Link zum URL `http://www.microsoft.de/info.html` aktiviert wird, so wird an den Computer mit dem Namen `microsoft.de` die Anfrage gerichtet, die Datei `info.html` zurückzusenden. Der Name `microsoft.de` wird dabei zuerst über das DNS-Protokoll in eine IP-Adresse (z. B. 143.45.123.33) umgesetzt, die den Zielcompu-

Beispiel

ter bzw. das Zielgerät eindeutig identifiziert. Zur Übertragung wird über TCP auf Port 80 eine Anforderung gesendet.

HTTP-Header Zusätzliche Informationen wie Angaben über den Absender, den Browser, zur gewünschten Sprache etc. können über einen *Header* (Kopf der Datei) bei jeder HTTP-Kommunikation übertragen werden.

Sobald der *Header* mit einer Leerzeile abgeschlossen wird, sendet der (Ziel-)Computer, auf dem sich die Webseite befindet, seinerseits eine Antwort zurück. Diese besteht aus Header-Informationen des Servers, einer Leerzeile und dem Inhalt der Datei, im Beispiel `info.html`. Die Datei ist normalerweise im Hypertext-Format HTML, das vom Browser in eine lesbare Darstellung gebracht wird. Es kann sich jedoch auch um eine andere Datei in einem beliebigen Format handeln, zum Beispiel Bildinformationen, Audio- oder Videodaten. Die Information kann auch dynamisch generiert werden und braucht auf dem Server nicht als Datei abgelegt zu sein.

Zum Abruf von Webseiten gibt es die zwei Protokollversionen HTTP 1.0 und HTTP 1.1.

HTTP 1.0 Bei HTTP 1.0 wird vor jeder Anfrage eine neue TCP-Verbindung aufgebaut und nach Übertragung der Antwort wieder geschlossen. Sind in ein HTML-Dokument beispielsweise zehn Bilder eingebettet, so werden insgesamt elf TCP-Verbindungen benötigt, um die Seite auf einem grafikfähigen Browser aufzubauen.

HTTP 1.1 In der Version 1.1 können mehrere Anfragen und Antworten pro TCP-Verbindung gesendet werden. Für ein HTML-Dokument mit zehn Bildern wird so nur eine einzige TCP-Verbindung benötigt.

Da die Geschwindigkeit von TCP-Verbindungen zu Beginn auf Grund des Slow-Start-Algorithmus (siehe Website Teialehrbuch (`http://www.teialehrbuch.de/Kostenlose-Kurse/Internet-Technik/16220-TCP-Slow-Start-und-Congestion-Avoidance.html`)) recht gering ist, wird so die Ladezeit für die gesamte Seite signifikant verkürzt. Zusätzlich können bei HTTP 1.1 abgebrochene Downloads fortgesetzt werden.

Informationen aus früheren Anforderungen gehen verloren (zustandsloses Protokoll). Über *Cookies* in den Header-Informationen können aber Anwendungen realisiert werden, die Statusinformationen (Benutzereinträge, Warenkörbe) zuordnen können. Dadurch können Web-Anwendungen, die Status- bzw. Sitzungseigenschaften erfordern, realisiert werden. Auch eine Benutzerauthentifizierung ist möglich.

HTTPS Normalerweise kann die Information, die über HTTP übertragen wird, auf allen Computern und Routern, die im Netzwerk durchlaufen werden, im Klartext dargestellt werden. Über **HTTPS** kann allerdings die Übertragung verschlüsselt erfolgen, siehe auch Website Vibe.at (http://www.vibe.at/begriffe/ssl_def.html)).

Mit HTTP 1.1 ist es neben dem Download von Dateien auch möglich, Daten zum Server zu übertragen. So können Webentwickler ihre Seiten direkt über den Web-Server publizieren, und es ist möglich, Daten auf dem Server zu löschen.

Außerdem kann man mit HTTP 1.1 den Weg zum Zielrechner verfolgen und überprüfen, ob die Daten korrekt dorthin übertragen wurden.

5.6.2 SMTP *

SMTP wird beim Versand von E-Mails in einem Netzwerk eingesetzt.

Neben dem Übertragen von Dateien und dem Abruf von Webseiten ist E-Mail eine sehr verbreitete Web-Anwendung. Es gibt daher zahlreiche Protokolle und Dienste, die für die elektronische Kommunikation per E-Mail verantwortlich sind. Eines davon ist SMTP.

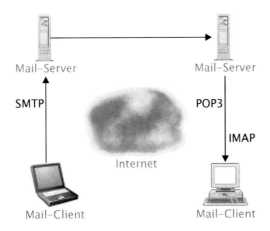

Abb. 5.6-1: Die wichtigsten E-Mail Protokolle.

Die Abb. 5.6-1 zeigt einen Client, der über SMTP eine Nachricht an seinen Server sendet. Dieser überträgt via Internet die Nachricht an den Mail-Server des Empfängers. Der Empfänger-Client greift über IMAP oder POP3 auf sein Postfach zu und lädt die Nachricht herunter.

Die Abkürzung SMTP steht für *Simple Mail Transfer Protocol* (einfaches E-Mail Übertragungsverfahren). SMTP ist ein Protokoll der TCP/IP-Protokollfamilie, das den Versand von E-Mails in Computer-Netzwerken regelt und zur Anwendungsschicht gehört. Ein SMTP-Server belegt in der Regel den von der IANA dafür registrierten Port 25.

Für die Benutzer ist SMTP transparent. Sie bekommen von dessen Arbeit kaum etwas mit, da es völlig im Hintergrund abläuft.

E-Mail-Clients gibt sehr viele. Neben kostenpflichtigen Programmen wie Microsoft Outlook verdienen kostenlose Varianten, z. B. Thunderbird, Eudora, Incredimail und Pegasus Mail durchaus eine Empfehlung.

Wer kein separates E-Mail-Programm installieren möchte, der kann auch einen Webbrowser für die E-Mail-Verwaltung einsetzen. Einige Browser besitzen einen integrierten E-Mail-Client, der sowohl POP3- als auch IMAP-Zugriff auf das Postfach ermöglicht.

Die Funktionsweise von SMTP zeigt die Abb. 5.6-2.

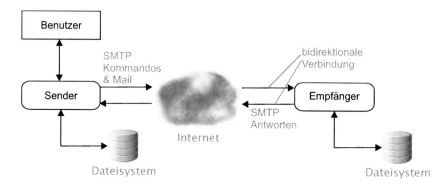

Abb. 5.6-2: Funktion von SMTP (http://www.tlab.ch/praktika/serieM/m09/protokolle.htm)

SMTP setzt voraus, dass eine Übertragung vom Sender initiiert wird. Deshalb wird es nicht dazu benutzt, eine elektronische Nachricht von einem Server auf einen Arbeitsplatzcomputer zu übertragen.

Für das Herunterladen einer E-Mail auf den Anwendercomputer wird nicht SMTP sondern etwa POP3, IMAP oder ein anderer Dienst verwendet.

5.6.3 POP3 *

POP3 dient dem Zugriff auf ein E-Mail-Postfach.

POP3 steht für *Post Office Protocol*, Version 3. POP3 ist für den Zugriff auf ein Postfach zuständig. Der Datenaustausch erfolgt im Klartext (keine Verschlüsselung) über den TCP-Port 110.

POP3 kann ohne SMTP verwendet werden. Es ermöglicht u. a., Mails nach dem Herunterladen noch auf dem Server zu belassen oder zu entscheiden, nach welcher Zeit diese dort gelöscht werden sollen.

POP3 kennt drei Verbindungszustände (Abb. 5.6-3):

- *Authorization*: Der Client meldet sich am Server mit Benutzernamen und Passwort an. Wenn die Authentifizierung nicht erfolgreich war, wird die Verbindung abgebrochen.
- *Transaction*: Postfach- bzw. Ordnerinhalte werden in einer Liste auf dem Client angezeigt. Einzelne Nachrichten können heruntergeladen und geöffnet werden. Die Ordnerinhalte lassen sich mit einer Löschmarkierung versehen.
- *Update*: Die zum Löschen freigegebenen Nachrichten (Löschmarkierung) werden beim Beenden endgültig gelöscht.

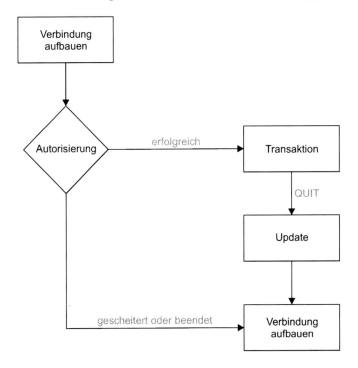

Abb. 5.6-3: Funktionsweise von POP3.

Für den POP3-Zugriff auf Ihr Postfach können Sie zum Beispiel den Opera-Browser benutzen. Für die Verbindung mit Ihrem Postfach müssen Sie nur Ihre E-Mail-Adresse, das Protokoll (hier POP3) und das Passwort angeben. Der Browser stellt sofort eine Verbindung her, lädt alle E-Mails aus Ihrem Posteingang herunter – löscht diese allerdings unmittelbar vom Server.

Ein weiteres Protokoll in der Reihe von SMTP und POP3 ist IMAP.

5.6.4 IMAP *

IMAP ermöglicht die E-Mail-Verwaltung auf einem Mail-Server.

Mit IMAP *(Internet Message Access Protocol)* können Benutzer bestimmte E-Mail-Aktionen auf einem entfernten Server statt auf dem eigenen Computer durchführen.

Durch IMAP ist es möglich, Postfächer zu erstellen, zu löschen oder umzubenennen. Außerdem lassen sich neue Nachrichten abholen, Nachrichten löschen und Postfächer durchsuchen. Zum Versenden von Nachrichten ist ein separates Protokoll (z. B. SMTP) nötig.

Als Ergänzung zu POP3 ermöglicht IMAP die Verwaltung einer Ordnerstruktur auf dem Server. Außerdem macht IMAP es möglich, dass Datensicherungen der E-Mails zentral durch den Serverbetreiber erfolgen, während unter POP3 Datensicherungen nur lokal auf den Client-Computern möglich sind.

Per IMAP werden die E-Mails nicht vollständig vom Server geladen und auch nicht unmittelbar gelöscht. Stattdessen wird immer nur die Nachricht geladen, die Sie gerade lesen. Die Nachricht bleibt aber weiterhin auf dem Server und kann so jederzeit wieder von dort abgerufen werden.

Vorteile

Ein IMAP-fähiges E-Mail-Postfach bietet deshalb verschiedene Vorteile:

- Nachrichten können direkt auf dem Server gelöscht werden, ohne vorher heruntergeladen zu werden.
- Zunächst wird nur der *Header* (Absender, Datum, Betreff) einer E-Mail geladen – Sie können dann entscheiden, ob Sie die gesamte E-Mail herunterladen möchten.
- Das gleiche Postfach kann gleichzeitig mit verschiedenen E-Mail-Clients (auch auf unterschiedlichen Computern, z. B. zu Hause, im Büro oder unterwegs mit dem Notebook oder PDA) genutzt werden.
- Auf dem Server können Ordner angelegt werden, um die Nachrichten übersichtlicher zu verwalten.
- Der Server speichert den Zustand einer E-Mail (z. B. gelesen/ungelesen, beantwortet, weitergeleitet etc.). Dadurch ist jederzeit sichtbar, welche E-Mails noch nicht bearbeitet wurden – egal ob Sie per Webmailer[10] oder mit einem E-Mail-Client auf Ihr Postfach zugreifen.
- Gesendete Nachrichten können ebenfalls im IMAP-Postfach archiviert werden – damit haben Sie jederzeit Zugriff auf Ihre vollständige E-Mail-Korrespondenz.

---

[10] Ein Webmailer ist ein Dienst, der Sie unmittelbar mit einem Browser auf ein E-Mail-Postfach zugreifen lässt. Per Browser lässt sich das Postfach auch verwalten. Ein spezieller E-Mail-Client ist nicht notwendig.

5.6 Protokolle in der Anwendungsschicht *

Fast jeder am Markt verfügbare E-Mail-Client unterstützt bereits IMAP. Um in den Genuss der vielen Vorteile zu kommen, muss nur die Konfiguration angepasst werden. Ihre Nachrichten und alle daran vorgenommenen Änderungen bleiben auf Ihrem Mail-Server, wodurch lokaler Speicherplatz gespart wird sowie höhere Datensicherheit und Mobilität gewährleistet ist.

Mit POP3 kann man jederzeit im Offline-Modus arbeiten. IMAP setzt dagegen normalerweise eine bestehende Verbindung zum Mail-Server voraus, es sei denn, der IMAP-Client kann bestimmte Nachrichtenordner für die Offline-Verwendung mit dem Server synchronisieren.

Bei POP3 werden heruntergeladene Nachrichten im spezifischen Format des jeweiligen Mail-Clients gespeichert. Diese können daher nicht mehr mit einem anderen Client verarbeitet werden.

Mancher E-Mail-Client bietet die Möglichkeit zum Mail-Export in verschiedenen Formaten, z. B.

- TXT[11] (siehe etwa Wikipedia: Textdatei (http://de.wikipedia.org/wiki/Textdatei)),
- HTML,
- CSV[12] (siehe auch Website Tformer.com (http://www.tformer.com/HelpDE/Dokumentation/Externe_Daten/ExtDaten_CSVImport.htm)),
- XML[13]

Die Vorteile von IMAP im Vergleich zu POP3 sind überzeugend. Allerdings hat IMAP noch wenig Verbreitung. Das liegt hauptsächlich daran, dass

- es aufgrund seiner Komplexität bisher kaum Mailprogramme gab, die es ausreichend unterstützt haben und

---

[11] Als Textdatei (TXT) wird in der Informationstechnik eine Datei bezeichnet, deren Inhalt aus einer Folge von Zeichen eines Zeichensatzes besteht, untergliedert durch Steuerzeichen wie Zeilen- und Seitenwechsel. Gegenstück zur Textdatei ist eine Binärdatei. Eine Textdatei ist im Gegensatz zu einer Binärdatei ohne den Einsatz spezieller Software lesbar und kann mit einem beliebigen Texteditor – wie etwa mit Notepad unter Microsoft Windows – geöffnet, geändert und gespeichert werden.
[12] CSV *(Character Separated Values)* ist ein Text-Format. Es handelt sich bei CSV-Dateien um tabellarisch strukturierte ASCII-Dateien, deren Elemente (Felder) durch ein bestimmtes Zeichen getrennt sind. Das Trennzeichen darf nicht in Datenelementen vorkommen oder es muss durch ein Maskierungszeichen als normales Zeichen gekennzeichnet werden. Das Trennzeichen muss nicht unbedingt das Komma sein; auch Semikolon, Doppelpunkt, Tabulator oder ein anderes Zeichen darf dafür verwendet werden. Einzelne Datensätze werden in der Regel durch einen Zeilenumbruch (bei Windows: CRLF = carriage return line feed) getrennt. In der ersten Zeile stehen oft die Feldnamen bzw. Spaltenüberschriften – der sogenannte Steuersatz.
[13] Eine XML-Datei wird ebenso wie eine TXT-Datei und auch eine CSV-Datei im ASCII-Format gespeichert. Sie besteht ähnlich wie HTML-Dateien aus einzelnen *Tags*, die in spitze Klammern eingefasst werden. Innerhalb der *Tags* können Werte oder wieder andere *Tags* stehen. Zudem kann ein *Tag* Attribute enthalten, die innerhalb des öffnenden *Tags* definiert werden. XML-Dateien sind hierarchisch strukturiert, d. h., *Tags* können ineinander verschachtelt werden. Gültig ist eine XML-Datei allerdings nur dann, wenn es auf oberster Ebene nur ein *Tag* gibt, dem alle anderen untergeordnet sind (Wurzelelement oder Root-Element).

- der Speicherbedarf auf dem Mailserver, auf dem alle Objekte relativ lange gespeichert sind, erheblich größer als bei POP3 ist und es deswegen kaum kostenlose Postfächer mit IMAP-Server gibt.

Zahlreiche Browser und auch E-Mail-Clients sind heute in der Lage, mit wenigen Klicks eine Verbindung zu einem POP3- und auch zu einem IMAP-Postfach herzustellen. Engpass ist hier in der Regel der Server bzw. der angebotene Dienst, denn bei den meisten Anbietern ist nur der POP3-Zugriff auf das Postfach kostenlos. Für IMAP-Nutzung müssen Sie ein Profi-Mail-Konto o.ä. kostenpflichtig mit einer mehrmonatigen Mindestlaufzeit einrichten.

Für die Nutzung von IMAP kann je nach Server-Dienst und lokalem Client ein komplexer Konfigurationsprozess erforderlich sein.

5.6.5 FTP *

FTP ermöglicht den Austausch von Dateien zwischen verschiedenen Computern unabhängig von ihrem Betriebssystem und Standort.

FTP *(File Transfer Protocol)* ist eine Sammlung von Befehlen, die zur Übertragung von Daten dient. Der Computer, der Befehle sendet, heißt FTP-Client, der zweite Computer, der die Befehle ausführt, ist der FTP-Server.

Die Besonderheit des Protokolls liegt in den getrennten Kanälen für die Daten und die Steuerung. Im RFC959 ist für FTP der TCP-Port 20 als Steuerungskanal und der TCP-Port 21 als Datenkanal festgelegt. FTP verwendet als Transportprotokoll immer TCP (Abb. 5.6-4).

FTP-Server und -Client können auf verschiedenen Computertypen und Betriebssystemen basieren und trotzdem miteinander kommunizieren, sofern sie dieselbe FTP-Sprache verstehen bzw. unterstützen.

FTP erlaubt den Benutzern,
- von irgendeinem (entfernten) Computer Dateien herunter zu laden *(download)* oder
- Dateien auf einen anderen Computer zu kopieren *(upload)*.

Hierbei wird zwischen dem Benutzer-FTP und dem Anonymous-FTP unterschieden.

Anonymous-FTP — Beim Anonymous-FTP kann der Client nur auf öffentliche Verzeichnisse zugreifen, während beim Benutzer-FTP zusätzlich ein Passwort benötigt wird, um Zugriff auf private Verzeichnisse zu erlangen.

5.6 Protokolle in der Anwendungsschicht *

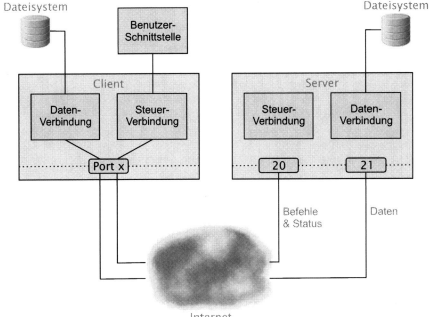

Abb. 5.6-4: Funktionsweise von FTP.

Wenn man den anonymen FTP-Dienst benutzen möchte, gibt man als Passwort lediglich anonymous oder seine eigene Internetadresse an.

Sowohl bei Benutzer-FTP als auch bei anonymous FTP ist es möglich,

Benutzer-FTP

- Verzeichnisse einzusehen und zu wechseln, sowie
- Dateien zu empfangen und zu senden.

Der Unterschied liegt in den Privilegien, die ein Benutzer besitzt. Bei »anonymous FTP« verfügt der Benutzer nur über einen Gastzugang, was als einfacher Sicherheitsmechanismus anzusehen ist.

Der Datentransfer mit FTP findet vielseitige Anwendung:

Vorteile

- Mit FTP können beliebige Datenarten übertragen werden, z. B. Textdaten in den Formaten der gängigen Textverarbeitungsprogramme, ASCII-Dateien, ausführbare Programme oder Bilder.
- Mit FTP können Programme im Netz zur Verfügung gestellt werden.
- Mit FTP können Programme aus dem Netz herunter geladen werden (Virenscanner, Mail-Clients und viele andere).

- Große Textdateien, Handbücher, wissenschaftliche Arbeiten u. ä. können einfach und günstig publiziert und verteilt werden.
- Daten können schnell mit einem entfernten Computer ausgetauscht werden.

FTPS & SSL Für eine sichere FTP-Übertragung gibt es FTPS. Das FTPS ist grundsätzlich mit FTP identisch, nur dass die Daten verschlüsselt übertragen werden. Dazu wird – wie auch bei HTTPS – SSL *(Secure Socket Layer)* verwendet. Mit SSL ist es möglich, Übertragungen zu verschlüsseln und den Sender und Empfänger der Daten zu verifizieren.

SSL ist eine Technik, welche für eine sichere Verbindung sorgt:

- Der Datentransfer erfolgt ausschließlich verschlüsselt.
- Es findet eine Überprüfung der Vollständigkeit und Korrektheit der übertragenen Daten statt.
- Die Identität des sendenden Computers ist bekannt.

Weitere Informationen zum FTP-Dienst finden Sie unter Wikipedia: FTP (http://de.wikipedia.org/wiki/File_Transfer_Protocol) und Website Sois.de (http://www.sois.de/doku/ftpanonymous.html).

5.6.6 Telnet *

Mit Telnet kann man an einem entfernt stehenden Computer arbeiten. Dazu ist eine Zugangsberechtigung notwendig und ein Telnet-Client. Bei Windows gehört dieses Programm zum Betriebssystem.

Bei Telnet handelt es sich um einen Netzwerk-Dienst, mit dem man sich an einem entfernten Internet-Computer zum Dialogbetrieb anmelden kann (remote-login).

Telnet bietet eine zeichenorientierte Oberfläche – ähnlich MS-DOS. Mit Telnet erhält man Zugang

- zu Online-Datenbanken wie elektronischen Bibliothekskatalogen (OPAC = *Online Public Access Catalogue*) oder Fachinformationszentren (FIZ) und
- zu Computern, zu denen man eine eigene Zugangsberechtigung hat.

Da es sich bei Telnet inzwischen um einen relativ alten Dienst handelt, werden mittlerweile zahlreiche Datenbanken, die ursprünglich nur über Telnet verfügbar waren, im Web angeboten.

Häufig bedarf die Nutzung eines fremden/entfernten Computers einer Authorisierung. Die Freischaltung der Computer für die persönliche Telnet-Fernbedienung erfolgt nach Vergabe eines Nutzernamens (User-ID, Kennung) und eines Passworts auf dem Telnet-Server.

Bei manchen Computern meldet man sich als Gast an mit dem Nutzernamen guest oder gast ohne Passwort-Angabe. Hier sind die Nutzungsmöglichkeiten in der Regel aber eingeschränkt (vergleichbar mit Anonymous-FTP).

Bei den Bibliothekscomputern mit **OPAC** geschieht das Login oft mit der Kennung opc, opcx oder opencat für alle Nutzer des Katalogsystems. In einem OPAC-System kann man bequem Literaturrecherchen vom eigenen lokalen Computer aus vornehmen, sofern Zugang zum Internet besteht.

OPAC

Unter den gängigen Betriebssystemen Linux, Windows oder Mac OS ist ein einfaches Telnet-Programm bzw. ein Telnet-Client bereits in das Betriebssystem integriert. Der Aufruf geschieht durch den Befehl Telnet <Computername>.

Auf dem Monitor erscheint nun die Anfrage nach der Kennung (Benutzername) und dem Passwort.

Manchmal wird vom System noch die Frage gestellt, welchen Terminaltyp Sie verwenden. In den meisten Fällen kann vt100 eingegeben werden, ein Fullscreen-Terminaltyp, bei dem u. a. die Cursortasten genutzt werden können.

Beendet wird eine Telnet-Sitzung oft mit den Befehlen exit, Ctrl+C oder logout. Für MS-Windows gibt es eine Reihe zusätzlicher Telnet-Programme, die man sich als Shareware aus dem Internet via FTP herunterladen kann.

Auch mit den meisten Webbrowsern sind Telnet-Sitzungen möglich. Dafür muss in den Optionen/Einstellungen des Browsers nur das zu benutzende Telnet-Programm eingetragen werden.

5.7 Protokolle der Transport- und Vermittlungsschicht *

Zur Transport- und Vermittlungsschicht gehören u. a. folgende Protokolle, die näher betrachtet werden:

- »TCP«, S. 166
- »Das Internet Protocol IP«, S. 168
- »UDP«, S. 176
- »SCTP«, S. 176

5.7.1 TCP *

TCP ist ein verbindungsloses Transportprotokoll. Es arbeitet ineffizient, hält dadurch die Übertragungsfehler gering.

Das *Transmission Control Protocol* (TCP), welches der Transportschicht angehört, zu welcher auch UDP und SCTP zählen, sorgt für eine zuverlässige, fehlerfreie und verbindungsorientierte Übertragung von einem Host zum anderen.

Welche Position nimmt TCP innerhalb der TCP/IP-Protokollfamilie ein? Die Abb. 5.7-1 gibt Ihnen eine Antwort.

Schicht	Dienste / Protokolle / Anwendungen			
Anwendung	HTTP	IMAP	DNS	SNMP
Transport	TCP		UDP	
Internet	IP (IPv4 / IPv6)			
Netzzugang	Ethernet, ...			

Abb. 5.7-1: Einordnung von TCP und einigen anderen Kandidaten in den TCP/IP Protokollstapel.

Die gesendeten Informationen werden

- in Pakete zerlegt,
- durch Verwaltungsdaten ergänzt und anschließend
- an die Vermittlungsschicht weitergeleitet.

Sind die Daten am Zielcomputer angekommen, so teilt das *Transmission Control Protocol* die ankommenden Datenströme und fügt die Datenteile (Nutzdaten) wieder zu einer Datei zusammen.

TCP erledigt auch die Flusskontrolle, was bedeutet, dass bei einem langsamen Empfänger viele große eingehende Datenpakete nicht zu einem Überlauf und damit zu Datenverlust führen.

Aufgaben von TCP

In der TCP/IP-Protokollfamilie übernimmt TCP somit als verbindungsorientiertes Protokoll die Aufgabe

- der Datensicherheit sowie
- der Datenflusssteuerung.

Es ergreift Maßnahmen bei einem Datenverlust, wenn also

- bei einem Datenpaket eine Veränderung festgestellt wird oder
- vom Empfänger eine negative Empfangsbestätigung zurück gekommen ist.

5.7 Protokolle der Transport- und Vermittlungsschicht *

Die Funktionsweise von TCP besteht analog zur Funktionalität anderer Protokolle, die ggf. auch zu anderen Schichten gehören, darin, den Datenstrom von den Anwendungen

- aufzuteilen,
- mit einem *Header* zu versehen und
- an das Internet-Protokoll (nächste Schicht) zu übergeben.

Beim Empfänger werden die Datenpakete

- sortiert,
- um den Overhead bereinigt und
- wieder zusammengesetzt.

Header bzw. Kopfdaten eines TCP-Paketes sehen (auszugsweise) wie folgt aus: TCP-Paket

- Empfänger-Port,
- Sender-Port
- Paket-Reihenfolge (Nummer),
- Prüfsumme,
- Quittierungsnummer.

Datenpakete, die über IP ihr Ziel erreichen, werden von TCP zusammengesetzt und über den Ziel-Port (Teil der IP-Adresse) weiter gegeben. Dieser Port wird ständig von einem Prozess, einem Dienst oder einer Anwendung abgehört.

Wie funktioniert TCP? Durch TCP besteht eine kontinuierliche Verbindung zwischen Sender und Empfänger. Trotzdem die Verbindung eher virtueller Natur ist, tauschen Sender und Empfänger während der Datenübertragung ständig Kontrollmeldungen aus. Auf diese Weise erkennt das Protokoll z. B. verloren gegangene Pakete und fordert diese erneut an (Fehlerkontrolle).   Funktionsweise

In TCP ist außerdem ein Algorithmus integriert, der die Datenübertragungsrate dynamisch an die momentane Netzauslastung anpasst. Das Protokoll vergrößert kontinuierlich nach dem Verbindungsaufbau die Übertragungsrate. Wenn erstmalig irgendwo auf dem Weg zum Empfänger Datenpakete verschwinden, dann reagiert TCP darauf und setzt unmittelbar die Datenübertragungsgeschwindigkeit wieder herab (Überlastkontrolle).

In den Endgeräten löst TCP zwei Steuerungsmechanismen aus, mit denen die Steuergeräte im Netzwerk allerdings nichts zu tun haben:

- Freie Kapazität wird für die Übertragung zur Verfügung gestellt.
- Von anderen Stationen benötigte Leitungskapazitäten werden sofort freigegeben.

Problematisch wird es, wenn eine einzelne Anwendung mehrere TCP-Verbindungen aufbaut, wie das etwa beim P2P-Filesharing in der Regel der Fall ist. Dann verteilt sich die für diese Anwendung von TCP zugeordnete Priorität bzw. Leitungskapazität auf alle Verbindungen, wodurch jeder einzelne Prozess sich erheblich verlangsamt.

Handshake-Verfahren

Beim Verbindungsaufbau von TCP findet das Handshake-Verfahren Anwendung. Der Ablauf ist (grob) wie folgt:

- Zunächst sendet Computer 1 ein Paket, in dem er kommuniziert, dass er eine Verbindung zu Computer 2 aufbauen möchte.
- Darauf antwortet Computer 2, dass er zur Kommunikation bereit ist.
- Computer 1 bestätigt anschließend Computer 2, dass er verstanden hat, dass Computer 2 bereit ist.
- Die Kommunikationsverbindung ist nun hergestellt und der eigentliche Datenaustausch kann beginnen.

Im Gegensatz zu UDP gilt TCP im Allgemeinen als sehr zuverlässig, da es

- die empfangenen Pakete puffert,
- die selektive Neuübertragung einzelner Pakete initiiert,
- die Rückkopplung vom Empfänger zum Sender ermöglicht.

Weitere Informationen zu TCP finden Sie z. B. unter Website Elektronik-Kompendium (http://www.elektronik-kompendium.de/sites/net/0812271.htm).

5.7.2 Das *Internet Protocol* IP *

Das Internetprotokoll IP sorgt für das *Routing* und die Adressierung der Datenpakete.

Das Internet – das Netz der Netze – besteht aus weltweit gekoppelten physikalischen Computernetzwerken, in denen IP zum Einsatz kommt; das Internet stellt ein heterogenes IP-Netz dar.

Das *Internet Protocol* (IP) ist auf der 3. Schicht, der Vermittlungsschicht des OSI-Schichtenmodells, angeordnet. Das *Transmission Control Protocol* (TCP) setzt auf IP auf, gehört also zur 4. Schicht, der Transportschicht des OSI-Schichtenmodells (Abb. 5.7-2).

OSI-Schicht		Protokoll
4	Transport	TCP
3	Vermittlung	IP

Abb. 5.7-2: Schichtzugehörigkeit.

5.7 Protokolle der Transport- und Vermittlungsschicht *

Zahlreiche IP-Teilnetze sind durch intelligente Verteilergeräte mit einander verbunden. IP arbeitet verbindungslos. Die einzelnen Pakete werden unabhängig von der aktuellen Position im Netz und von anderen Paketen weitergeleitet.

Die verbindungslose digitale Kommunikation ist vergleichbar mit einem Briefdienst. Dabei besitzt ein IP-Teilnetz die Funktion eines Postleitzahlengebietes. Die Aufgabe der Briefverteilung auf alle Empfänger eines Postleitzahlengebietes übernimmt im IP-Netz ein *Router*.

Das Internet-Protokoll ist einer der Hauptbestandteile von TCP/IP. Es hat die Aufgabe,

Aufgaben von IP

1 Datenpakete zu adressieren und
2 in einem verbindungslosen paketorientierten Netzwerk zu vermitteln (*Routing*).

Dazu haben alle Stationen und Endgeräte eine eigene Adresse im Netzwerk. Diese IP-Adresse dient nicht nur zur Identifikation, sondern auch zum Erkennen des Teilnetzes, in dem sich eine Station befindet. Zu unterscheiden ist dabei, ob die Kommunikation von Station zu Station über private Übertragungswege (LAN) oder öffentliche Leitungen (GAN, WAN, MAN, Internet) stattfindet.

Ein privates lokales Netzwerk wird durch einen *Router* begrenzt, der über einen (evtl. eingebauten) Gateway eine Verbindung zum Web-Server im öffentlichen Netz herstellt. Zu den einzelnen Netzwerkkategorien siehe etwa Website Computerjockey.de (http://www.computerjockey.de/w2k/mut_w2k/kap05.htm).

Die Abb. 5.7-3 verdeutlicht diesen Sachverhalt an einem Beispiel.

Beispiel 1a

Der *Router* ist der Chef Ihres LAN. Er begrenzt es nach außen und empfängt alle Informationen, die vom LAN in das öffentliche Netzwerk oder von außen in das LAN übertragen werden sollen.

Im LAN findet die Adressierung über Computernamen, MAC-Adressen und/oder lokale IP-Adressen statt.

In der Abb. 5.7-3 regeln Router und Verteiler die interne und externe Kommunikation bzw. Datenübertragung:

Beispiel 1b

- Zwischen PC7, PC8, PC9 und PC10 vermittelt der Verteiler. Er verwaltet sein eigenes Teilnetz.
- Der Router vermittelt analog zum Verteiler zwischen PC1, PC2, PC3, PC4, PC5 und PC6.
- Für den Datenaustausch zwischen beiden Teilnetzen leitet einer (je nach Sender ist es der Verteiler oder der Router)

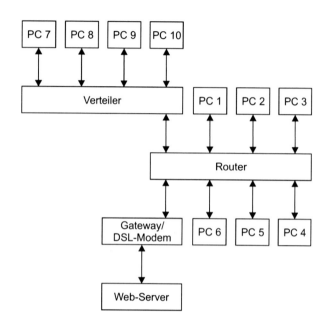

Abb. 5.7-3: LAN mit Internetzugang.

    die Datenpakete an den anderen weiter, dieser wiederum übergibt sie dem Zielrechner.
- Anfragen der PCs, die an Computer außerhalb des LANs gerichtet sind, leitet der Router zum Web-Server, von dem er schließlich eine Antwort erhält, die er dem ursprünglichen Absender zustellt.

Sollten Sie gerade in diesem Augenblick eine Internetverbindung aufgebaut haben, so besitzt Ihr Computer bzw. Ihr Netzwerk eine IP-Adresse, die je nach Einstellung des *Routers* und auch des DHCP-Servers während Ihrer Internetsitzung gleich bleibt oder nach einem festen Zeitraum erneuert wird.

 Suchen Sie nach Webdiensten, welche Ihre öffentliche IP-Adresse anzeigen. Vergleichen Sie die Ergebnisse.

Wenn Sie diese Adresse in Erfahrung bringen möchten, so können Sie einen von zahlreichen Internetdiensten dazu »befragen«. Geben Sie die Adresse http://www.elektronik-kompendium.de/sites/net/1306291.htm in die Adresszeile Ihres Browsers ein und fordern Sie die Seite an (Abb. 5.7-4).

Diese Adresse, hier 91.53.23.242, ist Ihr Fingerabdruck im Internet, nicht jedoch in Ihrem lokalen Netzwerk. Ihre lokale IP-Adresse erfahren Sie etwa mit Hilfe von

    ▪ ipconfig oder

5.7 Protokolle der Transport- und Vermittlungsschicht *

Abb. 5.7-4: Abfrage der eigenen öffentlichen IP-Adresse im Internet.

■ Netzwerk-Werkzeugen.

Der *Header* eines IP-Datenpaketes enthält im Gegensatz zum *Header* eines TCP-Datenpaketes folgende Einträge:

Header eines IP-Paketes

- Version des Internet Protokolls (4 Bit)
- Länge des gesamten Headers (4 Bit)
- Dienstleistungstyp (8 Bit)
- Länge des gesamten Paketes (16 Bit)
- ID des Paketes (16 Bit), bestehend aus *Flags* (3 Bit) und *Fragment-Offset* (13 Bit) zur Steuerung, Fragmentierung und Zusammensetzung der IP-Pakete
- Lebensdauer *(time to live)* des Paketes (8 Bit)
- Folgeprotokoll (8 Bit); hier wird angegeben, ob ein TCP- oder UDP-Paket hinzugehört
- Prüfsumme zur Verifizierung der Headerdaten (16 Bit)
- Quelladresse des IP-Paketes (32 Bit)
- Zieladresse des IP-Paketes (32 Bit)
- Zusatzinformationen (je 32 Bit)

Weitere Informationen zum IP-Header finden Sie unter Website ITwissen (http://www.itwissen.info/definition/lexikon/IP-Header-IP-header.html).

Das *Internet Protocol* IP wird der dritten Schicht (Vermittlungsschicht) des OSI-Schichtenmodells zugeordnet. Hat ein Paket den Empfänger erreicht, so wird es an das Transportprotokoll (etwa TCP) weitergegeben, welches die Pakete wieder geordnet zusammensetzt.

Wie arbeitet IP nun? Seine Arbeitsweise hängt vom Transportprotokoll ab, mit dem es kooperiert.

IP & UDP In Kombination mit UDP *(User Datagram Protocol)* läuft die Übertragung etwa wie folgt ab (Abb. 5.7-5):

1. Zunächst ergänzt UDP die Nachricht bzw. die Daten um seinen *Header*. Es entsteht eine UDP-Dateneinheit.
2. IP stellt dieser Dateneinheit seinen *Header* voran, bildet so ein IP-Paket.
3. Das IP-Paket wird nun um einen *Datalink-Header* und einen *Datalink-Trailer* ergänzt (Angaben zur Synchronisation).

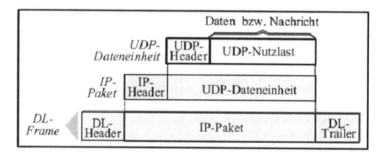

Abb. 5.7-5: Kapselung eines UDP-Paketes durch IP.

IP & TCP Ähnlich verhält es sich, wenn der Transport von TCP übernommen wird. Allerdings zerlegt TCP zuvor den Datenstrom in einzelne Pakete, denen es jeweils einen *Header* voranstellt. Es gibt also im Gegensatz zu UDP mehrere Pakete an IP weiter (Abb. 5.7-6).

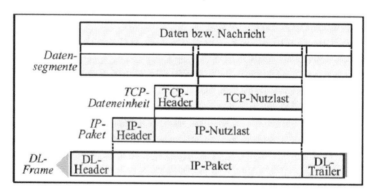

Abb. 5.7-6: Datenkapselung bei Einsatz von TCP.

Dadurch, dass es in IP-Netzen keine dedizierten Verbindungen gibt, ist es möglich, dass Pakete zirkulieren, also »zu oft« weitergereicht werden und so das Netz unnötig belasten. Aus diesem Grund legt IP für jedes Paket einen TTL-Wert *(time to live)*

5.7 Protokolle der Transport- und Vermittlungsschicht *

fest, der bei jedem Weiterleitungsvorgang herunter gezählt wird. Fällt dieser Wert auf 0, so verwirft der Verteiler *(Router)* das Paket und informiert den Sender per *Internet Control Message Protocol* (ICMP) über diesen Vorgang.

Die IP-Kommunikation zweier entfernter Computer läuft über einen Gateway oder Router, der beide Netze miteinander verbindet (Abb. 5.7-7).

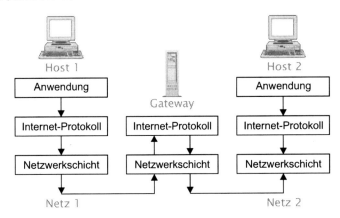

Abb. 5.7-7: Funktionsweise von IP.

IP erhält Daten von der Anwendung und gibt diese an die Vermittlungsschicht weiter. Der Gateway stellt dabei die Schnittstelle zwischen den beiden Netzwerken dar. Auf dem Zielcomputer erhält IP die Daten von der Vermittlungsschicht und gibt diese an die Anwendung weiter.

Das *Internet Protocol* gibt es heute in zwei Versionen: IP 4 und IP 6. IP 4 und IP 6 unterscheiden sich nicht nur hinsichtlich ihres Adressformates. Obwohl die bisher dargestellten Eigenschaften des *Internet Protocols* IP sowohl seine Version 4 als auch seine Version 6 betreffen, verwenden beide Versionen von IP zum Teil unterschiedliche Dienste und Techniken.

Versionen von IP

Oft werden IP 4 und IP 6 alternativ eingesetzt. Es gibt allerdings auch zahlreiche Systeme, die auf beide Protokoll-Versionen zugreifen müssen. Aus diesem Grund gibt es Strategien und Konzepte, die eine Koexistenz möglich machen – für diesen Zweck stellt IP 6 spezielle Adresstypen zur Verfügung. Zur Koexistenz von IP4 und IP6 siehe etwa Website Searchnetworking.de (http://www.searchnetworking.de/specials/ngn/ipv6/articles/246120/index5.html), Website UZH.ch (http://www.csg.uzh.ch/teaching/ws0405/inteco/extern/talk12.pdf) oder Website HAW-Hamburg (http://users.informatik.haw-hamburg.de/~schmidt/rn/ipv6-intro.pdf).

Eigenschaften von IP 4

Die betagte Version 4 des *Internet Protocol* wird bald ausgedient haben, da

- es Pakete nur optional verschlüsselt,
- sein nur 43 Milliarden Werte umfassender Adressraum in kürzester Zeit zu klein sein wird, um weitere Computer und andere Geräte im Internet anzusprechen,
- die IP-Adressen vieler Organisationen stark fragmentiert sind, was bedingt durch die Strategie des klassenlosen Routings, sehr große Routing-Tabellen notwendig macht,
- seine Adressen keine Möglichkeit bieten, auf den Standort eines Netzes zu verweisen, was das Routing sehr kompliziert macht,
- IP unnötigerweise die Computer belastet, indem es eine Prüfsummenberechnung für jedes weiter geleitete Datenpaket verlangt.

Vorteile von IP 6

IP 6 glänzt dagegen durch

- $3{,}4*10^{38}$ = 340 Sextillionen Adressen,
- vereinfachten Wechsel der Adresse (mobile IP),
- optimierten Overhead,
- Plug & Play, es unterstützt weitestgehend die Autokonfiguration,
- standardmäßige Verschlüsselung,
- *Multihoming*[14],
- QoS[15],
- *Multicast*[16],
- zustandslose automatische Konfiguration von IP-Adressen, sodass DHCP oft überflüssig wird.

Nicht nur die die geringe Adresslänge von 32 Bit bei IP 4 hat dazu geführt, dass IP 6 entwickelt wurde. Auch der Bedarf nach mehr Sicherheit sowie Multimedia- und Echtzeitanwendungen hat dazu beigetragen.

---

[14]*Multihoming* soll die Zuverlässigkeit von Internet-Verbindungen eines IP-Netzwerkes verbessern. Dies wird dadurch erreicht, indem bei Multihoming die Verbindung an das Internet nicht nur über einen einzigen Internetdienstanbieter (Provider) erfolgt, sondern mindestens durch zwei oder aber auch mehrere. Durch die höhere Anzahl Provider bzw. Zugriffspunkte zum Internet erhöht sich die Ausfallsicherheit bzgl. des Providers und auch die der Hardware, da immer noch mindestens ein weiterer Alternativweg bereitsteht. Neben der Erhöhung der Ausfallsicherheit kann durch Multihoming auch Lastverteilung und Kostenreduzierung erreicht werden, indem die Verbindung über denjenigen Provider erfolgt, der den kürzeren Pfad ermöglicht bzw. die geringeren Kosten verursacht.

[15]QoS *(Quality of Service)* bedeutet hier unter anderem die Latenzzeit, d.h. ein kurzer Zeitraum zwischen einer Aktion (bzw. einem Ereignis) und dem Eintreten einer verzögerten Reaktion, eine geringe Paketverlustrate (Wahrscheinlichkeit, dass einzelne IP-Pakete bei der Übertragung verloren gehen oder - bei Echtzeitdiensten - ihr Ziel zu spät erreichen), Datendurchsatz (pro Zeiteinheit im Mittel übertragene Datenmenge).

[16]*Multicast* ist ein Verfahren der Datenübertragung, bei dem über Verteilerlisten einzelne Nachrichten gleichzeitig an mehrere Empfänger gesendet werden.

5.7 Protokolle der Transport- und Vermittlungsschicht *

Für den Einsatz von IP 6 mussten zahlreiche Protokolle angepasst werden, etwa DHCP, DNS, ICMP, welche es für IP 6 ebenfalls in der Version 6 gibt.

Mit IP 6 werden die bisherigen IP-Adressen (der Version 4) sämtlich verschwinden. Jedes netzwerkfähige Gerät soll eine eigene IP 6-Adresse erhalten.

Die weltweite Umstellung von IP 4 auf IP 6 wird erhebliche Investitionen erfordern. Allein in den USA soll der Aufwand bis zu 75 Milliarden US-Dollar betragen.

Fließend wird der Übergang vollzogen. Die Webbenutzer werden davon allerdings kaum etwas mitbekommen, solange sie Webseiten nicht durch Eingabe der IP-Adresse im Browser aufrufen. Ob eine Webseite im Web bereits über eine IP 6-Adresse erreichbar ist, können Sie unter Website Sixy.ch (http://sixy.ch) herausfinden (Abb. 5.7-8).

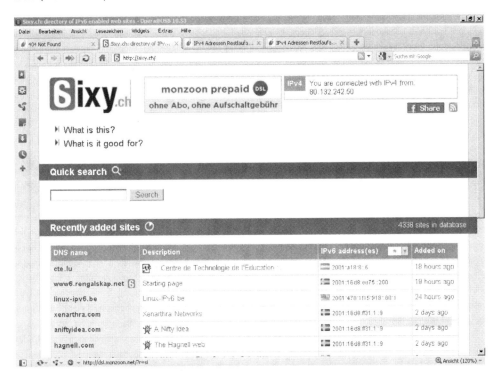

Abb. 5.7-8: Per IP 6-Adresse erreichbare Webseiten.

Die Übersicht wird permanent aktualisiert.

Für weitere Details zu IP siehe etwa Website Elektronik-Kompendium (http://www.elektronik-kompendium.de/sites/net/0811271.htm).

5.7.3 UDP *

UDP ist ein fehlertolerantes verbindungsloses Transportprotokoll.

UDP ist wie TCP für den Datentransfer im Netzwerk zuständig. Anders als bei TCP kann es hier aber passieren, dass Pakete bzw. Datagramme

- verloren gehen,
- in falscher Reihenfolge ankommen oder
- fehlerhaft sind.

Fehlertoleranz

Das *User Datagram Protocol* ist ein verbindungsloses Protokoll. Es gilt als unzuverlässig und eignet sich daher nur für fehlertolerante Anwendungen, etwa Online-Spiele, Webradio oder Video-Streaming, wo eine hohe Übertragungsgeschwindigkeit wichtiger als die Vollständigkeit der Daten ist.

Das *User Datagram Protocol* gewährleistet also weniger Übertragungssicherheit, da es auf nahezu alle Kontrollfunktionen, wie zum Beispiel Fehlerkontrolle, Flusskontrolle oder auch das Ordnen der Datenpakete verzichtet.

Dieses Protokoll erfüllt sonst die gleichen Aufgaben wie TCP. Der Hintergrund für seine Fehleranfälligkeit liegt in der Priorität der möglichst schnellen Datenübermittlung. In denjenigen Fällen, in denen der schnelle Transport wichtiger ist als die Datenkonsistenz (Vollständigkeit der Daten) und deren zuverlässige Übermittlung, sollte UDP verwendet werden.

Der Verzicht auf Fehlerkorrektur und einige Kontrolltechniken durch das UDP hat zur Folge, dass die einzelnen Datenpakete effizienter aufgebaut werden als bei TCP.

Eine weitere Gemeinsamkeit von UDP und TCP ist die Port-Struktur, die mehreren Anwendungen gleichzeitig mehrere Verbindungen über das Netzwerk ermöglicht. So ist trotz aller Unzuverlässigkeiten von UDP sichergestellt, dass zumindest die übertragenen Daten nicht an die falsche Anwendung übergeben werden.

5.7.4 SCTP *

SCTP ist ein Transportprotokoll. Es kombiniert die Vorteile von TCP und UDP.

Mit dem *Stream Control Transmission Protocol* (SCTP) sollen Netzbetreiber die Signalisierungsmeldungen ihrer Vermittlungssysteme über das Internet leiten und leichter neue Dienste, wie z. B. IP-Telefonie, realisieren können.

Die Mechanismen dieses Verfahrens dienen zur Erhöhung der Leistungsfähigkeit und der Zuverlässigkeit von IP-Diensten, indem sie den Transport von Signalisierungsmeldungen, beispielsweise der SS7-Signalisierung[17], ermöglichen.

SS7

SCTP ist wie UDP und TCP ein Transportprotokoll. Es arbeitet verbindungsorientiert und kombiniert die Vorteile von UDP und TCP. Das *Stream Control Transmission Protocol* gewährleistet

Eigenschaften von SCTP

- die Unterstützung des *Multihoming*,
- bestätigten, fehlerfreien Datenempfang,
- eine zuverlässige und schnelle Erkennung von Netzwerk- und Hostausfällen,
- flexible Erweiterbarkeit und
- Zukunftssicherheit.

SCTP realisiert sowohl

- Fehler- als auch
- Flusskontrolle.

Weitere Informationen zu SCTP finden Sie unter Website DDB.de (http://deposit.ddb.de/cgi-bin/dokserv?idn=976743582\&dok_var=d1\&dok_ext=pdf\&filename=976743582.pdf) oder auch unter Website ITWissen.de (http://www.itwissen.info/definition/lexikon/stream-control-transmission-protocol-SCTP-SCTP-Protokoll.html).

5.8 VNC, VPN – Dienste für virtuelle Netze *

VNC ist ein Netzwerkdienst. Er ermöglicht den Remotezugriff auf Computersysteme, welche über öffentliche Leitungen – im Regelfall über das Internet – miteinander kommunizieren. Die Verbindung erfolgt oft über SSH-Tunnel.

VNC

VNC *(Virtual Network Computing)* ist eine (Software-)Technik zur Steuerung eines entfernten Computers (fungiert als Server) von einem lokalen Computer (fungiert als Client) aus. Es ist möglich, mithilfe der lokalen Maus und Tastatur den entfernten Computer, dessen Bildschirminhalt lokal angezeigt wird, zu steuern.

---

[17] *Signalling System No 7* (SS7) ist ein Signalisierungsprotokoll, das für digitale Fernsprechnetze entwickelt wurde. Bei diesem Verfahren, das in ISDN und in Mobilfunknetzen (GSM, DCS) eingesetzt wird, arbeitet das Signalisierungssystem vollkommen getrennt von der Nutzdatenübertragung. Generell ist die Struktur eines SS7-Netzes im Teilnehmerbereich sternförmig (jeder Computer ist mit einem zentralen Knoten verbunden) aufgebaut und im Fernbereich vermascht (zwischen allen Computern besteht jeweils eine direkte Verbindung). Die Endpunkte des Ortsnetzes werden als *Signalling End Points* bezeichnet, die Übergabepunkte im Fernbereich heißen *Signalling Transfer Points*.

VNC ist vom Betriebssystem unabhängig und verwendet das *Remote Framebuffer Protocol*. Das *Remote Framebuffer Protocol* ist ein Netzwerkprotokoll für den Zugriff auf die grafischen Benutzungsoberflächen (GUI, *Graphical User Interface*) anderer Computer. Es wird von VNC zur Übertragung von Bildschirminhalten und Benutzereingaben verwendet.

Diese Technik bietet sowohl im privaten als auch geschäftlichen Bereich zahlreiche Möglichkeiten. Mithilfe von VNC ist es möglich, Mitarbeiterschulungen in einem Unternehmen durchzuführen, wobei der zu Schulende vor seinem Computer sitzt und die Schritte des Vortragenden verfolgen kann.

Hierfür kann bei einer VNC-Sitzung nur ein *View-Mode* (Beobachtungsmodus) eingestellt werden, sodass keine Mausbewegungen oder Tastatureingaben vom Server angenommen werden.

Eine weitere Einsatzmöglichkeit ist die Fernwartung und oder Administration von räumlich getrennten Computern.

VPN

Das VPN-Protokoll *(Virtual Private Networks)* dient dazu, entfernte Computer und Netzwerke zwecks Datentransfer miteinander zu verbinden.

Virtuelles Netzwerk

Ein virtuelles privates Netzwerk ist ein Computernetz, das zur Verbindung zweier oder mehrerer Standorte das Internet als Transportweg nutzt, ohne jedoch im Internet öffentlich erreichbar zu sein (Abb. 5.8-1).

Ein VPN-Programm wird oftmals als Tunnelsoftware bezeichnet. Es ist auf allen zu verbindenden Computern installiert. Durch die VPN-Technik

- wird ein Tunnel aufgebaut,
- werden die Daten gebündelt und
- werden die Daten in das Format des Tunneldienstes umgewandelt.

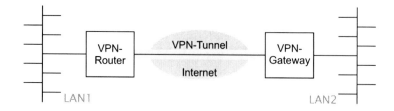

Abb. 5.8-1: Tunnel-Verbindung zwischen zwei LANs.

Der Tunnel ist die Verbindung der einzelnen entfernten Stationen über das Internet. Um eine gesicherte Datenübertragung über das unsichere Internet zu gewährleisten, wird mithilfe eines Tunneling-Protokolls eine verschlüsselte Verbindung, der VPN-Tunnel, aufgebaut.

Der Tunnel ist eine logische Verbindung zwischen beliebigen Endpunkten. In den meisten Fällen sind das

- VPN-Clients,
- VPN-Server und
- VPN-Gateways.

Tunnel

Man nennt diese virtuellen Verbindungen **Tunnel**, weil der Inhalt der Daten für andere nicht sichtbar ist.

Ein VPN-Client ist etwa »Tunnelblick«. Es handelt sich hier um ein Verwaltungsprogramm für Virtuelle Netzwerke unter Mac OS X. Tunnelblick bindet sich in der Taskleiste ein, von wo aus sich die Verbindungen per Mausklick starten lassen. Die Benutzungsoberfläche und Treiber sind im Paket enthalten. Sie finden es unter Website Google (http://code.google.com/p/tunnelblick/).

Für die verschlüsselte Übertragung zu dem gewünschten Netz wird bei VPN ein sicheres Übertragungsprotokoll verwendet, beispielsweise **SSH**. Beim Empfänger werden die Pakete wieder

- entschlüsselt,
- in das ursprüngliche Format rekonvertiert und
- zusammengefügt.

Durch SSH-Tunneling können ganze Netzwerke abhörsicher verschlüsselt werden, siehe auch Wikipedia: SSH File Transfer Protocol (http://de.wikipedia.org/wiki/SSH_File_Transfer_Protocol).

Gegenüber einer dedizierten Festverbindung oder **Standleitung** sind VPN-Tunnel wesentlich flexibler und kostengünstiger, siehe auch Website Interoute-deutschland.de (http://faq.interoute-deutschland.de/article.aspx?ID=57)).

Über verschiedene Verfahren der Authentifizierung wird bei einer VPN-Verbindung sichergestellt, dass nur bestimmte Teilnehmer Zugang zum VPN-Tunnel erhalten, siehe auch Website Voip-information.de (http://www.voip-information.de/vpn/vpn-authentifizierung.html) und Wikipedia: SSL-VPN (http://de.wikipedia.org/wiki/SSL-VPN)).

VPNs können verwendet werden, um

- Mitarbeitern von zuhause oder unterwegs Zugang zum unternehmenseigenen Netzwerk zu gewähren oder
- zwei Firmenstandorte miteinander zu verbinden.

Die VPN-Verbindung mehrerer lokaler Netzwerke (Intranet[18]) erfolgt meist sternförmig über mehrere VPN-Tunnel in die Zentrale, aber auch die serielle Hintereinanderschaltung mehrerer VPN-Verbindungen findet Anwendung, siehe auch Website WWW-kurs.de (http://www.www-kurs.de/intranet.htm).

Weil für VPNs sehr sichere Verschlüsselungsverfahren zur Verfügung stehen, wird VPN auch zur Sicherung von Wireless-Verbindungen (WLANs) verwendet.

Bei der Planung eines VPN spielen u. a. folgende Kriterien eine Rolle:

- Die Zahl der Benutzer,
- Integration in existierende Netze,
- die benötigte Bandbreite,
- Qualitätsmerkmale und
- rechtliche Aspekte.

Ein eigenes VPN aufzubauen, bedeutet, ein eigenes VPN-Gateway inklusive *Access-Router* zu betreiben.

Wegen der vielen unterschiedlichen Übertragungs-, Authentifizierungs- und Verschlüsselungstechniken sowie sonstigen Randbedingungen (etwa Vergabe der IP-Adressen) kann die VPN-Einrichtung, gerade wenn Produkte unterschiedlicher Hersteller verwendet werden, die nicht selten erhebliche Kompatibiliätsprobleme aufweisen, äußerst kompliziert sein.

Spezielle VPN-Provider bieten Aufbau und den Betrieb eines VPNs als komplette Dienstleistung an. Die Abb. 5.8-2 zeigt eine verschlüsselte Tunnelverbindung.

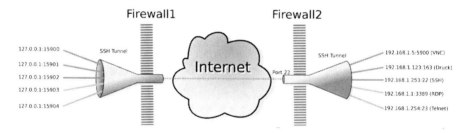

Abb. 5.8-2: *Tunneling* mit SSH-Verschlüsselung.

Nach dem Aufbau einer VPN-Verbindung gehört der Computer dem neu verbundenen Netz an. Das bedeutet, dass alle SCTP-Aktionen dann über das per VPN verbundene Netz erledigt werden, vom Aufrufen einer Internetseite bis hin zum Druckauftrag, der von einem Netzwerkdrucker ausgeführt werden soll.

---

[18] Im Gegensatz zur öffentlichen Internetpräsenz ist ein Intranet für den unternehmensinternen Gebrauch gedacht und in der Regel nur für die Mitarbeiter des Unternehmens zugänglich.

Eine VPN-Verbindung ist relativ sicher, da Angreifer nur erkennen können, dass eine Verbindung besteht. Sie erkennen allerdings nicht, welche Daten zu welchem Zielcomputer übertragen wurden.

5.9 Box: Zusammenfassung und Ausblick *

Abgesehen von den behandelten Protokollen gibt es noch zahlreiche andere Dienste im Netzwerk.

In der Tab. 5.9-1 werden einige Protokolle, sowie Übertragungs- und Vermittlungstechniken den Schichten des OSI-Modells zugeordnet.

Schicht	Bedeutung	Zugehörige Dienste/Protokolle
7	Anwendung	Telnet, FTP, HTTP, SMTP, NNTP
6	Darstellung	Telnet, FTP, HTTP, SMTP, NNTP
5	Kommunikation	TFTP, Telnet, FTP, http, SMTP, NNTP
4	Transport	TCP, UDP, SCTP
3	Vermittlung	IP, IPX, ICMP
2	Sicherung	LLC/MAC, X.75, V.120, ARP, HDLC, PPP
1	Übertragung	Ethernet, Token Ring, FDDI, V.110, X.25, Frame Relay, V.90, V.34, V.24

Tab. 5.9-1: Schichtzugehörigkeit einiger Protokolle und Dienste.

Sie können erkennen, dass viele Protokolle und Übertragungsverfahren mehr als nur einer Schicht angehören.

Zusammenfassend ist festzustellen, dass folgende Protokolle (Abb. 5.9-1) zu den wichtigsten Protokollen im Netzwerk zählen: TCP, IP, SMTP, HTTP und auch FTP.

Die Funktionen der einzelnen Protokolle und Dienste bauen zum Teil aufeinander auf. So löst beispielsweise das Protokoll TCP das Problem der Datenübertragung. Das Protokoll SMTP zum Übermitteln von E-Mails benötigt wiederum die Funktion, Daten zu versenden, und setzt dazu auf TCP auf.

Datenübertragung in Netzwerken ist ein äußerst komplexer Vorgang. Zur Verminderung der Komplexität bildet man den gesamten Datenübertragungsprozess durch das Schichtenmodell ab. Jede Schicht ist für die Lösung eines solchen trivialen Problems verantwortlich und bietet diese der darüber liegenden Schicht als Dienstleistung an.

Protokolle

Abkürzung	Langform	Funktion
http	Hypertext Transfer Protocol	Webseiten abfragen, Download
SMTP	Simple Mail Transfer Protocol	E-Mails senden, empfangen
POP3	Post Office Protocol	E-Mails abfragen, auf Client verwalten
IMAP	Internet Message Access Protocol	E-Mails auf Server verwalten
FTP	File Transfer Protocol	Download, Upload
DNS	Dynamic Name System	Namensauflösung
DHCP	Dynamic Host Control Protocol	Dyn. Adresszuweisung
TCP	Transmission Control Protocol	Transport
IP	Internet Protocol	Paketzustellung
SCTP	Stream Control Transmission Protocol	Transport
UDP	User Datagram Protocol	Transport

Abb. 5.9-1: Einige Protokolle/Dienste.

6 Kabelnetze und Ethernet *

Kabelnetzwerke haben nach wie vor eine hohe Verbreitung. Vorgaben und Regeln für Hard- und Software in kabelgebundenen Netzen werden vom IEEE veröffentlicht/festgelegt.

Computernetzstrukturen, wie Baumtopologie, Ringstruktur, Busnetz, Maschentopologie und Sternstruktur stellen die wichtigsten Möglichkeiten dar, Computer im Netzwerk anzuordnen.

Ein Computernetzwerk besteht aus passiven Netzwerkkomponenten (Verkabelung) und Kopplungsgeräten wie Routern, Hubs, Switches, Gateways oder Bridges, welche einzelne Computer oder Netzwerksegmente miteinander verbinden können.

Ein wichtiges Kriterium dabei ist die Verstärkungsfunktion der einzelnen Netzwerkgeräte, die die Reichweite des Signals erheblich vergrößert.

Die Anforderungen an Netzwerke steigen permanent in allen Bereichen. Die dominierende Netzwerk-Technik ist Ethernet. Ethernet ist der Standard, und über 95 % der zu übertragenden Daten auf der Welt sind Ethernet-Pakete.

In über 30 Jahren hat sich das Ethernet-System permanent weiterentwickelt:

- Vom *Shared Medium* zum geswitchten Netz,
- vom 10 Megabit- bis zum 10 Gigabit-Netz,
- vom Halbduplex-Zugriff zum Vollduplex-Zugriff,
- von der Bustopologie zur Sterntopologie,
- vom reinen Datennetz zum Dienste-integrierenden Netz.

Neuere Entwicklungen werden folgen:

- *Data Center Ethernet* oder *Converged Enhanced Ethernet* werden die Netzleistung von 10 über 40 auf 100 GBit/s steigern.
- *Carrier Ethernet* – das bisher fehlende Bindeglied zwischen LANs, MANs und WANs ermöglicht die Integration von DSL zu Wireless-LAN.

Zunächst werden die Ethernet-Grundlagen vermittelt:

- »Das klassische Ethernet«, S. 184

Danach geht es um die Ethernet-Norm:

- »Der IEEE 802.3-Standard«, S. 187

Anschließend wird der heutige Stand dargestellt:

- »Das Ethernet heute«, S. 194

Speziellen Übertragungsmedien und Anschlüsse stehen für den Aufbau eines kabelgebundenen Netzwerkes zur Verfügung:

- »Passive Netzkomponenten«, S. 198

Zum Aufbau eines Netzwerkes können zusätzliche Geräte verwendet werden:

- »Aktive Netzwerkkomponenten«, S. 207

Entfernte Computer und (Teil-)Netze können über VLAN miteinander verbunden werden:

- »VLAN – virtuelle lokale Netzwerke«, S. 223

Für Netzwerke gibt es verschiedene Anordnungsmöglichkeiten:

- »Netzwerktopologien«, S. 225

Zum Ethernet gibt es verschiedene Alternativen:

- »Alternativen zu Ethernet«, S. 230

Schließlich geht es darum, wie die an einem Netzwerk beteiligten Geräte über über das Netzwerkkabel mit Strom versorgt werden können:

- »Power over Ethernet«, S. 235

6.1 Das klassische Ethernet *

Das klassische Ethernet war ein Busnetz mit Koaxialkabel als Backbone. Es gab keine getrennten Sende- und Empfangskanäle.

Das Ethernet ist eine kabelgebundene Kommunikationstechnik. Es ermöglicht den Datenaustausch zwischen allen in einem Kabelnetzwerk angeschlossenen Geräten. Ursprünglich war das Ethernet beschränkt auf LANs, es findet heute allerdings auch im WAN-Bereich Anwendung.

Die Netzwerktechniken allgemein sind auf der ersten OSI-Schicht angesiedelt (Abb. 6.1-1).

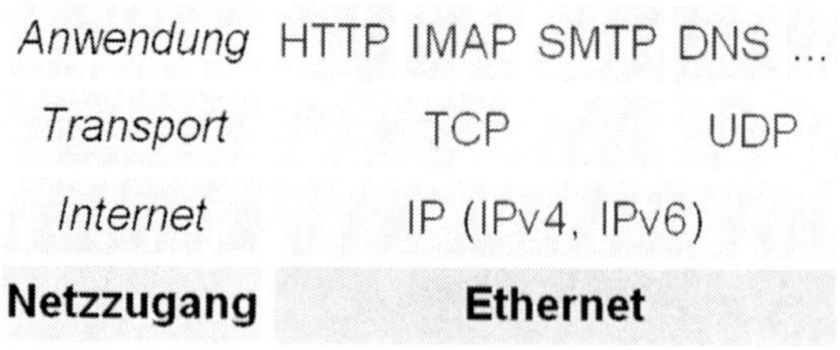

Anwendung	HTTP IMAP SMTP DNS ...
Transport	TCP UDP
Internet	IP (IPv4, IPv6)
Netzzugang	**Ethernet**

Abb. 6.1-1: Stellung von Ethernet im Schichtenmodell/in der TCP/IP Protokoll-Familie.

Frage Die Datenübertragung im Ethernet unterliegt physikalischen Gesetzen. In welcher Form werden die Bits und Bytes transportiert?

6.1 Das klassische Ethernet

Durch die Netzwerktechnik wird der Zugriff auf die Hardware geregelt. So werden im Kupferkabel elektrische Ströme (Sinuswellen) übertragen, durch ein Glasfaserkabel werden optische (elektromagnetische) Lichtwellen gesendet. — *Antwort*

In seiner traditionellen Ausprägung erstreckte sich ein Kabelnetzwerk nur über ein Gebäude (LAN-Bereich). Heute lassen sich auch größere räumliche Entfernungen überbrücken.

Ein Ethernet in seiner klassischen Form zeichnete sich durch folgende charakteristische Eigenschaften aus: — *Eigenschaften*

- Computer teilten sich die maximal mögliche Bandbreite (*Shared Medium*[1]). Somit konnte eine große Zahl Benutzer gleichzeitig bedient werden, wobei jedem Einzelnen nur ein bestimmter Anteil der Gesamtleistung des Netzwerkes zur Verfügung stand.
- Die Ethernet-Technik wurde ursprünglich entwickelt für Bustopologie; heutzutage werden die einzelnen Stationen meistens sternförmig verkabelt.
- Es galt die 80/20-Regel, d. h., bei 20 % Netzauslastung wurden 80 % der Übertragungsleistung erreicht.
- Um Kollisionen zu vermeiden bzw. die Kollisionsgefahr zu verringern, »hörte« jeder Computer vor der Datenübertragung solange in die Leitung, bis er kein Signal mehr vernahm.
- Sobald die Leitung frei war, durften alle Computer Daten übertragen (*Multiple Access*).
- Wesentlich in jedem Kabelnetzwerk war die Erkennung von Datenkollisionen: Es bestand Crash-Gefahr und damit das Risiko eines Datenverlustes bei gleichzeitigem Senden durch mehrere Computer. Die Computer hörten deshalb nach dem Übertragen weiterhin in die Leitung, ob ein Crash stattgefunden hat; falls das der Fall war, wurde die Übertragung neu gestartet. Das zugrunde liegende Verfahren heißt **CSMA/CD** *(Carrier Sense Multiple Access with Collision Detection).*

Die ursprünglichen Ethernet-Standards sahen reine Bustopologien vor. Deren Segmente bzw. Teilnetze wurden über *Repeater*[2] oder *Bridges*[3] verbunden.

Der Anschluss der Stationen an das Kabel erfolgte über *Transceiver*[4]; die gängige Bruttoübertragungsrate lag bei 10 MBit/s.

---

[2] Ein *Repeater* ist ein Kleingerät, das die über das Netzwerkmedium gesendeten Signale verstärkt.
[3] Eine *Bridge* ist ein Gerät oder ein Computer mit der Aufgabe, die Signalumwandlung vorzunehmen, sodass in den beteiligten Netzwerken unterschiedliche Übertragungswege und auch verschiedene Techniken zum Einsatz kommen können.
[4] Ein *Transceiver* erlaubt einem Gerät, vom Netz zu empfangen und in das Netzwerk zu senden: *Transmit and Receive.* Er erledigt die Kollisionserkennung und sorgt für eine elektrische Trennung zwischen Gerät und Netz. Externe, eigenständige *Transceiver* gibt es kaum noch, da die modernen Netzwerkkarten über eine interne bzw. integrierte Transceiverfunktion verfügen.

Frage	In Netzwerken werden je nach Kabeltyp Stromsignale oder Lichtwellen übertragen. Wo finden in einem (räumlich begrenzten) LAN *Repeater* Anwendung?
Antwort	*Repeater* verstärken das Signal. Da die Lichtwellen eine hohe Energie besitzen und durch hohle Kabel geleitet werden, erfahren sie wenig Dämpfung; im LAN-Bereich benötigen sie daher keine Verstärkung. Im Kupferkabel dagegen herrschen große ohmsche Widerstände, die Signalschwächung ist schon nach wenigen Metern deutlich messbar. Je nach

- Leitungsqualität,
- Abschirmung gegen Störungen von außen,
- Isolation der einzelnen Kabeladern gegeneinander,
- Abstand zwischen Sender und Empfänger,

ist eine Verstärkung notwendig, um störungsfreien Empfang zu gewährleisten.

Der klassische Ethernet-Begriff war eine Sammelbezeichnung für zahlreiche **Basisbandnetze** unterschiedlicher Topologie[5], die alle mit dem CSMA/CD-Zugriffsverfahren arbeiteten.

Der Ethernet-Begriff	»Ethernet« war ursprünglich eine Werksbezeichnung der Firma Xerox, wird inzwischen aber auch als Synonym für die später verabschiedete IEEE 802.3 Spezifikation[6] gebraucht, welche die streng einzuhaltenden technischen Vorgaben für Protokolle, Dienste und Hardware im Kabelnetzwerk enthält. Es existieren geringe Unterschiede im Frame-Format[7] der älteren Ethernet-Standards verglichen mit der aktuellen Norm IEEE 802.3.

Der Ethernet-Begriff bezeichnet also in vielen Fällen nicht ausschließlich das Kabelnetzwerk selbst, sondern auch die für die Ethernet-Technik gültigen Standards und Regeln, welche etwa Verschlüsselung, Schnittstellen und das Übertragungsmedium selbst betreffen.

Damit die einzelnen Geräte, Kabel und auch Programme reibungslos zusammen arbeiten, gibt es Standards und Vorschriften, die die Hersteller einzuhalten haben. Speziell für die Ethernet-Technik und auch für andere Netzwerke sind diese Standards von dem IEEE entwickelt worden.

---

[5] Die Topologie eines Netzwerkes beschreibt die Anordnung bzw. den Aufbau de angeschlossenen Computer.
[6] In der IEEE 802.3 sind die technischen Vorgaben für Kabelnetzwerke festgelegt.
[7] *Frames* sind die Rahmen/Datenblöcke, die zwischen den einzelnen Stationen nach der Zerlegung in Pakete übermittelt werden.

6.2 Der IEEE 802.3-Standard *

In der Norm IEEE 802.3 ist der Ethernetstandard geregelt. Hier sind Koaxialnetze (10 MBit/s) und auch Twisted-Pair und Glasfaser-Techniken (Gigabit-Ethernet) spezifiziert. Der Medienzugriff ist per CSMA/CD geregelt. Die einzelnen Stationen verwenden dasselbe Übertagungsmedium. Sie senden, wenn sie das Medium als frei erkennen. Sie hören während der Übertragung das Medium auf Kollisionen ab und reagieren entsprechend.

Schon seit Jahrzehnten stellt Ethernet die am Häufigsten eingesetzte Übertragungstechnik in Computernetzwerken dar. Heutzutage kommt immer noch kaum ein Netzwerk ohne Kabel aus. Als Beispiele seien hier Verbindungen zwischen Computer und *Router*, von Computer zu Computer, zwischen DSL-Modem[8] und Computer genannt.

Ursprünglich verstand man unter Ethernet-Technik

- lokale Netzwerke mit Bustopologie (Abb. 6.2-1) und
- CSMA/CD-Zugriff.[9]

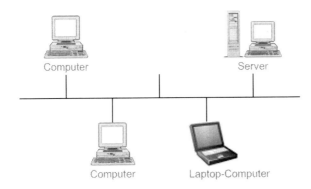

Abb. 6.2-1: Busarchitektur.

So stand es in den damaligen Standards und es wurde in der Praxis auch so realisiert.

Bis heute hat sich die Ethernet-Technik so weiterentwickelt, dass viele der ursprünglichen Eigenschaften erheblich an Bedeutung verloren haben:

---

[8] Das DSL-Modem verbindet Ihren Computer mit dem Internet und ist gerade für DSL-Einsteiger die einfachste Möglichkeit, ihren DSL-Anschluss zu nutzen. Ein externes DSL-Modem wird direkt an den DSL-Splitter angeschlossen und per USB- oder Netzwerkkabel (RJ45, LAN-Kabel) mit Ihrem Computer verbunden. Am einfachsten ist die Installation eines DSL-Modems mit USB-Anschluss. Das Betriebssystem (z. B. Windows) erkennt und installiert das Gerät in der Regel dann automatisch. Alternativ werden auch DSL-Modems mit Ethernet-Anschluss (LAN-Anschluss) angeboten. Für den Anschluss des DSL-Modems über Netzwerkkabel benötigt Ihr Computer eine Netzwerkkarte.

[9] CSMA/CD ist diejenige Technik, mit der die beteiligten Stationen vor der Übertragung erkennen, ob das Übertragungsmedium besetzt ist, und während der Übertragung feststellen, ob eine andere Station gleichzeitig sendet.

- Die Bustopologie ist von der sternförmigen Vernetzung abgelöst worden (Abb. 6.2-2).
- Switching und Vollduplex-Übertragung verdrängen die traditionelle Kollisionserkennung durch CSMA/CD.
- Mit 10 GBit-Ethernet fällt die historische Beschränkung auf lokale Netze (LAN), sodass auch WAN-Verbindungen möglich werden.

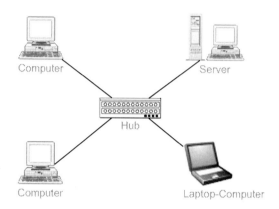

Abb. 6.2-2: Sternnetz.

Frage Welche wichtigen Konsequenzen hat die Ablösung der Bus-Topologie durch die Stern-Topologie?

Antwort Durch den Übergang zur Stern-Topologie

- entsteht weniger Signaldämpfung, da ein verstärkendes Gerät zentral geschaltet ist,
- ist die Steuerung des Datenflusses besser gewährleistet, Kollisionen verringern sich,
- sind Verteiler und Geräte zur Steuerung notwendig, welches es im Busnetz seltener gab,
- gibt es weniger geteilte Leitungen *(Shared Medium)*, da mehr direkte (ungeteilte Leitungen) vorhanden sind.
- wird statt Halbduplex-Betrieb eine Vollduplex-Übertragung möglich.

Die Vollduplex-Übertragung und der damit verbundene Verzicht auf CSMA/CD macht eine zusätzliche Flusskontrolle erforderlich. Ohne Kollisionserkennung ist es nämlich möglich, dass die Datenpakete teilweise verworfen werden, falls eine Ethernet-Station zu viele Datenpakete erhält.

Mit der Flusskontrolle kann die Station der Gegenstelle signalisieren, eine Sendepause einzulegen, indem sie dem Verursacher ein »Pause-Paket« sendet, und ihm auf diese Weise die gewünschte Wartezeit mitteilt.

6.2 Der IEEE 802.3-Standard *

> Ein *Switch* besitzt 16 Ethernet-Schnittstellen (Ports) je 1 Gigabit, jedoch stehen ihm nur 10 GBit/s interne Bandbreite zur Verfügung. Durch ein Pause-Paket kommuniziert der *Switch* den anderen Stationen (Broadcast-Sendung), dass sie mit einer geringeren Übertragungsrate senden sollen. Halten sich die einzelnen Geräte daran, so muss der *Switch* weniger Datenpakete verwerfen. Zahlreiche Datenpakete müssen dann nicht neu angefordert und schließlich übertragen werden.

Beispiel

Die Unterstandards von 802.3 werden durch kleine Buchstaben am Ende »hochgezählt«. Nachdem mit IEEE 802.3z alle Einzelbuchstaben belegt waren, begann man, Zweierkombinationen wie 802.3ae zu verwenden.

Allerdings haben nicht alle 802.3-Unterstandards mit Verkabelungsarten zu tun. So beschäftigt sich z. B. die Norm IEEE 802.3p mit *Multicasts*[10] und die IEEE 802.3q-Norm mit **VLAN**.

Die IEEE 802.3-Norm umfasst zahlreiche Vorgaben, welche verbindlich für die Hersteller von Hardware und Software von Bedeutung sind. Produkte, welche als 802.3-kompatibel angepriesen werden, müssen die Spezifikation auch tatsächlich erfüllen. Diese Kompatibilität ist allerdings gar nicht so klar definiert, da selten Unterstandards auf der Ware angegeben werden. Bei den meisten Produkten wird schlicht auf IEEE 802.3 verwiesen; das ist eine unklare Angelegenheit.

Für Benutzer sind die Details kaum von Interesse; es gilt lediglich bei der Einrichtung eines Netzwerkes zu beachten, dass jede Hardware und auch Systemsoftware, wie etwa Treiber und Betriebssystem,

- den IEEE 802.3-Standard unterstützt,
- die gewünschte Datenübertragungsrate zulässt,
- die benötigten Schnittstellen in ausreichender Menge zur Verfügung stellt,
- hohe Sicherheit gewährleistet.

Ebenfalls müssen Signalstärke und Reichweite ausreichend sein.

Die Standards sind in den Dokumenten des IEEE zu finden; so handelt etwa

- die IEEE 802.3i Norm über das 10 MBit-Ethernet,
- die Norm IEEE 802.3u über 100 MBit-Ethernet (Fast Ethernet), siehe auch Website Elektronik-Kompendium.de (http://www.elektronik-kompendium.de/sites/net/1404191.htm).

Aktuellere Vorgaben finden Sie hier:

---

[10] Beim Multicast-Verfahren wird eine Nachricht an mehrere Teilnehmer gleichzeitig gesendet.

- IEEE 802.3z (Gigabit Ethernet, Glasfaserkabel), siehe auch Website IT-Administrator.de (http://www.it-administrator.de/lexikon/gigabit_ethernet.html),
- IEEE 802.3ab (Gigabit Ethernet, Kupferkabel) und
- IEEE 802.3an (10 Gigabit Ethernet).

Die aktuellen Projekte und auch die restlichen bisherigen Veröffentlichungen zur Ethernet-Technik finden Sie auf der Website IEEE (http://www.ieee802.org/3/).

Zugriffsverfahren

Durch Zugriffsverfahren wird der logische Ablauf im Übertragungsmedium bzw. beim Ethernet im Kabel festgelegt. Es wird hier geregelt, welche Station wann sendet und wann empfängt.

Die zum Teil noch heute verwendete Shared-Media-Technik und erst recht die damals eingesetzten Basisbandverfahren mach(t)en es notwendig, das gleichzeitige Senden von Daten durch die einzelnen Stationen im Netzwerk weitgehend auszuschließen. Im Ethernet kommt daher zu diesem Zweck das CSMA/CD-Verfahren zum Einsatz.

CSMA/CD *(Carrier Sense Media Access/Collision Detection)* ist ein Zugangsverfahren mit Kollisionserkennung für gleich berechtigte Stationen in einem Netzwerk. Diese Kollisionserkennung soll gewährleisten, dass sich gesendete Datenpakete nicht stören.

Die Datenübertragung im Ethernet basiert auf den folgenden Komponenten (Abb. 6.2-3):

1. *Multiple Access* (MA): Alle oder einzelne Ethernet-Stationen greifen unabhängig voneinander auf das gemeinsame Übertragungsmedium *(Shared Medium)* zu.
2. *Carrier Sense* (CS): Wenn eine Ethernet-Station senden will, so prüft sie zuerst, ob gerade eine andere Kommunikation läuft. Ist das Medium besetzt, so wartet die Station bis zum Ende der Übertragung und eine zusätzliche Zeitspanne im Mikrosekunden-Bereich. Ist das Medium frei, so beginnt die Station sofort zu senden.
3. *Collision Detection* (CD): Während des Sendens beobachtet die sendende Station das Medium, um mögliche Kollisionen mit anderen Sendestationen zu erkennen. Wenn sie während des Sendevorganges keine Störung erkennt, die auf eine Kollision mit einem anderen Paket zurückgeführt werden kann, gilt das Paket als erfolgreich versendet.

Dies könnte zu einem Datencrash führen. Durch CSMA/CD ist es möglich, die Datenkollision in den Griff zu bekommen, wobei die Kollisionserkennung und Vermeidung in sieben Schritten abläuft.

6.2 Der IEEE 802.3-Standard * 191

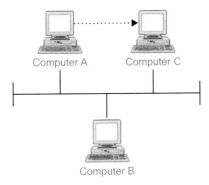

Abb. 6.2-3: Computer A möchte Daten an Computer C senden.

Zunächst (Schritt Nr. 1) überprüft die Station, die senden möchte, ob sich ein Signal in der Leitung befindet (Abb. 6.2-4).

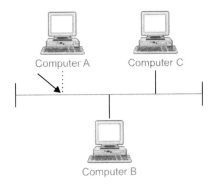

Abb. 6.2-4: Computer A hört die Leitung ab – Schritt 1.

Ist die Leitung frei, so kommt jetzt Schritt 2: Die Station beginnt mit dem Senden der Daten; sollte die Leitung belegt sein, geht es weiter mit Schritt Nr. 5.

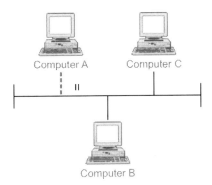

Abb. 6.2-5: A startet die Datenübertragung – Schritt 2.

Nach dem Absenden werden im Schritt Nr. 3 die Daten vollständig zur Zielstation übertragen; der Sender hört währenddessen weiterhin die Leitung ab (siehe Abb. 6.2-6).

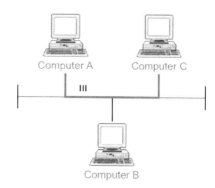

Abb. 6.2-6: Datenübertragung von Computer A zu Computer C – Schritt 3.

Stellt der Sender während der Übertragung eine Kollision fest, etwa wenn eine andere Station ebenfalls die Übertragung begonnen hat, so

- informiert er alle im Netzwerk befindlichen Computer darüber durch ein Signal,
- bricht er die Übertragung ab,
- fährt er fort mit Schritt 5.

Zudem merkt sich der Sender die bisherige Anzahl abgebrochener Übertragungen.

Hat der Sender keine Kollision festgestellt, so registriert er schließlich die Übertragung als erfolgreich (Abb. 6.2-7).

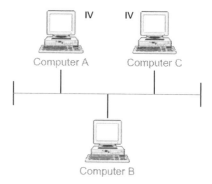

Abb. 6.2-7: Übertragung von Computer A zu Computer C wurde erfolgreich abgeschlossen, die Leitung ist wieder frei – Schritt 4.

Der Sender verlässt den Übertragungsmodus und meldet den Übertragungserfolg an die höhere Netzwerkschicht.

Hat der Sender beim Abhören der Leitung ein Signal festgestellt und/oder die Übertragung abgebrochen, so hört er weiterhin die Leitung ab bis diese (wieder) frei ist (Abb. 6.2-8).

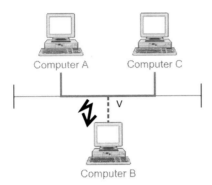

Abb. 6.2-8: B möchte übertragen, warte aber ab; denn: würde B zu senden beginnen während die Leitung nicht frei ist, so fände eine Kollision statt – Schritt 5.

Ist die Leitung endlich frei, so wartet der Sender noch eine zufällig festgelegte Zeit ab (Abb. 6.2-9).

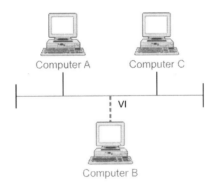

Abb. 6.2-9: Computer B wartet, ob die Leitung frei bleibt – Schritt 6.

Ist die maximale Anzahl der Übertragungsversuche noch nicht überschritten, so geht es jetzt wieder von vorne los (Schritt 1).

Im Fall, dass die maximale Anzahl der Übertragungsversuche überschritten ist, gibt der Sender auf (Abb. 6.2-10).

Der sendende Computer verlässt schließlich den Übertragungsmodus und meldet den Nichterfolg an die höhere Netzwerkschicht.

Dieses Verfahren funktioniert aber nur dann zuverlässig, wenn die sendende Station die Kollision entdecken kann, bevor die Übertragung des Paketes abgeschlossen ist. Dabei ist zu berücksichtigen, dass die Ausbreitung von Signalen auf Leitungen mit

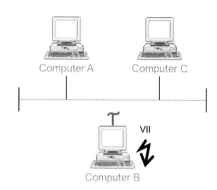

Abb. 6.2-10: Endgültiger Übertragungsabbruch durch Computer B – Schritt 7.

endlicher Geschwindigkeit geschieht. Für einen erfolgreichen Einsatz des CSMA/CD-Verfahrens muss die doppelte maximale Laufzeit zwischen zwei Stationen kürzer sein als die Übertragungsdauer für die kleinsten Pakete.

Round Trip Delay Ausgehend von der Tatsache, dass die minimale Paketlänge eines Ethernetpakets 64 Byte (512 Bit) beträgt, muss also sichergestellt sein, dass die maximale Signallaufzeit (*Round Trip Delay*, RTD) 512 »Bitzeiten« nicht übersteigt. Bei einer Datenrate von 100 MBit/s dauert die Übertragung eines Bit 10 Nanosekunden, sodass das RTD weniger als 5,12 Mikrosekunden betragen muss.

6.3 Das Ethernet heute *

In modernen Kabelnetzwerken wird im Vergleich zum klassischen Ethernet auf Busstrukturen, Shared-Media-Technik und CSMA/CD zum Teil verzichtet.

Das klassische Ethernet ist noch nicht ausgestorben. Inzwischen ist allerdings im Vergleich zum klassischen Ethernet der Entwicklungs- und Standardisierungsprozess weiter fortgeschritten. So existiert heute eine Vielzahl von

- Topologien,
- Verkabelungsarten und
- Übertragungsgeschwindigkeiten bis zu 10 GBit/s.

Auch heute noch greifen Netzwerkknoten bzw. Stationen per CSMA/CD auf das Medium zu, wenn kein Vollduplex-Betrieb stattfindet. Ethernets werden allerdings heute viel stärker segmentiert bzw. unterteilt durch

- Sternverkabelung,
- Verteiler und

- Ethernet-Switching[11].

Dadurch sind bessere Nettoübertragungsraten möglich, da weniger Kollisionen auftreten (Abb. 6.3-1).

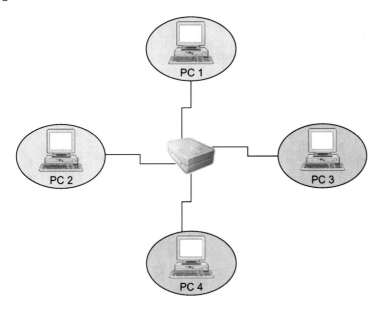

Abb. 6.3-1: Switched Ethernet – ein zentraler Verteiler leitet gezielt eingehende Signale weiter.

Ein Großteil der heute angebotenen und auch eingesetzten Netzwerkhardware, wie zum Beispiel Netzwerkkarten (NICs), integrierte Mainboards, LAN-Switches, DSL-*Router*, Verbindungskabel, Anschlussstecker/-buchsen, WLAN-Modemslässt allerdings nur 100 MBit/s als maximale Datenübertragungsgeschwindigkeit zu. »Gnädigerweise« besteht in vielen Fällen Abwärtskompatibilität, sodass auch langsamere Geräte, die nur ältere Standards unterstützen, anschließbar bzw. in das Netzwerk integrierbar sind.

Engpass alte Hardware

In Ethernets, in denen unterschiedliche Standards bzw. Übertragungsgeschwindigkeiten unterstützt werden, sollten alle Geräte entweder

- auf dieselbe Übertragungsart eingestellt werden oder
- mit Auto-Negotiation (bzw. Auto-Sensing) arbeiten.

---

[11] Im *Switched Ethernet* bzw. durch LAN-Switching können problemlos Daten zwischen High- und Lowspeed-Netzwerken übertragen werden. Die einzelnen Verbindungen teilen sich nicht mehr die Netzleistung, sondern die Übertragung zwischen zwei Stationen erfolgt in der vollen (maximal möglichen) Geschwindigkeit. LAN-Switching ist nicht standardisiert, da sich die Technik allein lokal auf die Verteilergeräte beschränkt. Für die Endgeräte ist sie transparent, läuft im Hintergrund ab.

Auto-Negotiation

Durch Auto-Negotiation wird es möglich, dass die Geräte automatisch die Ethernet-Variante bzw. die Leistung der Station am anderen Ende des Kabels erkennen. Auto-Negotiation ist bei Mischbetrieb sinnvoll, wenn mehrere Kabeltypen und/oder Strukturen in demselben Netzwerk verwendet werden – insbesondere bei gleichzeitigem Vorhandensein vollduplex- und halbduplex-fähiger Komponenten.

Das leistungsschwächste Gerät kann eine Bremse darstellen und für einen deutlichen Geschwindigkeitseinbruch sorgen. Es reduziert in einigen Fällen die Gesamt-Performance des Netzwerkes auf sein eigenes Niveau.

LAN-Switching

Der Einsatz von LAN-Switching führt allerdings dazu, dass dieser Effekt immer seltener auftritt, denn leistungsschwache Geräte verlangsamen durch LAN-Switching nur noch diejenigen Verbindungen, an denen sie selbst direkt beteiligt sind.

Die leistungsfähigsten Netzwerkkomponenten ermöglichen derzeit Datenübertragungsraten in Höhe von

- 1 Gigabit pro Sekunde bis hin zu
- 10 Gigabit pro Sekunde.

Gigabit-Ethernet ist die aktuell am Häufigsten eingesetzte LAN-Schnittstellentechnik. Zwar liegt die tatsächlich erreichte Bandbreite noch deutlich unter 1 Gigabit, doch kommen aufgrund der niedrigen Preise heute bereits zahlreiche derartige Geräte und Verbindungen zum Einsatz.

Die hohe Leistungsfähigkeit ist dabei kein Problem, da Sender und Empfänger per Auto-Negotiation über die höchste gemeinsam unterstützte Datenrate verhandeln.

Gigabit-Ethernet

Gigabit-Ethernet ist ein wichtiger Entwicklungsschritt in der LAN-Technik. Es gewährleistet

- hohe Geschwindigkeit,
- Abwärts-Kompatibilität und
- Investitionsschutz.

Es stellt ein System für die Hochleistungsverbindung zwischen *Switches* untereinander, Servern untereinander sowie zwischen *Switches* und Servern zur Verfügung.

Seine Architektur macht es möglich, dass die verschiedenen Ethernet-Leistungsstufen gemischt auftreten können. Es werden nach wie vor Kollisionserkennungs-Verfahren sowie Halbduplex-Übertragung im Shared-Medium-Betrieb unterstützt.

Um möglichst hohe Netzleistungen zu erreichen, müssen alle Geräte, Kabel und Stecker dem gewünschten (Mindest-)Standard entsprechen.

6.3 Das Ethernet heute *

Zudem sollten genügend parallel verlegte Kabel, dedizierte Verbindungen und zentrale intelligente Verteilergeräte vorhanden sein, damit die Bandbreite sich nicht auf die einzelnen Verbindungen verteilt sondern jeder einzelnen Verbindung zur Verfügung steht.

Die ersten Ethernet-Realisierungen waren reine Busnetze. Die einzelnen Stationen waren an einem einzigen Kabelstrang angeschlossen (Abb. 6.3-2).

Ethernet als Busnetz

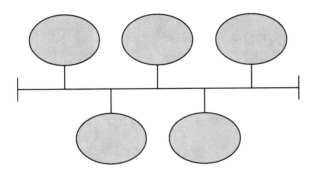

Abb. 6.3-2: Klassisches Ethernet als Bustopologie.

Die (historische) Busstruktur gibt es heute kaum noch. Vorwiegend verwendet man aktuell die sternförmige Verkabelung mit zentral geschalteten Verteilergeräten (Abb. 6.3-3).

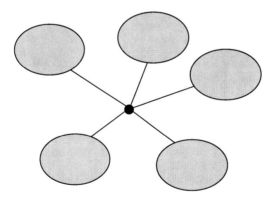

Abb. 6.3-3: Heutiges Ethernet als Sterntopologie.

Bei dieser Topologie gelangt jedes Signal zunächst zum Verteiler. Die Datenströme lassen sich dadurch einfacher als im Busnetz kontrollieren. Allein der Verteiler kann bestimmen, welche Informationen durch das Kabel geleitet werden. Es gibt weniger geteilte Leitungen.

6.4 Passive Netzkomponenten *

Die passiven Bestandteile im Ethernet (Kabel, Stecker, starre Verteiler) bilden den *Backbone* des Netzwerkes.

Netzwerkknoten
Die vernetzten Geräte in einem Computer- oder Kommunikationsverbund werden Knoten genannt. Diese können folgende Funktionen besitzen:

- Vermittlung (Routing),
- Speicherung *(Storing)*,
- Regeneration *(Repeating)*,
- Protokollwandlung *(Gateway)*,
- Senden (TX = *Transmitter*),
- Empfangen (RX = *Receiver*).

Oft steht man vor der Wahl:

- Welches Medium ist für das einzurichtende Netzwerk am Besten geeignet?
- Welche Zusatzgeräte sind sinnvoll?

Die Wahl des einzusetzenden Übertragungsmediums hängt von vielen Faktoren ab. Maßgeblichen Einfluss hat etwa

- die benötigte Übertragungsgeschwindigkeit,
- die Sicherheit des Datenverkehrs (Abstrahlung, absehbare Übertragungsstörungen, Abhörgefahr),
- die Entfernung zwischen den einzelnen Knoten im Netzwerk,
- die vorhandene Gebäude-Infrastruktur,
- die verwendete Netzwerktopologie,
- ein evtl. schon vorhandener Netzwerkadapter.

Verkabelung
Zu den passiven Komponenten – der Verkabelung eines IT-Systems – gehört vorwiegend fest installiertes Elektrozubehör, z. B. Kabel, Stecker, (unintelligente) Verteiler oder auch Anschlussdosen/-buchsen von einem eventuell vorhandenen Fremdnetz bis zu den Anschlusspunkten der Netzteilnehmer. Aktive Komponenten wie *Bridges* oder *Router* werden nicht zur Verkabelung gezählt.

Früher war Verkabelung mit der Verwendung einer Vielzahl unflexibler dienst- und herstellerspezifischer Verkabelungssysteme verbunden. Dies führte dazu, dass parallel mehrere unterschiedliche Kabeltypen mit verschiedenen Steckverbindungen verlegt und gewartet werden mussten.

Diese dienst- und herstellerabhängigen Verkabelungsstrukturen wurden erst durch die Entwicklung flexibler, anwendungsneutraler Verkabelungsstandards aufgelöst. Die heutigen Computernetze sind strukturiert und dienstneutral verkabelt.

Übertragungsmedien in einem Ethernet sind entweder
- Lichtwellenleiter oder
- Kupferkabel.

Ein Kupferkabel ist eine ummantelte elektrische Leitung, die Elektroströme zum Zweck der Daten- oder Energieübertragung weiterleitet.

Ein einst bedeutender Kupfer-Kabeltyp ist das Koaxialkabel. Über **Koaxialkabel** (Abb. 6.4-1) liefen einst viele Netzwerkverbindungen; die damals üblichen Netzwerkkarten hatten eine entsprechende Schnittstelle.

Koaxialkabel

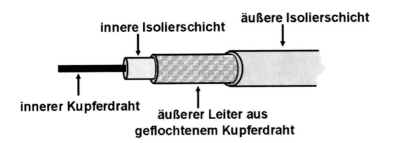

Abb. 6.4-1: Koaxialkabel.

Ursprünglich sah die Ethernet-Spezifikation Koaxialkabel als Übertragungsmedium vor.

Je nach Qualität der Kabel werden dabei *Thick Coax* (10Base-5) und *Thin Coax* (10Base-2) unterschieden. Letzteres wird auf Grund der geringen Kosten auch als *Cheapernet* bezeichnet. Bei der Nutzung eines Koaxialkabels sind einige Eigenschaften hervorzuheben:

- Es handelt sich auch in der Implementierung um einen physischen Bus, an den die Stationen angeschlossen werden. Hierzu dienen T-Stücke (Vampirstecker), die als Verbindungsstücke eingesetzt werden (siehe Marginalie).
- Für eine Kollisionserkennung muss die sendende Station den Zustand auf dem Kabel überprüfen. Stimmen die dort vorliegenden Pegel nicht mit den gesendeten Signalen überein, wird dies als Kollision erkannt.
- Die Kabelenden müssen mit angepassten Widerständen abgeschlossen werden, um Reflexionen zu vermeiden, die unter Umständen als Kollisionen erkannt würden.

Koaxialkabel weisen eine Reihe von weiteren Nachteilen auf. So müssen beispielsweise für den Einbau weiterer Stationen Kabel aufgetrennt werden, wodurch für eine gewisse Zeit keine Übertragung möglich ist. Deshalb wurde der Standard 1990 im Rahmen des 10Base-T (10 MBit/s) für den Einsatz von Twisted-Pair-Kabeln erweitert. Heute gibt es die Folgestandards 100Base-T (100 MBit/s) und 1000Base-T (1 GBit/s).

Die Standards für Koax-Verbindungen sind seit 10 MBit-Zeiten nicht mehr weiterentwickelt worden. Heute sind Koaxialkabel in der Netzwerktechnik daher ohne Bedeutung, gelten als veraltet.

Trotzdem gibt es immer noch zahlreiche verlegte Koaxialkabel, welche noch nicht durch neuere Kabeltypen ersetzt wurden. Daher sind im Handel Umwandler verfügbar, welche die Nutzung der alten Kabel weiterhin möglich machen (Abb. 6.4-2).

Abb. 6.4-2: Ethernet to Koaxial-Konverter.

Vom Koaxial- zum TP-Kabel

Die heutige Nutzung von Twisted-Pair-(TP-)Kabeln an Stelle von Koaxialkabeln stellt in einigen wichtigen Punkten eine Abkehr von den ursprünglichen Mechanismen dar:

- Wenn zwei Teilnehmer unmittelbar miteinander kommunizieren wollen (Point-to-Point-Verbindung), dann muss der Sendekanal der einen Station mit dem Empfangskanal der anderen Station verbunden werden. Dies erfolgt mit einem gekreuzten Kabel (Crossover-Kabel).
- Wenn mehr als zwei Teilnehmer miteinander kommunizieren wollen, dann wird ein Verteiler als zentrale Station benötigt.
- Bei Koax-Vernetzung gab es einen gemeinsamen Kanal, auf dem gesendet und empfangen wurde. Bei Twisted-Pair gibt es zwei getrennte Kanäle, die beide für die Übertragung genutzt werden, sodass Vollduplex-Betrieb möglich wird.

6.4 Passive Netzkomponenten *

Nach wie vor sind in einem Ethernet im Regelfall die einzelnen Stationen per Kupferkabel verbunden; als Steckverbindung wird in den meisten Fällen der achtpolige Steckertyp RJ45 verwendet.

Das am meisten verwendete Netzwerkkabel besteht aus mehreren Kupferdrähten oder Kupferlitze und ist mehrfach isoliert. Derartige Netzwerkkabel werden auch als Patchkabel oder Twisted-Pair-Kabel bezeichnet.

Bei dem Kabeltyp *Twisted-Pair* (verdrillter Kupferdraht) sind jeweils zwei voneinander isolierte Leitungen miteinander verdrillt (Abb. 6.4-3). Das Verdrillen reduziert die Signalabstrahlung. Jeder verdrillte Strang leitet einen Strom, dessen abgestrahlte Wellen durch die Abstrahlung des anderen Drahtes weitgehend ausgelöscht werden. Ebenso ist die Datenleitung durch die Verdrillung gegenüber Störstrahlung durch andere elektrische Geräte weniger anfällig.

TP-Kabel

Abb. 6.4-3: Twisted-Pair Kabel, Typ S/UTP.

Twisted-Pair-Kabel können unterschiedlich abgeschirmt sein:

Abschirmung

- Das U/UTP *(Unscreened Unshielded Twisted-Pair)* ist einfach aufgebaut. Es besitzt einen geringen Außendurchmesser und keine Abschirmung außer einem Kunststoffmantel.
- Ein S/UTP *(Screened Unshielded Twisted-Pair)* besitzt zwischen dem Kunststoffmantel und den verdrillten Adernpaaren eine zusätzliche metallische Abschirmung (Abb. 6.4-3).
- Beim S/STP *(Screened Shielded Twisted-Pair)* werden ebenso wie beim S/UTP die Adern durch einen metallischen Schirm und den Kunststoffmantel geschützt. Außerdem sind die einzelnen Adernpaare abgeschirmt. Dieses Kabel ist das hochwertigste Kabel, ist allerdings durch die bessere Schirmung nicht so flexibel und daher mühsamer zu verlegen, siehe auch Website Klausheiderich.de (http://www.klausheiderich.de/netzwt/n_6.htm).

Je nach dem, welche Geräte zu vernetzen sind, benötigen Sie das passende Twisted-Pair-Kabel. Es gibt

- Crossover-Kabel und
- Straight-through-Kabel.

6 Kabelnetze und Ethernet *

Crossover-Kabel vs. Straight-through-Kabel

Bei einem Crossover-Kabel sind die Adernpaare 1/2 und 3/6 gekreuzt. Ein Straight-through-Kabel dagegen ist ein gerades Kabel. Hier sind alle Pins im Kabel direkt und gerade miteinander verbunden. Pin 1 am Anfang des Kabels ist also mit Pin 1 am Ende des Kabels verbunden.

Eine einfache Regel zur Verwendung von Crossover- und Straight-through-Kabeln besagt, dass gleiche Geräte immer mit einem Crossover-Kabel verbunden werden müssen; bei ungleichen Geräten dagegen ist ein Straight-through-Kabel zu verwenden (Tab. 6.4-1).

Gerät 1	Gerät 2	Kabeltyp
Netzwerkkarte	Switch	Straight-through-Kabel
Router	Switch	Straight-through-Kabel
Netzwerkkarte	Netzwerkkarte	Crossover-Kabel
Switch	Switch	Crossover-Kabel

Tab. 6.4-1: Geräteverkabelung.

Je nach der geforderten Übertragungsgeschwindigkeit bzw. maximalen Bandbreite kommen unterschiedliche Standards zum Einsatz:

- 10Base-T 10 MBit-Ethernet
- 100Base-T 100 MBit-Ethernet
- 1000Base-T 1000 MBit-Ethernet

Weiterhin gibt es verschiedene Ethernet-Medientypen. Die Tab. 6.4-2 zeigt eine Auswahl.

Name	Kabeltyp	Datenrate max.	Max. Länge per Segment
10Base 2	Koaxialkabel	10 MBit/s	185 m
10Base 5	Koaxialkabel	10 MBit/s	500 m
10Base-T	Twisted-Pair	10 MBit/s	100 m
100Base-TX	Twisted-Pair	100 MBit/s	100 m
100Base-FX	Glasfaser	100 MBit/s	400 m
1000Base-TX	Twisted-Pair	1000 MBit/s	100 m
1000Base-SX	Glasfaser	1000 MBit/s	550 m
1000Base-LX	Glasfaser	1000 MBit/s	5000 m

Tab. 6.4-2: Kabeltypen.

Netzwerkkabel gibt es in verschiedenen Kategorien, wie die Tab. 6.4-3 zeigt.

Kategorie	Max. Frequenz	Verwendung
Cat1	100 kHz	unüblich
Cat2	100 kHz	unüblich
Cat3	16 MHz	10Base-T, ISDN, kaum erhältlich
Cat4	20 MHz	In Deutschland ohne Bedeutung
Cat5	100 MHz	100Base-T, 1000Base-T
Cat6	250 MHz	Multimedia, 1000Base-T
Cat7	600 MHz	10 Gigabit Ethernet

Tab. 6.4-3: Kabel-Kategorien Twisted-Pair.

Dabei besitzen die 10 MBit-Versionen heute keine Bedeutung mehr.

Die Beschriftungen an den im Handel erhältlichen Kabeln sind relativ unübersichtlich. Die Übertragungsleistung ergibt sich einerseits aus der Kategorie; entgegen anderslautenden Versprechungen der Hersteller reicht nicht einmal bei kurzen Kabeln ein Cat5-Kabel für 1 Gigabit Geschwindigkeit aus, da keine Vollduplex-Übertragung möglich ist.

Auch der Medientyp zeigt die Übertragungsleistung an: Das 100Base-TX unterstützt 100 MBit/s.

Die Kategorien sind nicht genormte Angaben der Hersteller; innerhalb derselben Kategorie gib es daher stark unterschiedliche Qualitäten des jeweiligen Mediums.

Um sicher zu gehen sollte man unbedingt auf den Medientypen (etwa 1000Base-SX) oder auf den Standard (etwa 1000Base-T) und den Steckertyp (z. B. RJ45) achten.

Der letzte Bestandteil des Medientypen bezeichnet das Übertragungsmedium selber; TX bezeichnet Twisted-Pair-Kabel, Glasfaserkabel bzw. Lichtwellenleiter haben die Bezeichnungen FX, SX oder LX.

Für Glasfaserkabel ist der verbreitetste Anschluss ein SC-Stecker[12] (siehe Marginalie).

[12] SC-Stecker *(Subscriber Connector)* sind Normstecker für Glasfaserverkabelungen. Sie besitzen eine automatische Verriegelung und eine Verdrehsicherung. Die Verwendung wird bei Neuinstallationen von Computernetzwerken mit Glasfasertechnik empfohlen. Über SC-Stecker können Simplex-, Duplex- und Mehrfachverbindungen hergestellt werden. Es gibt auch noch andere Steckverbindungen für LWL.

Eine Übersicht und Beschreibung verschiedener LWL-Stecker finden Sie unter Website Glasfaserinfo.de (http://www.glasfaserinfo.de/lwl-stecker.htmlx).

Lichtwellenleiter bestehen aus Glasfaser oder Kunststoff und haben eine sehr hohe Übertragungsrate (Gigabit- bis Terabitbereich). Hier werden nicht wie im Kupferkabel elektrische Signale übertragen, sondern Photonen (Lichtteilchen).

Glasfaserkabel Ein Glasfaserkabel besteht aus einem extrem dünnen Glaszylinder, der von einem Schutzschirm umgeben ist (Abb. 6.4-4). In einem Glasfaserkabel werden digitale Signale in Form von Lichtimpulsen über einen Laser- oder LED-Transmitter übertragen und am anderen Ende von einem Photodioden-Empfänger empfangen und in elektrische Signale umwandelt.

Die Übertragung ist

- (nahezu) abhörsicher,
- abstrahlungsfrei und
- unabhängig von elektrischen Störungen.

Es gibt zwei Arten von Lichtwellenleitern:

- Singlemode- bzw. Monomode-LWL und
- Multimode-LWL.

Singlemode-LWL Der Singlemode-Kern hat einen Umfang von circa 9 Mikrometer und verwendet infrarotes Laserlicht für die Übertragung. Hier wird nur ein einziges Signal über das Kabel übertragen, was zu nicht unerheblichem Streuverlust führt. Mit Singlemode-Fasern können ohne Signalverstärkung Strecken bis zu 250 km überbrückt werden (Abb. 6.4-5).

Beispielsweise werden Telefonsignale und auch Kabelfernsehsignale im Singlemodus über LWL übertragen. Bessere Übertragungsqualität und -rate sind hier nicht notwendig.

Multimode-LWL Der Multimode-Kern hat einen Umfang von circa 62 Mikrometer und nutzt idealerweise nicht mehr das Licht einer LED (*Light Emitting Diode* = lichtemittierende Diode), sondern das einer Laserdiode für die Übertragung. Durch die Bündelung der Lichtstrahlen reduziert sich der Streuverlust erheblich.

Bei Multimode werden mehrere Signale über eine einzige Glasfaser gesendet, was allerdings den Nachteil hat, dass Multimode-Kabel in der Länge begrenzt sind, da es bei der Übertragung mehrerer Signale zu Signalbeeinflussungen kommt (Abb. 6.4-6).

Multimode-LWL finden in Computernetzwerken Anwendung, wenn extrem hohe Übertragungsraten gefordert sind. Für weitere Infos zur Glasfasertechnik siehe z. B. Website lwlteamwork.de (http://www.lwlteamwork.de/glasfasertechnik.html).

6.4 Passive Netzkomponenten *

Abb. 6.4-4: Glasfaserkabel.

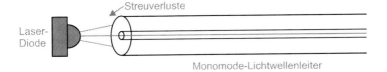

Abb. 6.4-5: Monomode Lichtwellenleiter.

Heutzutage werden auch **USB-Kabel** für die Verbindung zwischen Computern (Direktverbindung) und den gemeinsam oder am Arbeitsplatz genutzten Geräten eingesetzt. Unter Website USB-Infos.de (http://www.usb-infos.de/) finden Sie dazu weitere Informationen.

USB-Direktverbindung

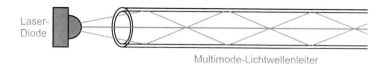

Abb. 6.4-6: Multimode Lichtwellenleiter.

Die im Handel erhältlichen Computer besitzen eine ausreichende Anzahl USB-Schnittstellen – ebenso wie Modems, *Router*, Drucker und beliebige Peripheriegeräte, die in das Netzwerk eingebunden werden können.

Bei der reinen Vernetzung von Computer zu Computer spielen USB-Kabel allerdings kaum eine Rolle.

Hub   Neben Kabeln, Steckern und Anschlüssen gehören auch (unintelligente) *Hubs* zu den passiven Komponenten im Netzwerk. Ein *Hub* (Nabe, Dreh- und Angelpunkt) ist ein zentraler Verteiler und Signalverstärker, der den Mittelpunkt in einem sternförmig angelegten Netzwerk bildet.

Ein *Hub* hat ausschließlich die Funktion eines Verteilers. Er nimmt Datenpakete an und leitet sie, da er sie nicht interpretieren kann, immer an alle im Netzwerk vorhandenen Stationen weiter.

Sendet in dieser Zeit eine andere Station, kommt es auf dieser Strecke zu einer Kollision und die Daten müssen erneut gesendet werden.

Ein *Hub* ist *nicht* in der Lage zwei Datenpakete gleichzeitig zu verarbeiten. Alle Stationen, die an einem *Hub* angeschlossen sind, müssen sich die gesamte Bandbreite, die durch den *Hub* zur Verfügung steht, teilen.

Es ist möglich bis zu vier *Hubs* in einer Reihe zu verbinden, um eine größere Netzausdehnung zu erreichen. Allerdings dürfen nur an drei Leitungssegmenten dieser Hubverbindung Stationen angeschlossen werden.

Kaskadieren   Das Verbinden von mehreren *Hubs* und auch anderen Verteilergeräten in Reihe nennt man Kaskadieren. Das Kaskadieren führt allerdings dazu, dass Kollisionen häufiger auftreten.

Hubs finden in modernen Netzwerken kaum noch Anwendung; an ihrer Stelle setzt man intelligente *Switches* ein, die als Verteiler und Signalverstärker besser geeignet sind. Sie zählen daher zu den aktiven Netzwerkkomponenten.

6.5 Aktive Netzwerkkomponenten *

Bei der Planung eines Netzwerkes gilt es, Netzwerkkomponenten sinnvoll einzusetzen. Dazu muss man Art und Funktionsweise der verschiedenen Geräte kennen.

Neben den Endgeräten (Client- und Server-Computer mit Netzwerkadapter) und gemeinsam genutzten Ressourcen, wie etwa Drucker oder Multifunktionsgeräten befinden sich in einem Netzwerk oft weitere (intelligente) Geräte. Bei deren Verwendung/Einsatz spielt der Begriff des Segmentes eine große Rolle, da hier oft Teilnetze entstehen und dadurch die Netzwerkverwaltung dezentralisiert wird.

Ein **Segment** ist ein Teil eines Netzwerkes. In einem Segment können alle Knoten bzw. Stationen direkt miteinander kommunizieren. Es wird etwa bei Ethernet durch die maximale Länge des Kabels bestimmt. Nur innerhalb dieses Segments können Computer über die Hardware-Adressen (MAC) direkt angesprochen werden.

Segment

Die MAC-Adressen sind Computern in anderen Segmenten nicht bekannt. Um mit ihnen kommunizieren zu können, sind Geräte wie z. B. *Router* notwendig, die die einzelnen Segmente miteinander verbinden und dadurch auch die Kommunikation zwischen entfernten Stationen[13] ermöglichen.

Eine Netzwerkkarte ist ein Adapter in einem Computer. Sie ermöglicht die Verbindung von dem Computer, in den sie eingebaut ist, zu einem Netzwerk.

Ein *Hub* ist ein zentraler Verteiler und Signalverstärker, welcher den Mittelpunkt von Leitungen in einem sternförmig angelegten Netzwerk darstellt.

Im Folgenden lernen Sie die wichtigsten aktiven Geräte im Netzwerk und deren Funktion kennen:

- »Repeater«, S. 207
- »Bridge«, S. 209
- »Switch«, S. 211
- »Router«, S. 214
- »Gateway«, S. 222

6.5.1 *Repeater* *

Ein *Repeater* (Wiederholer) ist ein Signalverstärker, der die maximale Reichweite von Signalen erhöht und somit längere Datenleitungen bzw. Entfernungen zwischen den einzelnen Stationen ermöglicht.

---

[13] Entfernte Stationen befinden sich nicht in demselben Segment.

Um die Längenbeschränkung eines Ethernet-Segmentes aufzuheben, verwendet man *Repeater*.

Signalverstärkung — Ein *Repeater* (Wiederholer) ist ein Signalverstärker, der die maximale Reichweite von Signalen erhöht und somit längere Datenleitungen ermöglicht. Der *Repeater* ist als reines Verstärkerelement in der untersten Schicht des OSI-Modells angesiedelt.

Der *Repeater* empfängt Signale, korrigiert mögliche Verzerrungen und sendet die Signale weiter. Ein *Repeater* hat allerdings keinerlei regulierende Funktion in einem Netzwerk und kann deshalb ein Netzwerk auch nicht entlasten. Er leitet alle Signale weiter, auch defekte Datenpakete, die durch Kollisionen beschädigt wurden. Er verhält sich im Netzwerk völlig transparent, d. h. er ist für die Stationen im Netzwerk nicht sichtbar.

Kaskadierung — Um die Netzwerkreichweite noch mehr zu erhöhen, kann man mehrere *Repeater* hintereinander schalten (kaskadieren).

Der *Repeater* in der digitalen Kommunikationstechnik ist ein Signalregenerator, der in der Bitübertragungsschicht (Schicht 1) ein Signal empfängt, dieses dann neu aufbereitet und wieder aussendet. Rauschen sowie Verzerrungen der Laufzeit *(Jitter)* und der Pulsform werden bei dieser Aufbereitung aus dem empfangenen Signal entfernt.

Repeater sind elektrische oder auch optische Geräte. Von einfachen *Repeatern* wird die übertragene Information nicht beeinflusst, sondern nur das elektrische bzw. optische Signal aufbereitet. Intelligentere *Repeater* können mehr: Beispielsweise werden im Direktrufnetz der Deutschen Telekom *Repeater* eingesetzt, die das elektrische Signal wieder neu synchronisieren können.

In lokalen Netzen werden *Repeater* verwendet, um mehrere Netzsegmente miteinander zu verbinden.

Transceiver — Besondere Varianten von *Repeatern* sind *Transceiver* und Sternkoppler: Ein *Repeater* mit mehr als zwei Anschlüssen wird auch als *Hub* oder Multi-Port-Repeater bezeichnet. Auch ein Medienkonverter kann als *Repeater* betrachtet werden, solange er nicht zusätzlich die Funktionalität einer *Bridge* besitzt.

Ein *Repeater* teilt das Netz zwar in zwei physische Segmente, die logische Bus-Topologie bleibt aber erhalten. Durch diesen Effekt erhöht der *Repeater* die Ausfallsicherheit des Netzes, da bei Wegfall eines Teilnetzes das jeweils Andere weiter unabhängig agieren kann. In einer »normalen« Bus-Topologie würde es zum Ausfall des gesamten Netzes kommen.

Repeater erhöhen allerdings nicht die zur Verfügung stehende Bandbreite eines Netzes.

Man unterscheidet in der LAN-Technik zwei Typen von *Repeatern*:
- *Local-Repeater*, die zwei lokale Netzsegmente miteinander verbinden und
- *Remote-Repeater*, die zwei räumlich getrennte Netzsegmente, über ein Link-Segment verbinden. Ein Link-Segment besteht aus zwei *Repeatern*, die per Glasfaserkabel miteinander verbunden sind. Dies macht es möglich, größere Distanzen zu überbrücken, siehe auch Website ITWissen.info (http://www.itwissen.info/definition/lexikon/Link-Segment-link-segment.html).

Repeater können in einem Ethernet nicht beliebig kaskadiert werden, um eine größere Netzausdehnung zu erreichen. Da mit *Repeatern* verbundene Segmente eine **Kollisionsdomäne** bilden, dürfen zwei Stationen aufgrund der Laufzeiten des Signals nur soweit voneinander entfernt sein, dass die Kollisionserkennung noch eindeutig funktioniert. Dies wird mit der **5-4-3-Regel** bewerkstelligt.

6.5.2 Bridge *

Eine *Bridge* ist ein Gerät, das mehrere Netzwerksegmente miteinander verbindet, die das gleiche Kommunikationsprotokoll nutzen.

Mit Hilfe einer *Bridge* (Brücke) kann man zwei unterschiedliche Netzwerke koppeln. Die Aufgabe einer Brücke besteht darin, Datenpakete

- an die entsprechenden Stationen oder auch Computer weiterzuleiten und
- den unterschiedlichen Netzwerktypen entsprechend anzupassen (Abb. 6.5-1).

In der Abb. 6.5-1 können Sie zwei verschiedene Typen von *Bridges* erkennen: Oben wandeln die beiden *Bridges* (HomePlug-Adapter) Ethernet-Signale so um, dass diese über das Stromnetz übertragen werden können, und auch umgekehrt. Unten wandelt die *Bridge* DSL-Datenpakete in Ethernet-Pakete um und umgekehrt (Funktionalität eines DSL-Modems).

Eine *Bridge* trennt zwei Netzwerke physikalisch, Störungen wie z. B. Kollisionen oder fehlerhafte Pakete gelangen nicht über die *Bridge* hinaus.

Eine *Bridge* arbeitet protokolltransparent, d. h. sie überträgt alle auf dem Ethernet laufenden Protokolle. Die beiden beteiligten Netze erscheinen also für eine Station wie ein einziges Netz. Durch den Einsatz einer *Bridge* können die Längenbeschränkun-

Protokolltransparenz

6 Kabelnetze und Ethernet *

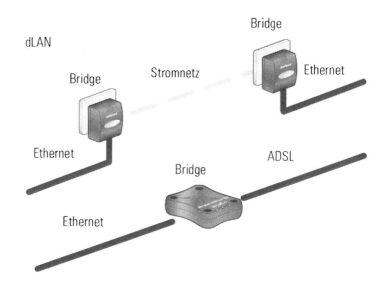

Abb. 6.5-1: Bridge-Funktion.

gen des Ethernet überwunden werden, denn sie verstärkt die Signale nicht nur, sondern generiert senderseitig einen neuen Bitstrom.

Die *Bridge* liefert dieselbe Übertragungsrate wie die beteiligten Netze.

Eine *Bridge* empfängt von beiden Netzsegmenten, mit denen sie wie jede normale Station verbunden ist, alle Datenblöcke und analysiert die Absender- und Empfängeradressen. Steht die Absenderadresse nicht in ihrer internen Adress- bzw. Routingtabelle, so wird diese vermerkt. Die *Bridge* lernt und speichert so die Information, auf welcher Seite der *Bridge* der Computer mit dieser Adresse angeschlossen ist.

Ist die Empfängeradresse bekannt und der Empfänger auf derselben Seite wie der Absender, so verwirft die *Bridge* das Paket (filtert es). Ist der Empfänger auf der anderen Seite oder nicht in der Tabelle, wird das Paket weiter gesendet. Die intelligente *Bridge* lernt so selbstständig, welche Pakete weiter geleitet werden müssen und welche nicht.

Eine *Bridge* arbeitet auf der Ebene 2 des OSI-Schichtenmodells.

Bridges können Ethernet-Segmente auch über synchrone Standleitungen, Satellitenverbindungen, Funkverbindungen, öffentliche Paketvermittlungsnetze und schnelle Lichtleiternetze (z. B. FDDI) verbinden.

Bridges sind komplette, relativ leistungsfähige Computer mit Speicher und mindestens zwei Netzwerkanschlüssen. Sie unterstützen die gängigen Protokolle und erfordern bei normalem Einsatz keine zusätzliche Software oder Programmierung.

Weitere Funktionen einer *Bridge* sind:

- Störungen gelangen nicht von der einen Seite einer *Bridge* nicht auf die andere Seite (Ausfallsicherheit).
- Informationen, die zwischen Knoten auf einer Seite der *Bridge* ausgetauscht werden, können nicht auf der anderen Seite der *Bridge* abgehört werden (Datensicherheit).

Ein Paket muss nur dann an alle Teilnetze gesendet werden, wenn der Empfänger nicht in dieser Tabelle eingetragen ist und das Zielnetz somit nicht bekannt ist. Ein *Broadcast* wird stets in alle Teilnetze übertragen.

6.5.3 *Switch* *

Ein *Switch* ist ein intelligenter *Hub* bzw. Verteiler, der einzelne Stationen eines Netzwerkes direkt miteinander verbinden kann, ohne das restliche Netzwerk zu belasten.

Ein *Switch* (Umschalter, Abb. 6.5-2) ist ein intelligenter *Hub* (siehe »Passive Netzkomponenten«, S. 198), der einzelne Stationen eines Netzwerkes direkt miteinander verbinden kann, ohne das restliche Netzwerk zu belasten.

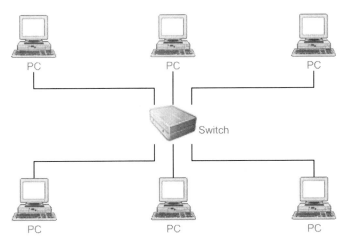

Abb. 6.5-2: Switch als Verteiler.

Wie ein *Hub* besitzt ein *Switch* mehrere Anschlüsse für die Vernetzung von Computern und Teilnetzen, diese Anschlüsse heißen Ports.

Während ein *Hub* die erhaltenen Ethernetpakete an alle Stationen im Netzwerk weiterleitet, versucht ein *Switch* den Empfänger des Paketes zu ermitteln und das Paket nur an dessen Anschluss zu übertragen.

Nur wenn der *Switch* den Empfänger nicht ermitteln kann, sendet er das Paket an alle Teilnehmer im Netzwerk.

Switching Mit dem Wechsel zu Twisted-Pair-Kabeln ersetzte man die ursprüngliche physische Busstruktur durch eine Sternarchitektur, bei der Punkt-zu-Punkt Verbindungen über einen zentralen Knoten geschaltet sind. Mit dieser Sternarchitektur kann man das Prinzip des geteilten Zugriffs auf das Kabel zugunsten einer leistungsstärkeren Vorgehensweise aufgeben, dem *Switching*:

- Analysiert der zentrale Knoten die Quelladressen der eingehenden Pakete, so lernt er mit der Zeit, an welchem Port welche Station angeschlossen ist.
- Empfängt der zentrale Knoten nun auf einem Port ein Paket für eine bekannte Station, so reicht es aus, das Paket nur auf den Port zu leiten, der zur Zielstation führt.
- Es ist eine deutlich höhere Bandbreite erreichbar, denn Stationen können jeweils paarweise miteinander kommunizieren, ohne die Übertragung der anderen Stationen zu beeinflussen.
- Da die Übertragung parallel durch die internen elektrischen Leitungen des *Switch* erfolgt, wird dessen Bandbreite aufgeteilt. Innerhalb eines Gerätes lassen sich jedoch sehr viel höhere Bandbreiten erzielen als über eine einzelne Netzwerkverbindung.

Es gibt unterschiedliche Switching-Verfahren:

1. Beim *Store-and-Forward* (speichern und absenden) werden die einzelnen Ethernetpakete (auch Datenframes oder Rahmen genannt) vom *Switch* empfangen und gespeichert. Dann berechnet der *Switch* die Prüfsumme eines jeden Ethernetpaketes, um Fehler ausfindig zu machen und sendet die Ethernetpakete mit der richtigen Prüfsumme zur Zielstation. Der Nachteil hierbei ist, dass so eine Zeitverzögerung entsteht, die sich nachteilig auf eine Echtzeit-Datenverarbeitung auswirkt.
2. Beim Cut-Through-Verfahren werden nur die ersten 48 Bit eines Ethernetpaketes ausgelesen, in denen die MAC-Adresse des Zielcomputers steht. Anhand dieser Information wird das Paket unverzüglich an die Zielstation gesendet. Das ist zwar vorteilhaft für eine Echtzeit-Datenverarbeitung, führt aber dazu, dass auch unbrauchbare verfälschte Ethernetpakete weitergeleitet werden, anstatt diese zu verwerfen.
3. Es kann auch eine Kombination aus *Cut-Through* und *Store-and-Forward* angewendet werden. Die meisten

6.5 Aktive Netzwerkkomponenten *

Switches arbeiten heutzutage nämlich mit beiden Verfahren. *Cut-Through* wird solange verwendet bis Kollisionen sich zu häufen beginnen. Bei zu vielen Kollisionen schaltet der *Switch* dann auf *Store-and-Forward* um.

4 Schließlich kommt in seltenen Fällen *Fragment-Free* zum Einsatz. Hier empfängt der *Switch* die ersten 64 Byte des Datenpaketes, da in diesem Bereich typischerweise die meisten Fehler auftreten. Ist dieser Teil fehlerlos, dann werden die Daten weitergeleitet. Allerdings wird dieses Verfahren nur selten umgesetzt.

Ein *Switch* ist wie eine *Bridge* ein Gerät, welches auf dem OSI-Layer 2 arbeitet, d. h. er kann LANs mit verschiedenen physikalischen Eigenschaften verbinden, z. B. Glasfaser- und Twisted-Pair-Netzwerke. Er wird oft auch als Multi-Port-Bridge bezeichnet, da er ähnliche Eigenschaften wie eine *Bridge* aufweist (Abb. 6.5-3).

Abb. 6.5-3: Ethernet-Swith mit 32 LAN-Ports (RJ45), Rückansicht.

Es gibt Hochleistungsswitches, wie das Gerät in der Abb. 6.5-3. Diese besitzen zahlreiche Schnittstellen für

- Maus und Tastatur (PS/2),
- Bildschirm (VGA),
- einzelne Netzwerkstationen (RJ45),
- Drucker und andere Netz-Ressourcen (USB),
- komplette Fremd- oder Teilnetze (RJ45).

Jeder Port eines *Switch* verbindet ein Netzsegment mit dem gesamten Netzwerk. Ein *Switch* untersucht jedes durchlaufende Paket auf die MAC-Adresse des Zielcomputers und kann es direkt dorthin weiterleiten. Er besitzt die Fähigkeit, über seine Ports Computer und ganze Netzsegmente direkt miteinander zu verbinden, d. h. dedizierte Verbindungen aufzubauen.

Switches brechen die Ethernet-Busstruktur in eine Bus-/Sternstruktur auf. Teilsegmente mit Busstruktur werden sternförmig über je einen Port des *Switch* gekoppelt.

Mehrere Datenpakete können den *Switch* gleichzeitig passieren. *Switches* lernen nach und nach, welche Stationen mit welchen Ports verbunden sind, somit werden bei weiteren Datenübertragungen keine anderen Ports unnötig belastet, sondern nur der Port, an dem die Zielstation angeschlossen ist.

Die gängigsten Übertragungsraten für eine einzelne Verbindung sind heute 100 und 1000 MBit/s (Gigabit-Ethernet).

Ein einfacher *Switch* funktioniert unter Windows 2000 oder neueren Windows-Versionen (siehe Hersteller-Informationen)

- ohne Treiber,
- ohne Installation,
- ohne Konfiguration.

Er

- besitzt keine IP-Adresse,
- ist voll Plug & Play-fähig,
- stellt für eine einzelne Verbindung eine Bandbreite im Gigabit-Bereich zur Verfügung.

6.5.4 *Router* *

Ein *Router* verbindet mehrere Netzwerksegmente, die mit unterschiedlichen Protokollen arbeiten.

Ein *Router* kann mehrere Netzwerksegmente, die mit unterschiedlichen Protokollen arbeiten, verbinden. Er hat eine IP-Adresse in jedem Netz. So kann der *Router* in jedem der beiden Netze kommunizieren.

Routing — Der eigentliche Routingprozess wird von RIP *(Routing Information Protocol)* der TCP/IP-Familie bewerkstelligt. Erreicht den *Router* ein Datenpaket, so liest er den Bestimmungsort aus und bestimmt die Schnittstelle und den optimalen Weg, über den das Paket in das Zielnetzwerk gesendet werden muss. Diesen Weg ermittelt der *Router* mit Hilfe von Routingtabellen.

Eine Routingtabelle ist eine listenförmige Darstellung von Regeln, in welcher festgelegt ist, wohin die über ein IP-Netzwerk zu leitenden Datenpakete geführt werden.

Routingtabelle — Eine Routingtabelle enthält die Informationen, die notwendig sind, um das Paket auf dem besten Weg zu seinem Ziel zu führen. Jedes Paket enthält Informationen über seinen Sender und den Empfänger. Wird ein Paket empfangen, so gleicht der *Router* es mit den Einträgen in seiner Routingtabelle ab und findet den Zielcomputer. Aus der Tabelle erhält das Gerät dann Informationen, mit deren Hilfe es das Paket zum nächsten *Hop* auf seiner Route über das Netzwerk sendet.

Eine einfache Routingtabelle enthält unter anderem Informationen über

- IP-Adresse für das endgültige Ziel des Pakets,

- den nächsten *Hop*, also die IP-Adresse, an die das Paket weitergeleitet wird,
- die ausgehende Netzwerkschnittstelle (einen seiner internen Ports), über die das Paket weitergeleitet werden muss, zum nächsten *Hop* oder zum endgültigen Ziel,
- die Metrik zur Wahl des kostengünstigsten Weges,
- alle Routen zu direkt angeschlossenen Subnetzen, zu indirekt erreichbaren Subnetzen, die nicht unmittelbar mit dem Gerät verbunden sind, jedoch über einen oder mehrere *Hops* und Standardrouten erreichbar sind, die im Fehlerfall (Überlast, Datenstau, Ausfall eines Computers/Segments) genutzt werden.

Die Routingtabellen können manuell oder automatisch geführt werden. Für die manuelle Pflege von Routingtabellen sind Netzwerkadministratoren zuständig.

Beim dynamischen *Routing* legen die Geräte ihre Routingtabellen automatisch an und pflegen diese automatisch, indem sie über Routing-Protokolle Informationen bzgl. der umgebenden Netzwerkstruktur austauschen. Dank dynamischer Routingtabellen können Geräte in das Netzwerk »hineinhorchen« und auf Ereignisse wie Geräteversagen und Netzwerküberlastung reagieren, siehe auch Website Wapedia.mobi (http://wapedia.mobi/de/ Routing)). *Dynamisches Routing*

Sicherheit beim *Router* beginnt mit der Benutzerkennung und dem Passwort des *Routers*, die unbedingt geändert werden sollten (die Werkseinstellungen sollten ab dem ersten Einsatz nicht mehr verwendet werden, Abb. 6.5-4).

Bei Wireless-Verbindungen sollte man das Schlüsselprotokoll WPA2, mindestens jedoch WPA dem Protokoll WEP vorziehen, da es Sicherheitslücken von WEP schließt.

Viele Router besitzen heutzutage eine integrierte Firewall, die das Netzwerk vor unbefugten Zugriffen schützt. Deren Konfiguration ist ein weiterer Schritt, um die Sicherheit Ihres Netzwerkes zu erhöhen.

Was ist eine Broadcastsendung? *Frage*

Die Kommunikation im Netzwerk erfolgt per *Antwort*

- *Unicast* (gezielt an einen einzigen Empfänger gerichtet),
- *Multicast* (adressiert an eine große Anzahl Empfängerzahl bzw. Multicastgruppe),
- *Broadcast* (Datenübertragung an alle Netzwerkteilnehmer).

Woran kann ein *Router* Broadcastsendungen erkennen? *Frage*

Sendungen per *Broadcast* erkennt der *Router* an der Zieladresse. Im Falle von IP 4 besitzen die letzen 8 Bit den Wert 255. Eine *Antwort*

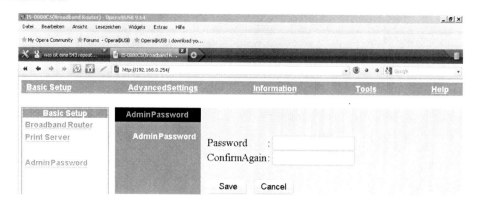

Abb. 6.5-4: Zugangsdaten des Routers ändern.

Broadcastsendung innerhalb eines Netzwerkes leitet der *Router* an alle Stationen weiter.

Ein *Router* bietet dagegen Schutz vor umfangreichen Broadcastsendungen von außerhalb, da er diese nicht weiterleitet. Wenn zu viele Datenpakete von außerhalb an alle Stationen im Netzwerk gesendet werden, dann würde die Kapazität des Netzwerkes an ihre Grenzen stoßen.

Router sind heute oft Kombi-Geräte; je nach Modell funktionieren sie zusätzlich als

- *Switch*,
- Modem,
- *Bridge*,
- DHCP-Server,
- Faxmodem,
- WLAN-Anschluss,
- Firewall,
- Telefonanlage.

Auch andere Funktionalitäten sind denkbar. Dementsprechend aufwendig und auch kompliziert ist oft die Konfiguration. Bei der Konfiguration eines Ethernet-Routers verdienen Sicherheit/Firewall, DHCP und Port-Einstellungen besondere Beachtung.

Die meisten *Router* verfügen heute über eine Web-Schnittstelle, über das Sie mit einem Browser die Einstellungen vornehmen können. Um Ihren *Router* zu konfigurieren, müssen Sie zunächst Ihren Computer entsprechend konfigurieren (Netzwerkkarte, TCP/IP etc.). Nun können Sie wie folgt vorgehen:

1 Verbinden Sie Computer und *Router* per Ethernetkabel und fahren Sie beide Geräte hoch.

6.5 Aktive Netzwerkkomponenten * 217

2 Ermitteln Sie Zugangsdaten (IP-Adresse, Passwort) im Handbuch des *Routers*.
3 Geben Sie in die Adresszeile des Browsers die IP-Adresse des *Routers*, z. B. 192.168.2.1, ein.

Sollten die ursprünglich eingestellten Zugangsdaten nicht mehr gültig sein, da Sie diese irgendwann geändert haben, so können Sie das Gerät durch längeres Drücken des Reset-Schalters an der Gehäuseaußenseite – oft mithilfe eines spitzen Gegenstandes – auf seine Werkseinstellungen zurücksetzen. Ist kein Reset-Schalter vorhanden, so benötigen Sie für den Zugriff auf die *Router*-Konfiguration die vom Hersteller mitgelieferte Software. Manchmal hilft es auch, das Gerät einige Tage vom Stromnetz zu trennen.

Um allein die IP-Adresse Ihres Routers herauszufinden, können Sie einen IP-Scanner verwenden (Abb. 6.5-5). Öffnen Sie dazu zum Beispiel die Webseite Website Zdnet.de (http://www.zdnet.de/windows_system_verbessern_angry_ip_scanner_download-39002345-20530-1.htm).

Öffentliche IP-Adresse feststellen

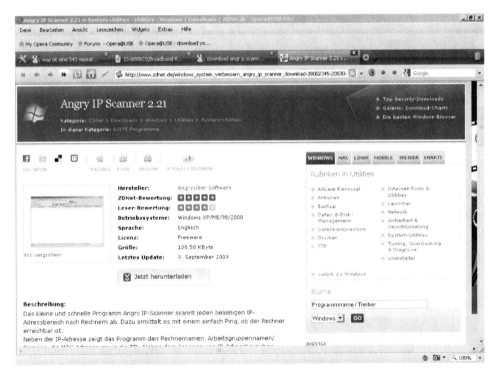

Abb. 6.5-5: IP-Scanner download.

Laden Sie die Datei ipscan.exe herunter und starten Sie das Programm. Geben Sie einen IP-Bereich an und klicken Sie auf das

IP-Geräte suchen

Start-Symbol, damit der IP-Scanner nach den in Ihrem lokalen Netzwerk erreichbaren Computern und sonstigen Geräten sucht. Nach wenigen Sekunden erhalten Sie das Ergebnis (Abb. 6.5-6).

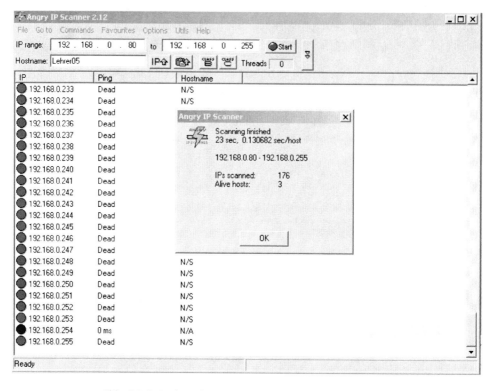

Abb. 6.5-6: Suchergebnis des IP-Scans.

Sie erkennen die aktiven Geräte an dem blauen Punkt auf der linken Seite. Wenn Sie nicht sicher sind, welche der angezeigten Adressen diejenige Ihres Routers ist, so sollten Sie zu jedem verdächtigen Gerät eine Verbindung herstellen, bis schließlich eine Abfrage nach Benutzer und Passwort erscheint.

Rufen Sie das Kontextmenü eines Eintrags auf und wählen Sie dort Open Computer - in Web Browser.

Wenn Sie die richtige Adresse gefunden haben, erscheint der Anmeldedialog des Routers (Abb. 6.5-7).

Derselbe Dialog erscheint, falls Sie wie oben beschrieben das Konfigurationsprogramm Ihres *Routers* starten.

Nach erfolgreicher Anmeldung sehen Sie die Startseite (Abb. 6.5-8).

6.5 Aktive Netzwerkkomponenten

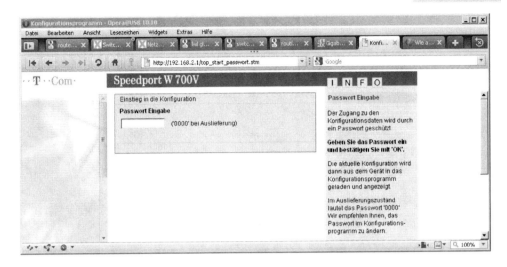

Abb. 6.5-7: Passwort-Abfrage bei der Router-Konfiguration.

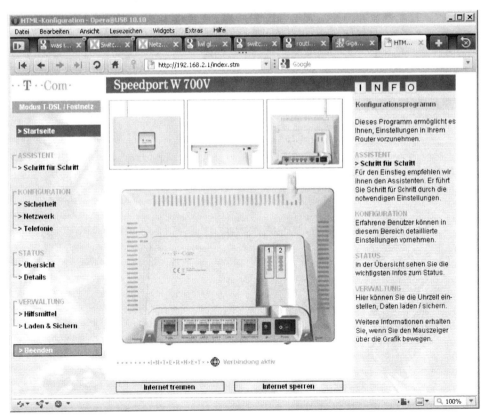

Abb. 6.5-8: Router-Einstellungen.

6 Kabelnetze und Ethernet *

Hier stehen Ihnen zahlreiche Assistenten zur Verfügung, um Ihnen die Netzwerk- und Sicherheitseinstellungen zu ermöglichen. Informations- und Hilfetexte begleiten Sie auf allen Seiten.

Der Bildschirmaufbau gleicht dem einer Webseite. Sie können z. B. Informationen zu den aktiven Netzwerkverbindungen abrufen (Status – Details – Netzwerk, Abb. 6.5-9).

Abb. 6.5-9: Verbindungsdaten.

Da der *Router* die Schnittstelle zwischen mehreren Netzwerken bildet, sehen Sie die jeweiligen Verbindungsdaten für die einzelnen Netzwerke:

- IP-Adresse mit Subnetzmaske im LAN,
- öffentliche IP-Adresse (WAN/Internet)
- DHCP-Status,
- Gerätename,...

Unter Konfiguration finden Sie die Sicherheitseinstellungen (Abb. 6.5-10).

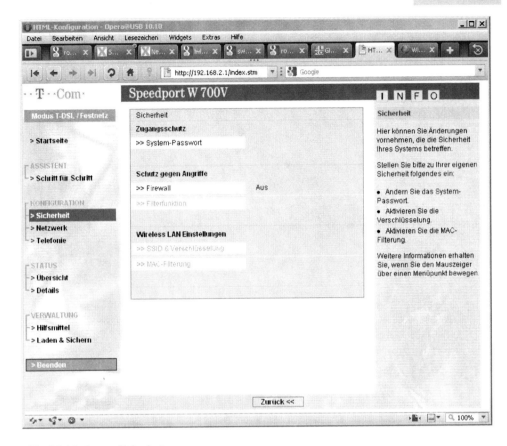

Abb. 6.5-10: Router-Sicherheit.

Alternativ zur manuellen Konfiguration bieten die meisten Geräte einen oder mehrere Assistenten, mit denen Sie dialoggesteuert die einzelnen Schritte vornehmen können.

Verbessern Sie auf jeden Fall den Zugangsschutz durch Ändern des Standard-Passwortes und aktivieren Sie die Firewall (Abb. 6.5-11). Router-Sicherheit

Falls Sie Funk-Technik verwenden, sollten Sie auch Ihre WLAN-Einstellungen optimieren.

6 Kabelnetze und Ethernet *

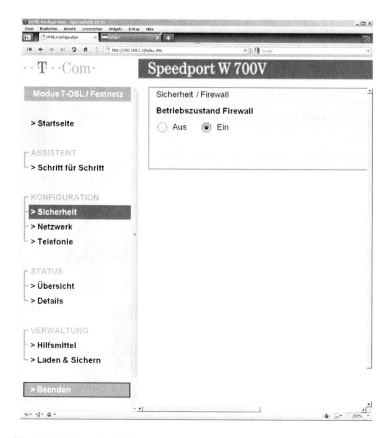

Abb. 6.5-11: Firewall aktivieren.

6.5.5 Gateway *

Ein *Gateway* verbindet Netzwerke miteinander, in denen völlig unterschiedliche Dienste verwendet werden (etwa Fax – LAN).

Gateways können völlig unterschiedliche (heterogene) Netze miteinander koppeln. Sie stellen einen gemeinsamen (virtuellen) Knoten dar, der zu allen beteiligten Netzwerken gehört und den Netz übergreifenden Datenverkehr abwickelt. *Gateways* werden für

- die Kopplung zwischen LANs und Weitverkehrsnetzen,
- den Übergang zwischen unterschiedlichen Diensten eingesetzt (z. B. das Absetzen von Fax-Nachrichten aus einem LAN).

Ein *Gateway* ist ein aktiver Netzknoten, der von allen angeschlossenen Netzen aus adressiert werden kann. Er kann auch mehr als zwei Netze miteinander koppeln.

Gateways behandeln auf beiden Seiten unterschiedliche Protokolle bis hinauf zur Schicht 7. Insbesondere ist das *Routing* über Netzgrenzen hinweg eine wichtige Aufgabe des Gateways.

Man unterscheidet im Wesentlichen zwei Typen: *Gateway-Typen*

- Medienkonvertierende *Gateways* (Translatoren) stellen bei gleichem Übertragungsverfahren die Verbindung zwischen unterschiedlichen Protokollen der unteren beiden Ebenen des OSI-Modells (bei unterschiedlichem Transportmedium) her – also dort, wo ein *Router* nicht mehr ausreichen würde.
- Protokollkonvertierende *Gateways* decken unterschiedliche Protokolle der Ebenen 3 und 4 des OSI-Schichtenmodells ab und überführen diese ineinander.

Gateways verbinden Netze mit technisch und logisch unterschiedlicher Funktionsweise miteinander. Sie dienen der Konvertierung[14] der Datenströme, und sind verantwortlich für   *Aufgaben*

- die Anpassung der Zeichendarstellung,
- die Umwandlung des Paketformates sowie
- die Übersetzung des Paketinhalts.

Daneben gibt es auch *Gateways* für zahlreiche andere Verwendungszwecke, etwa SMS-Gateways (E-Mail u. a. zu *Short Message Service*), Fax zu E-Mail, E-Mail zu Sprache etc.

Gateways werden im allgemeinen Sprachgebrauch oftmals mit *Routern* gleichgesetzt, obwohl *Router* nur auf der dritten Schicht (Vermittlungsschicht) des OSI-Referenzmodells arbeiten, ein *Gateway* dagegen auf den Schichten vier bis sieben implementiert werden kann. Oft wird ein (insbesondere in kleinen Netzen auch als *Gateway* fungierender) *Router* als Standardgateway bezeichnet.   *Standard-Gateway*

Oft wird ein Kombi-Gerät (Router/DSL-Modem) als Internetgateway bezeichnet.   *Internetgateway*

6.6 VLAN – virtuelle lokale Netzwerke *

Ein VLAN ist ein virtuelles Netzwerk. Die zugehörigen Computer werden logisch durch *Switches* segmentiert, unabhängig von ihrer räumlichen Entfernung und ihren physikalischen Verbindungen.

Die Abkürzung VLAN steht für »virtuelles LAN«, also eine Netzstruktur mit allen Eigenschaften eines gewöhnlichen LAN, jedoch ohne räumliche Bindung. Während die Stationen eines LAN nicht beliebig weit auseinanderliegen können, ermöglicht es ein VLAN

---

[14] Daten und Datenstrukturen werden durch *Gateways* so umgewandelt, dass sie kompatibel mit der jeweiligen Netzwerktechnik und -software sind.

hingegen, weiter entfernte Knoten zu einem virtuellen lokalen Netzwerk zu verbinden.

Logische Segmentierung

VLANs sind durch *Switches* verbundene Netzwerke, die logisch per Software segmentiert werden können. Ohne Beschränkung durch die räumliche Position ist es möglich, Server und Workstations nach ihrer Funktion zu dynamischen Arbeitsgruppen zusammenzufassen ohne dass Sie Rücksicht auf den physikalischen Netzwerkaufbau (Topologie) nehmen müssen.

VLANs können transparent und ohne physikalische Veränderungen des Netzes eingerichtet werden. Eine Umgliederung ist ohne neue Verbindungen von Computern möglich, sie kann über Software erfolgen.

VLAN-Eigenschaften

Bei VLANs

- spielt die räumliche Entfernung und auch die Anordnung der einzelnen Stationen keine Rolle bei der Aufgabenverteilung, selbst wenn Mitarbeiter innerhalb des Unternehmens umziehen, verbleiben sie in derselben logischen Arbeitsgruppe,
- werden Server in zentralen Sicherheitsräumen entfernten Arbeitsgruppen zugeordnet,
- ist teilweise kein *Routing* mehr nötig.

Bisher wurden Netze mit Hilfe von *Routern* segmentiert. *Router* sind teuer, es entstehen viele Subnetze, die *Router* beanspruchen viel Rechenzeit und der IP-Adressraum wird schnell zu klein.

Die VLAN-Software ersetzt dabei sowohl *Bridges* als auch *Router*, da sie einerseits die Protokollumwandlung und andererseits das *Routing* übernimmt. Eine Station kann leicht hinzugefügt, entfernt oder geändert werden und das Netz kann strukturiert werden. Es können beispielsweise virtuelle Benutzergruppen gebildet werden und es ist nicht mehr erforderlich, Benutzer nur deshalb verschiedenen Subnetzen zuzuordnen, weil ihre räumliche Entfernung zu groß ist.

Auch räumlich entfernte Ressourcen, wie z.B. Drucker, können in eine verteilte Arbeitsgruppe eingebunden werden.

VLANs können helfen, Geld zu sparen, denn *Switches* sind billiger als *Router* und leichter zu administrieren, da die *Switches* im Regelfall nicht konfiguriert werden müssen.

Die Abb. 6.6-1 zeigt ein Beispiel für eine VLAN-Konfiguration.

Hier befinden sich logisch zusammengehörige Computer (3 verschiedene VLANs) in einer ganz anderen physikalischen Struktur. Computer, die demselben VLAN angehören, sind trotzdem einem anderen Verteilergerät zugeordnet.

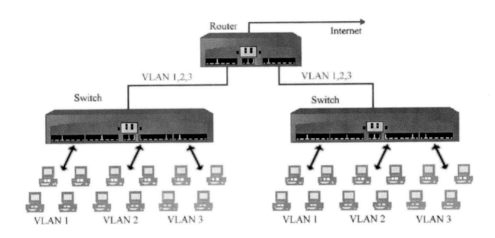

Abb. 6.6-1: VLAN mit Switches und Router.

6.7 Netzwerktopologien *

In einem Ringnetzwerk sind die beteiligten Stationen kreisförmig hintereinandergeschaltet; der Datentransfer findet hier ausschließlich in eine Richtung statt. Fällt im Ring ein Computer aus, so liegt eine Linientopologie vor. Im Maschennetz gibt es ein Maximum an Übertragungswegen; jede Station ist mit einigen oder mit allen Stationen direkt verbunden. Ein Sternnetz besitzt einen zentralen Verteiler, an den alle anderen Knoten direkt angeschlossen sind. Eine Baumstruktur stellt eine Hierarchie dar; ausgehend von einer Wurzel verzweigen immer mehr Netzwerkverbindungen. Ein Bus ist ein Kabelstrang, an welchem die Stationen in Reihe angeschlossen sind.

Eine Netzwerktypologie bzw. -topologie beschreibt die Form der Vernetzung mehrerer Computer untereinander. Hierbei unterscheidet man verschiedene Strukturen.

Bei der Ringtopologie (Abb. 6.7-1) ist jeder Teilnehmer mit genau zwei anderen Teilnehmern direkt verbunden. Eine Information wird solange »weitergereicht«, bis die IP-Adresse und auch die MAC-Adresse des Paketes mit der des Empfängers übereinstimmt.

Ringtopologie

Fällt ein Teilnehmer in dieser Typologie aus, so kann es zu einem Gesamtausfall des Systems kommen, sofern die Teilnehmer keine Protection-Funktion (Schutz-Umschaltung) beherrschen.

Die Schutz-Umschaltung ermöglicht es, dass bei einer Leitungsunterbrechung oder einem Computerausfall die Informationstauschrichtung gedreht wird, d. h., wurden Informationen vor dem Ausfall im Uhrzeigersinn ausgetauscht, werden sie nun gegen ihn versendet.

Linientopologie Der letzte Computer vor der ausgefallenen Station auf der anderen Seite des nun geöffneten Rings kehrt die Senderichtung erneut um. Diese Form nennt man Linientypologie, die eine Sonderform der Ringtypologie darstellt. Der Ring ist jetzt nicht mehr geschlossen (Abb. 6.7-1).

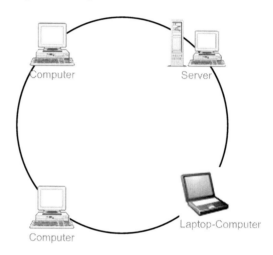

Abb. 6.7-1: Ringnetzwerk.

Ein Ringnetzwerk ist einfach aufzubauen, jedoch
- aufwendig zu erweitern und
- unterbrechungsanfällig, da keine Redundanzen vorhanden sind.

Ringnetzwerke sind heute kaum noch in der Praxis vorzufinden.

Maschennetzwerk Bei der vermaschten Struktur (*Mesh*, Abb. 6.7-2) ist jeder Teilnehmer/Endknoten entweder mit jedem anderen Teilnehmer (voll vermaschte Struktur, *Fully Connected*) oder zumindest mit einigen Teilnehmern direkt verbunden. Dies ist eine sehr ausfallsichere, leistungsfähige und schnelle Verbindungsmethode.

Wenn ein einzelner Computer ausfällt, so ist trotzdem das Netzwerk als Ganzes kaum beeinträchtigt.

Es ist kein *Routing* notwendig, wie beispielsweise bei der Ring- oder Linientypologie. Da diese Form der Vernetzung lange Kabelwege bedingt und hohen Verlegungsaufwand erfordert, ist die Realisierung bei vielen Geräten/Stationen sehr komplex und teuer.

Links in der Abb. 6.7-2 sehen Sie vollständig vernetzte *Router*, an denen jeweils ein eigenständiges Netzwerk angeschlossen wer-

6.7 Netzwerktopologien *

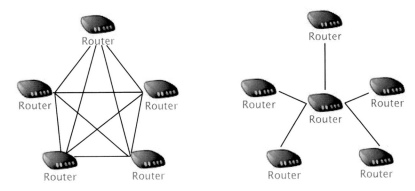

Abb. 6.7-2: vollständig vernetzt (links), Maschennetz einfach (rechts).

den kann; alle Endgeräte können dann direkt über die zuständigen *Router* Kontakt mit einer Station aus einem anderen Netz aufnehmen. Für diese Netzstruktur (reines Maschennetz) benötigen Sie 10 Verbindungen von *Router* zu *Router*.

Rechts in der Abb. 6.7-2 sehen Sie einen zentralen *Router*, mit dem die anderen *Router* verbunden sind (Kombination aus Stern- und Maschennetzwerk). Jeder *Router* verwaltet ein eigenständiges Netzwerk, allerdings ist eine direkte Kommunikation von Netzwerk zu Netzwerk bzw. zwischen den einzelnen *Routern* nicht möglich.

Datenpakete, die das Netzwerk verlassen sollen, werden erst über den zentralen Verteiler/Router geleitet, der diese dann an den *Router* des Zielnetzwerkes übergibt. Zwar müssen hier nur fünf Verbindungen/Leitungen gelegt werden, doch ist die Funktionalität des gesamten Netzes von der Einsatzbereitschaft und der Kapazität des zentralen Routers abhängig, zu dem erfordert diese Netzwerkkonstellation im Vergleich zur vollständigen Vernetzung die Anschaffung und Einrichtung eines zusätzlichen *Routers*.

Maschennetze mit Ethernet-Technik sind heute in der Praxis sehr selten anzutreffen. Bei leitungsgebundenen Netzwerken hat sich diese Topologie wegen der hohen Kosten für Schnittstellen und Kabelverbindungen sowie des hohen Verlegungsaufwands *nicht* durchgesetzt.

In einer Sternstruktur kommuniziert jeder Teilnehmer mit einem anderen Teilnehmer über einen zentralen Knoten (Punkt-zu-Punkt-Verbindung). Eine direkte Kommunikation der einzelnen Teilnehmer untereinander ist nicht möglich, da alle Informationen über den zentralen Knoten laufen.

Sterntopologie

Allerdings gibt es *keine* geteilten Leitungen *(Shared Medium)*, da der zentrale Verteiler entscheidet, wann welche Daten über welche Leitung übertragen werden.

Idealerweise ist der zentrale Verteiler/Switch redundant (doppelt) vorhanden, da so die Gefahr des gesamten Ausfalls des Systems minimiert wird. Tritt der Ausfall ein, so übernimmt der redundante Knoten die Aufgaben des ausgefallenen Knotens.

Die Sterntopologie ist inzwischen die am meisten verbreitete Verkabelungstopologie, die heute in zahlreichen Netzwerken eingesetzt wird. Vorteile der Sterntopologie sind

- die höhere Flexibilität und
- die höhere Bandbreite durch Nutzung von Vermittlungsfunktionen in aktiven Verteilern (Switches/Router).

Nachteilig dagegen ist die starke Abhängigkeit von den zentralen Komponenten.

Baumnetz Ein Baumnetz ist dadurch gekennzeichnet, dass alle Knoten aus einer Wurzel hervorgehen, die einzelnen Knoten selbst können wieder Verbindungsgeräte zu einer höheren Ebene des Baumes sein. Da diese Struktur übersichtlich, schnell erweiterbar ist und der Ausfall eines Knotens – abgesehen von den Verteilern – keinen Einfluss auf die Stabilität/die Funktionalität des gesamten Netzwerkes hat, werden diese Strukturen oft in großen Gebäuden realisiert.

Fällt allerdings ein Knoten aus, sind automatisch alle »Blätter«, also dessen Unterknoten von der Hauptwurzel bzw. der Zentralrechner getrennt und können nicht mehr mit den anderen Teilnehmern kommunizieren (Abb. 6.7-3).

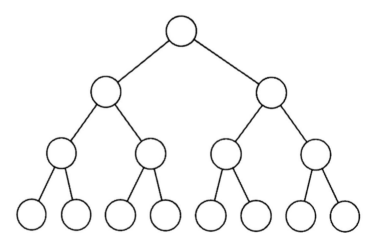

Abb. 6.7-3: Baumnetz.

6.7 Netzwerktopologien *

Die letzte Strukturform, die Busstruktur, zeichnet sich dadurch aus, dass alle angeschlossenen Geräte direkt mit einem gemeinsam genutzten Medium, dem Bus, verbunden sind. Ein Ausfall eines angeschlossenen Gerätes stört in keiner Weise die Kommunikation über den Busstrang. Es kann immer nur ein Computer Daten senden oder empfangen, alle anderen werden für diese Zeit von den Netzwerkprotokollen und anderen Diensten, die der Kollisionsvermeidung dienen, blockiert.

Busnetz

Ein großer Nachteil von Busnetzen ist die nicht unwesentliche Gefahr der Datenkollision bei gleichzeitigem Senden (Abb. 6.7-4).

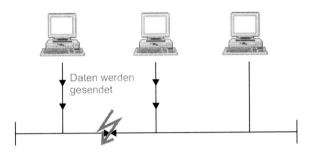

Abb. 6.7-4: Datenkollision im Busnetz.

Die Bustopologie war lange Jahre der Standard von Ethernet. Koaxialkabel und T-Stecker gehörten zu jedem Kabelnetzwerk, ohne dass irgendwie Zusatzgeräte benötigt wurden.

Mit dem Einsatz intelligenter *Switches* und *Router* als zentrale Verteiler begann das Aussterben der Busnetzwerke.

Aber: Ganz ist diese Verbindungsform aus kabelgebundenen Computernetzen noch nicht wegzudenken. Befinden sich etwa mehrere Räume in einer Reihe, in denen jeweils ein Computersystem in das Netz einzubinden ist, so ist ein Bus nach wie vor die optimale Verkabelungsform. Alle PCs werden an einen Strang angeschlossen, der bis zum DSL-Anschluss verlängert wird; so können alle Computer das DSL-(Internet-)Signal empfangen.

In der Praxis findet die Bustopologie häufig im dLAN Anwendung (siehe »dLAN – Netzwerk über Stromleitung«, S. 341)[15] (Abb. 6.7-5).

Im hier gezeigten Vernetzungsbeispiel sind die einzelnen Kommunikationsgeräte in Reihe geschaltet – die Steckdosen sind sämtlich mit demselben Kabel verbunden.

---

[15] Im dLAN *(Direct Local Area Network)* dient das häusliche Stromnetz als Übertragungsmedium *(Backbone)* für die Netzwerkkommunikation.

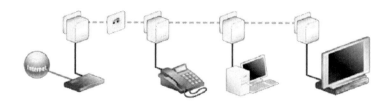

Abb. 6.7-5: Bus-Vernetzung im dLAN.

6.8 Alternativen zu Ethernet *

Das Ethernet nach IEEE 802.3 ist zwar die verbreitetste, jedoch nicht die einzige Kabeltechnik für Computernetzwerke. Folgende Alternativen stehen u. a. zur Verfügung:

- »Token Ring«, S. 230
- »USB«, S. 231
- »Firewire«, S. 232
- »FDDI«, S. 232
- »Home-PNA«, S. 233
- »Scratch«, S. 234

6.8.1 Token Ring **

Token Ring aus dem Hause IBM ist ein Ringnetzwerk, in welchem alle Stationen gleichberechtigt sind.

Token Ring bezeichnet eine Netzwerktechnik aus dem Hause IBM. Sie zeichnet sich durch ihre ringförmige Topologie aus.

Token — Während im Ethernet der Zugriff auf das Medium per CSMA/CD erfolgt, geschieht in Token-Ring-Netzwerken der Zugriff über ein *Token*, um jedem Computer einen gleichberechtigten Zugriff auf das Netz zu gewähren.

Active Monitor — Der erste Computer in einem Token-Ring-Netzwerk *(Active Monitor)* erstellt ein *Token* (Datenpaket, Sendeberechtigung) und leitet dieses an seinen Nachbarn weiter. Nur der Computer, welcher im Besitz des *Tokens* ist, darf auch Daten senden, womit ein gleichzeitiges Senden von zwei Computern (und damit auch eine mögliche Kollision) verhindert wird.

NAUN, NADN — Das *Token* wird jeweils vom NAUN *(Nearest Active Upstream Neighbour* – nächster aktiver Nachbar stromaufwärts) an den NADN *(Nearest Active Downstream Neighbour* – nächster aktiver Nachbar stromabwärts) weitergegeben. Ist das *Token* leer, so kann der Besitzer Daten anhängen (Abb. 6.8-1).

Jeder Computer im Ring muss Daten lesen oder weiterleiten. Sind die Daten für ihn bestimmt, kopiert er sie und markiert sie als gelesen, danach wird das *Token* weitergeleitet. Der Sen-

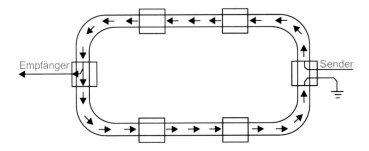

Abb. 6.8-1: Kommunikation im Token-Ring Netzwerk.

der löscht die Daten, wenn er das *Token* wieder bekommt, und gibt das leere *Token* an den nächsten Computer weiter, der nun senden kann.

Token Ring hat sich nicht durchgesetzt, besitzt heute keine Bedeutung mehr.

6.8.2 USB *

USB wird eher für Verbindungen zwischen Kleingeräten und Peripherie als zur Computervernetzung verwendet.

Der *Universal Serial Bus* (USB) ist ein standardisiertes, serielles Bus-System, das hauptsächlich eingesetzt wird, um Peripheriegeräte an einen Computer anzuschließen.

An einen USB-Port können bis zu 127 Peripheriegeräte angeschlossen werden. Die Daten werden über eine verdrillte Zweidrahtleitung übertragen.

Es werden *Hubs* zur Erweiterung der Anschlusskapazität unterstützt. Die maximale Übertragungsdistanz eines Übertragungsabschnittes beträgt 5 Meter.

USB erlaubt es, Geräte während des Computerbetriebes anzuschließen und sofort zu benutzen, ohne den Computer neu zu starten *(Hot-Plug-In)*. Alle angeschlossenen Geräte teilen sich die Übertragungsleistung des Busses.

USB ist keine wirkliche Konkurrenz zu Ethernet, da es bei der reinen Computer-zu-Computer-Vernetzung nahezu gar nicht zum Einsatz kommt, sondern eher bei der Vernetzung von Kleingeräten und Peripherie.

6.8.3 Firewire **

Firewire wird für die Vernetzung von Kleingeräten eingesetzt.

IEEE 1394

Firewire ist ein von Apple entwickeltes serielles Bussystem, das sich aufgrund der hohen Übertragungsrate auch als Alternative zu Ethernet nutzen lässt *(IP over FireWire)*. Der Standard ist in der IEEE 1394 spezifiziert.

Firewire ist allerdings eher eine Konkurrenz für USB als für Ethernet. Wie auch USB wird *Firewire* vorwiegend zum Anschluss von Peripheriegeräten eingesetzt.

6.8.4 FDDI **

FDDI ist eine Ringstruktur, bei der Glasfaserkabel als Backbone eingesetzt werden.

FDDI *(Fibre Distributed Data Interface)* ist ein Kommunikationsstandard für ein Glasfaser-Datennetz. Als Übertragungsmedium sind Multimode- und Monomode-Glasfaser spezifiziert. Die Daten werden in Form von Lichtimpulsen mit einer Wellenlänge von 1300 nm übertragen.

Die Topologie ist in Form eines einfachen oder doppelten Ringes angelegt (Abb. 6.8-2). Die maximale Ausdehnung beträgt 200 km bei 1000 Stationen. Ein Doppelring unterstützt nur 500 Stationen, wobei der Sekundärring beim Ausfall des Primärrings die Arbeit übernimmt. Bei Verwendung von Multimode-Glasfaser dürfen zwei Stationen maximal 2 km auseinander liegen. Bei Monomode-Glasfaser sind es bis zu 40 km.

Der physikalische Aufbau (Ringtopologie) lässt auf ein *Shared Medium* bzw. *Shared Bandwidth* schließen. Für die Zugriffssteuerung wird das Token-Passing-Verfahren verwendet. Wie bei *Token Ring* kreist ein *Token* im Netzwerk. Die Station, die das *Token* erhält, darf ihre Daten übertragen.

Obwohl FDDI für eine Anbindung von 1000 Stationen ausgelegt ist, führen bereits 50 aktive Stationen zu einer erheblichen Übertragungsverzögerung. Daher ist FDDI eher für die Vernetzung großer Netze untereinander geeignet.

Die Stationen in einem FDDI sind **Konzentratoren**, an denen einzelne Netze (LANs) angeschlossen sind. Ethernets können über FDDI/Ethernet-Bridges in den Ring eingebunden werden.

Seit der Entwicklung von Fast Ethernet und spätestens mit Gigabit-Ethernet hat FDDI kaum noch eine Bedeutung.

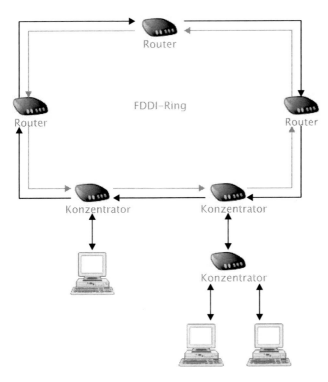

Abb. 6.8-2: Router und Konzentratoren im FDDI-Ring.

6.8.5 Home-PNA ***

Home-PNA ist in den USA populär. Telefonkabel werden für die Datenübertragung genutzt.

Home-PNA *(Phoneline Networking Alliance)* ist eine Institution, die sich dem Markt der Heimnetze widmet und eine Alternative zu den DSL-Verfahren bietet. Home-PNA stellt über eine einfache meist vorhandene Telefonverkabelung eine Hausvernetzung her, die für Computernetzwerke nutzbar ist. Die Telefonleitung wird dabei zum Telefonieren nicht eingeschränkt. Z. T. werden auch die bestehenden Fernsehkabel zur Datenübertragung verwendet.

Anfangs wurden 1 bis 2 MBit/s erreicht, inzwischen können im Home-PNA bis zu 240 MBit/s erreicht werden. Diese Lösung ist in den USA eine weitverbreitete Technik für Heimnetzwerke, in Deutschland allerdings unbekannt.

6.8.6 Scratch ***

Scratch ist eine noch nicht ausgereifte Glasfaser-Technik für die Breitbandübertragung in Weitverkehrsnetzen.

CUDOS

Das Internet soll in den kommenden Jahren rasend schnell werden: Australische Wissenschaftler vom CUDOS *(Centre for Ultra-high-bandwidth Devices for Optical Sytems)* der Universität Sydney haben eine Technik vorgestellt, mit der sich das Internet enorm beschleunigen lässt. Kleine Glaskratzer sollen in Zukunft dafür sorgen, dass das Internet bis zu hundert Mal schneller wird als in aktuellen Netzwerkstrukturen üblich.

In ersten Tests konnte die Übertragungsgeschwindigkeit im Test-Netzwerk bereits um das Sechzigfache gesteigert werden. Die Physiker erreichen diese mit ultrahohen Bandbreiten mit mikroskopisch kleinen Kratzern in Datenweichen von Glasfaserkabeln. Diese sollen den Datenstrom künftig noch effektiver verteilen und so die Übertragungsgeschwindigkeit im Vergleich zu heutigen Verfahren drastisch erhöhen.

Bei der Scratch genannten Technik wird das lichtdurchlässige Material in optischen Weichen aufgeraut bzw. zerkratzt. Diese Weichen sind vergleichbar mit denen im Zugverkehr: Sie leiten die Informationspakete auf die richtigen Gleise zum Empfänger; je schneller sie umstellen, desto mehr Datenpakete können in kürzerer Zeit transportiert werden.

Das schaffen die zerkratzten optischen Weichen nun in Rekordgeschwindigkeit. Innerhalb nur einer Sekunde kann der Zustand der Weiche rund eine Million Mal geändert und damit den Datenpaketen eine neue Richtung gegeben werden.

Was bedeutet das für die Geschwindigkeit der Datennetzwerke? Die photonische Technik hat einen möglichen Datenstrom von einem Terabit pro Sekunde. Herkömmliche Glasfaser-Netzwerke erreichen gerade einmal eine Geschwindigkeit von einigen Gigabyte pro Sekunde.

Die Scratch-Technik könnte somit einerseits in LANs, andererseits auch in Weitverkehrsnetzen zum Einsatz kommen.

Wann der photonische Chip in den Datennetzen dieser Welt zum Einsatz kommt, ist noch unklar. Die Scratch-Technik befindet sich noch in der Entwicklungsphase. Neben dem CUDOS-Team von der Universität Sydney arbeiteten Forscher der *Australian National University* sowie der Technischen Universität Dänemark an dem Projekt. Finanzielle Unterstützung erhielten die Wissenschaftler vom australischen Forschungsrat (ARC).

6.9 Power over Ethernet **

Die Norm IEEE 802.3af standardisiert PoE. Kompatible Geräte können über das Netzwerkkabel sowohl Daten übertragen als auch mit Strom versorgt werden.

Über Netzwerkkabel werden heute nicht nur Daten übertragen. Der zugrunde liegende Standard heißt *Power over Ethernet*.

Power over Ethernet ist eine Technik für Ethernet-LANs, welche die Übertragung des für den Betrieb der angeschlossenen Geräte erforderlichen Stroms über Datenkabel anstatt über Stromkabel ermöglicht. Dies reduziert den Verkabelungsaufwand für die Installation des Netzwerkes.

Bei *Power over Ethernet* (PoE) wird das Netzwerkkabel für die Übertragung der Daten verwendet und gleichzeitig werden angeschlossene Geräte mit Strom versorgt. Aufgrund der Leitungsquerschnitte ist die Gesamtversorgungsleistung auf 2,95 W begrenzt, die Spannung beträgt 48 V, der Strom ist auf 350 mA begrenzt und darf beim Einschalten für 60 Millisekunden auf 400 mA ansteigen.

PoE arbeitet ohne weitere Modifikation mit existierender Verkabelung (z. B. CAT5). Der PoE-Standard kann u. a. von WLAN-Basisstationen, IP-Telefonen, Sicherheits- und Kassensystemen, Beleuchtungstechnik, Web-Kameras und EPOS[16] genutzt werden.

Der PoE-Standard unterscheidet

- Verbraucher *(Powered Devices* oder kurz PD) und
- Versorger *(Power Sourcing Equipment*, kurz PSE).

Strom und Datensignale müssen voneinander getrennt bleiben und sich nicht gegenseitig stören. PoE-Systeme verfügen über Fehlerschutzmechanismen, welche bei übermäßigem Strom oder einem Kurzschluss die Stromversorgung abstellen.

PoE ist durch den Standard IEEE 802.3af beschrieben. Die Norm legt fest, wie sich Geräte im Ethernet über das Twisted-Pair-Kabel mit Energie versorgen lassen. Dabei werden entweder die ungenutzten Adern der Leitung verwendet, oder es wird zusätzlich zum Datensignal ein Gleichstromanteil über die vier verwendeten Adern übertragen. Eine Logik stellt dabei sicher, dass nur PoE-fähige Geräte mit Energie versorgt werden.

IEEE 802.3af

---

[16]Ein *Electronic Point of Sale* (EPOS) ist ein System, das im Einzelhandel Anwendung findet. Wird ein Produkt an der Kasse verkauft (Strichcode wird gescannt), so wird der Verkauf über ein Computersystem mit dem Lager abgeglichen.

7 Drahtlose Techniken *

Kabelgebundene Netzwerke werden zunehmend durch funkbasierte Netzwerke ergänzt bzw. teilweise abgelöst. zunächst werden die Grundlagen des funkbasierten LAN behandelt:

- »Die Grundlagen von WLAN«, S. 237

Anschließend wird dargestellt, wie die Kommunikation im WLAN technisch abläuft:

- »Medienzugriff im WLAN«, S. 247.

Es folgt eine Darstellung der Architekturen:

- »WLAN-Betriebsarten«, S. 253.

Für die Hardware im WLAN gibt es mehrere Möglichkeiten:

- »WLAN-Geräte«, S. 260.

Neben privaten Funkverbindungen gibt es auch öffentliche:

- »WLAN-Hotspots«, S. 272

Roaming ist nicht nur bei Telefonen möglich:

- »WLAN-Roaming«, S. 274.

Im WLAN können auch Probleme auftreten:

- »Schwachstellen von WLAN«, S. 276.

Für die Zukunft zeichnen sich bereits einige Entwicklungen ab:

- »Das WLAN der Zukunft«, S. 277.

Zu WLAN gibt es auch Alternativen:

- »Bluetooth«, S. 279
- »WiMax«, S. 290

Abschließend werden die Funkstandards WLAN, Bluetooth und Infrarot einander gegenüber gestellt:

- »Box: Die Funkstandards im Vergleich«, S. 293

7.1 Die Grundlagen von WLAN *

Funktechnik wird oft eingesetzt, damit von mehreren Computern ein einziger Zugang zum Internet gleichzeitig genutzt werden kann. Musste bei klassischer Ethernet-Technik stets eine Kabelverbindung von der Telefonanschlussdose oder vom Kabelmodem, über die auch breitbandige DSL-Anschlüsse geschaltet werden, zu jedem einzelnen Computer gelegt werden, so genügt es nunmehr, dass nur ein Vermittlungsgerät – ein Router mit WLAN-Schnittstelle – unmittelbar an die Internetleitung angeschlossen wird und per Funk mit den Netzwerkteilnehmern kommuniziert.

7 Drahtlose Techniken *

Diejenigen Computer, die eine Internetverbindung benötigen, nehmen lediglich Funkkontakt mit dem WLAN-Router auf, der dann die eingehenden Anfragen an den Web-Server weiterleitet.

Die Tab. 7.1-1 listet auf, in welchen Bereichen drahtlose Kommunikation eingesetzt wird.

Bereich		Technik	Anwendung/Dienst
Telefonie	GSM	Global System for mobile Communications	D1- und D2-Netz
Telefonie	DECT	Digital European Cordless Telecommunications	Schnurloses Telefon
Rufsysteme			Paging-Geräte (Quix, Scall)[1]
Privatfunk	TETRA	Terrestrial Trunked Radio	Bündelfunk auf Baustellen, zwischen Busfahrern
Geräteverbindung		Bluetooth	Piconetze für Kleinstgeräte in Wohnung, Büro
Punkt-zu-Punkt-Verbindungen	IrDA	Infrared Data Association	Druckerschnittstelle
Satelliten	GPS	Global Positioning System	Positionierungssysteme

Tab. 7.1-1: Funktechnik in der Praxis.

Informationen zu den in der Tab. 7.1-1 angegebenen Verfahren und Techniken finden Sie hier:

- Website 4.am (http://artikel.4.am/archives/2566-Was-ist-ein-DECT-Telefon.html)
- Website Teltarif.de (http://www.teltarif.de/i/paging.html)
- Website Pressebox.de (http://www.pressebox.de/attachment/146694/tetra-info.pdf)
- Website Wikipedia (http://de.wikipedia.org/wiki/Infrared_Data_Association)
- Website Uni-Bonn (http://www.ipe.uni-bonn.de/vorlesung/xPFa/XPfa_GPS.DOC)

Funkzellen
: Größere Funknetzwerke bestehen aus vielen einzelnen Funkzellen (Abb. 7.1-1). Dabei bildet in jeder Zelle ein WLAN-Router die zentrale Netzkomponente. Er steuert den Datentransfer zwischen den Endgeräten und verbindet seine eigene Zelle mit anderen Funkzellen oder leitungsgebundenen Netzwerken.

WLAN-Beispiel
: Die Abb. 7.1-1 zeigt zwei Funkzellen, welche jeweils von einem Funk-Router (Basisstation, Access-Point) verwaltet werden. Über ein Verteilersystem (*Wireless Distribution System*, WDS) sind sie untereinander und mit einem lokalen Kabelnetzwerk verbunden.

---

[1] *Paging* (Funkruf) ist ein Verfahren, Nachrichten über ein Funknetz an kleine Empfangsgeräte zu senden.

7.1 Die Grundlagen von WLAN *

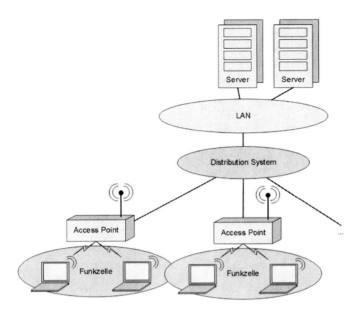

Abb. 7.1-1: WLAN-Zellen.

Das *Distribution System* besitzt unter anderem die Funktion einer *Bridge*, sodass auch weitere Netzwerke an das System angeschlossen werden können.

Je nach Position der einzelnen Computer und Größe des Netzwerkes tritt beim Senden im Funknetzwerk eine neue Situation auf: Nicht jede Station kann jede andere hören bzw. wahrnehmen.

Der Zugriff auf das Medium könnte im Funknetzwerk auf gleiche Weise wie im Ethernet erfolgen. Das funktioniert allerdings nur, solange sämtliche Stationen miteinander in Funkkontakt stehen. Ansonsten würde eine der Stationen das Medium als frei erkennen, obwohl eine andere Station sendet, das Medium also belegt.

Ein mögliches Szenario zeigt die Abb. 7.1-2.

Station S1 kann hier von den zwei Stationen S2 und S3 Daten empfangen. Ein unmittelbarer Funkkontakt zwischen S2 und S3 ist dagegen nicht möglich.

Sendet nun S2 eine Nachricht an S1, so erscheint das Medium dennoch für S3 als frei und es kann zu einer Kollision kommen, d. h. es entsteht ein Datencrash, wenn S3 ein Datenpaket an S1 sendet.

Beispiel: Versteckte Stationen

Auch S4 und S3 erkennen sich nicht gegenseitig. Würde also S4 zur gleichen Zeit wie S3 ein Datenpaket an S2 senden, so könnte S2 es nicht fehlerfrei empfangen.

Sie erkennen: Nach der Logik von CSMA/CD kann die Sendestation in vielen Fällen keine Kollision erkennen. Anders als bei drahtgebundenen Medien lässt sich bei Funknetzen nur auf Empfängerseite prüfen, ob eine Kollision vorliegt.

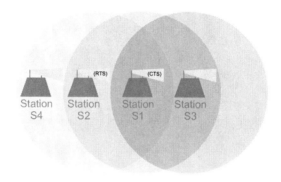

Abb. 7.1-2: Versteckte Stationen im WLAN.

RTS-CTS — Um solche Situationen zu vermeiden, beinhaltet die 802.11-Norm den RTS-CTS-Mechanismus. Ein Request-To-Send-Rahmen (RTS) wird von der sendewilligen Station an den Empfänger übertragen und von diesem mit einem Clear-To-Send-Rahmen (CTS) beantwortet. Klappt dieser Austausch problemlos, so beginnt der Sender nach einer kurzen Wartezeit die Datenübertragung.

 Im Folgenden erfahren Sie das Wichtigste über die Funktechnik WLAN. Zuerst lernen Sie WLAN-Normen kennen:

- »Standard und Definition«, S. 240

Danach wird die aktuelle Technik im WLAN dargestellt:

- »802.11n – Die neue Technik«, S. 242

7.1.1 Standard und Definition *

WLAN-Hardware wird von der WECA zertifiziert. Seit 1997 gibt es die Norm IEEE 802.11, in welcher WLAN spezifiziert ist.

IEEE 802.11 — Ein Wireless LAN, WLAN oder Wi-LAN ist ein lokales Netzwerk mit Funkübertragung. Wie auch für Ethernet hat das *Institute of Electrical and Electronic Engineers* (IEEE) für funkbasierte Netze zahlreiche Normen bzw. Standards erarbeitet. Diese sind in der Familie der IEEE 802.11-Standards zusammengefasst.

7.1 Die Grundlagen von WLAN *

Der erste Standard der IEEE 802.11-Familie wurde 1997 freigegeben. Bis dahin war an den breiten Einsatz drahtloser Datennetze wegen fehlender Standards und der geringen Datenübertragungsrate nicht zu denken.

IEEE 802.11 ist das Analogon zur IEEE 802.3-Norm. Die 802.11-Norm des IEEE enthält die verbindlichen Standards für kabellose Datenübertragung, indem sie die Bitübertragungsschicht des OSI-Schichtenmodells für ein WLAN definiert.

Unabhängig von den verwendeten Netzwerkprotokollen lässt sich WLAN-Hardware in jedes Netzwerk einbinden. Daher ist es ohne Einschränkung möglich, eine (kabelbasierte) Ethernet-Verbindung (IEEE 802.3-Standard) gegen eine WLAN-Verbindung (nach IEEE 802.11) zu ersetzen.

Der Begriff *Wireless LAN* darf dabei nicht mit der Norm IEEE 802.11 verwechselt bzw. gleichgesetzt werden: Während *Wireless LAN* einfach die allgemeine Bezeichnung für ein kabelloses lokales Netzwerk darstellt, ist IEEE 802.11 ein Regelwerk, das vorschreibt, wie ein WLAN aufzubauen ist. Hier wird die software- und hardwaretechnische Implementierung festgelegt. Es könnte also durchaus auch andere Standards geben, die den Aufbau von *Wireless LANs* festlegen.

Die allererste IEEE 802.11-Norm beschreibt den ursprünglichen Standard, der Übertragungsraten von bis zu 2 MBit/s möglich macht. Um die Übertragungsrate und die Datensicherheit zu verbessern, wurde der Standard mehrfach erweitert (Tab. 7.1-2).

Standard	802.11	802.11b	802.11b+	802.11a/h/j	802.11g	802.11n
Frequenzbereich	2,4 GHz	2,4 GHz	2,4 GHz	5 GHz	2,4 GHz	2,4 GHZ, 5 GHz
Datendurchsatz maximal	2 MBit/s	11 MBit/s	22 MBit/s	54 MBit/s	54 MBit/s	300 MBit/s
Kompatibel zu	802.11b	802.11b+/g	802.11b/g	-	802.11b/b+	802.11b/g

Tab. 7.1-2: Ausgewählte WLAN-Standards.

Die Bezeichnung IEEE 802.11 steht einerseits für die allererste Version der WLAN-Standards von 1997, andererseits für die Gesamtheit/Familie aller IEEE 802.11-Normen, die bis heute veröffentlicht wurden. Um Irritationen auszuschließen, bezeichnet IEEE 802.11 in den folgenden Abschnitten – soweit es nicht explizit anders vermerkt ist – die Norm/Familie als Ganzes und nicht die einzelne ursprüngliche Version.

Hinweis

WiFi Im Zusammenhang mit IEEE 802.11 und *Wireless LAN* fällt sehr häufig der Begriff WiFi, der für *Wireless Fidelity* (siehe auch Website DrWeb (http://www.drweb.de/magazin/was-ist-lexikon-wifi/)) steht und von der *Wireless Ethernet Compatibility Alliance* (WECA) kommuniziert wird. Die WECA heißt heute WiFi-Allianz. Sie nimmt die Zertifizierung der WLAN-Geräte vor. Sie ist ein Zusammenschluss von Firmen, die mit dem WiFi-Logo ihre Produkte als IEEE 802.11-kompatibel kennzeichnen. Siehe hierzu auch Website Elektronik-Kompendium (http://www.elektronik-kompendium.de/sites/net/0610051.htm).

Diese Geräte haben eine Art TÜV durchlaufen. Produkte mit diesem Logo lassen sich uneingeschränkt mit Produkten anderer Hersteller kombinieren. Das bedeutet, dass im selben Netzwerk eingesetzte Wireless-Hardware, nämlich WLAN-Access-Point und WLAN-Client von unterschiedlichen Herstellern stammen können.

Somit können die Bezeichnungen WiFi und WLAN als gleichbedeutend angesehen werden.

7.1.2   802.11n – Die neue Technik *

In einem WLAN vom Standard IEEE 802.11n ist eine Bruttodatenrate von 600 Mbit/s erreichbar. Möglich wird diese u. a. durch paralleles Empfangen und Senden mit bis zu 4 Antennen, Nutzung des 5 GHz-Frequenzbandes, Verzicht auf Abwärtskompatibilität, breitere Hochfrequenzkanäle bis zu 40 Hertz und Erhöhung der Paketgröße.

Die Norm IEEE 802.11n beschreibt den heutigen WLAN-Standard. Sie ist die Spezifikation für ein WLAN mit Übertragungsraten von 150, 300, 450 und 600 MBit/s. Für die Entwicklung der IEEE 802.11n wurde Ende 2003 eine Arbeitsgruppe eingerichtet, um einen WLAN-Standard zu schaffen, der eine Nettoübertragungsrate von mindestens 100 MBit/s erreicht.

Wie bei Fast Ethernet sollten im WLAN auch 100 MBit/s möglich sein. Geschwindigkeiten von 1 Gigabit pro Sekunde oder gar 10 Gigabit pro Sekunde, wie sie beim Ethernet möglich sind, sind allerdings noch in weiter Ferne.

Nettoübertragungsrate In der Praxis ist mit 120 MBit/s (bei 300 MBit/s brutto) und 240 MBit/s (bei 600 MBit/s brutto) zu rechnen.

Erreicht werden diese Geschwindigkeiten durch

- mehrere Antennen und Signalverarbeitungseinheiten (MIMO),
- die Verdopplung der Funkkanal-Bandbreite auf 40 MHz, sowie

7.1 Die Grundlagen von WLAN *

- die parallele Nutzung des 2,4 GHz- und 5 GHz-Frequenzbandes.

Der Standard IEEE 802.11n wurde im September 2009 verabschiedet. Er beinhaltet zahlreiche Techniken zur grundlegenden Verbesserung der Übertragungsrate:

Neuerungen im WLAN

- Antennengruppen mit MIMO *(Multiple Input Multiple Output)*,
- spatial Multiplexing mit *Space Time Block Coding* (STBC)[2],
- Antennen-Diversity (bei mehreren Antennen wird das Signal von derjenigen Antenne mit dem besseren Empfang abgegriffen),
- verbesserte OFDM-Modulation[3] mit maximal 65 MBit/s in einem 20 MHz-Kanal (nur 54 MBit/s bei IEEE 802.11g), siehe auch Website Elektroniknet.de (http://www.elektroniknet.de/home/mobilfunk-spezial/fachwissen/ofdm-die-modulation-der-zukunft/)),
- Kanalbündelung,
- *Transmit Beamforming*,
- *Packet Aggregation* (Zusammenfassen von Paketen),
- RIFS *(Reduced InterFrame Spacing)*,
- Greenfield-Mode (Abschaltung der 802.11a-, 802.11b- und 802.11g-Unterstützung).

Bei IEEE 802.11n wird der Datendurchsatz über 100 MBit/s durch einen höheren Durchsatz auf der MAC-Schicht *(Media Access Control,* Bitübertragungsschicht im OSI-Modell) und einen geringeren Overhead erreicht. Ein deutlicher Geschwindigkeitszuwachs wird dadurch erreicht, dass die Bandbreite unter allen Teilnehmern besser aufgeteilt wird.

Im Vergleich zu älteren 802.11-Standards verbessern *Transmit Beamforming* (Sendestrahlsteuerung, siehe Website Fritz.de (http://www.fritz.de))[4], *Receive Combining*[5] und breite Hochfre-

---

[2] STBC (die Raum-Zeit-Block-Codierung) ist ein Übertragungsverfahren in Funknetzwerken, bei dem die zeitliche, die spektrale und auch die räumliche Dimension der Übertragungsstrecke ausgenutzt wird.

[3] OFDM *(Orthogonal Frequency Division Multiplexing)* ist ein digitales Modulationsverfahren, das in verschiedenen Kommunikationssystemen zum Einsatz kommt. Wesentlich bei OFDM ist eine hohe spektrale Effizienz. Das heißt, es lassen sich mehr Daten pro Bandbreite übertragen als bei herkömmlichen Modulationsverfahren. OFDM toleriert auch Umgebungen mit hoher HF-Überlagerung. Einige Dienste, die OFDM einsetzen wie z. B. WLAN, arbeiten in den nicht regulierten ISM-Bändern *(Industrial, Scientific, Medical),* in denen auch viele andere nicht regulierte Geräte arbeiten, wie analoge schnurlose Telefone (900 MHz), Mikrowellenherde (2,45 GHz), Bluetooth-Geräte (2,45 GHz), digitale schnurlose Telefone (2,45 GHz oder 5,8 GHz) und WLAN (2,45 GHz oder 5,8 GHz). Außerdem funktioniert OFDM problemlos in Umgebungen mit starker Mehrwegausbreitung.

[4] Die Implementierung der Transmit-Beamforming-Technik (TxBF) ermöglicht die präzise Fokussierung des zu sendenden Signals auf den Ort des WLAN-Clients. Die optimale Einstellung der Sendeparameter ermöglicht hat die maximale Stärke des Sendesignals beim Empfänger zur Folge. So kann der Datendurchsatz (nach Herstellerangaben) um etwa 50% erhöht werden.

[5] *Receive Combining* (oft auch als *Antenna Diversity* oder Antennendiversität bezeichnet) ist ein Verfahren, bei dem mehrere Antennen pro Sender oder Empfänger ver-

quenzkanäle die Funkverbindung und bringen mehr Datendurchsatz. Je nach Anwendung oder lokaler Frequenzvergabe (abhängig von der Regulierung) sind 10, 20 oder 40 MHz breite **HF-Kanäle** möglich.

Die WLAN-Geräte prüfen, ob diese Kanäle für die Datenübertragung frei sind. Bluetooth-Geräte in der Nähe können den WLAN-Geräten mitteilen, nur einen Kanal zu nutzen. So bleibt auch für gleichzeitige Bluetooth-Funkverbindungen noch genug Bandbreite übrig.

Da die Funkschnittstelle einer ständigen Veränderung unterliegt, werden vor der Nutzdatenübertragung Trainingssequenzen übertragen. Mit Hilfe von Pilottönen innerhalb der Nutzdaten erfolgt dann eine dynamische Feinabstimmung der Signalverarbeitung. Bei Einsatz in Räumen nutzt die neue Technik die Reflektionen (mehrfache Empfangssignale) für mehr Datendurchsatz aus.

Mehrere Frequenzbänder

Nach IEEE 802.11n kann sowohl im 2,4 GHz- als auch im 5 GHz-Band übertragen werden (Abb. 7.1-3). Das bedeutet, es stehen zwei Frequenzbänder zur Verfügung, allerdings senden die meisten weniger teueren 802.11n-Geräte nur auf dem 2,4 GHz-Band.

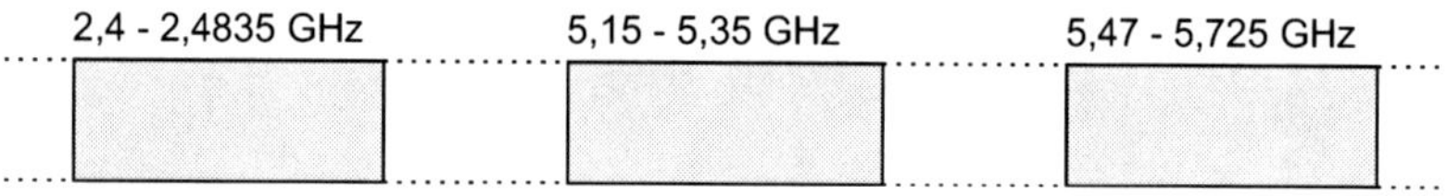

2,4 - 2,4835 GHz   5,15 - 5,35 GHz   5,47 - 5,725 GHz

Abb. 7.1-3: WLAN-Frequenzen.

Die Tab. 7.1-3 zeigt die Kanäle im 2,4 GHz-Band.

Eine Übersicht über die WLAN-Kanäle im 5 GHz-Bereich finden Sie unter Wikipedia: IEEE 802.11 (http://de.wikipedia.org/wiki/IEEE_802.11).

Packet Aggregation

Die Technik *Packet Aggregation*, gelegentlich auch als *Concatenation* bezeichnet, war in den älteren WLAN-Standards 802.11b/a/g nicht definiert. Sie nutzt den Umstand, dass ein WLAN-Frame bis zu 2304 Byte enthalten darf, aber in der Praxis oft deutlich kleinere Nutzdatenpakete vorkommen.

wendet werden, um Überlagerungen bzw. Interferenzen bei der Funkübertragung zu reduzieren. Bei der Ausbreitung von Funkwellen können Reflexionen an Hindernissen oder dem Erdboden auftreten. So löschen sich oft zwei Signale ganz oder teilweise gegenseitig aus, denn es kommt zwischen beiden zu einem Gangunterschied bzw. zu einer Phasenverschiebung und damit zu einer Signalschwächung. Besitzt der Empfänger mehrere Antennen, so es wahrscheinlich, dass mindestens eine der Antennen nicht von der Signalauslöschung betroffen ist. Bei *Receive Combining* ist im Empfängergerät eine Logik implementiert, die erkennt, welche der Antennen gerade das beste Signal empfängt, und dann deren Signal verwendet.

Kanalnummer	mittl. Frequenz [MHz]	Bereich [MHz]
1	2412	2401–2423
2	2417	2406–2428
3	2422	2411–2433
4	2427	2416–2438
5	2432	2421–2443
6	2437	2426–2448
7	2442	2431–2453
8	2447	2436–2458
9	2452	2441–2463
10	2457	2446–2468
11	2462	2451–2473
12	2467	2456–2478 (nur EU)
13	2472	2461–2483 (nur EU)

Tab. 7.1-3: WLAN-Kanalzuordnung im 2,4 GHz-Band.

Packet Aggregation fügt mehrere kleine Pakete zu einem WLAN-Frame zusammen, was Medienzugriffe und Empfangsbestätigungen bzw. Quittierungen *(Acknowledges)* spart. Manche Hersteller vergrößerten gar den WLAN-Frame, sodass er entgegen der damaligen Norm bis zu zwei Ethernet-Pakete voller Größe (2×1518 Byte) enthielt. Bei 802.11n gehört *Packet Aggregation* endlich zum Standard, ein WLAN-Frame darf nun bis zu 7955 Byte enthalten, siehe auch Website Heise.de (http://www.heise.de/netze/artikel/Detailverbesserungen-223738.html).

Die Technik *Multiple Input Mulitple Output* (MIMO) sieht vor, mehrere Sende- und Empfangsantennen zu verwenden. Vom Prinzip her wird der Frequenz-Zeit-Matrix eine dritte Dimension, der Raum, hinzugefügt. Mehrere Antennen vermitteln dem Empfänger räumliche Informationen, was zur Steigerung der Übertragungsrate durch *Spatial Multiplexing* genutzt werden kann. Dabei werden mehrere Datenströme parallel auf einem Funkkanal übertragen.

MIMO

Die parallele Signalverarbeitung bringt verbesserten Signalempfang und vermindert die Nachteile durch Mehrwegeempfang, der durch reflektierte Signale entsteht. Insgesamt verbessert sich die Leistung des ganzen Funksystems durch MIMO erheblich, siehe auch Website Elektronik-kompendium.de (http://www.elektronik-kompendium.de/sites/net/1004251.htm).

Spatial Multiplexing

Spatial Multiplexing bezeichnet die parallele Übertragung mehrerer Datenströme auf einem Funkkanal. Voraussetzung dafür ist der Einsatz mehrerer Antennen (MIMO). Pro Datenstrom ist eine Antenne notwendig. Der Einsatz mehrerer Antennen setzt einen Mindestabstand zwischen den Antennen voraus; nur dann kann *Spatial Multiplexing* funktionieren.

Bei kleinen Geräten allerdings ist dieser Abstand nicht immer realisierbar.

Mit IEEE 802.11n ist es möglich, mehrere 10, 20 oder 40 MHz breite Kanäle innerhalb des freigegebenen Frequenzbandes bei 2,4 und 5 GHz zu nutzen. Pro 40 MHz-Kanal sind rein rechnerisch 150 MBit/s möglich. Mit zwei parallel betriebenen Datenströmen *(Spatial Multiplexing)* erreicht man theoretisch 300 MBit/s (Abb. 7.1-4).

Die Hersteller geben als technische Eigenschaft ihrer Produkte immer die theoretische Datenübertragungsrate an. Viel realistischer sind allerdings bei den meisten Geräten nur 40% davon, oder sogar weniger.

In der Praxis wird – so wie es auch bei allen anderen Übertragungstechniken im Netzwerk der Fall ist – die theoretische (Brutto-)Übertragungsrate bei Weitem nicht erreicht. Je nach Qualität/Sendestärke der Antennen, Signaldämpfung durch Störsender, auftretender Reflexion oder Beugung, Hindernissen zwischen Sender und Empfänger erreicht man tatsächlich eine erheblich geringere Datenübertragungsrate.

Zusätzlicher Performanceverlust entsteht durch den Overhead, der etwa Verwaltungsdaten, Quittierungspakete *(Acknowledges)*, Verschlüsselungsinformationen umfasst, sowie durch etwaige Kollisionen.

Um eine Übertragungsrate von 600 MBit/s (brutto) zu erreichen, müssen vier räumlich getrennte Datenströme auf demselben Kanal parallel übertragen werden. Pro Datenstrom ist eine separate Antenne erforderlich – ein hoher Hardware-Aufwand: 4 Antennen mit eigenen Sende- und Empfangseinheiten sind eine teure Konstruktion.

Im Kabelnetzwerk fließen die Daten nach wie vor schneller und die Infrastruktur ist im Regelfall kostengünstiger einzurichten. Die Aufholjagd von WLAN geht daher weiter. In den kommenden Jahren werden deutliche Fortschritte erwartet – und neue Standards.

Anzahl der Datenströme	Übertragungsrate	
	Brutto	Netto
1	150 MBit/s	ca. 90 MBit/s
2	300 MBit/s	ca. 120 MBit/s
3	450 MBit/s	ca. 180 MBit/s
4	600 MBit/s	ca. 240 MBit/s

Abb. 7.1-4: Maximal erreichbare Datenraten nach IEEE 802.11n.

7.2 Medienzugriff im WLAN *

Medienzugriff im WLAN ist charakterisiert durch Kollisionserkennung und -vermeidung:

- »CSMA/CA«, S. 247.

Verglichen mit dem Ethernet gibt es zwei WLAN-spezifische Probleme:

- »Versteckte und ausgelieferte Stationen«, S. 249

Die Stationen verwenden beim Medien-Zugriff verschiedene Wartezeiten:

- »Wartezeiten«, S. 251

7.2.1 CSMA/CA *

Wie im Ethernet durch CSMA/CD ist auch im WLAN der Zugriff auf das Übertragungsmedium – die Funkkanäle – klar geregelt. Kollisionserkennung und -vermeidung geschieht per CSMA/CA, welches in der Norm IEEE 802.11 spezifiziert ist. Dabei signalisieren sich WLAN-Geräte vor der Übertragung gegenseitig ihre Sende- und Empfangsbereitschaft. Vor der Übertragung wird das Medium abgehört, ob es frei ist, während der Übertragung wird es weiter daraufhin abgehört, ob eine Kollision erfolgte.

Um Datenkollisionen zu vermeiden, findet im WLAN beim Zugriff auf das Medium (Bitübertragung, Schicht 1 des OSI-Modells) die CSMA/CA-Technik *(Carrier Sense Multiple Access with Collision Avoidance)* Anwendung, welche CSMA/CD *(Carrier Sense Multiple Access with Collision Detection)* im Ethernet entspricht.

CSMA/CA ist eine modifizierte Version des CSMA/CD-Zugriffsverfahrens, hauptsächlich für WLANs. Wie bei CSMA/CD hören alle teilnehmenden Stationen physikalisch den Verkehr auf dem Übertragungsmedium mit.

Bei CSMA/CA wird vor dem Versenden von Daten ein Warnpaket versendet, sodass andere Computer darauf reagieren können und den Übertragungsvorgang abwarten. Diese Methode erhöht die Netzwerklast drastisch, da immer ein Warnpaket dem eigentlichen Datenpaket vorausgeht. Im WLAN können die Stationen so erkennen, was die anderen Teilnehmer im Netz tun, und ihr eigenes Verhalten dementsprechend anpassen. Daher kann das Netz besser ausgelastet werden. Protokolle, bei denen Stationen einen Träger *(Carrier)* abhören und entsprechend handeln, heißen Trägererkennungsprotokolle *(Carrier Sense Protocols)*, siehe auch Website Melzkaffee.info (http://www.melzkaffee.info/informatik/netzwerke_und_internet/infoblatt\%20netzwerke.pdf).

Wenn zwei Stationen den Kanal als frei erkennen und gleichzeitig zu senden beginnen, werden beide fast sofort eine Kollision feststellen.

DIFS Wenn eine Station übertragen will, wartet sie, bis das Medium frei ist. Danach wartet sie noch eine vorbestimmte Zeitperiode (DIFS)[6] plus einer zufällig gewählten Zeitspanne, bevor sie ihren Frame überträgt. Auch in dieser Zeitspanne (Wettbewerbsfenster) wird das Übertragungsmedium weiter überwacht.

Wenn keine andere Station innerhalb des Wettbewerbsfensters vor dem gewählten Zeitpunkt mit der Übertragung beginnt, sendet die Station ihren *Frame*. Hat aber eine andere Station innerhalb der Wartezeit mit der Übertragung begonnen, wird der Zeitzähler angehalten und nach der Übertragung der anderen Station weiter verwendet.

Auf diese Weise gewinnen Stationen, die nicht übertragen durften, an Priorität und kommen mit einer erhöhten Wahrscheinlichkeit in den nächsten Wettbewerbsfenstern zum Zug.

Die Erkennung von Kollisionen ist ein analoger Prozess. Die Hardware, also der WLAN-Adapter der Station, muss während der Übertragung das Medium abhören. Unterscheidet sich dabei das Gesendete vom Gelesenen, ist klar, dass eine Kollision stattgefunden hat. Die Unterscheidung erfolgt, indem die Leistung oder die Impulsbreite des empfangenen Signals mit der des gesendeten Signals verglichen wird.

Eine Kollision kann nur entstehen, wenn zwei oder mehrere Stationen die gleiche Zeitscheibe auswählen. Diese Stationen müssen die Wettbewerbsprozedur erneut durchlaufen. In IEEE 802.11 ist CSMA/CA standardisiert.

---

[6]Zwischen den Datenpaketen koordinieren unterschiedlich lange Wartezeiten den Zugriff auf das Funkmedium. Das DIFS *(Distributed Coordination Function Interframe Space)* kennzeichnet die Backoffzeit, in der eine Station das freie Funkmedium erkennen kann.

Der Verbindungsaufbau im WLAN erfolgt per *Handshake*: — Handshake

1. Der potentielle Sender sendet ein Request-to-send-Signal (RTS).
2. Vom Empfänger wird dieses Signal mit einem Clear-to-send-Signal (CTS) beantwortet.
3. Ist das Clear-to-send-Signal beim Sender angekommen, dann wird gesendet, andernfalls wird abgebrochen.

7.2.2 Versteckte und ausgelieferte Stationen *

Nicht alle Stationen befinden sich in gegenseitiger Reichweite, daher ist nicht immer erkennbar, ob der Funkkanal belegt ist. Dies bedeutet erhöhte Kollisionsgefahr, da es versteckte Stationen gibt. Außerdem gibt es Situationen, in denen trotz belegten Mediums keine Kollision entstehen würde. Da die (ausgelieferten) Stationen trotzdem abwarten, entsteht ein Performance-Verlust.

Das im Ethernet eingesetzte CSMA/CD ist für Funknetze nicht geeignet, da nicht immer jede Station alle anderen hören kann. In drahtlosen Netzen kann es nämlich versteckte (nicht erreichbare) Stationen geben, die senden, ohne dass es jede andere Station mitbekommt.

Drahtlose Netze unterscheiden sich in Bezug auf den gemeinsamen Medienzugriff durch wichtige Faktoren von drahtgebundenen Netzen: — WLAN vs. Ethernet

- Der Netzadapter ist nicht notwendigerweise vollduplexfähig. Während einer eigenen Übertragung kann das Medium nicht überwacht werden. Der Einsatz eines Collision-Detection-Mechanismus, wie er etwa von CSMA/CD vorgesehen ist und bei Ethernet verwendet wird, würde dann fehlschlagen. Deswegen wurde CSMA/CD ein Mechanismus hinzugefügt, der konsequenter dem Prinzip *listen before talk* (»erst hören, dann sprechen«) folgt. An die Stelle der Kollisionserkennung (CD) tritt die bestmögliche Kollisionsvermeidung (CA). Dadurch lassen sich gleichzeitige Datenübertragungen zwar nicht völlig verhindern, jedoch die Wahrscheinlichkeit, mit der dieser Fall eintritt, erheblich verringern.
- Die Reichweite des Signals ist stark begrenzt, da die Stärke des Empfangspegels umgekehrt proportional zur quadratischen Entfernung zwischen Sender und Empfänger ist, also quadratisch mit der Entfernung abnimmt. In der Praxis bedeutet dieser Sachverhalt beispielsweise, dass bei doppeltem Abstand zweier Stationen die Signalstärke beim Empfänger

nur noch bei 25% Prozent liegt. Deshalb kann es zu Effekten wie »versteckten« oder *ausgelieferten* Endgeräten kommen (Abb. 7.2-1).

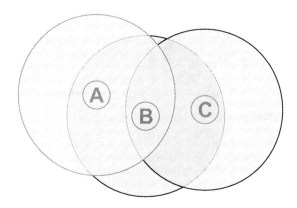

Abb. 7.2-1: Versteckte Station: A und C erkennen sich gegenseitig nicht.

Verstecktes Endgerät
: Zu einem versteckten Endgerät (*hidden station* bzw. *hidden terminal*) kommt es zum Beispiel bei dem in der Abb. 7.2-1 dargestellten Szenario: Die zwei Funkteilnehmer A und C sind räumlich so weit voneinander entfernt, dass sie ihre Funksignale gegenseitig nicht empfangen können. Zwischen ihnen befindet sich die Station B. A und C senden nun zeitgleich an B und sorgen so für einen Datencrash, können diesen aber nicht erkennen, da sie die Funksignale des jeweils anderen nicht unmittelbar empfangen können. A ist für C ein verstecktes Endgerät und umgekehrt.

Ausgeliefertes Endgerät
: Ein ausgeliefertes Endgerät (*exposed station* bzw. *exposed terminal*) liegt vor, wenn in dem vorliegenden Szenario die Station B an A sendet und nun C an irgendeine andere Station senden möchte, die sich nicht im Sendebereich von B befindet. C erkennt die Signale von B und wartet, bis die Übertragung zwischen B und A vorbei ist. Da die Funkwellen von C aber Station A gar nicht erreichen können, wäre es gar nicht nötig zu warten. Bei A könnte gar kein Konflikt auftreten. Dennoch ist C von der Sendung der anderen beiden Stationen abhängig (ausgeliefert).

Um das Problem der versteckten Endgeräte zu vermindern, ist eine Koordination durch *Request-to-Send/Clear-to-Send* (RTS/CTS)-Erweiterung für CSMA/CA definiert. Dabei muss die sendewillige Station den Kanal durch ein RTS-Paket reservieren. Der Empfänger bestätigt diese Reservierung mit einem CTS-Paket. Anschließend ist ein sofortiges Senden der Daten möglich. Andere Stationen speichern die Belegungsdauer, die im RTS- und CTS-Paket mitgeteilt wurde, und senden während dieser Zeit keine Daten.

Das Problem der »ausgelieferten« Endgeräte *(exposed terminal)* wird vom WLAN-Standard nicht gelöst, ist aber auch nicht so dramatisch einzustufen wie das Hidden-Terminal-Problem, da es lediglich zu einem geringeren Durchsatz führt.

7.2.3 Wartezeiten *

Die Steuerung, welche Station auf das Medium wann zugreifen darf, wird im WLAN über unterschiedlich lange Wartezeiten gesteuert. Dazu gehören u. a. die Wartezeit DIFS zwischen Datenpaketen, die SIFS (Wartezeit zwischen dem Datenpaket und seiner Quittierung) und die EIFS (Wartezeit nach einem Framefehler). Die Backoffzeit ist die jenige Zeitspanne, welche eine Station wartet, falls sie senden möchte und dabei das Medium als belegt erkennt.

Der Zugriff auf das Medium geschieht beim WLAN über den CSMA/CA-Algorithmus, *Carrier Sense Multiple Access with Collision Avoidance*:

- *Multiple Access* deutet an, dass mehrere Kommunikationsteilnehmer wie zu alten Zeiten im Ethernet einen gemeinsamen Übertragungskanal nutzen *(Shared Medium)*.
- *Carrier Sense* zeigt an, dass jeder Kommunikationsteilnehmer den gemeinsamen Kanal überwacht und seine eigene Tätigkeit an dessen Zustand anpasst.
- *Collision Avoidance* beschreibt einen Mechanismus, der dabei Kollisionen zu vermeiden versucht.

Eine zentrale Rolle bei der Funktionsweise des Zugriffsmechanismus spielt die Zeit zwischen zwei Datenpaketen, der *Interframe Space* (IFS). Um die Belegung des Mediums zu ermitteln, hört eine sendewillige Station für die IFS-Zeit das Medium ab.

Findet während dieser Zeitspanne keine Kommunikation statt, so ist das Medium mit hoher Wahrscheinlichkeit frei. Der 802.11-Standard definiert verschiedene IFS-Zeiten, die unterschiedliche Prioritätsstufen für den Zugriff widerspiegeln. Dabei gilt: Je kürzer der IFS ist, desto höher ist die Priorität. — IFS

Die grundlegende IFS-Zeit heißt die *Distributed IFS* (DIFS). Die auf DIFS basierende *Distributed Coordination Function* (DCF) nutzt alle Stationen, um Zugang zum Übertragungsmedium zu bekommen. Der sendewillige Teilnehmer hört zunächst das Medium ab. Bleibt das Medium mindestens für die DIFS-Zeit frei, so kann die Übertragung starten. — DIFS

Wird das Medium dagegen als belegt erkannt, stellt die Station die Übertragung für eine bestimmte Wartezeit zurück. Die Bestimmung dieser Zeitspanne erfolgt innerhalb des Backoff-Prozesses. Das recht aufwendige Backoff-Verfahren dient dazu, die Wahrscheinlichkeit von Kollisionen soweit wie möglich zu verringern.

Zunächst generiert die Station eine zwischen Null und einem Maximum liegende Pseudo-Zufallszahl. Das gewählte Maximum bezeichnet man als *Contention Window* (Wettbewerbsfenster). Die Zufallszahl, multipliziert mit einer Zeitschlitzdauer, dient als *Backoff-Counter*. Solange die Station das Medium als belegt erkennt, bleibt dieser Zähler konstant. Wird das Medium frei, wartet die Station zunächst die DIFS-Zeit ab. Anschließend zählt sie den *Backoff-Counter* bis Null zurück. Ist nun das Medium noch immer frei, steht dem Senden nichts mehr im Weg.

Der Zugriff auf das Medium erfolgt also per CSMA/CA. Hier treten in verschiedenen Situationen Wartezeiten auf:

- IFS,
- DIFS,
- SIFS,
- EIFS.

IFS ist die Wartezeit beim CSMA/CA-Verfahren von WLAN-Clients. Es gibt (Abb. 7.2-2)

- die DIFS, *Distributed* IFS, als Wartezeit zwischen Datenpaketen,
- die SIFS, *Short* IFS, als Wartezeit zwischen einem Datenpaket und seinem *Acknowledge*,
- die PCF IFS, als Wartezeit eines *Point Coordinators*, der Zugriffsberechtigungen an WLAN-Clients verteilt,
- die EIFS, *Extended* IFS, als Wartezeit nach einem Frame-Fehler.

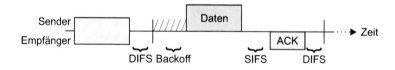

Abb. 7.2-2: Wartezeiten im WLAN.

Möchte eine Station senden und findet das Medium belegt vor, so muss sie eine zufällig lange Backoff-Zeit abwarten. Unterschiedlich lange *Interframe Spaces* (DIFS, SIFS) organisieren den Zugriff auf den Funkkanal.

Weitere Informationen zu CSMA/CA und den Wartezeiten finden Sie unter anderem hier:

- Website FH Nürnberg (http://www.informatik.fh-nuernberg.de/professors/roth/WS0607/MobileInternet/CSMACA.pdf)

- Website Fachinformatiker-Forum (http://forum.fachinformatiker.de/networking-technologies/61569-csma-cd-csma-ca.html)
- Website JH4All (http://www.jh4all.de/schule/upload/Zugriffsverfahren_fertig.pdf)
- Website IT-Infothek (http://www.it-infothek.de/fhtw/semester_2/re_od_08.html)

7.3 WLAN-Betriebsarten *

Die Nutzung kabelloser Kommunikationstechniken ebenso wie die Übertragungsgeschwindigkeiten nehmen von Jahr zu Jahr zu (Abb. 7.3-1).

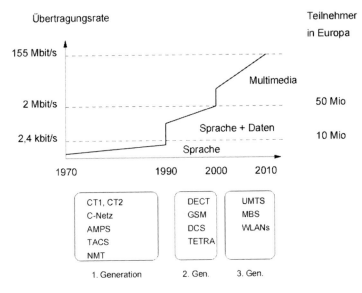

Abb. 7.3-1: Akzeptanz und Geschwindigkeit der kabellosen Kommunikationstechniken (http://wwwspies.informatik.tu-muenchen.de/).

Ein solches kabelloses Netzwerk kann je nach Hardware-Ausstattung und den Anforderungen des Betreibers auf verschiedene Weisen aufgebaut bzw. für unterschiedliche Zwecke eingesetzt werden.

Ein funkbasiertes Netzwerk (WLAN) lässt sich in folgenden Betriebsarten betreiben:

- »Infrastruktur-Modus«, S. 254
- »Adhoc-Modus«, S. 256
- »Wireless Distribution System«, S. 259

7.3.1 Infrastruktur-Modus *

Ein *Access-Point* kontrolliert und steuert ein Infrastruktur-WLAN. Er teilt den beteiligten Stationen durch Versenden von *Beacons* die Verbindungsdaten mit. Er kann auch die Funktion eines *Repeaters* übernehmen.

Ein Infrastruktur-Netzwerk ist ein WLAN mit mindestens einer Basisstation. Eine solche Basisstation ist ein Access-Point oder Funk-Router, der die Verbindung zum kabelgebundenen Netzwerk herstellt.

Im Infrastruktur-Modus übernimmt – ähnlich wie im Mobilfunknetz – jeder drahtlose *Router* (Funkübertragung) bzw. *Access-Point* Koordinationsaufgaben sowie die Steuerung der Kommunikation der Clients untereinander.

Beacons
Ein *Access-Point* sendet in der Regel zehnmal pro Sekunde kleine Datenpakete (Beacons, »Leuchtfeuer«) an alle Geräte im Sendebereich, siehe auch Website Elektronik-kompendium.de (http://www.elektronik-kompendium.de/sites/net/0907101.htm), und Website PC-Welt (http://www.pcwelt.de/index.cfm?pid=1647\&pk=36203\&p=9). Die *Beacons* enthalten u. a.

- den Netzwerknamen (Service Set Identifier, SSID[7]),
- eine Liste der unterstützten Übertragungsraten,
- das Verschlüsselungsverfahren.

Dies vereinfacht den Verbindungsaufbau erheblich, da die Clients bereits den Netzwerknamen und die Verschlüsselungsdaten kennen, was für die Verbindung mit dem *Access-Point* und den anderen Stationen notwendig ist.

Der kontinuierliche Versand der *Beacons* ermöglicht dem *Access-Point* die Überwachung der Empfangsqualität (siehe auchWebsite Ovalnets (http://www.ovalnets.de/praxis-wlan-empfangsqualitaet-und-reichweite-verbessern)) – auch dann, wenn über das Netzwerk keine Nutzdaten übertragen werden. Da die *Beacons* mit sehr geringer Übertragungsrate gesendet werden, ist allerdings durch deren störungsfreie Übertragung noch keine stabile Netzwerk-Verbindung garantiert.

Nachteil des Infrastruktur-Modus ist die Abhängigkeit von der Basisstation: Kommt es hier zu einem Ausfall des Routers (Abschalten oder Stromausfall), dann ist die komplette Kette unterbrochen und es findet kein Netzwerkverkehr mehr statt.

---

[7] *Service Set Identifier* (SSID) ist eine aus bis zu 32 alphanumerischen Zeichen bestehende Zeichenfolge, die den Namen des WLAN darstellt. Damit die Clients des WLAN miteinander kommunizieren können, müssen alle Geräte den gleichen SSID verwenden.

Die Abb. 7.3-2 zeigt ein *Wireless LAN*, in dem ein einzelner Funk-Router drei mobile Clients verwaltet und die Kommunikation zwischen diesen steuert.

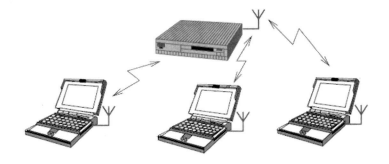

Abb. 7.3-2: Infrastruktur-Modus mit einer Basisstation (http://subs.emis.de).

In der Abb. 7.3-3 sind 3 Basisstationen/Access-Points in einem Infrastruktur-Netzwerk zu sehen.	Beispiel

Abb. 7.3-3: Infrastruktur-Modus mit mehreren vernetzten Basisstationen (http://subs.emis.de).

Speziell bei größeren Entfernungen zwischen Client und *Access-Point* ist es wünschenswert, dass die Kommunikation nicht über den *Access-Point*, sondern direkt von Client zu Client möglich ist. Das reduziert einerseits den Netzwerkverkehr und andererseits entlastet es den *Access-Point* erheblich.

Zwar gibt es bereits einen Standard, der diesen Kommunikationsverlauf vorsieht. Dieser heißt IEEE 802.11e. Jedoch hat sich dieser bisher nicht durchgesetzt – nahezu kein *Access-Point* unterstützt diese Norm.   IEEE 802.11e

Daher hat das IEEE im Jahr 2007 eine Arbeitsgruppe gegründet, welche einen entsprechenden neuen Standard entwerfen soll, den IEEE 802.11z. Es gibt diesbezüglich schon Entwürfe, allerdings ist die Norm noch nicht veröffentlicht und damit noch kein gültiger Standard.   IEEE 802.11z

Da im WLAN auf der Sicherungsschicht (2. Schicht des OSI-Modells) dieselben Adressierungstechniken wie im Ethernet zur Anwendung kommen, kann ein Access-Point mit Ethernet-Anschluss (RJ45-Buchse) eine Verbindung zwischen Kabelnetzwerk und Funknetzwerk herstellen, siehe auch Website Htwm.de (http://telecom.htwm.de/telecom/praktikum/html/wlan/wlan_protokolle1.htm), und Website Zhaw.ch (https://home.zhaw.ch/~kls/kt/WLAN.pdf).

Ein Client im Ethernet kann folglich *nicht* unterscheiden, ob er mit einem anderen Ethernet-Client oder über einen *Access-Point* mit einem WLAN-Client kommuniziert. Der *Access-Point* hat dabei die Funktion einer *Bridge*. Er übernimmt die Konvertierung bzw. Protokollumwandlung zwischen 802.11-Standard (WLAN) und 802.3-Standard (Ethernet), bildet also eine Brücke zwischen Kabel- und Funknetzwerk.

Im Infrastruktur-Modus dient der *Access-Point* auch zur Steigerung der Reichweite: Er kann die Funktion eines *Repeaters* übernehmen, indem er die Pakete der verschiedenen Stationen weiterleitet und dabei die Signalstärke erhöht.

Hier einige weiterführende und vertiefende Links zu diesem Thema:

- Website Virenschutz.info (http://www.virenschutz.info/Infrastruktur-Modus-Wlan-Tutorials-7.html)
- Website Voip-information.de (http://www.voip-information.de/wlan/wlan-infrastruktur.php)
- Website Htm-world.de (http://www.html-world.de/program/wlan_4.php)

7.3.2 Adhoc-Modus *

In einem Adhoc-WLAN wird die Steuerung von den Clients/Stationen selbst übernommen. Dabei ist es ohne Weiteres nicht möglich, ein Gerät mit Repeating- oder Gateway-Funktionalitäten auszustatten.

Neben dem Infrastrukturmodus, in welchem ein WLAN-Router die Steuerung und Kontrolle der Kommunikation übernimmt, gibt es auch eine WLAN-Betriebsart ohne *Router* – den Adhoc-Modus (Abb. 7.3-4).

Im Adhoc-Modus kommunizieren zwei oder mehr Clients bzw. Geräte über Funkverbindungen unmittelbar miteinander. Hier ist keine Station besonders ausgezeichnet, alle sind gleichwertig (Peer-to-Peer). Es findet nicht wie im Infrastruktur-Modus eine zentrale Koordination/Netzwerksteuerung statt.

7.3 WLAN-Betriebsarten *

257

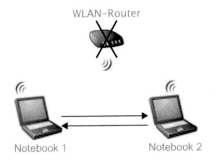

Abb. 7.3-4: Adhoc-WLAN (Quelle: http://www.heimnetzwerk-und-wlan-hilfe.com).

Die Abb. 7.3-5 stellt einen Drucker und einen Laptop dar, zwischen denen eine Adhoc-Verbindung besteht.

Beispiele

Abb. 7.3-5: Adhoc-Vernetzung von Drucker und Laptop (Quelle: www.linux-magazin.de).

Die Abb. 7.3-6 zeigt ein kabelloses Adhoc-Netzwerk bestehend aus 3 mobilen Computern, die per Funk ohne ein zusätzliches Steuergerät direkt miteinander kommunizieren.

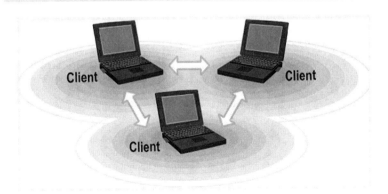

Abb. 7.3-6: Adhoc-Vernetzung mehrerer Mobilcomputer (http://www.stsm.info/dipl/dipl_1.html).

Auch im Adhoc-Modus benutzen alle Teilnehmer denselben Netzwerknamen (*Service Set Identifier*, SSID) und identische Einstellungen für die Verschlüsselung. Da es in einem Adhoc-Netz kein zentrales Vermittlungsgerät *(Access-Point)* gibt, muss die Koordination von den Endgeräten selbst übernommen werden.

Die Weiterleitung der Datenpakete zwischen den Clients ist nicht vorgesehen und auch nicht ohne weiteres möglich, denn im Adhoc-Modus werden keine Informationen versendet, die den einzelnen Teilnehmern einen Überblick über das Netzwerk geben könnten.

Der Adhoc-Modus eignet sich nur für eine sehr geringe Anzahl Geräte, die sich allerdings aufgrund der begrenzten Reichweite des Funksignals nahe beieinander befinden müssen.

Die Kommunikation der Clients untereinander ist nur möglich, falls

- jedes Gerät eine bestimmte Sendeleistung einhält,
- die Signaldämpfung durch optische oder bauliche Hindernisse hinreichend gering ist,
- die räumliche Entfernung der einzelnen Clients nicht zu groß ist und
- alle Clients auf demselben Funkkanal senden.

Bei zu großer Entfernung zwischen den Clients kommt es zu Kommunikationsstörungen, da einzelne Datenpakete nicht am Zielgerät ankommen.

Möchte man diesen Effekt vermeiden, so muss mindestens ein Gerät im Adhoc-Netzwerk als *Gateway* fungieren und mit Routing- und ggf. Repeating-Funktionen ausgestattet werden, siehe auch Wikipedia: WLAN (http://de.wikipedia.org/wiki/Wireless_Local_Area_Network#Adhoc-Modus).

Der Adhoc-Modus ist also eine einfache Form eines Funk-Netzwerkes ohne *Access-Point*, in dem zwei oder mehrere Clients miteinander kommunizieren. Hier verbinden sich die Sende- und Empfangseinheiten der einzelnen Stationen (WLAN-Karten oder Dongles mit externen oder integrierten Antennen) direkt miteinander (Peer-to-Peer). Beachten Sie dabei, dass ein WLAN-Adapter (Client-Hardware im WLAN) kein Dongle im herkömmlichen Sinn ist, siehe auch Wikipedia: Dongle (http://de.wikipedia.org/wiki/Dongle)).[8]

---

[8] Ein Dongle im herkömmlichen Sinne ist ein Kopierschutzstecker, der auch *Hardlock* oder *Key* genannt wird. Derartige Dongles dienen häufig dazu, Software vor unautorisierter Vervielfältigung zu schützen. Sie werden mit der Software ausgeliefert, und müssen auf eine Schnittstelle des Computers (etwa LPT1 oder USB) aufgesteckt werden. Die Software kontrolliert während des Betriebs regelmäßig, ob der Kopierschutzstecker angeschlossen ist und verweigert bei Nicht-Vorhandensein den Dienst oder ist dann nur eingeschränkt nutzbar. Dongles kommen vor allem in Verbindung mit Software im

Weitere Informationen zum Adhoc-Modus finden Sie unter anderem hier:

- Website Wikipedia (http://de.wikipedia.org/wiki/Adhoc-Netz)
- Website Pc-erfahrung.de (http://www.pc-erfahrung.de/hardware/wireless-lan/wlanfunknetzwerkei.html)
- Website Wireless-lan-test.de (http://www.wireless-lan-test.de/uebersicht-zum-Adhoc-modus.html)

7.3.3 Wireless Distribution System *

Ein WDS ist die Verbindung mehrerer Infrastruktur-Netzwerke über eine *Wireless Bridge*.

Zur Vergrößerung der Reichweite eines Funknetzes oder auch für die Verbindung von Kabelnetzwerken per Funk benötigen Sie eine *Wireless Bridge* (kabellose Netzüberbrückung, Abb. 7.3-7). Diese Netzwerkarchitektur wird auch als Bridge-Modus bezeichnet.

Wireless Bridge

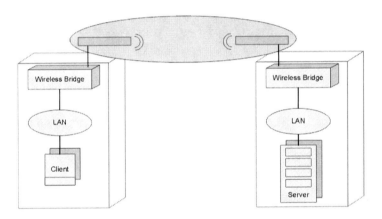

Abb. 7.3-7: Funkverbindung zwischen 2 LANs.

Die Abb. 7.3-8 demonstriert den Aufbau/die Struktur eines *Wireless Distribution Systems*. Sie sehen zwei Infrastrukturnetzwerke, welche über einen *Gateway*[9] verbunden sind.

Beispiel

In einem *Wireless Distribution System* bzw. *Wireless Distributed System* (beide Bezeichnungen werden synonym verwendet), kurz WDS, befinden sich mehrere WLAN-Basisstationen (Access-Point), die per Funk miteinander kommunizieren und gemeinsam das Netzwerk kontrollieren. So lässt sich eine größere Netzabdeckung erreichen als mit einem einzigen *Access-Point* – ohne

oberen Preisbereich (mehrere tausend Euro pro Lizenz) und/oder bei leistungsfähigen Serverprogrammen zum Einsatz.

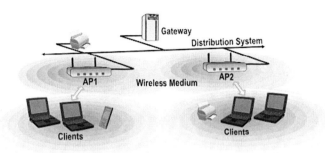

Abb. 7.3-8: WDS-Beispiel (http://www.stsm.info/dipl/dipl_1.html).

dass Kabel verlegt werden müssen, siehe auch Wikipedia: WDS (http://de.wikipedia.org/wiki/Wireless_Distribution_System).

Genau genommen ist ein *Wireless Distribution System* eine spezielle Erweiterung eines funkbasierten Infrastruktur-Netzwerkes. Hier werden mehrere Infrastruktur-Netze miteinander gekoppelt.

7.4 WLAN-Geräte *

Alle WLAN-Geräte arbeiten nach dem gleichen Prinzip: Datenpakete werden per Funkwellen statt auf dem Kabelweg übertragen. Sender und Empfänger stellen sich dabei auf einen bestimmten Funkkanal (Band/Spektrum/Bereich für die Frequenz der ausgesendeten Funkwellen) ein, alle anderen Funksignale verwerfen sie.

Das bedeutet, dass sich alle Geräte auf einem bestimmten Funkkanal die Bandbreite, d. h. die insgesamt zur Verfügung stehende Datenübertragungsleistung, teilen – je mehr Nutzer sich also an einem *Access-Point* anmelden bzw. je mehr Geräte an der Kommunikation im WLAN beteiligt sind, desto geringer ist der Datendurchsatz für die einzelnen Anwender bzw. jedes einzelne WLAN-Gerät.

Aus diesem Grund sinkt mit zunehmender Anzahl Clients sowohl im Adhoc-Netzwerk als auch im Infrastruktur-Netzwerk der Datendurchsatz der einzelnen Verbindungen.

Das Aufrüsten eines solchen Netzwerkes zum WDS durch Zerlegung in mehrere Teilnetze oder das Erweitern um weitere Basisstationen bzw. *Access-Points* kann die Datenübertragungsraten und auch die Reichweite des Netzwerkes wieder erhöhen.

Der Nutzen eines WLAN steigt und fällt mit der Signalqualität und der damit verbundenen Nettoübertragungsrate.

Die Signalqualität in Funknetzwerk hängt von vielen Faktoren ab. Eine entscheidende Rolle spielt/spielen

- die Qualität der Sende- und Empfangsantennen,
- Störsender, die denselben Frequenzbereich wie WLAN nutzen,
- volle Unterstützung der aktuellsten Standards durch alle beteiligten Geräte,
- die Anzahl der Clients, welche sich die Bandbreite teilen,
- die Verschlüsselungstechnik.

Wie auch im Ethernet gibt es im Funknetzwerk Clients, Server, Verteiler, *Router*, Bridges, Repeater, Netzwerkadapter. Es handelt sich allerdings vorwiegend um aktive Netzwerkkomponenten, da es im WLAN weder Stecker noch Verbindungskabel gibt.

Einzige passive Komponenten sind die Antennen und deren Anschlüsse/Schnittstellen. Allerdings werden diese sehr selten losgelöst, sondern eher als zugehörig zur jeweiligen Hardware, wie Netzwerkadapter oder *Access-Point* betrachtet. In den meisten Fällen sind sie fest montiert/integriert und somit ohne Weiteres nicht austauschbar.

Welche Hardware kommt im Funknetzwerk zum Einsatz? Zu den WLAN-Geräten gehört/gehören

- »Client-Hardware«, S. 261
- »Access-Point«, S. 265
- »Kombi-Geräte«, S. 268

7.4.1 Client-Hardware *

Zur WLAN-Hardware gehören Netzwerkadapter, welche mit einer Schnittstelle zum Systembus wie etwa PCI, PCI-Express, PCMCIA, USB-, ExpressCard ausgestattet sind. Über diese Sende-/Empfangseinheiten kommunizieren die Clients direkt oder indirekt miteinander.

In einem WLAN benötigen Sie pro beteiligten Computer einen WLAN-Adapter (Abb. 7.4-1), also entweder

- einen WLAN-Dongle mit USB-Schnittstelle,
- eine WLAN-Erweiterungskarte (z. B. mit PCI-Schnittstelle), die auf das *Motherboard* (Hauptplatine des Computers) aufgesteckt wird,
- eine Steckkarte bzw. Erweiterungskarte für mobile Computer (etwa mit Mini-PCI oder PCMCIA-Schnittstelle, oder
- ein spezielles *Motherboard*, auf dem bereits ein WLAN-Chipsatz verlötet (integriert) ist.

Ermitteln Sie Hersteller, Typ und Modellbezeichnung Ihres WLAN-Adapters. — Frage

Abb. 7.4-1: WLAN-Dongles.

Antwort   Die Abbildungen zeigen verschiedene Fabrikate von WLAN-Dongles/-Adaptern mit USB-Schnittstelle. Die kleineren beiden Geräte besitzen eine interne (integrierte) Antenne. Der dritte Dongle (in der Mitte) besitzt eine externe Antenne, sein USB-Interface ist durch eine Schutzkappe verdeckt.

 Stellen Sie die wichtigsten technischen Eigenschaften Ihres Wireless LAN-Adapters zusammen.

Frage   Welche Vorzüge besitzt ein WLAN-Adapter mit externer Antenne?

Antwort   Auf der Abb. 7.4-2 sehen Sie einen weiteren Adapter für Funknetzwerke. Diese Steckkarte ist PCI-kompatibel und muss in ein Desktop- oder Towergehäuse in einen freien Steckplatz *(Slot)* des *Motherboards* eingesetzt werden. Der Adapter besitzt eine externe Antenne und unterstützt den 80211g-Standard.

Frage   Der in der Abb. 7.4-2 dargestellte WLAN-Adapter besitzt eine angeschraubte Antenne. Welche Vorteile besitzt diese gegenüber einer fest verlöteten Sende- bzw. Empfangseinheit?

Antwort   Eine externe Antenne lässt sich gezielter ausrichten. Das Signal wird weniger abgeschirmt bzw. gedämpft, da die Antenne nicht von einem schützenden Gehäuse umgeben ist. Externe Antennen sind oft leistungsfähiger als interne Antennen, welche nur aus einem winzigen Chip bestehen. Auch sind sie in einigen Fällen abschraubbar und damit leicht auszutauschen und gegen ein leistungsfähigeres Modell ersetzen. Die Abb. 7.4-3 zeigt einen Wireless LAN-Adapter mit mehreren Antennen. Er unterstützt den Standard IEEE 802.11n.

Achten Sie beim Kauf eines WLAN-Adapters auf die Antennenanbringung. Falls sich die Antenne abschrauben lässt, können Sie diese etwa bei Defekt leicht durch eine andere er-

7.4 WLAN-Geräte *

Abb. 7.4-2: PCI WLAN-Karte (IEEE 802.11g).

Abb. 7.4-3: PCI WLAN-Karte (IEEE 802.11n).

setzen und auch der Austausch gegen eine leistungsstärkere Sende-/Empfangseinheit ist problemlos möglich.

Es gibt auch funktionsgleiche Steckkarten für mobile Computer, die allerdings eine andere Schnittstelle zum Systembus besitzen (Abb. 7.4-4).

Die PCMCIA-Schnittstelle ist veraltet und langsam – eine solche WLAN-Karte (Abb. 7.4-4) überträgt im Funknetzwerk etwa 20 MBit/s. Ihre Nachfolge hat die ExpressCard-Schnittstelle angetreten (Abb. 7.4-5), welche bis zu 2 GBit/s übertragen kann. Eine derartige WLAN-Karte ermöglicht netto ca. 150 MBit/s, brutto 300 MBit/s.

Abb. 7.4-4: WLAN Laptop-Karte mit PCMCIA-Interface.

Abb. 7.4-5: WLAN-Karte mit ExpressCard-Schnittstelle.

Die hier gezeigten WLAN-Karten besitzen integrierte Antennen zum Senden und Empfangen der Funksignale.

Frage Welche Vorteile und welche Nachteile besitzen derartige mobile WLAN-Karten gegenüber anderen WLAN-Adaptern?

Antwort Die internen Antennen dieser Adapter sind nicht austauschbar. Das Funksignal erfährt durch das Computergehäuse oft erhebliche Dämpfung. Andererseits ist die Bauweise des Adapters sehr kompakt. Die Karte wird eingeschoben, ist voll Plug&Play-fähig und bei laufendem System anschließbar. Sie muss nicht verschraubt werden, das Computergehäuse braucht für Ein- und Ausbau der Karte nicht geöffnet zu werden. Speziell im Falle ExpressCard ist der interne Bus sehr schnell. Die kompakte Karte verursacht wenig Materialeinsatz, ist daher kostengünstig zu produzieren.

Zu den wichtigsten technischen Eigenschaften eines WLAN-Adapters gehören

- die Bauweise,
- die Schnittstelle zum Systembus,
- unterstützte Standards,
- seine Anzahl Antennen,
- die Bruttoübertragungsrate,

- technische Ausstattung (etwa Verschlüsselung auf Knopfdruck),
- unterstützte Betriebssysteme,
- Plug & Play-Fähigkeit,
- implementierte Sicherheitsmechanismen.

Zum Betrieb eines WLAN als Adhoc-Netzwerk ist die hier gezeigte und vorgestellte Hardware ausreichend; jede Station benötigt ausschließlich einen WLAN-Adapter.

7.4.2 Access-Point *

In einem Infrastruktur-WLAN und auch in einem WDS gibt es *Access-Points*, welche für die Kommunikationssteuerung und auch für das *Repeating* sorgen. Der *Access-Point* übernimmt das *Routing* im WLAN. Er ist ähnlich gebaut wie ein Ethernet-Router (welcher sich ebenfalls durch einen Chipsatz, Schnittstellen, Firmware auszeichnet), besitzt allerdings zusätzlich Antennen zur Funkübertragung.

Für den Infrastruktur-Modus benötigen Sie zusätzlich zu den Netzwerk-Clients, welche jeweils mit einem externen WLAN-Dongle (USB-Schnittstelle) oder einem anderen WLAN-Adapter ausgestattet sind, noch einen *Access-Point*, d. h. eine Basisstation für die Steuerung der Kommunikation und für den Zugriff auf das WLAN überhaupt.

Ein solcher Access-Point besitzt die Form einer Box – ähnlich wie ein Verteiler/Switch und auch ein *Router* im Ethernet. Er verfügt zum Senden und Empfangen über eine (oder mehrere) Antenne(n), die entweder intern auf der Platine oder außen am Gehäuse angebracht ist/sind. Außerdem besitzt er ein eingebautes oder externes Netzteil und (wie ein Router) Schnittstellen zum Ethernet und Internet (Kabelnetzwerk, WAN).

Innerhalb des Gehäuses (in der Regel handelt es sich um ein Kunststoffgehäuse oder ein Metallgehäuse) befindet sich u. a.

- eine Platine[10] und
- ein Chip mit Betriebsprogramm bzw. Firmware[11].

Ermitteln Sie die exakte Modellbezeichnung Ihres Access-Point sowie die Version der Firmware.

---

[10] Die Platine ist eine kleine Platte aus Kunststoff, auf der winzige elektronische Elemente untergebracht sind.
[11] Die Firmware ist ein kleines Programm, das die Funktionen und Prozesse eines Gerätes, wie z. B. eines Routers oder einer Digitalkamera steuert. Die Firmware wird auf einem speziellen fest eingebauten Speicherbaustein innerhalb des Gerätes gespeichert. Die meisten Geräte sind derart ausgelegt, dass die Firmware durch den Anwender selbst bei Bedarf aktualisiert werden kann. Dadurch ist es möglich, dass das Gerät neue Funktionalitäten bekommt. Durch eine neue Firmware können zum Beispiel Kompatibilitätsprobleme mit anderen Peripheriegeräten behoben, Sicherheitslücken geschlossen oder höhere Datenübertragungsraten erreicht werden.

Die Abb. 7.4-6 zeigt einen *Access-Point* mit Metallgehäuse und einer außen angebrachten (externen) Antenne.

Abb. 7.4-6: Frontansicht eines Access-Point.

Auf der Rückseite des Gerätes befinden sich einige Schnittstellen zum Kabelnetzwerk (Abb. 7.4-7).

Die außen angebrachte Antenne lässt sich abschrauben und bei Bedarf durch ein leistungsfähigeres Fabrikat ersetzen.

Ein Access-Point arbeitet als *Router* im WLAN und verteilt die Datenpakete zwischen den einzelnen Stationen. Außerdem dient er ggf. als Brücke *(Wireless Bridge)* zu einem kabelgebundenen Netzwerk und/oder dem Internet.

Auf dem Chip des *Access-Point* befindet sich bei den meisten Produkten ein Konfigurationsprogramm, das es ermöglicht, die Einstellungen des *Access-Point* zu ändern bzw. an die eigenen Bedürfnisse anzupassen. Unter anderem lassen sich hier Einstellungen für DHCP, Sicherheit und Netzwerk verändern.

Konfigurationsmöglichkeiten
Insbesondere lässt sich hier die SSID, die interne IP-Adresse im lokalen Netzwerk, die Filterung von MAC-Adressen, das Zugangskennwort und der Sendekanal administrieren.

Zubehör eines Access-Point
Viele Hersteller von Computer-Hardware liefern ihre Produkte einschließlich Produktbeschreibung, Installationsanweisung, Handbuch und auch Diagnose-Werkzeuge aus.

7.4 WLAN-Geräte * **267**

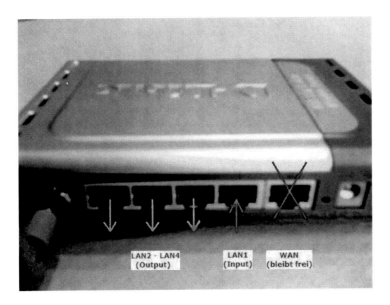

Abb. 7.4-7: Rückansicht eines Access-Point.

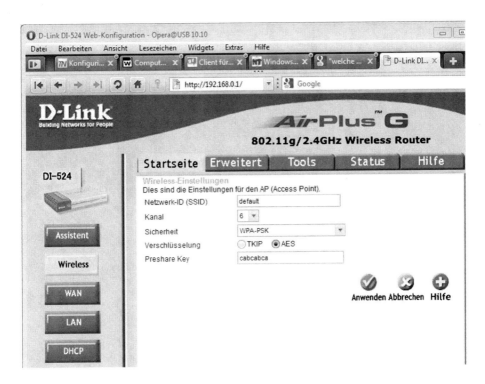

Abb. 7.4-8: Access-Point-Konfiguration.

7.4.3 Kombi-Geräte *

Es gibt heute kaum noch Geräte, die reine Access-Point-Funktionalität besitzen. Die meisten Modelle bieten zahlreiche Zusatzfunktionen an. Es lassen sich mehrere Computersysteme per Kabel vernetzen, Kabel- und Mobiltelefone anschließen, WAN- und DSL-Verbindungen über ein solches Gerät herstellen.

Die meisten heute erhältlichen *Access-Points* sind Multifunktions- bzw. Kombi-Geräte. Bei ihnen sind mehrere Funktionalitäten der Gerätetypen *Router/Switch*, DSL-Modem, Telefonanlage und *Access-Point* vereint. Durch den Einsatz eines Multifunktionsgerätes verschwindet zumindest ein Teil des Geräte- und Kabelchaos vom Schreibtisch bzw. aus dem Büro.

Ein solcher kompakter WLAN-DSL-Router (auch als WLAN-Modem o. ä. bezeichnet) macht es also – je nach Ausstattung bzw. Integration der einzelnen Komponenten – neben der Konfiguration/Verwaltung eines kabellosen Infrastruktur-Netzwerkes möglich,

- ein Kabelnetzwerk mit mehreren Computern aufzubauen,
- eingehende DSL-Signale für das gesamte Netzwerk zur Verfügung zu stellen und Daten in das Internet zu übertragen,
- dass sowohl per Funk als auch per Kabel verbundene Geräte miteinander kommunizieren (Bridge-Funktion).

Besitzt das Gerät zudem eine USB-Schnittstelle (je nach Gerät kann diese vom Typ A oder B sein), so können die Netzwerkteilnehmer bzw. Stationen auf ein angeschlossenes USB-Gerät wie etwa externe Festplatte, Scanner, Drucker, Kartenleser oder USB-Stick zugreifen.

Manche Geräte besitzen sogar ein oder mehrere Telefonanschlüsse sowie die Funktionalität einer DECT-Basisstation.

Eine solche Basisstation ist ein Elektrogerät mit einer Antenne. Ist das Gerät mit einer Telefonanschlussdose verbunden, so stellt es die Verbindung *(Bridge)* zwischen mobilen Telefongeräten und dem Telefonnetz (Kabelnetz) her. Weitere Informationen zum DECT-Standard finden Sie unter

- Wikipedia: DECT (http://de.wikipedia.org/wiki/Digital_Enhanced_Cordless_Telecommunications)
- Website Teltarif (http://www.teltarif.de/h/dect.html)
- Website BFS (http://www.bfs.de/de/bfs/druck/infoblatt/Schnurlos_DECT.html)

Je nach Ausstattung des WLAN-Modems und der anzuschließenden Geräte benötigen Sie für das Einbinden zusätzlicher Geräte über die USB-Schnittstelle ggf. Adapterstecker oder zusätzliche Verbindungskabel.

Abb. 7.4-9: USB-Stecker und Buchse, Typ A.

Die Abb. 7.4-9 und die Abb. 7.4-10 zeigen die gebräuchlichsten USB-Anschlüsse.

Abb. 7.4-10: USB-Stecker und Buchse, Typ B.

Beim Kauf eines WLAN-Modems mit USB-Schnittstelle sollten Sie daher darauf achten,

- von welchem Typ der USB-Anschluss ist,
- ob zum Lieferumfang ein USB-Kabel gehört,
- von welcher Art die Schnittstellen der in das Netzwerk einzubindenden Geräte sind,
- ob die Länge des USB-Kabels ausreichend ist,
- welche Stecker/Buchsen an den Enden des evtl. mitgelieferten USB-Kabels angebracht sind.

Fortschrittliche Geräte besitzen mehrere Antennen und sind über einen Touchscreen bedienbar (Abb. 7.4-11).

Welche maximale Bruttoübertragungsrate lässt sich bei paralleler Übertragung über alle außen angebrachten Antennen des hier dargestellten Gerätes nach der IEEE 802.11n-Norm erreichen? *Frage*

Paradebeispiel für ein Kombigerät mit WLAN-Funktionalität ist die Fritz!Box Fon WLAN 7270 (Abb. 7.4-12). Sie ist WLAN-Router, DSL-Modem sowie Telefonanlage für *Voice over IP* (VoIP) und *Antwort*

Abb. 7.4-11: WLAN-Modem.

Festnetz in einem einzigen Gerät – eine wahrhaft funktionsreiche Kommunikationszentrale.

Abb. 7.4-12: Fritz!Box Fon WLAN 7270 (Frontansicht).

Frage Die in der Abb. 7.4-12 abgebildete Fritzbox unterstützt den Draft IEEE 802.11n-Standard. Wie lässt sich die volle 802.11n-Unterstützung erreichen?

Antwort Bei diesem Gerät könnte die Kompatibilität zum IEEE 802.11n-Standard durch ein Firmware-Update erreicht werden. Nach diesem Standard sind je Antenne höchstens (brutto) 150 MBit/s erreichbar, also insgesamt 450 MBit pro Sekunde. Dies wird durch die neue Mimo-Technik *(Multiple Input Multiple Output)* möglich. Die Abb. 7.4-13 zeigt die Rückansicht dieses Gerätes.

Abb. 7.4-13: Fritz!Box Fon WLAN 7270 (Rückansicht).

Die Fritz!Box Fon WLAN 7270 besitzt Schnittstellen für zwei analoge Telefonendgeräte, mit denen man über Internet oder Festnetz telefonieren kann. Je nach Telefonanschluss können die Verbindungen in das Festnetz sowohl über einen analogen als auch über einen ISDN-Telefonanschluss aufgebaut werden.

Die integrierte DECT-Basisstation erlaubt die Anbindung von bis zu sechs DECT-Handgeräten, Anrufbeantworter und Faxfunktion sind integriert.

Zum Anschluss von Computern oder netzwerkfähigen Geräten dienen

- das kabellose WLAN nach Standard 802.11n (Draft 2.0 mit einer Übertragungsrate von brutto 300 MBit/s)[12] und
- vier Ethernet-Schnittstellen.

Außerdem können Sie über den USB-Anschluss periphere USB-Geräte, etwa einen Drucker oder eine Festplatte netzwerkweit zur Verfügung stellen.

Es gibt zahlreiche Hersteller von WLAN-Hardware. Die (oft scheinbar vergleichbaren) Geräte (Multifunktionshardware, WLAN-Router o.ä.) unterscheiden sich z.T. erheblich voneinander, so zum Beispiel hinsichtlich ihrer USB-Übertragungsrate: Langsame Schnittstellen entsprechen dem USB 1.1-Standard, die

---

[12] Draft 2.0 (manchmal auch als Pre 802.11n bezeichnet) ist die Vorab-Version des endgültigen später veröffentlichten IEEE 802.11n-Standards. Zahlreiche WLAN-Geräte unterstützen genau diese Spezifikation; einige von ihnen lassen sich allerdings per Firmware-Update auf den neuesten Stand von IEEE 802.11n bringen.

breite Masse unterstützt den USB 2.0-Standard. Es ist damit zu rechnen, dass die Hersteller im Zuge der zunehmenden Unterstützung von USB 3.0 durch die aktuellen *Motherboards* ihre *Access-Points* in nächster Zeit mit ultraschnellen USB 3.0-Schnittstellen bzw. -Anschlüssen ausstatten werden. Informationen zu den gültigen USB-Standards finden Sie etwa unter

- Website Wikipedia (http://de.wikipedia.org/wiki/Universal_Serial_Bus)
- Website Tecchannel.de (http://www.tecchannel.de/storage/komponenten/401533/usb_20_highspeed_mit_480_mbit_s/index4.html)
- Website Diepresse.com (http://diepresse.com/home/techscience/hightech/431237/index.do)

7.5 WLAN-Hotspots *

Ein öffentlich zugängliches Netzwerk heißt *Hotspot*. Je nach Konfiguration können bestimmte Benutzer mit einem mobilen Endgerät auf das Netzwerk zugreifen und dessen Dienste (Dateien, Internetzugang) nutzen.

Drahtlose Netzwerke (WLAN) breiten sich zunehmend aus. So verkaufen sich Notebooks, und seit Neuestem auch Netbooks, die in den meisten Fällen mit WLAN-Karte ausgestattet sind, besser als Desktop-Computer. Sogar die aktuellen Handys besitzen häufig ein WLAN-Modul.

Auch privat nimmt die Anzahl der kabelgebundenen Netzwerke ab, unterstützt durch die steigenden Verkäufe der *Router* mit WLAN-Funktionen. Auch steigt die Anzahl öffentlicher Drahtlos-Netzwerke *(Hotspots)*, die in Flughäfen, Universitäten, Firmen, Cafés, Zügen etc. eingerichtet sind.

Ein Hotspot ist ein Funknetzwerk, welches frei und ungeschützt für alle oder per Passwort/Authentifizierung für einen bestimmten Personenkreis (Kunden, Geschäftspartner, ...) zugänglich ist.

Technisch gesehen ist ein *Hotspot* ein *Wireless Distribution System* (WDS), welches je nach Flächendeckung/Reichweite aus wenigen bis hin zu Tausenden *Access-Points* bestehen kann.

Im Web gibt es zahlreiche Informationen zu diesem Thema, etwa

- Wikipedia: Hotspot (http://de.wikipedia.org/wiki/Hot_Spot_(WLAN))
- Computerbild: Hotspot (http://www.computerbild.de/artikel/cb-Tests-DSL-WLAN-Per-Hotspot-drahtlos-ins-Internet-1899499.html)
- Website Anschlussbereit (http://www.anschlussbereit.de/hotspot.html)

- Website ITS05 (http://www.its05.de/computerwissen-computerhilfe/pc-netzwerk/hotspot/hotspot.html)
- Website Hotspot-Server (http://www.hotspot-server.eu/index-de.html)

Wo befinden sich die öffentlichen Internetzugänge genau? Auf der Webseite Mobileaccess.de (http://mobileaccess.de) finden Sie eine Liste von Hotspots in Deutschland, der Schweiz und Österreich. Sie erfahren dort auch im Detail, wie der Zugang zu dem jeweiligen Netz konfiguriert werden muss.

Aber auch Handys, Smartphones, PDAs usw. werden zunehmend – durch Integration entsprechender Hardware-Schnittstellen – mit der Möglichkeit ausgestattet, einen Internetzugang zu nutzen. Die Benutzer sollen so die Möglichkeit erhalten, nicht nur zu Hause sondern überall ortsunabhängig eine Online-Verbindung herstellen zu können.

Es lässt sich also ein deutlicher Trend hin zu Mobilität und Online-Kommunikation feststellen: Zu jeder Zeit, an jedem Ort. Im Mobilfunkbereich ist es selbstverständlich geworden:

- Überall lässt sich mit einem Handy oder Smartphone eine Gesprächsverbindung zu anderen herstellen.
- Internet per Handy ist mittlerweile kostengünstig und nahezu flächendeckend in Deutschland verfügbar.

Die Verbindung zum jeweiligen Netz wird durch lokale Sendestationen ermöglicht, die zum Mobilfunknetz einelokal, regional/landesweit oder global agierenden Anbieters gehören. Wenn man bei einer bestehenden Verbindung seine Position verändert, so findet ein automatischer Netzwechsel statt; überall – auch außerhalb des Heimbereiches – können Sie eine Netz-Verbindung herstellen.

Zwar werden täglich zahlreiche Mobilcomputer mit WLAN-Adapter verkauft, jedoch ist deren Mobilität in Bezug auf die Internetverbindung sehr stark eingeschränkt.

Denn: Sowohl ein privates WLAN als auch ein öffentlicher Internetzugang *(Hotspot)* besitzt eine begrenzte Reichweite. Spätestens bei Überschreiten einer bestimmten Entfernung zum *Access-Point* (Sie verlassen dabei die Funkzelle) ist die Verbindung unterbrochen. Es sei denn, es ist ein *Wireless Distribution System* eingerichtet, welches die Flächendeckung des Netzwerks vergrößert.

Wenn Sie sich außerhalb der Reichweite Ihres *Access-Point*/Ihres Funknetzwerkes befinden, ist die Verbindung (ohne *Roaming*) unterbrochen. Falls Ihr neuer Standort sich innerhalb eines Funknetzwerks (WLAN) befindet und Sie Ihre Netzwerkeinstellungen anpassen, können Sie sich erneut verbinden (sofern Sie die Verbindungsdaten kennen).

Wünschenswert ist sicherlich eine Fortsetzung der aktuellen Sitzung/Online-Verbindung und eine nahtlose Übernahme in das neue Netz, ohne dass Sie irgendwelche Anpassungen Ihrer Netzwerkkonfiguration vornehmen müssen.

Dabei ist nicht wirklich unmöglich: Im ICE von Hamburg nach München können Sie störungsfrei surfen. Ohne Kabel. Die Voraussetzung dafür wird etwa durch die WiMax-Technik geschaffen.

WLANs besitzen zwar aufgrund ihres lokalen Charakters räumliche Grenzen, lassen sich aber trotzdem in ihrer Reichweite per WDS erweitern. In einem WDS geschieht die Übernahme der Verbindung von *Access-Point* zu *Access-Point* durch *Roaming*.

7.6 WLAN-Roaming *

In einem großen WLAN, dessen Steuerung durch mehrere *Access-Points* erfolgt, wird für mobile Clients beim Übergang von einem *Access-Point* zu einem anderen *Access-Point* (*Roaming*) die Übernahme der Verbindung ohne Neuanmeldung am Netzwerk realisiert. Möglich ist *Roaming* etwa durch Verwendung derselben Netzwerkkennung durch die einzelnen *Access-Points* oder durch Einsatz des Inter-Access-Point-Protokolls.

Erstreckt sich ein WLAN über eine größere Fläche, so reicht ein einziger *Access-Point* in der Regel nicht aus. Um den gesamten Bereich funktechnisch abzudecken, muss man mehrere *Access-Points* platzieren.

Wenn sich die Funkbereiche der *Access-Points* gegenseitig ein klein wenig überschneiden, dann kann sich der Client zwischen den *Access-Points* bewegen, ohne dass die Netzwerkverbindung unterbrochen wird. Dieser Sachverhalt heißt *Roaming*.

Für die Umsetzung gibt es mehrere Verfahren:

1 ESSID *(Extended Service Set Identifier)*: Am Einfachsten lässt sich WLAN-Roaming realisieren, indem Sie alle *Access-Points* mit der gleichen SSID ausstatten. Dazu müssen die *Access-Points* die erweiterte Form der SSID unterstützen: ESSID *(Extended Service Set Identifier)*. Wichtig ist, dass Sie den *Access-Points* unterschiedliche Kanäle zugewiesen haben, sonst überlagern sich die Funkverbindungen gegenseitig und es kommt keine Verbindung zu Stande.

2 WLAN-Roaming über IEEE 802.11f (IAAP): Die *Access-Points* tauschen sich über das IAPP *(Inter Access*

Point Protocol)[13] über die angemeldeten Clients aus. So können Sie die Verbindung ohne Unterbrechung übernehmen, siehe auch Website GalileoComputing (http://www.galileocomputing.de/glossar/gp/anzeige-10850/FirstLetter-I?GalileoSession=08720581A4ZZC--d0Bg) oder Website IT-Wissen (http://www.itwissen.info/definition/lexikon/inter-access-point-protocol-IAPP-IAPP-Protokoll.html). Im gesamten Netz darf nur ein DHCP-Server installiert sein. Die *Access-Points* dürfen dabei nur als **DHCP Relay-Agents** (siehe dazu etwa Technet: Relay Agent (http://technet.microsoft.com/de-de/library/cc783103(WS.10).aspx)) fungieren.[14]

3. Erweiterung einer WLAN-Umgebung durch WDS-Roaming: Der Repeating-Modus[15] ermöglicht es in einem WDS den WLAN-fähigen Endgeräten, sich mit einem beliebigen *Access-Point* zu verbinden und Daten zu übertragen. Die *Access-Points*, die im Regelfall kabellos miteinander verbunden sind, ermitteln dabei untereinander die beste Route zum zentralen *Gateway*, welches die Verbindung zum Internet herstellt. Zu den Modi siehe etwa Website Wireless LAN Test (http://www.wireless-lan-test.de/tipps-zu-wds-und-repeating.html).

Mit der *Roaming*-Funktion kann sich ein Nutzer frei am gesamten Standort bewegen, ohne die Verbindung zum Internet zu verlieren bzw. beim Wechsel des *Access-Points* die Verbindung neu herstellen zu müssen.

Weitere Informationen zum Thema *Roaming* finden Sie u. a. hier:

- BNA: Roaming (http://www.bundesnetzagentur.de/enid/International_Roaming/Was_ist_Roaming_2pd.html)
- Website Elektronik-Kompendium (http://www.elektronik-kompendium.de/sites/net/1407081.htm)
- Website Telekom (http://hilfe.telekom.de/hsp/cms/content/HSP/de/3378/faq-1003690).

---

[13] Mit dem Inter Access Point-Protokoll ist in WLANs eine standardisierte Kommunikation zwischen den *Access-Points* möglich, die über *Bridges* miteinander verbunden sind. Das IAPP, das in der Norm IEEE 802.11f beschrieben ist, standardisiert das *Roaming* mobiler Clients über mehrere WLAN-Zellen hinweg. Durch IAPP soll die Interoperabilität von *Access-Points* verschiedener Hersteller verbessert werden, sodass proprietäre Lösungen überflüssig sind.
[14] Ein DHCP-*Relay Agent* leitet DHCP-Meldungen zwischen DHCP-Clients und DHCP-Servern in verschiedenen IP-Netzwerken weiter. Der *Access-Point* besitzt also keine DHCP-Server Funktionalität, sondern er vermittelt die DHCP-Kommunikation.
[15] Im Repeating-Modus (Point-to-Multipoint, WDS) werden mehrere *Access-Points* miteinander verbunden, und zusätzlich können sich Clients, etwa Notebooks verbinden.

7.7 Schwachstellen von WLAN *

WLAN-Frequenzen werden von vielen Anwendungen genutzt. Signalstörungen wegen Überlagerung der Funkwellen sind daher keine Seltenheit. WLAN-Probleme können auch durch Anwendungen/Protokolle auftreten, welche sehr kurze Verzögerungszeiten benötigen.

Für WLAN stehen zwei Frequenzbereiche zur Verfügung: Der eine Bereich liegt um 2,4 GHz, der andere um 5 GHz.

Beide Frequenzbereiche sind weltweit lizenzfrei nutzbar. Lediglich für grundstücksübergreifende Netzwerke oder Outdoor-Netze ist eine kostenfreie Registrierung bei der Regulierungsbehörde für Telekommunikation und Post (RegTP) notwendig[16].

Signalüberlagerung

Das bedeutet, dass auf privatem Grund und Boden keine Gebühren bezahlt werden müssen, jedoch in diesen Frequenzbereichen noch weitere Anwendungen/Geräte senden und empfangen. Dies kann zu gegenseitigen Störungen führen.

Insbesondere das ISM-Frequenzband *(Industrial, Scientific, Medicine)* um 2,4 GHz wird für Anwendungen in Industrie, Wissenschaft und Medizin intensiv genutzt.[17] In diesem Frequenzspektrum um 2,4 GHz konkurrieren viele Standards und proprietäre Funktechniken der unterschiedlichsten Hersteller und Anwendungen. Auch Geräte des täglichen Gebrauchs, z. B. Mikrowellenherde, Funkfernbedienungen und AV-Funksysteme[18] gehören dazu.

Die Realisierbarkeit eines Funknetzwerks nach IEEE 802.11 hängt also maßgeblich von der Nutzung anderer Sendegeräte ab, die in Reichweite dieses Frequenzspektrum nutzen.

---

[16] Die Regulierungsbehörde für Post und Telekommunikation (RegTP) war bis zum 12.07.2005 der Name einer Bundesoberbehörde im Geschäftsbereich des Bundesministeriums für Wirtschaft. Mit dem Inkrafttreten des Gesetzes zur Neuregelung des Energiewirtschaftsrechts wurde die RegTP in Bundesnetzagentur für Elektrizität, Gas, Telekommunikation, Post und Eisenbahnen (BNetzA) umbenannt.

[17] Als ISM-Bänder werden Frequenzbereiche bezeichnet, die durch Hochfrequenz-Geräte in Industrie, Wissenschaft, Medizin sowie in häuslichen und ähnlichen Bereichen genutzt werden können. Entsprechende ISM-Geräte wie Mikrowellenherde und medizinische Geräte zur Kurzwellenbestrahlung benötigen dabei nur eine allgemeine Zulassung. Die ISM-Bänder sind durch die Internationale Fernmeldeunion weitestgehend festgelegt. Einige ISM-Bänder werden auch für Audio- und Videoübertragungen, Datenübertragungen wie WLAN oder Bluetooth verwendet, ohne dass es für diese Nutzung einer Einzel-Frequenzzuweisung bedarf. Diese sind allerdings keine ISM-Anwendungen und unterliegen eigenen Bestimmungen. Durch die gemeinsame Nutzung kann es in den besonders häufig genutzten Bändern, wie etwa dem 2,4-GHz-Band zu Störungen zwischen verschiedenen Geräten kommen. Die Nutzung dieser Frequenzbereiche sowohl für ISM-Zwecke als auch für Funkanwendungen ist in Allgemeinzuteilungen geregelt, welche auf der Website der Bundesnetzagentur eingesehen werden können.

[18] Ein solches Funkübertragungssystem überträgt Video- und Tonsignale drahtlos im ganzen Haus. Sogar die Infrarot-Signale üblicher Fernbedienungen werden ebenso per Funk in der Gegenrichtung übertragen. Ein Set besteht aus einem Funksender (2,4 GHz-Bereich) und einer Empfangsstation.

Schaut man sich die Angaben der Hersteller und Händler zur Übertragungsgeschwindigkeit ihrer Produkte an und vergleicht die Werte, die man damit in der Praxis erreicht, so erkennt man, dass die Bruttodatenraten, wie sie auf den Produktverpackungen angegeben sind, in der Praxis nie erreicht werden. Die Bruttodatenraten sind nicht einmal unter optimalen Bedingungen (Sichtkontakt zwischen Sender und Empfänger) und bei kurzen Entfernungen zu erreichen.

Je nach Umgebungsbedingungen, Anzahl der teilnehmenden Stationen und deren Entfernung erreicht man nur einen Bruchteil der beworbenen maximalen Datenübertragungsgeschwindigkeit.

Obwohl WLAN protokollunabhängig arbeitet, können sich Probleme in der Praxis mit einigen Protokollen und Anwendungen ergeben. Ausschlaggebende Faktoren sind

- die höhere Bitfehlerrate (*Bit-Error Rate*, BER) und
- die größere Verzögerung bei der Übertragung von Daten.

Anwendungsbedingte Funktionsdefizite

Es liegt in der Natur eines WLAN, dass die zur Übertragung benötigte Zeit länger ist als im drahtgebundenen LAN. Ein einfacher Ping[19] hat im drahtgebundenen LAN eine **Round-Trip Time** von weniger als einer Millisekunde. Im WLAN liegt die Zeit für einen Ping bei bis zu vier Millisekunden.

Anwendungen, die eine kurze Verzögerungszeit zwischen Senden und Empfangen *(Delay)* benötigen, zeigen bei der Funkübertragung unter Umständen Funktionsdefizite.

Durch internationale Standards sind Schnittstellen, Zugriff auf das Medium, Datenübertragungsraten, Sicherheit, Frequenzkanäle, *Roaming* und vieles mehr geregelt.

7.8 Das WLAN der Zukunft *

Zahlreiche WLAN-Standards befinden sich noch in der Entwicklungsphase. Zu diesen gehören IEEE 802.11ad und 802.11z. Vorrangige Ziele sind mehr Bitrate, weniger Störanfälligkeit und mehr Reichweite.

Ebenso wie Ethernet und die Informationstechnik als Ganzes soll sich auch WLAN stetig verbessern. Es gibt mehrere Gremien und auch Interessengruppen, welche sich mit der Weiterentwicklung der Datenübertragung in Funknetzwerken beschäftigen und bei der Ausarbeitung neuer Standards mitwirken. Zu diesen gehört unter anderem das IEEE, welches bereits zahlreiche Normen herausgebracht hat.

---

[19] Ping ist ein Dienst von TCP/IP, mit dem man testen kann, ob zwei Geräte im TCP/IP Netzwerk sich miteinander verbinden können.

IEEE 802.11ad Der zukünftige WLAN-Standard könnte IEEE 802.11ad heißen. IEEE 802.11ad ist derzeit kein fertiger Standard, sondern befindet sich noch in der Bearbeitungsphase. Angedacht ist ein WLAN mit Übertragungsgeschwindigkeiten im Gigabit-Bereich.

Da in den bisher genutzten Frequenzbereichen bei 2,4 und 5 GHz keine ausreichend große Bandbreite erreichbar ist, ist in der Norm IEEE 802.11ad ein Frequenzwechsel auf 60 GHz vorgesehen.

Im 60 GHz-Bereich stehen, je nach nationaler Regulierung, 4 bis 7 GHz Gesamtbandbreite zur Verfügung. Damit würde man mehrere Gigabit pro Sekunde an Bruttodatenrate erreichen.

Allerdings ist die Signaldämpfung bei 60 GHz sehr hoch. So eignet sich das zukünftige Gigabit-WLAN nur für die drahtlose (Direkt-)Verbindung zwischen zwei Geräten (Adhoc-Netzwerk). Zum Beispiel lässt sich Gigabit-WLAN einsetzen, um hochauflösende Bilder oder Videos von einem Speicher (z. B. einem Kartenleser) zu einem Anzeigegerät (beispielsweise einem Beamer) zu übertragen.

In vielen Fällen würde die Nettodatenrate kaum höher als in einem WLAN nach IEEE 802.11n-Standard sein, daher wird sich das IEEE hier sicherlich noch einiges einfallen lassen.

Diese Technik ist mit **Ultra Wideband**-Techniken (siehe Website TU München (http://atmvs1.informatik.tu-muenchen.de/Members/baumgaru/seminare/ss06-dlnetzwerke/UWB_Ausarbeitung.pdf)), wie *Wireless* HDMI[20] (siehe Website Golem.de (http://www.golem.de/0801/56770.html)) und *Wireless* USB[21] (siehe Website Computerwoche (http://www.computerwoche.de/netzwerke/mobile-wireless/599781/) und Website Tecchannel.de (http://www.tecchannel.de/netzwerk/wlan/1739328/wireless_usb_ergaenzt_wlan_und_bluetooth_technologie/)) vergleichbar.

Eine weitere in Arbeit befindliche Norm ist die IEEE 802.11z.

IEEE 802.11z Das IEEE strebt mit der Entwicklung seiner Norm 802.11z einen Standard (*Direct Link Setup*, DLS) an, der Verbindungen zwischen WLAN-Geräten im Infrastruktur-Modus ohne Umweg über einen *Access-Point* ermöglicht (Abb. 7.8-1). Bisher gibt es *Direct Link Setup* nur bei *Access-Points*, die der Norm IEEE 802.11e entsprechen. Die Unterstützung von IEEE 802.11e ist aber nicht weit verbreitet.

---

[20] *Wireless* HD funkt im weltweit lizenzfreien Bereich von 60 GHz. Es verbindet Fernseher, DVD- und Bluray-Player, Set-Top-Boxen, Kameras, Spielkonsolen und andere Geräte aus dem Bereich der Unterhaltungselektronik miteinander über kurze Entfernungen. Künftige Generationen sollen Bandbreiten von bis zu 20 GBit/s erreichen. Dabei werden die Daten verschlüsselt übertragen. Alle via *Wireless* HD verbundenen Geräte sollen sich durch eine gemeinsame Fernbedienung steuern lassen.
[21] Bei *Wireless* USB werden Peripherie-Geräte ähnlich wie bei Bluetooth per Funk mit dem Computer verbunden.

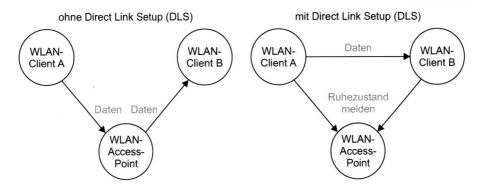

Abb. 7.8-1: Kommunikation ohne/mit Direct Link Setup.

DLS sieht vor, dass für eine direkte Verbindung zwischen zwei WLAN-Geräten keine Vermittlung bzw. Unterstützung durch einen *Access-Point* notwendig ist. Bei der Aushandlung von DLS verpacken die beteiligten Stationen ihre Datenpakete in spezielle Ethernet-Frames. Der *Access-Point* leitet auch diese wie gewohnt weiter, bekommt aber ansonsten vom DLS-Aufbau der Stationen nichts mit.

Zur Initiierung der DLS-Sitzung signalisieren die beteiligten WLAN-Geräte dem *Access-Point* einen vorläufigen Ruhezustand. Infolgedessen speichert der *Access-Point* temporär für diese Stationen eingehende Datenpakete von anderen (unbeteiligten) WLAN-Geräten.

Parallel dazu wechseln die Stationen auf einen anderen Funkkanal und tauschen dort ihre Daten direkt miteinander aus. Während einer Sitzung melden sich die beteiligten Stationen in regelmäßigen Intervallen wieder beim *Access-Point* an, um sich eventuell aufgelaufene Datenpakete zukommen zu lassen.

7.9 Bluetooth *

Der Begriff Bluetooth ist Ihnen sicher schon öfters begegnet. Insbesondere verfügen die meisten Handys heutzutage über die Bluetooth-Technik, um z. B. ein *Headset* kabellos mit dem Handy zu verbinden.

Zunächst wird die Hardware und werden Geräte für die Bluetooth-Technik behandelt:

- »Hardware/Geräte«, S. 280

Verschiedene Netzwerkarchitekturen sind möglich:

- »Architekturen«, S. 281

Normen stellen die Kompatibilität der verschiedenen Geräte und der Software sicher:

- »Die Standards«, S. 284

Auf die Funktionsweise von Bluetooth wird näher eingegangen:
- »Die Technik«, S. 285

Bluetooth belegt verschiedene Frequenzen:
- »Die Frequenzen«, S. 286

Sicherheitsfragen spielt eine wichtige Rolle:
- »Sicherheit«, S. 287

Die Bluetooth-Technik kann für verschiedene Anwendungsgebiete eingesetzt werden:
- »Anwendung«, S. 289

7.9.1 Hardware/Geräte *

Per Bluetooth werden Kleinstgeräte in einem PAN vernetzt. Die Sende- und Empfangseinheit befindet sich auf einer Steckkarte oder auf einem Chip innerhalb des Gerätes. Es gibt allerdings auch Bluetooth-Dongles, welche im Regelfall über eine USB-Schnittstelle verfügen. Computer-Peripherie, Audio-/Video-Zubehör und auch Mobilfunkgeräte sind oft bluetoothfähig.

Bluetooth ist ein Verfahren für die mobile kabellose Kommunikation verschiedenster Geräte auf kurzen Strecken bis zu einer Entfernung von etwa 100 Metern. Es wird hauptsächlich in der persönlichen Informations- und Kommunikationstechnik eingesetzt.

Der Name »Bluetooth« stammt vom dänischen Wikingerkönig Harald Blatand (genannt Blauzahn), der einst vor über 1000 Jahren die dänischen Provinzen zu einem Königreich vereinigte. Außerdem hat der Name scheinbar auch mit der Dominanz von skandinavischen Technikunternehmen (Nokia, Ericsson) in der Kommunikationselektronik zu tun.

Bluetooth wird beispielsweise bei der Vernetzung bzw. dem Datenaustausch zwischen Handys, Laptops oder persönlichen Organizern (PDAs) verwendet.

Bluetooth-Geräte sind untereinander über das *Service Discovery Protocol* (SDP) verbunden. Das SDP gehört zu den Bluetooth-Kernprotokollen. Es dient der Erkennung der Bluetooth-fähigen Geräte untereinander, damit diese miteinander kommunizieren können.

Über dieses Protokoll werden die Dienstinformationen der einzelnen Geräte ermittelt. Mit diesen werden die Verbindungen zwischen den Bluetooth-Geräten eingerichtet und alle für die Datenübertragung relevanten Informationen übermittelt.

7.9 Bluetooth *

In einem Bluetooth-Netzwerk gibt es keine speziellen Verteiler oder Steuergeräte. Diese Funktion wird von den Endgeräten selbst übernommen.

Auch hardware- bzw. ausstattungstechnisch gibt es nicht viel zu beachten. Die beteiligten Geräte müssen lediglich einen Bluetooth-Chip besitzen. Bei vielen Geräten ist dieser fest auf der Hauptplatine verlötet bzw. integriert.

Die gegenwärtig auf dem europäischen Markt befindliche bzw. unmittelbar vor der Einführung stehende Palette von Bluetooth-Produkten ist enorm groß. Bluetooth-Module sind oft schon ab Werk in Geräten wie Notebooks, Kameras, Computerperipherie, Mobiltelefonen, Freisprecheinrichtungen für Mobiltelefone *(Headsets)*, Palmtops usw. integriert.

Bluetooth-Fähigkeit lässt sich auch nachrüsten, beispielsweise durch unterschiedliche Einsteckkarten für PC und Notebook, sowie extern für alle denkbaren IT-Peripheriegeräte durch einen Dongle mit USB-Schnittstelle (siehe Marginalie).

Neben internen und externen Modulen sind auch Bluetooth-Access-Points erhältlich, durch welche die Anbindung eines Bluetooth-Netzwerkes an ein größeres LAN möglich wird.

In Bezug auf ihre Reichweite kann man Bluetooth-Geräte in Gruppen einteilen, die sich in ihrer Sendeleistung unterscheiden:

Geräteklassen

- Geräte der Klasse 1 übertragen mit maximal 100 Milliwatt Leistung (etwa 100 Meter Reichweite).
- Geräte der Klasse 2 besitzen eine maximale Leistung von 2,5 Milliwatt (etwa 50 Meter Reichweite).
- Geräte der Klasse 3 senden mit maximal 1 Milliwatt Sendeleistung (etwa 10 Meter Reichweite).

Viele Geräte, beispielsweise Mobiltelefone, die mit anderen Mobiltelefonen oder *Headsets* über Bluetooth kommunizieren, müssen deshalb nur der schwächsten Klasse angehören, da keine hohe Reichweite für diese Bluetooth-Verbindungen notwendig ist. In vielen Fällen können nur Geräte, die zur selben Klasse gehören, miteinander kommunizieren.

7.9.2 Architekturen *

Bluetooth-Kommunikation erfolgt entweder direkt (Point-to-Point) oder in einem *Piconet* über ein zentrales Gerät. Ein Verbund mehrerer *Piconets* heißt *Scatternet*.

In einem Bluetooth-Netzwerk sind – wie schon im WLAN – verschiedene Architekturen bzw. Anordnungen der einzelnen Geräte möglich.

Piconetz
: Die direkt miteinander über SDP vernetzten Bluetooth-Geräte bilden ein Piconetz (Kleinverbund elektronischer Geräte), über das Videos, Sprache, Text oder Bilder ausgetauscht werden.

Ein solches Piconetz kann aus bis zu acht Geräten bestehen, von denen eines die Rolle des *Master* übernimmt, die restlichen sieben als *Slave* geschaltet sind.

So kann ein Benutzer z. B. sämtliche seiner persönlichen elektronischen Geräte miteinander verbinden.

Scatternetz
: Bestehen bereits mehrere Piconetze, dann können diese sich zu einem Scatternetz ebenfalls verbinden. So wird die Kommunikation zwischen Geräten verschiedener Benutzer oder Benutzergruppen möglich.

Die Abb. 7.9-1 zeigt drei Situationen:

- Direktverbindung (Point-to-Point),
- sternförmige Vernetzung (Piconetz),
- verbundene Sternnetze (Scatternetz).

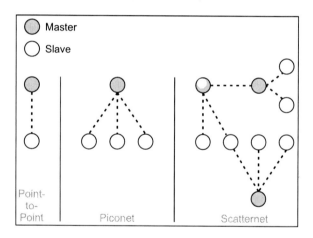

Abb. 7.9-1: Bluetooth-Netze.

Bei einer Point-to-Point-Verbindung übernimmt ein Gerät die Funktion des *Master*, das andere Gerät fungiert als *Slave*. Die Point-to-Point-Verbindung entspricht dem Adhoc-Modus beim WLAN.

Im Piconetz gibt es einen *Master*, der die Funktion eines zentralen Verteilers übernimmt. Es liegt also eine Sternstruktur vor – jeder *Slave* sendet an den *Master*, der die Daten an das Zielgerät weiter leitet. Ein Piconetz ist vergleichbar mit dem Infrastruktur-Modus beim WLAN. Allerdings wird im Piconetz keine spezielle Basisstation benötigt, sondern die Funktion des *Master* übernimmt ein an der Kommunikation beteiligtes Gerät.

7.9 Bluetooth *

Im Scatternetz gibt es mehrere Piconetze. In jedem Piconetz gibt es einen *Master*. Die Verbindung von Piconetz zu Piconetz wird durch ein Slave-Gerät hergestellt, welches beiden Netzen angehört. Je nach Netzstruktur und Position der Geräte kann auch – wie aus der Abb. 7.9-1 ersichtlich ist – ein einziges Gerät mehrere verschiedene Funktionen übernehmen: Es arbeitet in dem anderen Netz als zentraler Verteiler *(Master)*, stellt aber trotzdem die Verbindung zum anderen Piconetz her (Slave-Funktionalität).

Die Kommunikation im Scatternetz erfolgt ausschließlich über den *Master*. Die unmittelbare Kommunikation zwischen zwei *Slaves* ist nicht möglich. Da sich die Teilnehmer im Netz permanent ändern können, ist das Piconetz auf Grund der Bewegungsfreiheit der Geräte ein dynamisches Kommunikationsnetzwerk.

Bei Bluetooth ist keine Infrastruktur notwendig, um eine Kommunikation zwischen den einzelnen Geräten zu ermöglichen und ein Netzwerk zu bilden.

In der Abb. 7.9-2 sehen Sie ein weiteres Beispiel für die Vernetzung von Kommunikationsgeräten per Bluetooth.

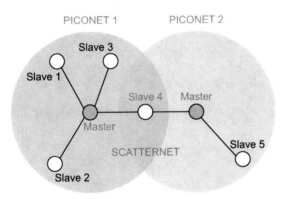

Abb. 7.9-2: Vernetzte Bluetooth-Geräte nach www.tecchannel.de.

In einem Scatternetz schließen sich mehrere Piconetze zusammen. Die Verbindung läuft jeweils über einen gemeinsamen *Slave*, wie die Abb. 7.9-2 zeigt. Die Architektur des Scatternetzes ist ähnlich der eines WDS *(Wireless Distribution Systems)* beim WLAN.

7.9.3 Die Standards *

Die einzelnen Bluetooth-Geräte unterscheiden sich hinsichtlich Bitrate, Ernergieverbrauch, Reichweite, Kompatibilität, Sicherheit und Störanfälligkeit.

Die Datenübertragung und Vernetzung über Bluetooth wird – wie auch im Ethernet und bei WLAN – durch Standards geregelt.

Version 1.0
Die Übertragungsgeschwindigkeit in einem Netzwerk nach dem Standard Bluetooth 1.0 lag bei bis zu einem Megabit in der Sekunde. Bei einer asymmetrischen Datenübertragung verteilte sich die Leitungskapazität auf

- Download (max. 723 Kilobit/s) und
- Upload (bis zu 57,6 Kilobit/s).

Bei symmetrischer Übertragung war je Kanal eine maximale Übertragungsrate von 432,6 Kilobit/s möglich. Zur Spezifikation von Bluetooth 1.0 siehe Website The Wireless Directory (http://www.thewirelessdirectory.com/Bluetooth-Overview/Bluetooth-Specification.htm).

Version 2.0
Die Spezifikation der Bluetooth 2.0-Version lässt zu, dass Daten durch EDR (*Enhanced Data Rate*, siehe etwa Website Areamobile (http://www.areamobile.de/news/7010-neuer-bluetooth-standard-2-1-edr))[22] maximal etwa dreimal so schnell übertragen werden können, wobei sich die beteiligten Geräte die verfügbare Bandbreite teilen müssen *(Shared Medium)*. Das erinnert an die Anfänge des Ethernet.

Bluetooth unterstützt die Übertragung von Multimedia-Informationen (Sprache, Text, Bilder, Videos, ...). Eine Verschlüsselung der transportierten Daten wurde mit dem Bluetooth 2.0-Standard möglich. Informationen zu Bluetooth 2 finden Sie etwa hier Website Radio-Electronics (http://www.radio-electronics.com/info/wireless/bluetooth/bluetooth_edr.php).

Version 3.0
Im April 2009 wurde der Standard Bluetooth 3.0 verabschiedet. Dieser sieht eine maximale Übertragungsrate von 24 MBit/s vor sowie die Unterstützung von WLAN durch kompatible Geräte. Erste Handys und Kleingeräte sind noch relativ teuer. Zum 3.0-Standard von Bluetooth siehe Website Elektronik Kompendium (http://www.elektronik-kompendium.de/sites/kom/1405151.htm).

Version 4.0
Auch die 4. Spezifikation ist schon in Arbeit. Das Motto ist:

- Mehr Reichweite,
- mehr Tempo,

---

[22] Damit das etablierte Bluetooth nicht gleich wieder veraltet, wurde die EDR-Technik *(Enhanced Data Rate)* entwickelt und in Bluetooth mit der Version 2.0 integriert. Durch EDR profitieren die Anwendungen vom schnelleren Übertragungskanal. Somit bekommen mehrere parallele Verbindungen genügend Kapazität, ohne dass Übertragungsverzögerungen auftreten.

- mehr Stabilität.

Zu den neuen 4.0-Spezifikationen siehe Website Teltarif (http://www.teltarif.de/bluetooth-4-0-sig-spezifikation/news/36924.html). Bluetooth-Geräte bekommen von ihrem Hersteller eine weltweit eindeutige 48 Bit-Adresse zugewiesen, die mit der MAC-Adresse einer Netzwerkkarte vergleichbar ist. So ist es nahezu unmöglich, dass es zwischen einzelnen Geräten zu Störungen kommt oder die Geräte sich gegenseitig abhören.

7.9.4 Die Technik *

Bluetooth unterstützt sowohl synchrone Punkt-zu-Punkt-Verbindungen (SCO) als auch asynchrone Punkt-zu-Multipunkt-Verbindungen (ACL).

Die Vermeidung von Störungen durch Signale anderer Anwendungen erreicht man bei Bluetooth durch ein Baseband-Protokoll. Dieses steuert, dass die Trägerfrequenz nicht konstant bleibt, sondern in einer zeitlichen Abfolge verschiedene Werte aus einer festen Menge von Frequenzen annimmt. Ein Gerät, das eine Nachricht empfangen soll, muss mit dem Sender synchronisiert sein und genau die gleiche Sprungfolge für die Trägerfrequenz verwenden. Nur Nachrichten, die diesen Fingerabdruck tragen, können von den Teilnehmern eines Bluetooth-Netzes empfangen werden. Signale anderer Quellen filtern sie heraus. Die Daten schließlich werden der Sprungfolge durch eine binäre Frequenzmodulation angehängt. Für die Verbindung per Bluetooth stehen folgende Techniken zur Verfügung:

- SCO = *Synchronous Connection-Oriented Link* und
- ACL = *Asynchronous Connection-Less Link*.

Beim Einsatz einer synchronen, verbindungsorientierten und leitungsvermittelten Übertragung spricht man von einer SCO-Verbindung *(synchronous connection-oriented)*. Diese ist eine symmetrische Punkt-zu-Punkt-Verbindung zwischen einem *Master* und genau einem *Slave* in einem Piconetz. Dabei kann der *Master* bis zu drei SCO-Links gleichzeitig unterstützen. *Slaves* unterstützen zwei SCO-Links gleichzeitig zu verschiedenen *Mastern*. Für das Senden ist ein fester Zeittakt definiert, innerhalb dessen eine Übertragung erfolgen darf, siehe auch Website Htwm.de (http://telecom.htwm.de/bluetooth/bluetooth/physikal.htm).

SCO

Bluetooth kann in einem asynchronen Modus Pakete übertragen. Reservierte Zeitfenster ermöglichen bei Bluetooth-Übertragung einen Vollduplex-Betrieb, bei dem Kommunikationspartner zur selben Zeit senden und empfangen dürfen.

ACL — Die ACL-Verbindung *(asynchronous connectionless link)* ist eine asynchrone, verbindungslose und paketorientierte Verbindung. Sie stellt eine Punkt-zu-Multipunkt-Verbindung zwischen dem *Master* und allen aktiven *Slaves* in einem Piconetz dar (Sterntopologie). Dabei stehen bis zu sieben Kanäle in einem Piconetz zur Verfügung.

Zwischen einem *Slave* und einem *Master* kann jeweils nur eine ACL-Verbindung bestehen. *Slaves* können bei diesem Verbindungstyp nur Daten senden, wenn der *Master* dies anordnet. Da kein fester Zeittakt vereinbart ist, darf nur eine bestimmte Anzahl Zeichen gesendet werden.

Das letzte übertragene Zeichen stellt das Stopp-Signal dar. Es ist keine Reservierung der *Slots* (Zeitintervalle) für die Übertragung notwendig. Verloren gegangene Pakete werden wiederholt versendet.

7.9.5 Die Frequenzen *

Bluetooth nutzt wie WLAN die 2,4 GHz-Frequenzen, beherrscht allerdings bei Störungen automatische Frequenzwechsel.

Sendekanäle — Der von Bluetooth genutzte Frequenzbereich von 2,402 bis 2,4835 GHz wird in Deutschland in 79 logische Kanäle von jeweils 1 MHz Bandbreite aufgeteilt. Zwischen diesen 79 Kanälen können Bluetooth-Geräte während einer Datenübertragung flexibel springen, also ihre Sendefrequenz wechseln.

Frequenzhopping — Die Kanäle werden ca. 1600 Mal pro Sekunde gewechselt. Das Zufallszahlenprinzip, welches dazu verwandt wird, wird zuvor von den miteinander kommunizierenden Geräten vereinbart. Gibt es partielle Störungen im ISM-Band, so können diese durch das Frequenzsprungverfahren (Frequenzhopping) bis zu einem gewissen Grad kompensiert werden.

Bei einer Bluetooth-Verbindung wird das Frequenzband durch das Frequenzsprungverfahren wesentlich effektiver genutzt als bei der WLAN-Vernetzung. Erkennt ein Gerät im Laufe der Kommunikation eine Störung, dann

- sendet es einen bestimmten Pseudocode, sodass die beiden Stationen die Sendefrequenz wechseln oder
- es startet einen weiteren Übertragungsversuch.

Damit Sender und Empfänger zur gleichen Zeit auf denselben Kanal umschalten, wird ein *Hop-Key* verwendet[23].

---

[23] Ein *Hop-Key* ist eine vereinbarte Zeichenfolge, nach der sich beide Stationen auf einem anderen Kanal wieder treffen.

Seit der Bluetooth-Version 1.2 ist es möglich, dass einzelne ausgelastete Kanäle durch das adaptive Frequenz-Hopping[24] in der Sprungsequenz nicht berücksichtigt werden. Weitere Informationen dazu finden Sie hier: Website IT-Wissen (http://www.itwissen. info/definition/lexikon/adaptive-frequency-hopping-AFH.html).

Mit Hilfe des Frequenzsprungverfahrens und des adaptiven Frequenzhopping wird die Empfindlichkeit gegenüber Störungen deutlich reduziert. Bluetooth eignet sich damit vor allem für Applikationen, die durch eine zyklische und echtzeitfähige Übertragung von wenigen Steuersignalen in einer störanfälligen Umgebung über eine geringe Entfernung gekennzeichnet sind.

Innerhalb des ISM-Bereiches verwenden verschiedene Regionen bzw. Länder verschiedene individuelle Frequenzbereiche (Tab. 7.9-1).

Region	Frequenz in GHz	Nutzbare Kanäle
USA	2,4002–2,4835	79
Europa	2,4002–2,4835	79
Frankreich	2,4465–2,4835	27
Spanien	2,4450–2,4750	35
Japan	2,4710–2,4970	23

Tab. 7.9-1: Bluetooth-Kanäle in verschiedenen Ländern.

Bluetooth verwendet in Deutschland 79 verschiedene Kanäle, durch Frequenzhopping ist eine hohe Stör- und Abhörsicherheit gewährleistet.

7.9.6 Sicherheit *

Es gibt drei Sicherheitsmodi: Mode 1 (keine Sicherheit), Mode 2 (Authentifizierung), Mode 3 (Verbindungsschlüssel 128 Bit).

Eingebaute Fehlerkorrekturverfahren sorgen im Störungsfalle dafür, dass zu übertragende Daten abgesichert werden. Dadurch sinkt im Einsatzfall zwar die effektive Datenübertragungsrate.

---

[24] Das ISM-Band im 2,4-GHz-Frequenzbereich wird unter anderem auch von WLAN verwendet. Da sich die verschiedenen Funktechniken gegenseitig beeinträchtigen, die Leistungsfähigkeit reduzieren und Interferenzen bilden, hat man mit dem adaptiven Frequenzsprungverfahren (Adaptive Frequence Hopping, AFH) eine Technik entwickelt, die bei gegenseitiger Beeinträchtigung aktiviert werden kann. Mit der AFH-Technik wird die Frequenzsprung-Sequenz dann geändert, wenn ein WLAN die Übertragungsfrequenzen von Bluetooth beeinträchtigt. Das AFH-Verfahren gehört seit der Version 1.2 zum Bluetooth-Standard.

In so einem Fall wird jedoch die Notwendigkeit einer zusätzlichen Übertragungssicherung höher bewertet als das Erreichen der maximal erreichbaren Übertragungsbandbreite.

Bluetooth besitzt einen Verschlüsselungsmechanismus, der auf Basis von symmetrischer Verschlüsselung arbeitet. Damit eine Bluetooth-Kommunikation erfolgen kann, ist es notwendig, dass alle beteiligten Bluetooth-Geräte sich kennen.

Pairing

Dies wird mit dem so genannten *Pairing* erreicht, bei dem nach anderen Geräten gesucht wird und nach Abfrage eines Schlüssels das jeweilige Gerät als vertrauenswürdig eingestuft wird, worauf mit ihm dann Daten ausgetauscht werden können. Diese Autorisationskennung dient dann gleichzeitig auch der Verschlüsselung.

Sicherheits-Ebenen

Zusätzlich gibt es drei *Security-Level*:

- *Non-secure*, Mode 1,
- *Service-Level (untrusted/trusted devices)*, Mode 2,
- *Link-Level*, Mode 3.

In der ersten Stufe gibt es keine Sicherheitsmechanismen, die Geräte erkennen sich und können ohne **Authentifizierung** miteinander kommunizieren.

Für den Mode 2 sind flexible Zugriffe bei unterschiedlichen Sicherheitsanforderungen vorgesehen. Die Geräte erkennen sich, können aber ohne Authentifizierung keine Verbindung zueinander herstellen.

Link Key

In Mode 3 werden die Sicherungsprozeduren bereits beim Verbindungsaufbau initialisiert, der mit dem Verbindungsschlüssel ausgeführt wird. Darüber hinaus dient dieser 128 Bit lange Schlüssel zur Generierung des Sitzungsschlüssels oder *Link Key*, mit dem auch die Geräte authentifiziert werden.

Beim *Link Key* kann es sich um einen Kombinationsschlüssel handeln, gewonnen aus der Schlüsselkombination zweier Geräte. Es kann sich aber auch um einen Geräteschlüssel, um einen temporären Schlüssel, der nur für die aktuelle Sitzung benutzt werden kann, oder um einen Initialisierungs-Schlüssel zum Schutz der Verbindungsparameter bei der Übertragung handeln.

Bei Bluetooth gibt es nahezu keine Anonymität, wie das im Internet der Fall ist. Dies ist durch die räumliche Nähe der miteinander verbundenen Geräte bedingt.

7.9.7 Anwendung *

Bluetooth ersetzt Kabelverbindungen zwischen AV-Geräten, Mobilfunkzubehör, Handy, Computer und Peripherie und findet Einsatz überall in der Haus-/Heimelektronik.

Trotzdem Bluetooth im 2,4 GHz-Band den gleichen Frequenzbereich wie WLAN nutzt, konkurrieren beide Verfahren nicht direkt miteinander, sondern ergänzen sich durch ihre Zielsetzung. Während WLAN eher dazu gedacht ist, das Netzwerkkabel abzulösen, ersetzt Bluetooth in erster Linie Kabel für IT- und Telefonzubehör.

Bluetooth als Kabelersatz

Bluetooth wird also vornehmlich in Umgebungen verwendet, in denen nicht sehr viele Anschlussoptionen notwendig sind, sondern es hauptsächlich wichtig ist, dass kleine Datenmengen zuverlässig von einem zum anderen (Kleinst-)Gerät übertragen werden können.

Bluetooth ist weniger ein Netzwerkprotokoll, sondern vielmehr eine End-to-End-Schnittstelle, die ursprünglich als reiner Kabelersatz vorgesehen war.

Die Märkte der Einsatzgebiete Unterhaltungselektronik und Telekommunikation erzielen gute Umsätze.

Über Bluetooth können die Benutzer auch eine Anbindung an das Internet herstellen. So lassen sich über *Gateways* z. B. MP3-Dateien aus dem weltweiten Datennetz auf das Handy laden.

Mit Bluetooth sollten die Verbindungskabel zwischen Peripheriegeräten und Computer der Vergangenheit angehören. Das ist inzwischen Realität: Man kann mit Bluetooth Maus, Tastatur, MP3-Player, Modem, Webcam, digitale Bilderrahmen, Drucker, Mobiltelefon, PDA, Organizer und Videokamera an einen Computer anbinden und serielle Kabelverbindungen ersetzen.

Es gibt auch Audio-Anwendungen, z. B. drahtlose Kopfhörer oder Freisprecheinrichtungen für Mobiltelefone. Auch im Heimbereich hält Bluetooth Einzug. So kann man beispielsweise über eine im Eingangsbereich des Hauses installierte Kamera jeden Zutritt am Computerbildschirm beobachten oder einen in einem anderen Raum befindlichen Drucker nutzen – das Ganze ist möglich, ohne ein einziges Kabel zu verlegen. Auch die Fernsteuerung von Haushaltsgeräten über das Handy lässt sich realisieren.

Im Bürobereich kann Bluetooth eingesetzt werden, um elektronische Visitenkarten auszutauschen oder auch um eine Präsentation auf einem mit dem Laptop verbundenen Projektor auszugeben.

Hier einige für Bluetooth typische Anwendungen:

- Handys mit Bluetooth-Chip schalten am Arbeitsplatz automatisch auf den kostenlosen Betrieb im firmeninternen Telefonnetz um und funktionieren zu Hause als Schnurlosapparate im Festnetz.
- Die Teilnehmer einer Konferenz brauchen ihre Notebooks nur einzuschalten, um sie miteinander zu verbinden.
- Der Referent braucht kein Kabel, wenn er den Projektor per Bluetooth an einen PC anschließt.
- Eine E-Mail, die der Anwender im Flugzeug auf seinem Notebook verfasst, wird abgeschickt, sobald er nach der Landung sein Handy auf Standby schaltet.
- Der PDA des Außendienstmitarbeiters tauscht selbstständig über Bluetooth mit dem PC im Büro Informationen aus und aktualisiert seine Daten.

Die Nutzung dieser Technik ist aus medizinischer Sicht ebenso unbedenklich wie die von WLAN.

Die Chancen für die Zukunft von Bluetooth stehen äußerst gut, da seitens der Industrie großes Interesse an dieser Technik besteht. Tausende von Firmen arbeiten am Bluetooth-Standard, siehe auch Website Bluetooth.com (http://www.bluetooth.com).

Hier noch mal eine Übersicht der wichtigsten Eigenschaften der Bluetooth-Technik:

- Es ist ein offener Standard im Bereich 2,4 GHz.
- Es handelt sich um eine Spreizspektrum-Technik mit 1600 Frequenzsprüngen je Sekunde (Frequenzhopping).
- Bluetooth-Geräte senden auf 79 Frequenzen (2,402–2,4835 GHz).
- Die Bluetooth-Technik ermöglicht Reichweiten bis zu 100 m.
- Bluetooth stellt 3 Sicherheitslevels zur Verfügung.
- Die Datenrate beträgt maximal 24 MBit/s.
- Im gleichen Frequenzbereich senden auch andere Geräte, daher besteht die Möglichkeit gegenseitiger Störungen.

7.10 WiMax **

WiMax ermöglicht Breitbandübertragung im WAN-Bereich für stationäre Anschlüsse (Fixed WiMax) und auch für mobile Nutzer (Mobile WiMax).

WiMax steht für *Worldwide Interoperability for Microwave Access* und bezeichnet eine innovative Funktechnik, die der heute bei Laptops verbreiteten WLAN-Technik für die drahtlose Datenübertragung ähnelt. Die Reichweite und die Datenübertragungsraten sind jedoch erheblich größer, sodass durch WiMax-Netze ganze Städte mit einem schnellen Internetzugang versorgt werden können. Außerdem zeichnet sich die neue Technik auch durch Sicherheit und Zuverlässigkeit aus.

Mit WiMax werden nicht nur ganze Standorte wie Wohnhäuser oder Unternehmen mit dem Internet vernetzt, sondern es wird auch möglich, mobile und portable Anwendungen mit Laptop, PDA und Handys zu nutzen.

Der Technik-Konzern Intel zählt zu den Hauptförderern von WiMax und investiert gemeinsam mit anderen Großunternehmen wie Siemens, Motorola und Samsung in die Entwicklung WiMax-kompatibler Geräte für den Massenmarkt.

WiMax ist drahtlos und unabhängig vom Festnetz. Aus diesen Gründen bietet die neue Technik gegenüber kabelgebundenen DSL-Anschlüssen bzw. -Zugängen wesentliche Vorteile: Der Internetzugang ist

- flexibler z. B. beim Umzug,
- schneller installierbar durch die moderne Funk-Technik und
- kostengünstiger dank innovativer Technik.

WiMax ist ein Standard für Funknetze (MAN oder WAN). Allerdings wird WiMax im Moment noch nicht auf breiter Basis eingesetzt und hat daher wenig kommerzielle Bedeutung.

Die WiMax-Technik wird vor allem in Gebieten eingesetzt, in denen die DSL-Anbindung (über Breitband-/Glasfaserkabel) nicht rentabel oder überhaupt nicht möglich ist. Dadurch, dass die WiMax-Technik über Funk eine Verbindung zwischen Endnutzer und Breitbandverbindung herstellt, können solche Gebiete von der WiMax-Technik besonders gut erschlossen werden.

Zunächst einmal sendet WiMax im Gegensatz zu den bisher bekannten Richtfunk-Verbindungen im Mikrowellenbereich zwischen 2 und 66 GHz.

Frequenzen

WiMax bietet theoretisch Möglichkeiten, weitaus mehr Kunden zu erreichen und mit einem drahtlosen Internetzugang zu versorgen, als dies im Moment der Fall ist. Dieser wäre zudem schneller und kostengünstiger.

Außerdem würde WiMax endlich eine Möglichkeit für die Telefonanbieter bieten, die so genannte »letzte Meile« zu den Haushalten und damit zu den Endverbrauchern zu überbrücken. Mit der »letzten Meile« ist das Endstück einer Telefonleitung für Datenübertragung gemeint, das für DSL-Anschlüsse entscheidend ist. Weil diese letzte Meile in den Händen der Telekom liegt, werden auch DSL-Anschlüsse zu großen Teilen über die Telekom verwaltet/reguliert.

WiMax würde daher den großen Vorteil bieten, nicht mehr auf diese letzte Meile angewiesen zu sein, wenn man Kontakt zum

Endnutzer herstellen will, da WiMax mit Funk arbeitet und große Entfernungen überbrücken kann. Internetdaten könnten also per Funk über die Entfernung zwischen den Endkunden und Hochgeschwindigkeitsnetz übertragen werden.

Zunächst einmal müssen zum Aufbau eines flächendeckenden WiMax-Netzes für mobile Benutzer stationäre Sendeeinheiten bzw. Verteiler eingerichtet werden. Diese Basisstationen müssten in einer Stadt an zahlreichen Orten positioniert werden. Eine solche Basisstation könnte ca. 50 Haushalte gleichzeitig versorgen, je nach Standort der Station.

Bitrate Grundsätzlich ist geplant, mit dieser Technik sehr hohe Bitraten in einer Größenordnung von 50 MBit/s und mehr, was ein Vielfaches der herkömmlichen DSL-Geschwindigkeit ist, über große Distanzen (mehrere Kilometer) an stationäre Internet-Clients (Fixed WiMax) und mobile Endgeräte (Mobile WiMax) zu übertragen.

Hierbei ist mittlerweile erkennbar, dass Fixed WiMax und Mobile WiMax eher konkurrierende als komplementäre Techniken sind. Eigentlich wurden sie für unterschiedliche Märkte entwickelt und sollten sich gegenseitig ergänzen – es wird aber kaum vermeidbar sein, dass mobile WiMax-Lösungen in Marktbereiche von Fixed WiMax einbrechen werden – genau wie breitbandige Mobilfunkangebote den DSL-Anschluss ablösen werden, wenn eines Tages die Preise für die mobile Datennutzung entsprechend sinken sollten.

Doch wie die Entwicklung tatsächlich verlaufen wird, ist derzeit noch nicht abzusehen. Es gibt Studien, die WiMax hervorragende Zukunftschancen vorhersagen, und andere, die davon ausgehen, dass der Breitband-Funk erst einmal eine Nischentechnik bleiben wird.

Die typische Reichweite soll zunächst bei etwa 600 Metern liegen, die bei der Versorgung mobiler Endgeräte (z. B. Laptops) in Häusern im städtischen Gebiet mit WiMax erreicht werden kann. Dabei steht dann eine Bitrate von knapp 20 MBit/s zur Verfügung, die sich allerdings alle Nutzer einer Zelle teilen müssen. Vorstädtisch werden bei gleicher Bitrate aufgrund der weniger dichten Bebauung etwa 900 Meter erreicht.

Die WiMax-Technik ist ein drahtloser DSL-Ersatz. Soweit die Antenne der Basisstation ausreichend hoch angebracht ist, lassen aufgrund der geringeren Signalschwächung mehrere Kilometer Reichweite erzielen.

Zudem können mehrere Basisstationen in einer Kette angeordnet werden. Produkte dieser Art sind bereits seit einiger Zeit am Markt verfügbar. Es gibt inzwischen auch erste zertifizierte WiMax-Hardware, die den Vorgaben des WiMax-Forums für

Standard-Konformität und Hersteller-Interoperabilität entsprechen. Mit diesen Zertifikationen soll sichergestellt werden, dass WiMax-Geräte verschiedener Hersteller untereinander kompatibel sind.

Es wurden schon Geräte vorgestellt, mit denen die mobile WiMax-Nutzung möglich ist. Insbesondere Intel engagiert sich sehr in diesem Bereich. Mit der »Intel WiMax Connection 2300« hat das Unternehmen einen Chipsatz entwickelt, der durch ein einziges Schaltelement sowohl WLAN- als auch WiMax-Übertragung ermöglicht. Weitere Baureihen wurden mittlerweile angekündigt. Intel und auch andere Hersteller wollen diese Chips kurzfristig in ihre neuen Kommunikationsgeräte integrieren.

7.11 Box: Die Funkstandards im Vergleich *

Die drahtlosen Übertragungstechniken Bluetooth, Infrarot und WLAN unterscheiden sich zum Teil stark. So zum Beispiel in der Art der Ausbreitung der Signale oder in der Geschwindigkeit, mit der Informationen vom Sender zum Empfänger transportiert werden.

Der größte Unterschied im Übertragungsprinzip besteht darin, dass sich die Signale bei WLAN und Bluetooth über Funkwellen ausbreiten, bei Infrarot hingegen über Lichtwellen. WLAN und Bluetooth senden in einem bestimmten Frequenzbereich, Infrarot mit bestimmten Wellenlängen (Tab. 7.11-1).

Übertragungstechniken

Technik	Frequenzbereich	Wellenlänge
Bluetooth	2,4000 GHz – 2,4835 GHz	-
WLAN	2,4000 GHz – 2,4835 GHz 5,7250 GHz – 5,8500 GHz	-
Infrarot	-	780 nm – 1 mm

Tab. 7.11-1: Drahtlose Techniken.

Große Unterschiede können auch bei der Reichweite der einzelnen Techniken nachgewiesen werden. Die Richtwerte sind:
- Bei WLAN wenige km,
- bei Bluetooth max. 10 m bzw. 100 m bei Verstärkung,
- bei Infrarot wenige Meter.

Bluetooth und WLAN funken also im gleichen Frequenzbereich, eignen sich jedoch für unterschiedliche Einsatzbereiche: Bluetooth ist erste Wahl, wenn Sie zwei (Klein-)Geräte verbinden möchten, die sich in unmittelbarer Nähe zueinander befinden, etwa Handys, PDAs, Headsets.

Zu jeder der genannten Techniken wurden auch entsprechende Anwendungen beschrieben. Es dürfte hierbei auffallen, dass man das, wofür die eine Technik verwendet werden soll, in vielen Fällen auch mit einer anderen realisieren kann. Doch die genaue Art der zu lösenden Aufgabe entscheidet oft letztendlich über die Art der Problemlösung. Dabei spielen sicherlich auch Installationsaufwand sowie die Kosten für Geräte, Material und Software eine Rolle.

Beispiel — Wenn Sie einen Drucker drahtlos an einen PC anschließen möchten, so ist das theoretisch mit allen drei Übertragungstechniken möglich. Praktisch ist es nicht ganz so einfach. Befindet sich der Drucker beispielsweise viele Stockwerke höher oder tiefer oder gar in einem anderen Gebäudetrakt als der Computer, so kommt meist nur WLAN für die Realisierung dieses Vorhabens in Frage. Steht er jedoch direkt im benachbarten Zimmer, so kann er im Normalfall auch mit Bluetooth erreicht werden. Infrarot ist nur dann tauglich, wenn sich der Drucker im gleichen Raum befindet und eine direkte Sichtverbindung vorhanden ist, über die die Daten vom Sender zum Empfänger gelangen.

Aufgrund der Dominanz von WLAN bei kabellosen Verbindungen besitzt Bluetooth wenig Bedeutung. Neben den günstigen Anschaffungskosten für die benötigte Hardware kann Bluetooth bei der Einrichtung und den Einsatzmöglichkeiten überzeugen. So können Sie etwa Peripheriegeräte wie Drucker kabellos anschließen oder Verbindungen zwischen PDA, Notebook und Handy realisieren.

Bluetooth-Profile — Damit sich Bluetooth-Geräte für bestimmte Aufgaben einsetzen lassen, besitzen sie Profile zur Verbindungsaufnahme und zum Abgleich der Funktionen. Es gibt rund 30 Profile für sehr unterschiedliche Einsatzzwecke.

Die Kommunikation funktioniert ausschließlich zwischen Geräten mit den gleichen Profilen. Die Profile bauen teilweise aufeinander auf: So müssen alle Bluetooth-Komponenten GAP *(Generic Access Profile)* beherrschen, um überhaupt miteinander in Kontakt treten zu können. Per SDAP *(Service Discovery Application Profile)* fragen Bluetooth-Geräte die jeweiligen Profile ab.

Die Bluetooth-Funktechnik eignet sich für den drahtlosen Datenaustausch zwischen mehreren Geräten, die je nach Profil zwischen 10 Metern und 100 Metern entfernt sein können.

Auf Basis einer Master/Slave-Techik gibt es Empfänger und Sender – die meisten Bluetooth-Geräte lassen sich sowohl als *Slave* als auch als *Master* einsetzen. Die Nachteile von Bluetooth gegenüber WLAN sind geringe Datenrate und geringe Reichweite. Die Datenrate von Bluetooth eignet sich eher für Anwendungen mit seltenem Datenaustausch in meist kleinem Umfang. So bildet Bluetooth keine Konkurrenz zu WLANs. Die wesentlichen Bluetooth-Applikationen bestehen aus unternehmenseigenen Anwendungen wie

- *Messaging*,
- *Knowledge Management*,
- Datenbankabfragen sowie
- Zugang zum Internet.

Besonders kleine Geräte profitieren von der geringen Größe und dem moderaten Stromverbrauch der Bluetooth-Chips.

Dagegen kommt WLAN immer dort zum Einsatz, wo Sie bislang ein fest verkabeltes Netzwerk benötigten. Für ein WLAN sprechen besonders das höhere Tempo und die bessere Reichweite.

Während der Entwicklung des WLAN-Standards IEEE 802.11 und der von Bluetooth haben sich viele Gemeinsamkeiten herausgestellt. Beide Funkstandards übertragen im Frequenzband 2,4 GHz (WLAN nutzt mittlerweile auch den 5 GHz-Bereich, Bluetooth 3.0 verwendet WLAN-Verbindungen) und sollen unterschiedliche Geräte über Funk miteinander verbinden. Beide Standards zeichnen sich durch unterschiedliche Stärken und eine unterschiedliche Geräteunterstützung aus.

Bluetooth ist mit geringen Hardwarekosten, niedrigem Stromverbrauch und Echtzeitfähigkeit in den Bereichen Sprachübertragung, Audio/Video-Lösungen und Adhoc-Verbindungen zwischen Kleinstgeräten[25] besser geeignet. Bluetooth löst hier IrDA (Infrarot) erfolgreich ab. Und Bluetooth 3.0 macht sich WLAN-Techniken zunutze, um große Datenmengen zu übertragen, siehe auch Website Golem.de (http://www.golem.de/specials/bluetooth).

7.12 Box: Zusammenfassung und Ausblick *

Mit den aktuellen Funk-Techniken können Sie im LAN- und Heimbereich Audio-, Video- und Kommunikationsgeräte vernetzen und steuern.

---

[25] Bluetooth-(Kleinst-)Geräte sind etwa Mikrofone, Headsets und Handys.

WiMax Im Vergleich zu den anderen Funktechniken besticht WiMax durch seine Reichweite und auch durch seine Datenübertragungsgeschwindigkeit. WiMax eignet sich sowohl

- zur Verlängerung des DSL-Glasfaserkabels (WAN/MAN) als auch
- für LAN-Verbindungen.

Welche WiMax-Produkte bald verfügbar sein werden und inwiefern sich diese Technik durchsetzen wird, bleibt abzuwarten.

IrDA IrDA (Infrarot-Technik) wird aufgrund seiner äußerst geringen Reichweite und der notwendigen Sichtverbindung zwischen Sender und Empfänger weiter an Bedeutung verlieren.

Funk vs. Kabel Den Funknetzwerken gehört die Zukunft. Die einst kritischen Faktoren Sicherheit, Geschwindigkeit, Umweltverträglichkeit und Reichweite sind in den letzten Jahren stark verbessert worden. Die Kabelnetze sind auf dem Rückzug.

Zwar macht die Entwicklung der Ethernetstandards ebenfalls nicht Halt, doch befinden sich Funk-Techniken auf der Überholspur.

Die Lebenszyklen verkleinern sich. Der zeitliche Abstand von Generation zu Generation der Netzwerk-Hardware wird immer kürzer.

Es steigt der Bedarf nach Verbesserungen und auch die Geschwindigkeit, mit der neue Standards veröffentlicht werden.

Um ein Funknetzwerk auf den neuesten Stand zu bringen, ist oft nur ein Firmwareupdate an der Basisstation und an den Netzwerkadaptern notwendig. Manchmal müssen zusätzliche Treiber und System-Aktualisierungen eingerichtet werden. Zum Teil ist veraltete Hardware auszutauschen und/oder ein aktuelleres Betriebssystem zu installieren.

Beim Ethernet gestaltet sich die Anpassung an neue Standards oft viel problematischer, da zusätzlich Kabel und Steckverbindungen betroffen sind. Gegebenenfalls müssen hier also

- sämtliche Leitungen neu verlegt bzw. ersetzt werden,
- Stecker, Buchsen und Kopplungsgeräte ausgetauscht werden.

Der Aufwand, ein Kabelnetzwerk auf den aktuellen Stand zu bringen, kann daher im Vergleich zum drahtlosen Netzwerk deutlich größer sein.

Im Rahmen dieses Kapitels haben Sie das Wichtigste über funkbasierte Netzwerke erfahren. Sie kennen nun die technischen Eigenschaften von WLAN und Bluetooth, die verschiedenen Architekturen und Verbindungsmöglichkeiten im WLAN, wie etwa den Infrastruktur-Modus und den Adhoc-Modus. Als wichtigstes Gerät im WLAN-Funknetzwerk haben Sie den *Access-Point* kennen gelernt. Der *Access-Point* ist das zentrale Steuerungsgerät eines Infrastruktur-Netzes. Er steuert die Datenübertragung zwischen den Knoten bzw. Clients des Netzwerks.

Ein *Access-Point* übernimmt allerdings auch weitere Funktionen. Je nach lokaler Hardware/Infrastruktur gehört dazu

- die Vernetzung mehrerer WLANs untereinander als Kopplungsgerät im WDS und auch
- die Verbindung eines Ethernet mit einem WLAN.

Die WLAN-Clients kennen den festgelegten Netzwerknamen sowie die Verschlüsselungscodes. Sie haben somit Zugriff auf die Basisstation.

Im Gegensatz zu WLAN setzen Sie Bluetooth zur Vernetzung von Kleinstgeräten im Nahbereich ein.

Sicherheitslücken von Funktechniken gehören der Vergangenheit an. Speziell Bluetooth besitzt zuverlässige Verschlüsselungsalgorithmen und *Security Levels*:

- *Non-secure*,
- *Service-Level*,
- *Link-Level*.

Weitere Informationen zum Thema WLAN finden Sie etwa unter:

- Website Informationsarchiv.net (http://www.informationsarchiv.net)
- Website Tomshardware.com (http://www.tomshardware.com)
- Website Dslweb.de (http://www.dslweb.de)
- Website Dsl-magazin.de (http://www.dsl-magazin.de)
- Website Uni Konstanz (http://wiki.uni-konstanz.de/wlan)
- Website Netgear (http://www.netgear.de/Support/Basiswissen/wireless_lan_grundlagen.html)
- Website Wndw.net (http://wndw.net/)

Gute Quellen sind auch:

- Website Wikipedia (http://de.wikipedia.org/wiki/Wireless_Local_Area_Network)
- Website gv.at (http://www.ref.gv.at/Sicherheit__WLAN_Checkliste_-.617.0.html)

8 WLAN-Praxis und -Sicherheit *

In den letzten Jahren hat die Nutzung drahtloser Netzwerke zur Verbindung von Computern im Nahbereich (WLAN), stark zugenommen (Abb. 8.0-1).

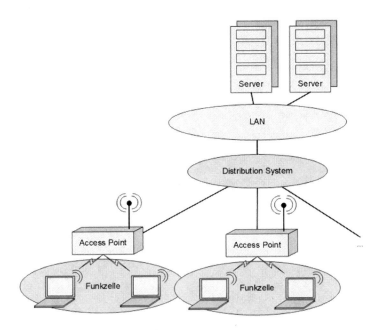

Abb. 8.0-1: Eine WLAN-Architektur.

Der nahtlose unterbrechungsfreie Übergang von einer Funkzelle zur anderen *(Roaming)* ist eine praktische Angelegenheit. Allerdings bringen nicht nur große WLANs mit vielen *Access-Points*, sondern auch kleine Funknetzwerke, welche (eigentlich) auf den Heimbereich oder ein kleines Büro eingeschränkt sind, Sicherheitsprobleme mit sich, da räumlich sichergestellt werden muss, dass nur berechtigte Personen/Computer einen Netzzugang erhalten. Häufig sind sich Netzwerk-Betreiber der Reichweite ihres WLAN nicht bewusst. Die ausgesendeten Signale gehen nicht selten über die gewollten Grenzen hinaus (Abb. 8.0-2).

Da sich die Datenströme nicht wie in Kabelnetzen kontrollieren lassen, müssen die Netzwerk-Betreiber für Abhörsicherheit und Zugangsbeschränkungen sorgen. Meistens geht die Reichweite eines WLAN über den Bereich der eigenen Wohnung hinaus, daher ist eine Sicherung des drahtlosen Internetzugangs unerlässlich. In einem Grundsatzurteil entschied der Bundesgerichtshof in 2010, dass Internetnutzer ihren WLAN-Anschluss mit einem

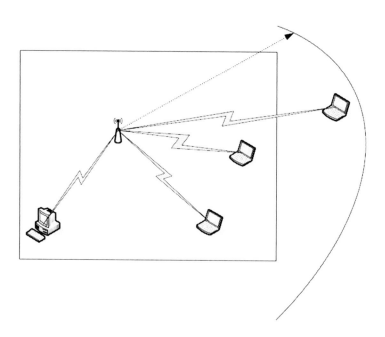

Abb. 8.0-2: WLAN-Reichweite.

eigenen Passwort sichern müssen. Denn über ein ungesichertes Netzwerk könnten Unbefugte

- an die Daten und Dateien auf dem Computer des WLAN-Besitzers gelangen oder aber
- den drahtlosen Internetzugang nutzen, um damit Illegales zu tun, etwa urheberrechtsgeschützte Musik oder Filme herunterladen.

Wer einen WLAN-Router besitzt und über diesen ein (theoretisch öffentlich zugängliches) Funknetzwerk betreibt, muss ihn dem BGH zufolge absichern. WLAN-Betreiber müssen dabei nur Vorkehrungen treffen, die zum Zeitpunkt der Installation des *Routers* für den privaten Bereich marktüblich sind. Die Netzwerksicherheit muss allerdings nicht fortlaufend auf dem neuesten Stand der Technik gehalten werden, sondern es sind bei der Ersteinrichtung die installierten Sicherungsmechanismen zu aktivieren und das ab Werk eingestellte Passwort durch ein persönliches, ausreichend langes und sicheres Passwort zu personalisieren. Zwar bezieht sich das Urteil des Bundesgerichtshofes ausschließlich auf private WLANs jedoch gilt grundsätzlich, dass die Sicherungspflicht für gewerblich Tätige höher ist als für Privatpersonen.

Insbesondere Betreiber eines *Hotspot* sind hier betroffen (Abb. 8.0-3).

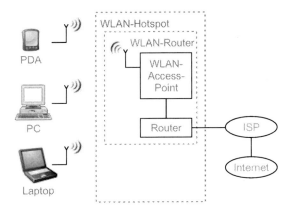

Abb. 8.0-3: WLAN-Hotspot.

Beschreiben Sie kurz das Handshake-Verfahren bei TCP/IP. Inwiefern trägt dieses Verfahren zur Netzwerk-Sicherheit bei? Zur Verbesserung der WLAN-Sicherheit stehen mehrere Techniken zur Verfügung, welche allerdings erst in Kombination ausreichende Sicherheit gewährleisten:

- Es muss eine Verschlüsselung der Datenströme stattfinden, damit diese nicht als Klartext gesendet werden.
- Eine wichtige Rolle spielt auch die Authentifizierung der Clients bzw. der Netzwerkcomputer, damit diese nur gemäß ihrer Berechtigungen an der Netzwerkkommunikation teilnehmen können. Authentifizierung findet beispielsweise bei TCP/IP durch das Handshake-Verfahren statt.

Zwar sind die meisten WLANs private Netze, doch ist fremder Zugriff auf das Netz kaum auszuschließen. Sicherheit sollte beim Einrichten eines Funknetzwerkes an vorderster Stelle stehen.

Sicherheit ist im WLAN ein zentrales Thema, speziell um Datenverlust und Spionage vorzubeugen. Zunächst erfahren Sie, wie Angreifer Funknetzwerke lokalisieren:

- »Wardriving«, S. 302

Anschließend wird gezeigt, welche Gefahren drohen:

- »Angriffe«, S. 305

Danach geht es um die Pflichten eines WLAN-Betreibers:

- »Haftung«, S. 311

Es wird gezeigt, welche Techniken, Einstellungen und Maßnahmen ein WLAN vor Angriffen schützen können:

- »WLAN-Absicherung«, S. 313

Es wird das praktische Vorgehen bei der WLAN-Verschlüsselung erklärt:

- »WLAN verschlüsseln«, S. 326

Zusätzlich kann noch mehr für die Sicherheit des WLAN getan werden:

- »WLAN-Sicherheit verbessern«, S. 331

Welche Arbeitsschritte Sie vornehmen sollten, um ein WLAN zu konfigurieren, wird beschrieben:

- »Box: Checkliste – WLAN einrichten«, S. 332

Es wird gezeigt, wie Sie einen Windows-Computer als Access-Point einsetzen können:

- »Infrastruktur-Netzwerk ohne Access-Point«, S. 333

Ein *Access-Point* muss optimal aufgestellt werden:

- »Platzieren des Access-Points«, S. 335

Eine Reihe von Hinweisen soll Ihnen helfen, WLAN-Probleme zu lösen:

- »Box: Fehlersuche«, S. 337

Die wichtigsten Erkenntnisse werden noch einmal dargestellt:

- »Box: Zusammenfassung«, S. 339

8.1 *Wardriving* *

Wardriver **fahren ganze Städte ab. Sie setzen WiFi-Detektoren ein, um Funknetzwerke zu lokalisieren und nutzen schließlich Sicherheitslücken für den Zugang zum fremden Netzwerk.**

Da potenzielle Angreifer bzw. »Einbrecher« zunächst weder den Empfangsbereich noch die Zugangsdaten zu Ihrem Funknetzwerk kennen, müssen sie gezielt nach ungeschützten Funknetzwerken suchen. Dies ist in Deutschland keine Straftat; es ist völlig legal. Wie gehen Angreifer nun vor, um zugängliche WLANs zu orten?

Das Suchen nach Funknetzwerken heißt *Wardriving*. Für gerade diesen Zweck gibt es im Handel spezielle WLAN-Detektoren[1] (siehe Marginalie), die automatisch aktive WLANs fokussieren und analysieren.

---

[1] Mit einem derartigen WiFi-Detektor bzw. WLAN-Finder lassen sich schnell und einfach alle in Sende-Reichweite befindlichen WLANs orten. Ohne den Computer einzuschalten oder ein anderes WLAN-fähiges Gerät zu verwenden, macht man verfügbare Funknetzwerke ausfindig und ermittelt den Standort für die beste Verbindung. Detektoren für Funknetzwerke dienen oft auch als WLAN-Adapter. Sie zeigen an, wie stark das Signal ist, und ob es sich um ein offenes Netzwerk oder ein verschlüsseltes Signal handelt.

Aktuelle Betriebssysteme wie Windows 7 können von sich aus alle in Reichweite befindlichen WLANs anzeigen, wenn Ihr Computer einen WLAN-Adapter besitzt. Beim *Warwalking* (oder beim Abfahren ganzer Gegenden mit dem Auto *Wardriving* genannt) werden mit einem WLAN-fähigen Notebook oder PDA mit leistungsfähiger Antenne aktive WLANs gesucht (Abb. 8.1-1).

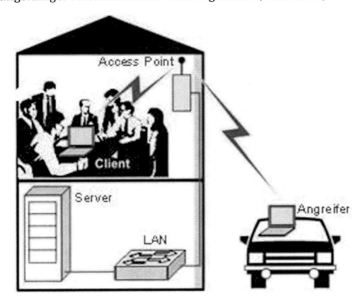

Abb. 8.1-1: Wardriving.

Diese können (z. B. mit Kreide) markiert oder anderweitig gekennzeichnet werden (*Warchalking*, Abb. 8.1-2). Die *Wardriver* heben frei zugängliche WLANs besonders hervor. Das Ziel des *Wardriving* kann darin bestehen,

Warchalking

- Sicherheitslücken aufzudecken und dem Betreiber des Funknetzwerkes zu melden,
- die Reichweite des WLANs zu untersuchen oder
- sich unberechtigten Zugang zum Funknetzwerk zu verschaffen und dieses zum eigenen Vorteil zu nutzen.

Die gefundenen WLAN-Standorte werden protokolliert. Mit einer speziellen Software, Windows 7 besitzt eine derartige Funktion von Haus aus, werden alle WLANs automatisch erkannt und analysiert. Auch ob sie offen oder verschlüsselt sind, welches *Access-Point-Equipment* verwendet wird (bekannte Sicherheitslücken?) und wie hoch die Datenübertragungsgeschwindigkeit ist, lässt sich problemlos feststellen. Offene WLANs ohne Verschlüsselung ermöglichen Fremdzugriff auf das Netzwerk und auch das Internet, sofern das Netzwerk hinter dem *Access-Point* über einen derartigen Zugang verfügt (Abb. 8.1-3).

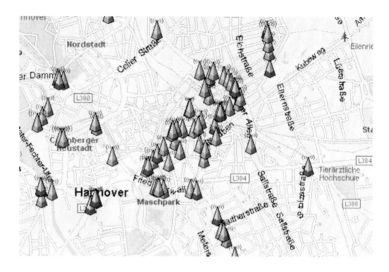

Abb. 8.1-2: Wardriving-Karte.

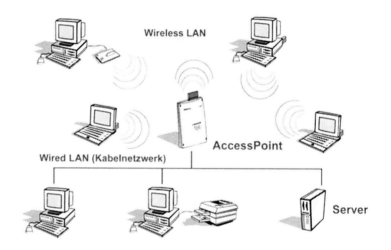

Abb. 8.1-3: Bei einem ungesicherten WLAN können Angreifer auf jedes Gerät im Netzwerk zugreifen.

Wardriver tätigen, nachdem sie Zugang zu einem fremden Netzwerk erhalten haben, Rechtsgeschäfte über das Internet oder üben andere kriminelle Handlungen aus. Das alles geschieht oft unerkannt im Namen bzw. unter der Kennung des Netzwerkbetreibers bzw. Anschlussinhabers. *Wardriving* war in der Anfangszeit der WLANs sehr beliebt, da viele unverschlüsselt waren. Heute ist *Wardriving* uninteressanter geworden, weil auch private WLANs großenteils verschlüsselt sind. Allerdings weisen immer noch einige WLANs Schwachpunkte auf, sodass das *Wardriving* oft zum erfolgreichen Einbruch in das Netzwerk führt.

8.2 Angriffe *

Angreifer nutzen Sicherheitslücken für den Netzzugang. Sie tarnen sich durch MAC-Spoofing und hören unbemerkt den Datenverkehr ab, was bei unverschlüsselten Verbindungen besonders einfach ist. Häufig manipulieren sie auch die Netzwerkkonfiguration, installieren *Spyware* und richten *Backdoors* ein.

Häufig wird das Thema Sicherheit im WLAN mangels Kenntnis der drohenden Gefahren stark vernachlässigt. Heutzutage ist es ist einem Angreifer auf ein drahtloses Netzwerk allerdings leicht möglich, Datenverkehr bzw. Datenpakete abzufangen oder mitzulesen (»abhören«), wenn er sich in Funkreichweite befindet. Dazu sind weder herausragende Computerkenntnisse noch besondere technische Fähigkeiten notwendig. Hierbei werden oft zwei verschiedene Kategorien von Angreifern unterschieden:

- Ein **passiver Angreifer** kann zwar den Netzwerkverkehr abhören, jedoch keine Daten verändern.
- **Aktive Angreifer** können sowohl abhören, ändern, löschen als auch duplizieren.

Angreifer können also

- wichtige, streng vertrauliche Daten problemlos ausspionieren und missbrauchen,
- lokal gespeicherte Dateien manipulieren,
- falsche Identitäten vorspielen (Maskerade) oder auch
- Hard- und Software sabotieren, also beispielsweise das Netzwerk lahm legen.

Diese Angriffe haben nicht nur für die Privatanwender unangenehme Folgen, sondern insbesondere auch für Firmen oder andere wirtschaftliche oder öffentliche Institutionen. Es sind also Maßnahmen erforderlich, welche die Angriffe erschweren.

Doch man muss als Netzwerkbetreiber nicht nur die Angriffe selbst fürchten, sondern man haftet auch in gewissem Umfang dafür, dass ein ungesichertes WLAN von anderen Benutzern rechtswidrig benutzt wird. So ist nach deutscher Rechtsauffassung der Netzbetreiber zur Verschlüsselung seines WLANs verpflichtet, um eine Vorsorge vor ungesetzlichem Missbrauch des Funknetzwerkes durch Angreifer zu treffen.

Betreiberhaftung

Lücken im WLAN und daraus resultierende erfolgreiche Angriffe gefährden Datensicherheit und Datenschutz:

WLAN-Gefahren

- Persönliche Daten sollen von Fremden nicht eingesehen und/oder missbraucht werden.
- Daten sollen lediglich von autorisierten Benutzern gelesen bzw. modifiziert werden. Dies gilt sowohl beim Zugriff auf gespeicherte Daten als auch während der Datenübertragung.

- Daten sollen nicht unbemerkt und unautorisiert verändert werden, es müssen alle Änderungen nachvollziehbar sein (Datenintegrität).
- Bei Zugriff auf Daten oder Ressourcen im Netzwerk muss Echtheit und Glaubwürdigkeit der zugreifenden Person bzw. des zugreifenden Dienstes überprüfbar sein (Authentizität).
- Auch bei Systemausfällen muss der Zugriff auf die Daten innerhalb eines vereinbarten Zeitrahmens möglich sein.

Sicherheit im WLAN spielt eine große Rolle. Häufig praktizierte Angriffstechniken auf ein WLAN sind etwa

- Denial-of-Service-Angriff (DoS),
- Man-in-the-Middle-Angriff (MitM),
- MAC-Spoofing und
- *Network Injection.*

Derartige Angriffe stellen nicht ausschließlich für WLANs eine Gefahr dar. Andere Netzwerktechniken sind hier gleichermaßen betroffen. Allerdings kommt diesen Angrifftechniken in Drahtlosnetzwerken besondere Bedeutung zu, da hier die Angreifer weniger deutlich oder gar in vielen Fällen überhaupt nicht ersichtlich sind. Mit Angriffen auf Netzwerke sind sehr vielseitige Ziele verbunden. Zu diesen gehören zum Beispiel

- Spionage,
- Sabotage,
- Selbstbestätigung.

Letztendlich geht es jedoch in den meisten Fällen um Geld. Etwa durch

- Bereicherung/Diebstahl,
- Erlangen von Wettbewerbsvorteilen,
- Generierung von Umsätzen,
- Zeitgewinn,...

DoS-Angriffe *(Distributed)* Denial-of-Service-Attacken sind strafbare Angriffe auf Computer und ihre Funktionsweise. Ziel der Attacken ist es, die betroffenen Computer mit den darauf laufenden Diensten arbeitsunfähig zu machen. Das hauptsächliche Mittel zur Erreichung dieser Ziele ist die Überlastung der arbeitenden Dienste, die durch verschiedene Angriffe realisiert werden kann. Zu diesen Angriffsarten zählen beispielsweise

- IP-Spoofing[2],

---

[2] IP-Spoofing ist eine weit verbreitete Methode, mit der Angreifer in Netzwerken ihre wahre Identität verbergen, um dadurch Zugriff auf eine eigentlich geschützte Maschine zu erhalten. Im Wesentlichen täuscht der Angreifer dabei vor, seine Pakete würden von einem Computer stammen, dem der angegriffene Computer vertraut. Das dem IP-Spoofing zugrunde liegende Konzept ist schon seit den frühen 80er Jahren bekannt. Damals handelte es sich allerdings um reine Theorie. Erst später wurde IP-Spoofing auch in der Praxis durchgeführt. Jedermann kann ganz einfach die Quelladresse eines IP-Headers verändern oder selber setzen – und damit dem vorgeblichen Partner

8.2 Angriffe *

- *Ping of Death* (siehe z. B. Website Kioskea.Net (http://de.kioskea.net/contents/attaques/attaque-ping-de-la-mort.php3))[3],
- WinNuke[4] und
- SYN-Flooding[5].

Distributed bedeutet in diesem Zusammenhang, dass die Attacken verteilt aus dem Internet stattfinden. Durch die Vielzahl gleichzeitig angreifender Computer wird die Wirksamkeit der Angriffe deutlich erhöht. DoS-Attacken sind also eine gefährliche Angelegenheit. Bei einem Denial-of-Service-Angriff wird ein Dienst, ein *Access-Point* oder ein Computer mit Verbindungsversuchen überflutet. Die Folge ist, dass der Dienst, der Server oder ein ganzes Netzwerk nicht mehr erreichbar sind. Der Angriff ist in der Regel beabsichtigt, kann aber theoretisch auch durch eine fehlerhafte Software ausgelöst werden. Speziell an einen *Access-Point*, an einen Server oder ein Netzwerk werden solange von einem Angreifer falsche Anfragen, Feh-

---

in der Kommunikation eine andere Identität vortäuschen. Angreifer können sich in eine laufende Kommunikation einklinken und unbemerkt eigene Pakete einschleusen. Der Grund dafür ist, dass die Authentifizierung der kommunizierenden Computer untereinander meist nur zu Beginn der Kommunikation stattfindet. Danach gehen die Kommunikationspartner davon aus, mit der richtigen Gegenstelle zu kommunizieren. Tritt der Angreifer an die Stelle eines der Beteiligten, so merkt der andere das nicht. Beispiele für IP-Spoofing sind SYN-Flooding und Man-in-the-Middle-Angriffe.

[3] Ein *Ping of Death* ist ein ICMP-Paket, welches einen Systemabsturz verursachen soll. Aufgrund eines Fehlers in der Implementierung des *Internet Protocol* IP erzeugt ein *Ping of Death* bei einigen Betriebssystemen beim Empfänger einen *Buffer Overflow*. Datenpakete, die größer sind als die zulässige MTU (bei TCP/IP 1500 Bytes) werden üblicherweise in kleinere Fragmente aufgeteilt und beim Empfänger wieder zusammengesetzt (reassembliert). Um die Reassemblierung zu ermöglichen, erhält jedes Fragment eine Angabe zur tatsächlichen Paketgröße und einen Offset, welcher die Position der Größenangabe im Gesamtpaket spezifiziert. Es ist jedoch möglich, beim letzten Fragment einen Offset und eine Fragmentgröße so zu kombinieren, dass das Gesamtpaket größer als die maximal zulässigen 65.535 Bytes wird. Bei der Zusammensetzung eines solchen Pakets werden auf Seiten des Empfängers möglicherweise interne Variablen überschrieben und das System zum Absturz gebracht. Die hierfür anfälligen Betriebssysteme wurden von den Software-Herstellern gepatcht und sind in der Regel heute nicht mehr im Einsatz.

[4] WinNuke bezeichnet eine über ein Netzwerk ferngesteuerte Attacke, gegen die zahlreiche Betriebssysteme anfällig sind/waren. Die Besonderheit von WinNuke war, dass es der erste massenhaft verbreitete *Exploit* war und dass einige Programme verfügbar waren, die diese Attacke auf einfachste Weise möglich machten. Daher konnte er jeder, auch ohne Ahnung von der Technik zu haben *(Script-Kiddies)*, anwenden. Historisch betrachtet war WinNuke einer der ersten *Exploits* für massenhaft verbreitete Betriebssysteme. Microsoft war nach Bekanntwerden der Schwachstelle bemüht, Patches für die betroffenen Betriebssysteme zu veröffentlichen und machte den gleichen Fehler bei den nachfolgenden Betriebssystemen Windows 2000 und Windows XP nicht mehr. Dennoch dauerte es sehr lange, bis die Nutzer der betroffenen Betriebssysteme die Patches installierten, sodass sie noch lange durch den Exploit angreifbar blieben.

[5] In auf TCP/IP-basierenden Netzen wird zum Beginn einer Verbindung ein *Handshake* durchgeführt. Dies geschieht, indem sogenannte SYN- und ACK-Datenpakete ausgetauscht werden. Beim SYN-Flooding werden an ein Computersystem Pakete gesendet, die anstatt der eigenen Absenderadresse eine gefälschte nichtexistente Adresse als Absender tragen. Das angegriffene Computersystem versucht nun auf diese SYN-Pakete mit ACK-Paketen zu antworten. Da die Absenderadresse gefälscht war, kann es aber unter dieser Adresse keinen anderen Computer erreichen. Erst nach einer gewissen Zeit werden die Verbindungsversuche aufgegeben. Wenn nun eine große Anzahl von gefälschten SYN-Paketen eintrifft, verbraucht der angegriffene Computer alle seine Verbindungskapazitäten für das erfolglose Versenden von ACK-Paketen und ist somit von anderen Systemen aus nicht mehr zu erreichen. SYN-Flooding Angriffe werden zum Blockieren unliebsamer Systeme eingesetzt.

lernachrichten und Ähnliches gesendet, bis bestimmte Dienste, wie z.B. das Verbinden mit dem *Access-Point*, nicht mehr möglich sind, oder so langsam bearbeitet werden, dass sie abgebrochen werden, oder sogar das ganze Netzwerk zusammenbricht, siehe auch Website Drweb.de (http://www.drweb.de/magazin/was-ist-lexikon-dos-denial-of-service/).

Man-in-the-Middle

Bei einer Man-in-the-Middle-Attacke gibt sich der Angreifer als Basisstation aus. Er simuliert also den *Access-Point*. Verbinden sich nun die Benutzer des Netzwerks mit dem *Access-Point* des Angreifers, dann baut der Angreifer mit einer anderen WLAN-Karte eine Verbindung zum richtigen *Access-Point* auf. Der kontinuierliche Netzwerkverkehr findet über den falschen *Access-Point* statt und kann somit von dem Angreifer mitverfolgt werden. Bei einem Man-in-the-Middle-Angriff fängt der Angreifer die Nachrichten ab und sendet sie erneut, sodass die beiden ursprünglichen Teilnehmer allem Anschein nach weiterhin miteinander kommunizieren. Der Angreifer verwendet dabei ein Programm, welches für den Client wie ein Server auftritt und umgekehrt. Der Angriff kann ausgeführt werden, um sich den Zugang zur Nachricht zu verschaffen, oder um den Angreifer in die Lage zu versetzen, die Nachricht vor der Weiterleitung zu manipulieren. Besonders anfällig gegen Man-in-the-Middle-Angriffe sind Hotspots, da sie oft schwach oder gar nicht abgesichert sind. Für Man-in-the-Middle-Angriffe gibt es automatisierte Software, welche auch durch Normalanwender bedient werden können, siehe auch Website Sicherheitskultur.at (http://www.sicherheitskultur.at/man_in_the-Middle.htm) und Website Heise.de (http://www.heise.de/glossar/entry/Man-in-the-Middle-Angriff-399039.html).

Bei einer verschlüsselten Verbindung und einer sicheren Authentifizierung können die Datenströme nicht abgehört werden (Abb. 8.2-1).

Abb. 8.2-1: Sichere Client/Server Kommunikation.

Eine unsichere Verbindung erhöht dagegen die Abhörgefahr (»Feind hört mit«, Abb. 8.2-2).

MAC-Spoofing

Eine weitere Angriffstechnik ist das MAC-Spoofing. Beim MAC-Spoofing liest der Angreifer den Netzwerkverkehr mit und identifiziert aus diesem die MAC-Adresse eines Benutzers mit Netz-

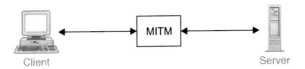

Abb. 8.2-2: Unsichere Client/Server Kommunikation mit Man-in-the-Middle (MITM).

werkrechten. Anschließend muss der Angreifer nur noch seine eigene MAC-Adresse durch die ermittelte MAC-Adresse ersetzen. Der Angreifer ist daran vor allem deswegen interessiert, weil in vielen drahtlosen Netzwerken die *Access-Points* mit MAC-Zugriffslisten (ACLs, **Access Control Lists**) ausgestattet sind, um nur Geräten mit einer bestimmten MAC-Adresse den Zugang zum Netzwerk zu gewährleisten, siehe auch Website Cakephp.org (http://book.cakephp.org/de/view/465/ Understanding-How-ACL-Worksoderhttp://www.at-mix.de/acl.htm). Die neue MAC-Adresse ermöglicht dem Angreifer also den Zugriff auf das Netzwerk. Auch hier gibt es Softwarelösungen, die es Anwendern ohne spezielle technische Kenntnisse ermöglichen, den Datenverkehr abzuhören, und auch solche, die eine beliebige MAC-Adresse simulieren. Weitere Informationen zum MAC-Spoofing finden Sie z. B. hier: Wikipedia: Mac-Filter (http://de.wikipedia.org/wiki/MAC-Filter). Per *Network-Injection* attackiert der Angreifer *Access-Points*, die ungefiltertem Netzwerkverkehr ausgesetzt sind, speziell Broadcast-Netzwerkverkehr wie dem *Spanning-Tree*. Der Angreifer schleust gefälschte Netzwerk-Neukonfigurationsbefehle ein, die dann *Router*, *Switches* oder *Hubs* lahmlegen und dadurch das ganze Netzwerk außer Gefecht setzen können, siehe z. B. Website Elektronik Kompendium (http://www.elektronik-kompendium.de/sites/net/0907091.htm). Die möglichen Angriffstechniken auf WLANs und Netzwerke allgemein sind sehr vielseitig. Die Liste der oft kriminellen Attacken wird immer größer. Die schwerwiegendsten Mängel, durch welche Angriffe überhaupt erst möglich werden, sind organisatorischer oder softwaretechnischer Art.

Schon wenige Aktionen/Grundsätze machen jedes Netzwerk erheblich sicherer gegen Einbrüche:

Sicherheitsmaßnahmen

- Aktivieren und konfigurieren Sie Ihre Firewall(s).
- Nutzen Sie Online-Verbindungen nur mit Benutzerrechten.
- Verwenden Sie ausschließlich aktuelle Programme, *Service Packs* und Firmware.
- Setzen Sie IP-Verfahren, wie z. B. IPSec (Abb. 8.2-3), SSL oder *Tunneling* zur Absicherung Ihres Netzwerkes ein.
- Vergeben Sie sichere Passwörter.

8 WLAN-Praxis und -Sicherheit *

- Ändern Sie oft Ihre Verschlüsselung und Authentifizierung.
- Informieren Sie sich laufend über Gefahren und Sicherheitslücken.
- Seien Sie grundsätzlich aufmerksam und vorsichtig, reagieren Sie unmittelbar auf ungewöhnliche Systemereignisse.

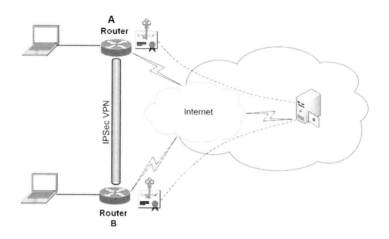

Abb. 8.2-3: IPSec beispielsweise verhindert das Abhören der Datenströme zwischen Router A und Router B.

All diese Maßnahmen sollten reine Selbstverständlichkeiten sein – nicht nur ein WLAN, sondern jedes andere Netzwerk stellt auch eine Gefahr für Ihre Daten, Ihre Programme und auch Ihre Hardware dar.

Eine generelle Bedrohung stellt sicherlich die unvollständige oder unzureichende Konfiguration eines WLANs und des Netzwerkes (LAN-, Routerkonfiguration) dar: Wenig Schutz bedeutet große Angriffsflächen, sodass es z. B. nicht schwer ist, Signale abzufangen und Daten abzugreifen oder im drahtlosen Netzwerk angebotene Dienste zu nutzen. Viele der hier behandelten Angriffstechniken sind schon lange bekannt. Daher werden sie großenteils automatisch von gängigen Firewalls blockiert und auch von Server-Programmen ohne weitere Maßnahmen erkannt und umgangen. Das einfachste Mittel gegen IP-Spoofing ist die Verwendung spezieller Regeln in der Firewall. Die Firewall muss von außen eingehende Pakete daraufhin überprüfen, ob deren IP-Header aus der IP-Range des internen Netzwerkes stammen. Ist das der Fall, handelt es sich mit Sicherheit um eine gefälschte Adresse und beim Paket möglicherweise um einen Angriffsversuch, denn die internen Adressen befinden sich ja auf der anderen Seite der Firewall. Also müssen eingehende Pakete mit Adressen aus dem internen Adressbereich blockiert werden.

Ausgehende Pakete sind dahin gehend zu filtern, ob sie manipulierte Ziel-Adressen besitzen. Werden solche Pakete gefunden, so fälscht jemand aus dem eigenen Netzwerk Adressen und versendet derart gefälschte Pakete ins Internet. Eine weitere Lösung ist die Verwendung von IP 6, das *Internet Protocol* in der Version 6, denn der Nachfolger von IP 4 ist gegen aktuelle Spoofing-Angriffe durch Authentifizierungs- und auch Verschlüsselungsmechanismen viel besser geschützt. Bis zur endgültigen Ablösung von IP 4 durch IP 6 wird *Spoofing* ein Problem bleiben.

8.3 Haftung *

Netzwerkbetreiber haften nach deutschem Recht oft als Mitstörer, wenn jemand ihr WLAN für illegale Handlungen missbraucht. Bei Inbetriebnahme muss daher eine Absicherung nach dem aktuellsten Stand der Technik erfolgen.

Der größte Vorteil des Funkmediums ist auch zugleich sein größter Nachteil: Die Funkwellen breiten sich in alle Richtungen aus, auch über den persönlichen (Heim-)Bereich hinaus.

Drahtlose Netze bestehen in der Regel aus

- einem *Access-Point* und
- einigen WLAN-Clients mit jeweils einem drahtlosen Netzwerkadapter.

Im Lieferzustand sind die Geräte nach dem Auspacken betriebsbereit, nach dem Einschalten können sich drahtlose Geräte oft sofort mit dem *Access-Point* verbinden. In diesem Betriebsmodus besteht in vielen Fällen keinerlei Schutz des Netzwerks[6] vor der unerwünschten Mitbenutzung durch

- neugierige Nachbarn,
- *Wardriver* oder
- **Sniffer**.

Als Netzwerkbetreiber sollte man folglich – nicht ausschließlich aufgrund der deutschen Rechtssprechung – zumindest vor der ersten Inbetriebnahme eines Funknetzwerkes die Sicherheitseinstellungen gründlich untersuchen und unter anderem aus Gründen der persönlichen Haftbarkeit

- die werksseitig eingestellten Passwörter und Zugangsdaten ändern sowie
- die großen offensichtlichen Lücken schließen.

Verglichen mit kabelgebundenen Netzwerken spielt Sicherheit im WLAN eine noch größere Rolle, denn ohne geeignete Sicher-

---

[6] Zahlreiche Anbieter haben dieses Problem erkannt und richten die Verschlüsselung schon werksseitig ein.

heitsmaßnahmen haben es Angreifer sehr leicht und die Betreiber gehen erhebliche Haftungsrisiken ein. Ein ungesichertes WLAN ist problemlos für jeden zugänglich.

Beim Internetzugriff hinterlässt der DSL-Router, WLAN-Router oder *Access-Point* seine öffentliche IP-Adresse. Diese IP-Adresse kann im Nachhinein dem Anschlussinhaber zugeordnet werden. Die Anschlussinhaber werden daher im Falle einer Rechtsverletzung als erste Verdächtige ermittelt und schließlich als Verantwortliche eingestuft.

So kann es vorkommen, dass man eine Straftat angehängt bekommt, wenn Fremde das (fahrlässigerweise) unverschlüsselte bzw. zu leicht zugängliche WLAN missbraucht haben.

Netzwerkbetreiber, deren ungesichertes WLAN von anderen Benutzern rechtswidrig benutzt wird, haften in vielen Fällen als Mitstörer. Nach deutscher Rechtssprechung ist eine ausreichende Verschlüsselung zwingend vorgeschrieben, weil sie auf einfachste Weise eine wirksame Vorsorge vor ungesetzlichem Missbrauch des Funknetzes durch *Wardriver* und auch gegen zahlreiche Angriffstechniken sicherstellt.

Sollte man als Betreiber eines Funknetzes fachlich nicht in der Lage sein, die Vorsorgemaßnahmen auszuführen, so bestünde die zumutbare Pflicht, jemanden mit entsprechenden Kenntnissen dazu zu beauftragen.

Führt man als Betreiber diese Vorsorgemaßnahme (und alle Weiteren gemäß der technischen Sachlage) nicht aus, so ist man für die Schäden (mit)haftbar, die Dritten durch den ungesetzlichen Missbrauch des eigenen Funknetzwerkes entstanden sind; auch die Strafverfolgung ist möglich.

Nach Auffassung einiger deutscher Richter haften Betreiber eines privaten WLANs allerdings erst für fremde Rechtsverletzungen von außen, wenn (vorher für sie) konkrete Anhaltspunkte für einen solchen Missbrauch bestanden haben. Eine ausreichende Absicherung mit den aktuellen (zum Installationszeitpunkt) zur Verfügung stehenden Techniken ist allerdings zwingend notwendig.

Für die Nutzer eines ungesicherten WLANs ist es nicht ohne Weiteres zu erkennen, ob dessen Betreiber mit der Nutzung einverstanden ist oder nicht. Die Betreiber hingegen müssen ihren – der freien Nutzung entgegenstehenden – Willen durch eine wirksame Verschlüsselung deutlich machen, und Fremden den Zugriff grundsätzlich erschweren.

Daher ist es eher den Betreibern zuzumuten, ein sicheres Verschlüsselungsverfahren zu aktivieren und sichere Zugangspasswörter zu vergeben, als vom Nutzer zu verlangen, auf die Verwendung offener Netze angesichts des Strafbarkeitsrisikos zu verzichten.

Unabhängig von der Rechtslage empfiehlt sich für alle WLAN-Betreiber die sicherst mögliche Verschlüsselung und Authentifizierung einzustellen, allein schon um die eigene Privatsphäre zu schützen.

8.4 WLAN-Absicherung *

In Kabelnetzwerken setzt das Abhören der Datenströme eine physikalische Verbindung mit dem Netzwerk voraus. Da die isolierten Leitungen in der Regel durch gegen Zutritt gesicherte Gebäude oder unterirdisch verlaufen, ist das Abhören grundsätzlich erschwert.

In einem Funknetz sieht das ganz anders aus. Hier dient der freie Raum als Übertragungsmedium. Sobald ein drahtloses Gerät seine Daten abstrahlt, benötigt ein Angreifer lediglich eine Antenne, um sich zumindest Zugang zum Signal und damit evtl. zu allen am Netzwerk angeschlossenen Geräten und Ressourcen zu verschaffen. Aus diesem Grund sind Sicherheitsvorkehrungen zu treffen, die

- das Signal durch Verschlüsselung für den Angreifer unbrauchbar machen und
- ihm per Authentifizierung den Netzwerkzugang verweigern.

Durch folgende Maßnahmen kann ein WLAN vor Angreifern geschützt werden:

- »Allgemeine Maßnahmen«, S. 313
- »Service Set Identifier«, S. 314
- »Schutz durch MAC-Filter«, S. 316
- »WEP«, S. 319
- »WPA«, S. 321
- »WPA2«, S. 325

8.4.1 Allgemeine Maßnahmen *

Sicherheit auf IP-Ebene verbessert auch die WLAN-Sicherheit.

Es ist sinnvoll und notwendig, jedes Netzwerk – nicht nur ein WLAN – durch organisatorische und auch softwaretechnische Maßnahmen abzusichern.

In jedem Funknetzwerk sollten zusätzlich zur gezielten WLAN-Absicherung – je nach Sensibilität der Daten – weitere Maßnahmen (auf IP-Ebene) zum Einsatz kommen, z. B.

IP-Sicherheit

- **SSH**, siehe auch Website Hetzner.de (http://wiki.hetzner.de/index.php/Telnet/SSH),

- **IPSec**, siehe auch Website Uni Tübingen (http://www.net2.uni-tuebingen.de/fileadmin/RI/teaching/seminar_iit/ss03/IPSec_Einfuehrung.pdf) oder
- PPTP[7], siehe auch Website Elektronik-kompendium.de (http://www.elektronik-kompendium.de/sites/net/0906141.htm).

Das Abhören und Entschlüsseln der Datenübertragung im WLAN ist dann nur mit unverhältnismäßig hohem Aufwand möglich.

Zu einer schlechten Konfiguration eines drahtlosen Netzwerkes gehört u. a.

- die Verwendung von keiner oder einer unsicheren Verschlüsselung,
- die Benutzung von Default-Passwörtern,
- ein unsicherer SSID (etwa Name, Standort oder die Gerätebezeichnung),
- ein zu einfacher und zu kurzer Schlüssel,
- keine Firmwareupdates des WLAN-Gerätes zu verwenden,
- eine inaktive Firewall,
- offene Ports etc.

Einige dieser Risiken kennen Sie schon vom Ethernet.

Wer allerdings absolut sicher gehen möchte, der verzichtet auf die Computervernetzung per Funk und überträgt seine Daten ausschließlich auf dem Kabelweg.

8.4.2 Service Set Identifier *

Ein SSID sollte möglichst lang sein (32 Zeichen) und aus beliebigen Zeichen zusammengesetzt sein.

Beim Zugang zu einem Funknetzwerk spielt der Netzwerkname eine besondere Rolle. Die Kennung eines Funknetzwerkes, welches auf IEEE 802.11 basiert, wird als *Service Set Identifier* (SSID) oder auch *Network Name* bzw. Netzwerkname bezeichnet. Jedes WLAN besitzt einen frei vergebenen SSID. Dieser identifiziert das drahtlose Netzwerk eindeutig, er sollte auf allen Clients und auf den *Access-Points* (Infrastruktur-Netz oder WDS) manuell oder automatisch konfiguriert werden.

Die SSID-Zeichenfolge ist bis zu 32 Zeichen lang, und wird allen Paketen unverschlüsselt vorangestellt.

Bei der Konfiguration eines WDS muss an jedem *Access-Point* und jedem Netzwerk-Client dieselbe SSID eingestellt sein.

---

[7]PPTP *(Point-to-Point Tunnel Protocol)* ist ein Übertragungsverfahren in VPNs (mit *Tunneling)*. Dabei wird über öffentliche Leitungen ein virtuelles internes Netzwerk aufgebaut. PPTP gewährleistet sehr hohe Sicherheit, damit der Datenverkehr nicht abgehört werden kann.

8.4 WLAN-Absicherung

Allerdings ist von der Verwendung einer Standard-ID – wie sie häufig vom Hersteller eingestellt ist – unbedingt abzuraten (Abb. 8.4-1).

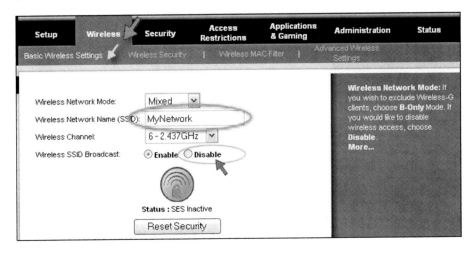

Abb. 8.4-1: Unsicherer SSID.

Ein sicherer SSID besitzt die volle Länge von 32 Zeichen und besteht aus einer zufälligen Zusammenstellung von

Sicherer SSID

- Kleinbuchstaben,
- Großbuchstaben,
- Ziffern und
- Sonderzeichen.

Nur so ist das Erraten der Netzwerkkennung nahezu unmöglich. Zum Erzeugen eines sicheren SSID können Sie z. B. einen der folgenden Passwortgeneratoren verwenden:

- KeyProducer, siehe Website Aborange.de (http://www.aborange.de/))
- azubi-Passwort-Generator, siehe Website Azubi-weiden.de (http://www.azubi-weiden.de/))
- Keygen, siehe Website Redzion.com (http://www.redzion.com/prKeyGen_en.asp))
- Mar Password Generator, siehe Website Securesafepro.com (http://www.securesafepro.com/pasgen.php))

Noch besseren Zugangsschutz erreichen Sie, indem Sie in kurzen Zeitabständen (z. B. alle 2 Wochen) einen neuen SSID verwenden.

Je nach Einstellung des *Access-Points* sendet dieser per Broadcast den SSID in das Netzwerk, sodass diese auch von potenziellen Angreifern empfangen werden kann. Sicherheitshalber sollten Sie diese unkontrollierte Bekanntgabe des Netzwerknamens nach außen deaktivieren (Abb. 8.4-2).

Gefahr: SSID-Broadcast

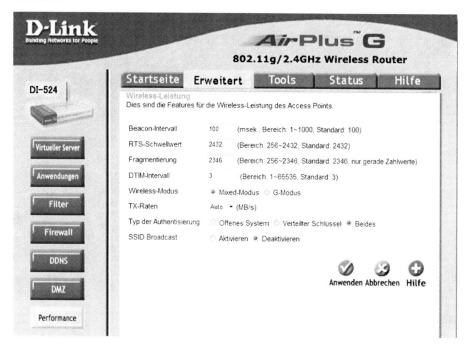

Abb. 8.4-2: SSID-Broadcast ausschalten.

8.4.3 Schutz durch MAC-Filter *

Für kleine WLANs kann man eine Zugriffsliste pflegen, in welcher die MAC-Adressen aller zulässigen Netzwerkteilnehmer angegeben sind.

Die Filterung von MAC-Adressen ist zwar keine ausschließliche Sicherheitsmaßnahme für Funknetzwerke, jedoch handelt es sich durchaus um ein sinnvolles Mittel, um unerwünschten Zugang zu Ihrem WLAN zu erschweren.

 Erstellen Sie eine Liste sämtlicher WLAN-Adapter bzw. -Geräte in Ihrem Netzwerk und stellen Sie deren MAC-Adressen sowie deren IP-Adressen fest.

Als MAC-Adressen-Filterung wird ein Zugangsschutz für LANs verstanden, der nur Geräten mit bestimmter MAC-Adresse Zugang zum Netzwerk gestattet. Eingehende Signale werden nach MAC-Adresse der Zielstation gefiltert. Dabei spielt es keine Rolle, ob die anderen Informationen, wie Kanal, SSID oder Verschlüsselungsangaben korrekt waren.

Access Control List Typischerweise wird der MAC-Filter in Form einer Tabelle (ACL, *Access Control List*) im (WLAN-)Router (Firewall) abgelegt.

8.4 WLAN-Absicherung *

Bei aktivem MAC-Filter findet eine Authentifizierung über die MAC-Adresse der drahtlosen Netzwerkadapter statt.

Allen *nicht* laut ACL zugelassenen MAC-Adressen wird keine IP-Adresse für die Kommunikation im WLAN zugeordnet bzw. der Zugriff auf den *Access-Point* verwehrt. Die alleinige Sicherung eines WLAN über MAC-Adressen-Filterung ist jedoch nicht ausreichend, da sich solche Adressen problemlos einstellen bzw. fälschen/simulieren lassen. Die MAC-Adresse ist keine unveränderliche Eigenschaft des jeweiligen Netzwerkknotens, bei vielen WLAN-Adaptern kann sie ausgelesen und auch softwaretechnisch geändert werden.

Gültige MAC-Adressen können z. B. durch das Abgreifen des Datenverkehrs der Netzwerkteilnehmer ermittelt werden, ebenso können Hacker Verschlüsselungsdaten abhören.

Ist also die Adresse eines Netzwerkknotens bekannt, so kann ein Angreifer die Adresse seines Computers geeignet manipulieren und so Zugang zum Netzwerk erhalten.

Um MAC-Adressen zu filtern und unerwünschte Teilnehmer von Ihrem WLAN fernzuhalten können Sie wie folgt vorgehen:

- Ermitteln Sie die MAC-Adressen sämtlicher WLAN-Adapter in Ihrem Funknetzwerk mit `ipconfig` (Abb. 8.4-3), dem »Technitium MAC Address Changer« oder einem anderen Werkzeug.

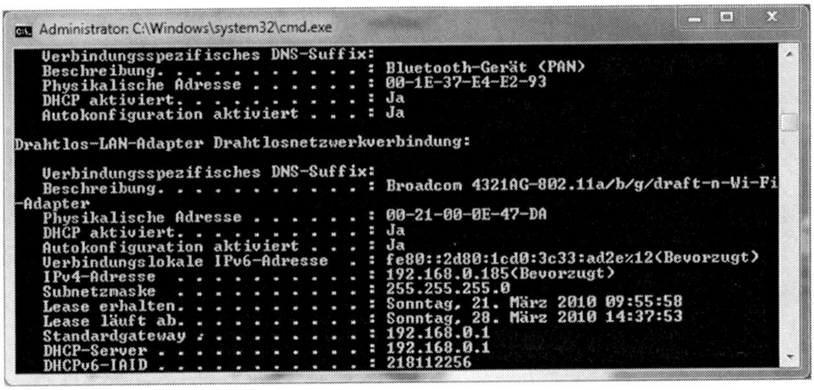

Abb. 8.4-3: MAC-Adresse anzeigen.

- Finden Sie aus dem Handbuch des *Access-Point* wie schon bei Ihrem *Router* die Zugangsdaten und die IP-Adresse heraus.
- Öffnen Sie die Konfigurationssoftware Ihres *Access-Point*. Falls Sie das Gerät erstmalig konfigurieren, so ist dies evtl. nur über Netzwerkkabel oder USB-Kabel möglich, nicht jedoch über eine Funkverbindung (Abb. 8.4-4).

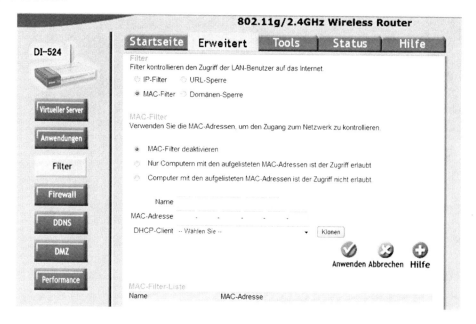

Abb. 8.4-4: MAC-Adressen filtern.

- Stellen Sie das Gerät so ein, dass es nur bestimmte MAC-Adressen akzeptiert und füllen Sie die ACL mit den soeben von Ihnen ermittelten zulässigen Adressen (Abb. 8.4-5).

MAC Address Filter List

Enter MAC Address in this format: xx:xx:xx:xx:xx:xx

Wireless Client MAC List

MAC 01:	00:90:4B:57:F4:3A	MAC 11:	
MAC 02:	00:0F:66:A2:14:6C	MAC 12:	
MAC 03:	00:07:E0:14:90:E5	MAC 13:	
MAC 04:	00:0D:88:C8:8B:9B	MAC 14:	
MAC 05:	00:20:A6:51:5D:D9	MAC 15:	
MAC 06:	00:0C:41:DE:7D:21	MAC 16:	
MAC 07:	00:02:8A:F5:CB:90	MAC 17:	
MAC 08:	00:90:96:C5:23:4A	MAC 18:	
MAC 09:	00:90:4B:46:0D:14	MAC 19:	
MAC 10:		MAC 20:	

Abb. 8.4-5: ACL.

8.4 WLAN-Absicherung *

Speichern Sie die Einstellungen und schließen Sie das Programm wieder.

Das Verfahren der Filterung von MAC-Adressen findet allerdings nur in kleinen Netzwerken Anwendung, da es sehr aufwendig sein kann, bei vielen Netzwerk-Clients eine ACL zu führen. Außerdem lassen sich MAC-Adressen bekanntermaßen manipulieren, sodass die Gefahr besteht, dass unerwünschter Netzwerkzugriff erfolgt.

Zusätzlicher Schutz vor unerwünschtem Zugriff auf Ihr Funknetzwerk ist also zwingend notwendig.

Auf die Verschlüsselung des Netzwerkverkehrs sollte daher in keinem Fall verzichtet werden. Verschlüsselung ist ein zentrales Thema, wenn es um WLAN-Sicherheit geht.

8.4.4 WEP ***

WEP ist ein Sicherheitsstandard für WLANs. Er gilt allerdings nach heutigen Erkenntnissen für unsicher.

Teil des WLAN-Standards IEEE 802.11 ist *Wired Equivalent Privacy* (WEP), ein Sicherheitsstandard, der den **RC4**-Algorithmus enthält. Die darin enthaltene Verschlüsselung mit einem nur 40 Bit (64 Bit nominell) bzw. 104 Bit (128 Bit nominell), bei einigen Herstellern auch 232 Bit (256 Bit nominell) langen statischen Schlüssel reicht jedoch nicht aus, um ein WLAN ausreichend zu sichern.

Erstellen Sie eine Liste, welche sämtliche WLAN-Adapter und auch die WLAN-Geräte Ihres Netzwerkes enthält. Ermitteln Sie jeweils die unterstützten Verschlüsselungsverfahren.

Durch das Sammeln von Schlüsselpaaren sind Known-Plaintext-Angriffe[8] von außen möglich. Es gibt frei erhältliche Programme, die sogar ohne vollständigen Paketdurchlauf in der Lage sind, einen schnellen Computer vorausgesetzt, das Passwort zu entschlüsseln bzw. die Verschlüsselungsinformationen herauszubekommen. Jeder Nutzer des Netzes kann den gesamten Verkehr zudem mitlesen. Die Kombination von RC4 und CRC wird als kryptografisch unsicher betrachtet.

Known-Plaintext-Angriff

Das WEP-Protokoll wurde 1999 als Teil des Standards IEEE 802.11 implementiert und sollte eine dem kabelgebundenen Netzwerk gleichwertige Sicherheit im Funknetzwerk bieten. Dieses Ziel ist jedoch bei Weitem *nicht* erreicht worden.

Häufig wird WEP jedoch fälschlicherweise als *Wireless Encryption Protocol* bezeichnet.

---

[8] Bei einem Known-Plaintext-Angriff kennt der Angreifer sowohl die verschlüsselten Daten als auch den Klartext. Durch die Kombination dieser beiden Informationen erfolgt der Rückschluss auf den verwendeten Schlüssel.

WEP wurde mit dem Ziel entwickelt, Authentizität, Integrität und Vertraulichkeit im drahtlosen Netzwerk zu gewährleisten

Authentifizierung

WEP unterscheidet zwischen zwei Verfahren der Authentifizierung:

- *Open System Authentication* ist keine Authentifizierung im richtigen Sinne, da dabei nicht die Identität verifiziert wird. Der Client muss dem *Access-Point* lediglich einen *Authentication-Request-Frame* senden, auf den der *Access-Point* ohne jegliche Überprüfung mit einem *Response-Frame* antwortet, der den Client authentisiert. Es wird somit jedem anfragenden Client Zugriff gewährt. Um dann letztendlich am Netzwerkverkehr teilnehmen zu können, braucht der Client jedoch den Netzwerkschlüssel.
- *Shared Key Authentication* verwendet die Challenge-Response-Authentifizierung mit einem geheimen Schlüssel. Das Verfahren funktioniert wie folgt: Zuerst sendet der Client eine Authentifizierungsanfrage an den *Access-Point*. Dieser antwortet im Klartext. Der Client verschlüsselt nun den Klartext in ein WEP-Paket mit seinem WEP-Schlüssel und sendet das Paket zurück an den *Access-Point*, welcher das Paket entschlüsselt und mit seinem ursprünglich gesendeten Klartext vergleicht. Erfolgt der Vergleich positiv, ist der Client authentifiziert.

Für weitere Informationen zu den Verschlüsselungs- und Authentifizierungsverfahren siehe z. B. Website Htwm.de (http://telecom.htwm.de/telecom/praktikum/html/wlan/wlan_protokolle1_neu.htm).

WEP gilt *nicht* als sicher, daher sind technische Ergänzungen entwickelt worden, etwa

- WEP2,
- *Wi-Fi Protected Access* (WPA),
- **Fast Packet Keying**,
- *Extensible Authentication Protocol* (EAP),
- **Kerberos** (Wikipedia: Kerberos (http://de.wikipedia.org/wiki/Kerberos_(Informatik))) oder
- *High Security Solution*.

Bei WEP2 wurde die Schlüssellänge auf 128 Bit erhöht. Man versprach sich dabei weniger Anfälligkeit gegen Brute-Force-Angriffe. Als jedoch klar wurde, dass das gesamte WEP fehlerhaft war, wurde auch WEP2 verworfen.

Eine Schwäche von WEP waren die statischen Schlüssel. *Dynamic WEP* versuchte dem entgegen zu wirken und wechselte die Schlüssel dynamisch.

Diese Idee schaffte es nicht in den WEP-Standard, wurde jedoch bei WPA umgesetzt.

8.4.5 WPA *

WPA baut auf der Architektur von WEP auf, versucht aber die Schwächen zu beseitigen. PSK ist eine Verschlüsselungstechnik, bei der die beteiligten Stationen im Voraus die Verschlüsselungsdaten kennen. EAP dient der Authentifizierung. Radius ist ein Client/Server-Dienst, der ebenfalls vorwiegend für Authentifizierung eingesetzt wird.

WiFi Protected Access (WPA) baut auf die Architektur von WEP auf, benutzt also auch den RC4-Algorithmus. Hinzu kommen aber einige Änderungen, die die Schwächen von WEP beseitigen sollen. So ist der Schlüssel bei WPA 128 Bit lang. Zudem ist in WPA das Sicherheitsprotokoll TKIP *(Temporal Key Integrity Protocol)* implementiert, welches einige neue Sicherheitsfunktionen bringt:

- *per-packet-key-mixing*
- *Sequence counter*
- *Message Integrity Check* (MIC): Um zuverlässig eine Datenmanipulation auszuschließen wird eine 64 Bit-lange Prüfsumme auf Nachrichten-Ebene sowohl über die Daten als auch über die Quell- und Zieladresse gebildet. Die Prüfsumme wird zusammen mit den Daten durch TKIP verschlüsselt.
- *rekeying*: Es wird bei WPA ein neuer temporärer Schlüssel erzeugt, falls ein Kommunikationspartner ihn anfordert, spätestens jedoch alle 2^{16} = 65536 WPA-Datenpakete. In zwei Phasen wird aus einem temporären Schlüssel, der MAC-Adresse des Senders und dem TSC *(TKIP Sequence Counter)*[9] der individuelle Schlüssel zur Verschlüsselung generiert, siehe Website Securitymanager.de (http://www.securitymanager.de/magazin/artikel_1498-604_hakin9_wlan_sicherheit.html). Auf diese Weise wird für jedes Paket ein neuer individueller Schlüssel erzeugt.

Das *Temporal Key Integrity Protocol* (TKIP) sollte die Schwachstellen von WEP in Bezug auf Verschlüsselung und Integritätssicherung beseitigen. Der bereits bei WEP eingesetzte RC4-Algorithmus wurde weiterhin verwendet, da er nicht für die Schwächen von WEP verantwortlich war und für eine Abwärtskompatibilität benötigt wurde.

Auch bei WPA gibt es unterschiedliche Authentifizierungsverfahren:

---

[9]Der *Ticket Sequence Counter* ist ein Zähler für die im WLAN versendeten Pakete. Er trägt zur Vorbeugung gegen Relay-Attacken bei.

- *Pre-Shared Key* (PSK)
- Die Authentifizierung über *Extensible Authentication Protocol* (EAP) wird auch oft WPA-Enterprise genannt, da EAP für größere Unternehmen empfohlen wird. Hierbei erfolgt die Authentifizierung über Authentifizierungsserver (z. B. Radius).

Pre-Shared Key

Pre-Shared Key (PSK) wird meistens in kleineren Netzwerken (SoHo – *small office, home office*) eingesetzt, weshalb WPA auch oft bei dieser Authentifizierung WPA-Personal oder WPA-PSK genannt wird.

Mit PSK (vorher vereinbarter Schlüssel) bezeichnet man solche Verschlüsselungsverfahren, bei denen die Schlüssel vor der Kommunikation beiden Teilnehmern bekannt sein müssen, also symmetrische Verfahren.

PSK-Verschlüsselung hat den Vorteil, dass sie zwischen zwei bekannten Teilnehmern wesentlich einfacher zu realisieren ist als asymmetrische Verschlüsselung. Der große Nachteil des Verfahrens besteht darin, dass beide Teilnehmer den Schlüssel vor der eigentlichen Kommunikation im Geheimen tauschen müssen.

Daraus folgt, dass das PSK-Verfahren sich für viele Anwendungen im Internet (wie z. B. Online-Einkauf) nicht eignet, da der vorherige Schlüsseltausch in einem solchen Fall nicht möglich bzw. viel zu aufwendig ist. In einem solchen Fall verwendet man besser das **Public-Key-Verfahren**.

In Funknetzwerken wird häufig die Verschlüsselungsmethode WPA-PSK verwendet. Für kleine Netzwerke, etwa in Privathaushalten ist dieses Verfahren durchaus geeignet, da der Schlüssel problemlos durch einen Administrator auf den verschiedenen Geräten wie *Router/Access-Point* und den anderen an der Kommunikation beteiligten Stationen eingetragen werden kann Abb. 8.4-6.

Die Sicherheitseinstellungen des *Access-Point* umfassen, wie in der Abb. 8.4-6 zu sehen ist,
- die Wahl des Übertragungskanals,
- Festlegung eines SSID,
- Auswahl des Verschlüsselungsverfahrens,
- Angabe eines *Pre-Shared Key* (bei PSK).

Extensible Authentication Protocol

Das *Extensible Authentication Protocol* EAP ist ein Dienst zur Authentifizierung von Clients im Netzwerk. Es kann zur Nutzerverwaltung auf Radius-Server zurückgreifen. EAP wird hauptsäch-

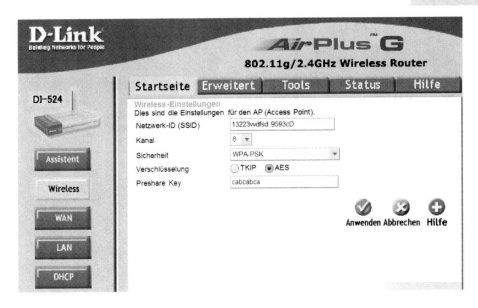

Abb. 8.4-6: WPA-PSK Konfiguration.

lich als Ergänzung zu WPA für größere WLAN-Installationen eingesetzt.

EAP ist definiert im RFC2284. Es stellt ein grundlegendes Fundament für eine umfassende und zentralisierte Sicherheitskonzeption dar. Es wurde ursprünglich für PPP-Links entwickelt, um eine zuverlässige Authentifizierung von *Remote-Access-Usern* bereit zu stellen.

RFC2284

Das Point-to-Point-Protocol (PPP) hat die Aufgabe, Punkt-zu-Punkt-Verbindungen in leitungsvermittelnde Netze zu initialisieren, aufrechtzuerhalten und auch wieder zu beenden. Es arbeitet auf der Schicht 2 des OSI-Schichtenmodells. Siehe dazu Website IT-Wissen (http://www.itwissen.info/definition/lexikon/ point-to-point-protocol-PPP-PPP-Protokoll.html).

EAP ist ein allgemeines Protokoll, das mehrere Authentifizierungsmöglichkeiten bietet. Die Auswahl des Verfahrens findet im Point-to-Point-Protokoll erst nach der *Link Control Phase* (LCP) in der Authentifizierungsphase statt.

Für weitere Informationen zu EAP siehe etwa

- Website   Datenschutz-Praxis.de   (http://www.datenschutz-praxis.de/lexikon/e/eap.html)
- Website   Cryptoshop.com   (http://www.cryptoshop.com/de/knowledgebase/technology/protocols/eappeap.php)
- Website   IT-Wissen   (http://www.itwissen.info/uebersicht/lexikon/Netzwerk-Sicherheit.html?page=2)

- Website PCNetzwerke.de (http://www.pcnetzwerke.de/3-auflage-2006/netzwerkglossar.html)

Remote Authentication Dial-In User Service

Der *Remote Authentication Dial-In User Service* Radius ist ein Authentifizierungsdienst für sich einwählende Benutzer, eine Client/Server-Technik zur Authentifizierung, Autorisierung und Verwaltung von Benutzern bei Einwahlverbindungen in ein Computernetzwerk.

Radius ist der Standard bei der zentralen Authentifizierung von Einwahlverbindungen über

- (ISDN-)Modem,
- VPN,
- WLAN und
- DSL.

Die Authentifizierung durch Radius läuft wie folgt ab:

1. Ein Client erscheint im Netzwerk.
2. Der Access-Point fordert vom Client seine Identität (Name).
3. Der Client liefert seine Identität an den Access-Point.
4. Der Access-Point leitet die Information an den Radius-Server weiter.
5. Der Radius-Server fordert vom Access-Point die Authentifizierung (Passwort und/oder Verschlüsselungsdaten) des Clients an.
6. Der *Access-Point* leitet die Anforderung an den Client weiter.
7. Der Client sendet eine Antwort an den *Access-Point*. Diese Antwort enthält die geforderte Authentifizierung.
8. Die Antwort leitet der *Access-Point* an den Radius-Server weiter.
9. Der Radius-Server überprüft die Antwort. Im Fall eines Erfolgs sendet er eine entsprechende Meldung an den *Access-Point*.
10. Der *Access-Point* leitet die Meldung an den Client weiter.

Ein Radius-Server ist ein zentraler Authentifizierungsserver, der die Überprüfung von Benutzername und Kennwort übernimmt. Des Weiteren werden Parameter für die Verbindung zum Client bereitgestellt.

Die dabei verwendeten Daten entnimmt der Radius-Server eigenen Konfigurationsdateien, eigenen Konfigurationsdatenbanken, in denen die Zugangsdaten wie Benutzername und Kennwort gespeichert sind, oder ermittelt diese durch Anfragen an die lokale oder zentrale Benutzerverwaltung.

Auf diese Weise lassen sich, unabhängig von der Netzwerkinfrastruktur, alle Benutzer-Einstellungen und *Accounts* zentral verwalten.

Der Vorteil dieses Verfahrens liegt in den einmalig registrierten Zugangsdaten der Benutzer, die in verteilten Netzwerken überall und jederzeit aktuell verfügbar sind und mit einfachen administrativen Eingriffen an zentraler Stelle registriert und verändert werden können.

8.4.6 WPA2 *

WPA2 ist das sicherste Verfahren, ein WLAN zu schützen.

Als Nachfolger von WEP wurde der Sicherheitsstandard IEEE 802.11i festgelegt. Er bietet eine erhöhte Sicherheit durch *Advanced Encryption Standard* (AES) bei WPA2 und gilt zurzeit als nicht entschlüsselbar, solange keine trivialen Passwörter verwendet werden, die über eine Wörterbuch-Attacke ermittelt werden können.

Als Empfehlung gilt mit einem Passwortgenerator Passwörter zu erzeugen, die Buchstaben in Groß- und Kleinschreibung, Zahlen und Sonderzeichen enthalten und nicht kürzer als 32 Zeichen sind.

WPA2 verwendet den (rechenintensiven) Verschlüsselungsalgorithmus AES mit Schlüssellängen von 256 Bit. Bei einigen älteren Geräten lässt sich durch Aktualisierung der Firmware die WPA2-Unterstützung nachrüsten.

Jedoch erfolgt in derartigen Fällen die Verschlüsselung meist ohne Hardwarebeschleunigung, sodass der Zugewinn an Sicherheit durch einen starken Rückgang der Übertragungsrate erkauft wird.

Ein alternatives Vorgehen besteht darin, die Verschlüsselung komplett auf die IP-Ebene zu verlagern. Dabei wird der Datenverkehr beispielsweise durch die Verwendung von IPSec oder durch einen VPN-Tunnel geschützt.

Besonders in freien Funknetzen wird so

- die Inkompatibilität verschiedener Geräte umgangen,
- eine zentrale Benutzerverwaltung vermieden und
- der offene Charakter des Netzes gewahrt.

Aufgrund der Abwärtskompatibilität zu WEP mussten früher bei WPA einige Kompromisse bzgl. des IEEE 802.11i-Standards eingegangen werden.

Bei WPA2 verzichtet man auf WEP-Kompatibilität, der Standard ist nun vollständig implementiert. Für den neuen Standard ist auch neue Hardware nötig, die mit den neuen Sicherheitsverfahren umgehen kann bzw. sie effizient berechnen kann.

CCMP Statt RC4 und TKIP (TKIP gehört noch zu WPA2 und kann auch noch verwendet werden) benutzt WPA2 einen auf AES basierenden Algorithmus; dieser heißt CCMP. CCMP besteht aus zwei Teilen,

- dem *Counter Mode* (CTR) und
- dem *Cipher Block Chaining Message Authentication Code* (CBC-MAC).

Dabei übernimmt CTR die Aufgabe der Authentifizierung, CBC-MAC die Gewährleistung der Datenintegrität.

Das CBC-MAC-Protokoll CCMP enthält einen Satz Prozeduren, welche festlegen, wie Schlüssel abgeleitet und verteilt werden.

WPA2 bietet mit CCMP eine gegenüber WPA-PSK, welches nicht völlig sicher vor Wörterbuch-Attacken ist, überlegene Sicherheit, es ermöglicht sogar den Einsatz von WPA2 im Adhoc-Modus. Die Authentifizierungsmöglichkeiten bleiben bei WPA2 die gleichen wie bei WPA, also *Pre-Shared Key* und EAP.

WPA2 gilt derzeit bei gut gewähltem Schlüssel, der einem Brute-Force- bzw. Wörterbuchangriff standhält, als unüberwindbar. Auch WPA ist bei gut gewählten Schlüsseln und guten Einstellungen noch relativ sicher.

Erste Angriffstechniken auf WPA sind zwar schon bekannt, jedoch sind diese noch ohne große Auswirkungen. Um völlig sicher zu gehen, sollte WPA2 anstatt WPA benutzt werden. Alternativ bietet sich noch die Möglichkeit, VPN oder IP-Sicherheiten einzubauen.

8.5 WLAN verschlüsseln *

Die Verschlüsselung eines WLAN lässt sich heute mit wenigen Handgriffen einrichten. Sollte die Verschlüsselung bereits am *Access-Point* aktiviert sein, so ist nur noch die Übernahme der Daten auf die einzelnen Clients notwendig. Eine Kontrolle der Einstellungen sollten Sie auf jeden Fall vornehmen.

Dem Komfort bei der Einrichtung Ihres Funknetzwerkes sind kaum Grenzen gesetzt. Sie werden nun die entsprechenden Vorgehensweisen kennenlernen.

 Sind alle Ihre WLAN-Geräte WPS-fähig sind, dann können Sie wie folgt vorgehen:

- »Verschlüsselung mit WPS«, S. 327

Danach geht es um Verschlüsselung ohne WPS:

- »Verschlüsselung manuell«, S. 328

8.5.1 Verschlüsselung mit WPS *

Die manuelle Eingabe von Verschlüsselungsdaten an den WLAN-Stationen ist aufwendig und fehleranfällig. *WiFi-Protected Setup* ermöglicht die automatische Übernahme der Verschlüsselungsdaten auf Knopfdruck.

WPS *(WiFi Protected Setup)* ermöglicht es, bequem eine sichere Verbindung zwischen *Access-Point* und WLAN-Clients einzurichten.

Aktuelle WLAN-Router (Abb. 8.5-1) unterstützen das sogenannte WPS-Verfahren, über das sich eine sichere WLAN-Verbindung einfach per Knopfdruck herstellen lässt. Wichtig dabei ist, dass auch der Funkadapter am WLAN-Client WPS unterstützen muss.

Abb. 8.5-1: WLAN-Router mit WPS.

Mit WPS erspart sich der Benutzer beispielsweise das fehlerträchtige Übertragen des WPA-Schlüssels vom *Access-Point* zum WLAN-Client.

Zunächst schließen Sie Ihren *Access-Point* gemäß der Ausführungen im Handbuch am DSL-Modem, Kabelmodem oder *Splitter* an.

Um einen weiteren WLAN-Client über WPS einzubinden, wiederholt man den Vorgang einfach, indem man wiederum den WPS-Knopf am WLAN-Router (Abb. 8.5-2) und anschließend den WPS-Knopf am WLAN-Client drückt.

In der Regel startet man den Verschlüsselungsvorgang durch das Betätigen einer WPS-Taste am WLAN-Router. Innerhalb der folgenden zwei Minuten muss nun auch der WPS-fähige WLAN-Client per Klick oder Knopfdruck aktiviert werden. Der Client übernimmt dann automatisch die WLAN-Einstellungen (SSID, WPA-/WPA2-Passwort) des Routers.

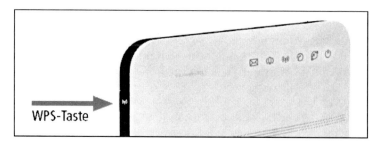

Abb. 8.5-2: WLAN auf Knopfdruck verschlüsseln.

Als Alternative zum Verschlüsseln per Tastendruck bieten WPS-fähige Geräte ein Verfahren mittels PIN. Hierzu gibt man in der Client-Software des WLAN-Adapters eine Ziffernfolge ein, die in der Regel auf der Unterseite des WLAN-Routers angebracht ist. Im Anschluss wird die verschlüsselte Verbindung hergestellt.

Alle WLAN-Clients, die WPS nicht unterstützen, müssen nach wie vor auf die herkömmliche Weise eingerichtet werden.

8.5.2 Verschlüsselung manuell *

Manuelle Verschlüsselung eines WLAN ist aufwendig. An jedem Gerät müssen die Daten separat über eine Benutzungsschnittstelle eingegeben werden.

Wer eine sichere Funkverbindung zum WLAN-Router ohne das moderne WPS-Verfahren herstellen möchte, geht wie folgt vor:

- Schließen Sie zunächst, wie im Handbuch beschrieben, Ihren WLAN-Router (ggf. über ein DSL-Modem) an Ihren Internetanschluss an.
- Verbinden Sie den eingeschalteten WLAN-Router per Ethernet-Kabel mit Ihrem PC oder Notebook.
- Über den angeschlossenen Computer tragen Sie nun die Zugangsdaten Ihres Internet-Providers, den Namen des WLANs (SSID), die Art der Verschlüsselung (WPA-PSK oder WPA2-PSK) und ein WPA-Schlüsselwort im WLAN-Router ein.

Die Eingabe der Verschlüsselungsdaten geschieht über einen Setup-Assistenten von CD oder in der Web-Oberfläche des WLAN-Routers, die man bei den meisten Geräten über den Browser aufruft (siehe Handbuch).

Sind schließlich die Einstellungen im WLAN-Router gespeichert, entfernt man das Kabel zwischen Computer und Router und stellt die Verbindung über den Funkadapter her. Hierzu markiert man in der Liste der Drahtlos-Netzwerke am Notebook/PC zunächst die SSID des soeben eingerichteten WLANs und gibt das WPA/WPA2-Passwort ein (Abb. 8.5-3).

Abb. 8.5-3: WLAN-Verschlüsselungs-Key eingeben.

Jetzt wird die drahtlose Verbindung aufgebaut.

Sollten Sie noch ältere Geräte im Einsatz haben, welche nur WEP unterstützen, so sollten Sie

- diese entweder per Firmware-Update auf mindestens WPA aufrüsten oder
- über einen Austausch nachdenken.

Alle Geräte sollten zumindest WPA-fähig sein, denn die schwächsten Komponenten bestimmen das Sicherheitsniveau – das sind oft die WEP-Geräte.

Ist Ihnen bei der WLAN-Konfiguration die mitgelieferte Software zu kompliziert oder umständlich, so können Sie auch Boardmittel Ihres Betriebssystems einsetzen, um die WLAN-Sicherheit einzustellen. Unter Windows können Sie dazu, nachdem Sie die Konfiguration am *Access-Point* vorgenommen haben, folgende Arbeitsschritte durchführen:

- Öffnen Sie die Netzwerkverbindungen.
- Lassen Sie sich die drahtlosen Netzwerkverbindungen und aktualisieren Sie die Liste; ggf. müssen Sie mehrfach aktualisieren, bis Windows alle Netzwerke gefunden hat. Nun sollte Ihr Netzwerk zu sehen sein.
- Stellen Sie per Doppelklick auf Ihren Netzwerknamen oder über das Kontextmenü die Verbindung her.
- Sollten Sie sicherheitshalber bei der Access-Point-Konfiguration das Aussenden der SSID deaktiviert haben, so öffnen Sie den Dialog zur Verwaltung der Drahtlos-Netzwerke über das Kontextmenü, Eigenschaften, Drahtlosnetzwerke bevorzugte Netzwerke. Unter Windows 7 müssen Sie dazu

das Netzwerk- und Freigabecenter öffnen und dort die Verknüpfung Drahtlosnetzwerke verwalten anklicken. Wählen Sie nun hinzufügen (Abb. 8.5-4). Sollten Sie keinen *Access-Point* verwenden, können Sie hier auch ein Adhoc-Netzwerk einrichten.

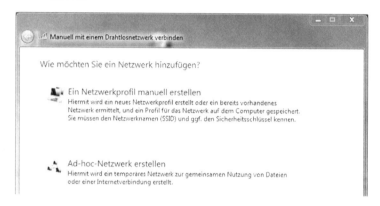

Abb. 8.5-4: WLAN manuell einrichten (Windows 7).

Manche Hersteller liefern ihre *Access-Points* bereits mit aktivierter Verschlüsselung aus, sodass das Netzwerk von Beginn an abgesichert ist. Bei Verwendung kompatibler WLAN-Dongles lassen sich die Sicherheitseinstellungen problemlos auf die Netzwerk-Clients übertragen. Folgende Arbeitsschritte sind dazu notwendig:

- Auf den Clients muss die Konfigurationssoftware des Herstellers installiert werden.
- Die einzelnen WLAN-Sticks sind am WLAN-Access-Point anzuschließen, damit die Sicherheitseinstellungen übertragen werden.
- Beim Anschluss der WLAN-Dongles an den jeweiligen Client werden dann schließlich die Einstellungen auf den Client-Computer übernommen.

 Falls Ihre Geräte sämtlich WPA2 unterstützen und Sie WPA2 vollständig konfiguriert haben, so mag es trotzdem passieren, dass Sie unter Windows XP keine Verbindung herstellen können. Dann fehlt Ihnen möglicherweise ein Update, welches Windows XP erst WPA2-fähig macht. Stellen Sie zunächst sicher, dass auf jedem XP-Computer das *Service Pack* 2 installiert ist. Gegebenenfalls müssen Sie dieses zuerst nachrüsten. Aktualisieren Sie nun die betroffenen Systeme mit dem Update, welches Sie auf der Webseite Website Microsoft (http://support.microsoft.com/kb/893357) finden. Nach dem Update sollte die WLAN-Verbindung zustande kommen. Auch bei Problemen mit WPA-PSK und WPS kann das Update Abhilfe schaffen.

8.6 WLAN-Sicherheit verbessern *

Spezielle Einstellungen bei der WLAN-Hardware sorgen für ein deutliches Sicherheits-Plus.

Es gibt einige Maßnahmen zur Verbesserung der Sicherheit Ihres WLAN. Dazu gehören einige Einstellungen am WLAN-Router bzw. *Access-Point* (je nach Modell):

- Aktivierung der Verschlüsselung mit einer sicheren Verschlüsselungsmethode, d. h. mindestens WPA,
- Vergabe eines sicheren Netzwerkschlüssels durch Änderung des werksseitig voreingestellten, meist den Gerätetyp verratenden SSID-Namens,
- Ersetzen der werksseitig voreingestellten Router- bzw. Access-Point-Passwörter,
- Deaktivierung der Fernkonfiguration des Routers, insbesondere bei privaten Haushalten (Abb. 8.6-1).

Abb. 8.6-1: Fernkonfiguration ausschalten.

Sicher ist sicher. Der *Access-Point* zeigt Ihnen eine Liste aller verbundener Clients (Abb. 8.6-2) – falls Sie den Verdacht haben, dass ungebetene Gäste in Ihrem Netz Verbindungen nutzen oder abhören.

Abb. 8.6-2: Verbundene Clients.

8.7 Box: Checkliste – WLAN einrichten *

Sie möchten einen oder mehrere WLAN-Computer mit einem Kabelnetzwerk verbinden? Kein Problem.

Folgende Hardware benötigen Sie:

- *Access-Point*,
- Clients mit WLAN-Schnittstelle,
- *Router* mit Ethernet-Clients,
- Netzwerkkabel

Gehen Sie wie folgt vor:

1 *Access-Point* per Netzwerkkabel mit *Router* verbinden
2 Computer mit *Access-Point* per Kabel verbinden
3 *Access-Point* per Browser laut Handbuch konfigurieren:
IP-Adresse
SSID
IP-Filter
Verschlüsselung
Zugriffsdaten
ACL
Sicherheit
DHCP
4 WLAN-Clients einrichten:
TCP/IP
DHCP
Gateway
Verschlüsselungsangaben
Freigaben

5   Mit den Clients das Netz suchen, verbinden, Verschlüsselungsdaten eingeben
6   Verbindungstests

Zum Schluss dokumentieren Sie die Netzwerkeinstellungen und die Konfiguration der einzelnen Geräte.

8.8 Infrastruktur-Netzwerk ohne *Access-Point* ***

Mit Windows 7 können Sie ein Infrastruktur-WLAN ohne *Access-Point* einrichten. Das Werkzeug Connectify macht einen Windows-Computer zum WLAN-Router.

Alle Windows 7 – abgesehen von der Starter-Edition – enthalten ein Modul namens Virtual WiFi. Damit lässt sich ein Computer, der eine WLAN-Karte besitzt, zu einem (virtuellen) *Access-Point* bzw. WLAN-Hotspot umfunktionieren (Abb. 8.8-1). Über diesen Zugang können dann andere Computer und Handys (soweit sie WPA2 unterstützen) mit WLAN-Funktion auf das Internet zugreifen. Mit Virtual WiFi lässt sich auch ein WLAN-Repeater einrichten, der die Reichweite des Funknetzwerkes vergrößert.

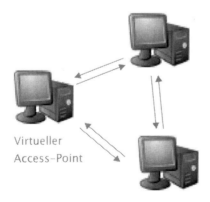

Abb. 8.8-1: Infrastruktur-WLAN ohne Access-Point.

Microsoft hat es allerdings nicht mehr geschafft, eine grafische Bedienoberfläche für das Werkzeug mitzuliefern. Das Programm Connectify (kostenlos, siehe Website Connectify.me (http://www.connectify.me)) bietet eine grafische Bedienoberfläche, mit der sich Virtual WiFi konfigurieren lässt, und wandelt Ihren Computer in eine Basisstation für WLAN um.

1   Starten Sie das *Setup* und folgen Sie den Anweisungen des Installations-Assistenten.
2   Klicken Sie nach der Installation im System-Tray auf das Connectify-Symbol.

3 Tragen Sie in das Feld WiFi Name einen Namen für das Funknetz ein und darunter in das Feld Passphrase ein Kennwort mit mindestens acht Stellen.
4 Wählen Sie bei Internet die Netzwerkschnittstelle aus, die eine Verbindung zum Internet hat, etwa LAN-Verbindung.
5 Wählen Sie bei Mode die Option Access Point, WPA2-PSK. Klicken Sie auf Start Hotspot. Daraufhin wird im oberen Bereich des Fensters der Status in On geändert.
6 Andere WLAN-Geräte sollten das Funknetzwerk nun entdecken und eine Verbindung aufbauen können.

Mit Windows alleine können Sie Virtual WiFi nur per Kommandozeile konfigurieren. Beispielsweise richten Sie als Administrator eine Verbindung durch Eingabe von netsh wlan set hostednetwork mode=allow ssid=wnetz key=pw in der Windows-Eingabeaufforderung ein; hier müssen Sie wnetz durch den Namen bzw. die SSID Ihres WLAN und pw durch Ihr WLAN-Passwort (8 bis 63 Zeichen) ersetzen. So richten Sie eine zweite WLAN-Verbindung ein, welche unabhängig von Ihrem physikalischen WLAN-Adapter verwendet werden kann.

Schließlich müssen Sie noch die Verbindung zum Internet freigeben. Klicken Sie dazu in der Systemsteuerung auf Netzwerkstatus und -aufgaben anzeigen und wählen Sie Adaptereinstellungen ändern. Im Kontextmenü des Netzwerkadapters, welcher mit dem Internet verbunden ist, wählen Sie nun Eigenschaften und aktivieren auf dem Register Freigabe die Option Anderen Benutzern gestatten, diese Verbindung des Computers als Internetverbindung zu verwenden. Wählen Sie abschließend bei Heimnetzwerkverbindung den Eintrag Drahtlosnetzwerkverbindung 2 aus und bestätigen Sie mit OK.

Nun lässt sich der Internetzugang auch von anderen Mobilgeräten nutzen. Suchen Sie mit dem jeweiligen Mobilgerät nun nach WLANs in der näheren Umgebung und wählen Sie aus der Liste Ihren Netzwerknamen aus. Nach der Eingabe des WLAN-Schlüssels (des vorher vergebenen Passwortes) ist das Gerät über Virtual Wifi mit dem Internet verbunden.

Allgemeine Informationen zu Ihrem virtuellen Adapter erhalten Sie mit dem Kommandozeilen-Befehl netsh wlan show hostednetwork, den verwendeten Netzwerkschlüssel können Sie sich per netsh wlan show hostednetwork security anzeigen lassen. Um den WLAN-Sicherheitsschlüssel zu ändern, geben Sie in der Eingabeaufforderung netsh wlan set hostednetwork key=pw (pw ist das neue Passwort mit mindestens 8 und höchstens 63 Zeichen) ein.

8.9 Platzieren des *Access-Points* *

Optimale Qualität und Reichweite Ihres WLAN-Signals erreichen Sie, indem Sie für eine Sichtverbindung zwischen Sender und Empfänger sorgen und die Antennen gezielt ausrichten.

Die Einrichtung der Clients und auch des *Access-Points* im WLAN gewährleistet noch keine optimale Verbindung zwischen den einzelnen Geräten. Datendurchsatz und Reichweite von WLAN-Komponenten hängen nämlich nicht nur von den technischen Voraussetzungen der Geräte ab, sondern auch von den örtlichen Gegebenheiten. Deshalb müssen die WLAN-Komponenten – soweit möglich – optimal aufgestellt werden, um Signalstörungen und damit geringe Durchsatzraten zu vermeiden. Was ist dabei genau zu beachten?

1. Störsender vermeiden:
   Betreiben Sie WLAN-Komponenten nicht neben Störsendern wie Bluetooth-Geräten, kabellosen Tastaturen, Mikrowellen oder Videoüberwachungssystemen.
2. Zentral aufstellen:
   Platzieren Sie den *Access-Point* möglichst zentral in dem Bereich, den er abdecken soll. Außerdem sollte er höher stehen, damit sich die Funkwellen ungestörter ausbreiten können.
3. Signaldämpfung vermindern:
   Zwischen *Access-Point* und Client sollten sich möglichst wenig Hindernisse befinden; Mauern, Fenster oder Personen könnten die Signale dämpfen und so die Stärke und Qualität verringern. Ideal ist eine Funkstrecke mit Sichtverbindung zwischen *Access-Point* und Client. So erzielen Sie auch über weite Strecken gute Datenraten.
4. Position verändern:
   Drehen Sie *Access-Point* oder Client (das Gerät mit der WLAN-Karte/dem WLAN-Dongle) ein wenig – schon eine geringe Änderung kann die Datenrate beeinflussen. Mit Monitoring-Werkzeugen, die die meisten Hersteller ihren WLAN-Geräten auf einer CD beilegen oder zum Download anbieten, prüfen Sie jederzeit die Signal- und Verbindungsqualität.
5. Stärke des Sendesignals bei externen Antennen:
   Verwenden Sie am *Access-Point* möglichst starke Antennen, oder rüsten Sie die WLAN-Karte bzw. den WLAN-Dongle mit einer externen Antenne auf, wenn die jeweilige Hardware über einen entsprechenden Anschluss verfügt. Mit etwas Geschick können Sie sich eine Antenne auch selbst herstellen, etwa aus einer Blechdose, siehe auch Website Heise.de (http://www.heise.de/netze/artikel/87157/0).

Die Punkte 1–5 (Abb. 8.9-1) zielen alle auf möglichst hohe Signalqualität ab und natürlich auf möglichst schnelle Datenübertragung. Die Betonung liegt allerdings immer auf »möglichst«. Denn maximale Mobilität und beliebige Positionierung der WLAN-Geräte führen in der Regel genau zum Gegenteil: Signalqualität und Reichweite gehen zurück, es liegt also ein Zielkonflikt vor.

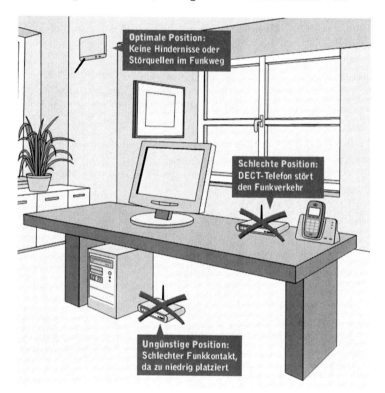

Abb. 8.9-1: Positionieren des Access-Point.

Das WLAN soll

- Ersatz und/oder Ergänzung für ein Kabelnetzwerk sein,
- Entfernungen und physikalische Hindernisse überbrücken und
- Kabelverlegung ersparen.

Welchen Nutzen bringt die WLAN-Technik, wenn der *Access-Point* unmittelbar neben dem Computer aufgestellt ist?

Die Lösung liegt wie immer in der Mitte: Es gilt, entsprechend den örtlichen Gegebenheiten und persönlichen Präferenzen ein Gleichgewicht zwischen den Zielen viel Mobilität/Komfort und hohe Übertragungsleistung/-qualität herzustellen.

8.10 Box: Fehlersuche **

Manchmal geht selbst bei den heute sehr benutzerfreundlichen Geräten und Programmen etwas schief – das System streikt und die Verbindung kommt nicht zustande.
Was ist also zu tun, falls das WLAN streikt (Abb. 8.10-1)?

Abb. 8.10-1: Windows findet kein WLAN.

Es ist zwar das Ethernet-LAN funktionsfähig, jedoch ist keine Verbindung zum WLAN-DSL-Modem möglich (Abb. 8.10-2).

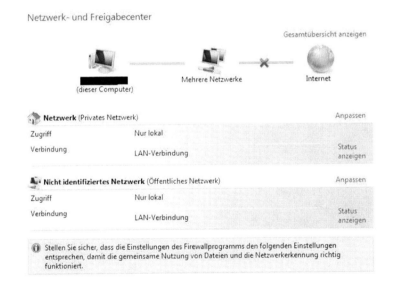

Abb. 8.10-2: Kein Zugriff auf das Internet über WLAN.

Folgende Ideen könnten Ihnen weiter helfen:

1. Ist eventuell die Stromversorgung Ihres *Access-Point* unterbrochen?
2. Öffnen Sie den Gerätemanager. Sollten Sie hier ein rotes Kreuz auf der WLAN-Verbindung sehen, so ist diese deaktiviert. Zum Aktivieren klicken Sie mit der rechten Maustaste auf den WLAN-Adapter. Wählen Sie dann den Befehl Aktivieren aus dem Kontextmenü.

3 Wird der WLAN-Adapter unter den Netzwerkkarten angezeigt? Falls das nicht so ist, müssen Sie die Software oder den Treiber des Herstellers installieren.
4 Sind die Verschlüsselungsdaten fehlerhaft eingegeben? Zahlreiche WLAN-Router sind heute per WPA-PSK abgesichert. Um das Netzwerk zu verschlüsseln, müssen Sie am *Router* und auch an den angeschlossenen Computern einen identischen Verschlüsselungs-Key eingeben.
5 Haben Sie alle Geräte auf denselben Funkkanal eingestellt?
6 Ist die WLAN-Antenne abgeschaltet? An zahlreichen Mobilcomputern befindet sich außen ein versteckter Schalter, mit dem Sie die Funktionalität der integrierten WLAN-Karte abschalten können. Das soll die Sicherheit erhöhen, da bei abgeschalteter Antenne niemand in der Lage ist, sich unbemerkt mit Ihrem Drahtlos-Netzwerk zu verbinden.
7 Haben Sie Ihren *Wireless-Router* optimal positioniert?
8 Befinden sich Geräte verschiedener Standards im WLAN? Konfigurieren Sie diese sämtlich für dieselbe Norm.
9 Ihr Computer besitzt eine für Notebooks konstruierte Antenne, welche in das Computergehäuse eingebaut oder an das Gehäuse geklebt ist. Versuchen Sie, diese anders zu verlegen, damit der Empfang besser wird.
10 Verwenden Sie veraltete Treiber oder Firmware?
11 Sind SSID oder MAC-Filter falsch eingestellt?
12 Wird der Funkkanal des WLAN-Routers von anderen Signalen überlagert?
13 Ist Ihr Betriebssystem veraltet? Verwenden Sie mindestens Windows XP mit dem aktuellsten *Service Pack*.
14 Liegt ein Geräte-Konflikt vor?
15 Sind Ihre Netzwerkeinstellungen fehlerhaft?
16 Ist die Schnittstelle (PCI, USB,...) defekt oder per Bios deaktiviert?
17 Sind wichtige *Ports* beim *Router* gesperrt?

Für die Diagnose und Fehlersuche gibt es viele Werkzeuge. Kostenlose Programme für WLANs finden Sie z. B. unter

- Website Winload.de (http://www.winload.de/s/wlan-tools)
- Website Softwareload.de (http://www.softwareload.de/c/15/60/86/22/15608622)
- Website Chip.de (http://www.chip.de/artikel/Die-besten-Freeware-Tools-fuers-Notebook-3_12884755.html)
- Website Freeware.de (http://www.freeware.de/download/wlan-info_41007.html)

Unter anderem können Sie mit diesen Programmen in Ihrem WLAN die Signalqualität und den Datendurchsatz messen.

8.11 Box: Zusammenfassung *

WLAN ist ein lokales Netzwerk, das auf Funkbasis arbeitet. Hier werden die Endgeräte des Netzwerkes mit Funkzubehör ausgerüstet und die Datenübertragung läuft kabellos.

Eine Basisstation *(Access-Point)* ist die Zentrale im Infrastruktur-WLAN. Sie koordiniert die anderen Knoten bzw. Clients des Netzwerks. Die Clients kennen den festgelegten Netzwerksnamen und die Verschlüsselungscodes und haben somit Zugriff auf die Basisstation. — Basisstation

Der gebräuchlichste Betriebsmodus bei WLANs ist der Infrastruktur-Modus, wobei ein *Access-Point* mehrere Clients mit WLAN versorgt. Beim Adhoc-Modus dagegen kommunizieren mehrere WLAN-Clients direkt miteinander, d. h. man benötigt keinen *Access-Point*. Die dadurch fehlende Reichweite stellt allerdings ein großes Manko dar: Zwei Clients im Adhoc-Modus können nur miteinander kommunizieren, wenn sie in direktem Funkkontakt zueinander stehen. — Modi

Damit eine Kommunikation zwischen physikalisch getrennten Clients möglich ist, bildet man Mesh-Netzwerke. Diese ist basieren darauf, dass jeder Client die Datenpakete eines anderen weiterleitet (Abb. 8.11-1). — Mesh-Netzwerke

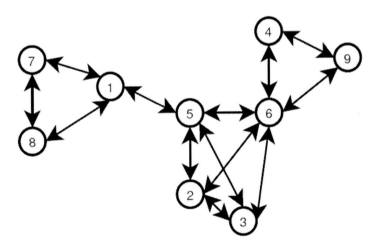

Abb. 8.11-1: Mesh-Netz.

Die Abb. 8.11-1 zeigt ein Mesh-Netzwerk mit neun Clients; Client 1 und Client 9 sind beide außerhalb der gegenseitigen Funkreichweite, aber trotzdem können sie miteinander kommunizieren. Die *Frames* von Client 1 werden von den Clients 5 und 6 weitergeroutet.

Durch dieses verteilte System können immer größere Mesh-Netzwerke *(Mesh-Clouds)* entstehen. Jeder neue Computer stellt einen neuen Client und vergrößert damit die Reichweite. Das Setzen der dynamischen Routen übernimmt eine spezielle Software; siehe dazu Website Zebra.org (http://www.Zebra.org).

Sicherheit

Sicherheit spielt im WLAN eine große Rolle, da sonst eine Vielzahl an möglichen Angriffen und Bedrohungen befürchtet werden muss. Mögliche Auswirkungen wären nicht nur für Privatanwender, sondern vor allem auch für Firmen verheerend. Leider bietet WEP so gut wie keine Sicherheit und offenbart viel zu viele Schwächen.

Lediglich vor zufälligen Zugriffen oder Benutzern, die freie *Access-Points* suchen, bietet WEP einen kleinen Schutz. Ernsthafte Angreifer knacken WEP innerhalb weniger Minuten.

Wer die Möglichkeit hat, WPA oder noch besser WPA2 zu benutzen, der sollte das auch unbedingt tun. Möglich wäre auch z. B. eine Kombination mit der VPN-Technik.

WPA und WPA2 dagegen beseitigen die von WEP bekannten Schwächen und gelten bis heute mit gut gewählten Schlüsseln als sehr sicher. Besonders auf WPA2 existieren noch keinerlei Angriffsmöglichkeiten. Auf WPA sind schon Angriffe bekannt.

U. a. sind folgende Maßnahmen zur Verbesserung der WLAN-Sicherheit sinnvoll:

1 Sichere SSID vergeben.
2 Sicheres Administrator-Passwort für den *Access-Point* vergeben.
3 SSID-Broadcast abstellen.
4 Statt WEP (technisch veraltet und nicht mehr zeitgemäß) WPA-PSK oder WPA2 verwenden.
5 MAC-Adressfilter einsetzen.
6 VPN einsetzen.
7 WLANs von anderen Netzwerk-Segmenten logisch trennen.
8 Firewall zwischen WLAN und LAN installieren.
9 IP-Sicherheiten verwenden.

9 dLAN – Netzwerk über Stromleitung **

Das Stromverteilnetz ist die weltweit größte flächendeckende Kabelinfrastruktur. Milliarden von Haushalten sind an dieses angeschlossen.

Noch vor wenigen Jahren wurde Internet-Powerline – **DSL**-Anschluss über das öffentliche Stromnetz – als die Technik der Zukunft gehandelt. Die Energieversorgungsunternehmen und auch Stadtwerke wollten vor allem den privaten Stromkunden neue Dienste wie beispielsweise »Internet-Powerline« sowie Energie- und Mehrwertdienste auf eigener Infrastruktur anbieten.

Internet-Powerline sah lange Zeit wie die kommende Technik für Breitband-Übertragung aus. Es sollte als DSL-Alternative eingesetzt werden. Für deutsche Haushalte, welche aus technischen Gründen an die DSL-Leitungen der Telekom *nicht* angeschlossen werden konnten, sollte über das Stromnetz ein T-DSL-Anschluss zur Verfügung gestellt werden[1]. Schließlich verfügt hier jeder Haushalt über einen Stromanschluss. *(Internet-Powerline)*

Theoretisch sollte es eine Alternative für die **letzte Meile** werden. In der Praxis konnte sich diese Powerline-Technik aber nie durchsetzen. Die Chancen der Powerline-Technik, sich am Markt zu etablieren, sind in Zeiten von **UMTS** und Kabel-Internet[2] extrem gering.

Die bisherigen Powerline-Anbieter RWE, E.ON, Nortel, Berliner BeWAG und auch Siemens haben schon längere Zeit ihre Powerline-Projekte eingestellt und sind nicht mehr als Internetanbieter aktiv.

Ursachen für diese Entwicklung waren

- hohe Grenzwerte für elektromagnetische Strahlungen,
- Angst vor Elektrosmog in der Bevölkerung und
- die beabsichtigte Sperrung einiger Sonderfrequenzen.

Auch die undurchsichtige Preisgestaltung, die nicht garantierte Datenübertragungsleistung sowie die mangelhafte Flächendeckung dieser Technik haben zu dieser Entwicklung von Internet-Powerline geführt.

---

[1] T-DSL ist keine eigene Technik, sondern lediglich der Produktname für das DSL-Angebot der Deutschen Telekom AG.
[2] Über 20 Jahre nachdem Millionen deutscher Haushalte mit TV-Kabelanschlüssen versorgt wurden, entdeckt man diese Leitungen als Alternative zum Internet über das Telefonkabel – ein Erfolg versprechendes Konzept, da in Deutschland nahezu 20 Millionen Haushalte verkabelt sind. Immer mehr dieser Kabelleitungen werden jetzt mit Auf- und Umrüstungsmaßnahmen rückkanal- und damit internetfähig gemacht. Zunehmend werden auch neue Anschlüsse gelegt. Einige große Anbieter sind Kabel Deutschland, Unitymedia, Kabel BW.

9 dLAN – Netzwerk über Stromleitung **

Die Idee, Stromkabel für die Datenübertragung zu nutzen, ist also nicht neu. Wohl aber neu ist der Anwendungsbereich: Innerhalb der letzten Jahre hat sich diese Übertragungstechnik mehr und mehr für lokale Netzwerke bewährt. Sie wird mittlerweile in vielen LANs als Ersatz oder Ergänzung zu den herrschenden Techniken Ethernet und >WLAN eingesetzt (Abb. 9.0-1).

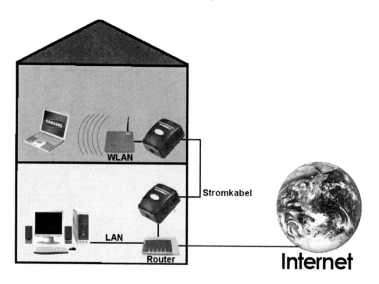

Abb. 9.0-1: Computer-Vernetzung über Stromleitungen (dLAN-Technik).

Auch im Audio-/Video-Bereich findet diese Technik Anwendung. Das häusliche Stromnetz kann ebenfalls für die Übertragung von Multimediadaten genutzt werden (Abb. 9.0-2).

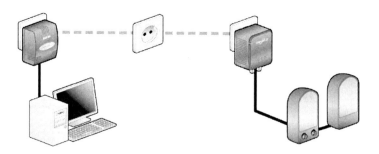

Abb. 9.0-2: Audio-Anwendung im dLAN.

 Sie erfahren nun das Wichtigste bezüglich der Vernetzung lokaler Computer über das häusliche Stromnetz und Sie lernen die Vor- und Nachteile dieser Technik kennen und können sie in die Reihe von Ethernet und WLAN einordnen. Zunächst werden einige Grundbegriffe vermittelt:

- »dLAN-Grundlagen«, S. 343

Anschließend wird die technische Seite behandelt:
- »Der HomePlug-Standard«, S. 349
- »dLAN-Technik«, S. 352

Es folgt eine Vorstellung der Geräte im dLAN:
- »HomePlug-Hardware«, S. 358

Danach erfahren Sie, wie Sie die Geräte anordnen können:
- »Vernetzungsszenarien«, S. 368

Nun werden Sie lokale Computer per dLAN vernetzen, bestehende Netzwerke per dLAN verbinden und Sicherheitseinstellungen im dLAN vornehmen:
- »Praxis: dLAN einrichten«, S. 372

Es folgt das Thema Firmware-Update:
- »Firmware und Verschlüsselung«, S. 377

Darauf erfolgt ein Vergleich von dLAN mit Internet-Powerline:
- »Internet-Powerline«, S. 379

Anschließend erfolgt eine Vorstellung des angehenden dLAN-Standards:
- »Die neue Norm IEEE P1901«, S. 380

Abschließend werden die Erkenntnisse noch einmal zusammengefasst:
- »Box: Zusammenfassung«, S. 383

9.1 dLAN-Grundlagen **

Ein HomePlug-Netzwerk besitzt in den meisten Fällen eine Busstruktur. AV- und auch Computerdaten werden im dLAN übertragen. Oft nutzen die angeschlossenen Geräte einen gemeinsamen Internetzugang. Das Sicherheitsproblem wird je nach Hersteller durch AES oder DESpro hinreichend gelöst.

Lange Jahre waren Computernetzwerke kabelbasiert. Zahllose Kabelschächte mussten eingerichtet, Wände und Decken mussten durchbohrt werden, um Verbindungskabel zwischen Computern untereinander oder Internetanschluss und Computer zu verlegen.

Durch WLAN ist das alles einfacher geworden. In zahlreichen privaten und auch gewerblichen Computernetzwerken sind Funkverbindungen zu finden. Jeder kennt WLAN als eine flexible Lösung zur Vernetzung von Computern zuhause und im Büro. Mit der Einführung des Standards 802.11n ist WLAN nun auch hinreichend schnell.

Allerdings hat ein Funknetzwerk seine Grenzen: Dicke Wände, Betondecken und auch Störstrahlungen können die Funkwellen so sehr abschwächen, dass eine brauchbare Verbindung zwischen Sender und Empfänger nicht zustande kommt, da Reichweite und/oder Signalstärke nicht den Anforderungen der Netzwerkbetreiber entsprechen.

Störstrahlen im Funknetzwerk

Störstrahlen sind wellentechnischer bzw. physikalischer Natur. Es handelt sich dabei entweder um Wellen anderer Geräte, die auf dem gleichen Frequenzbereich senden, oder um spezielle Effekte bei der Signalausbreitung (Abb. 9.1-1), wie Beugung, Reflexion, Streuung oder Abschattung, welche die Entstehung zusätzlicher Strahlung bzw. Wellen zur Folge haben können, welche zur Beeinflussung der ursprünglich gesendeten Signale führen.

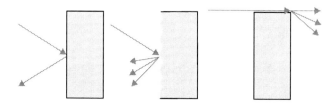

Abb. 9.1-1: Reflexion und Beugung von Wellen.

In Fällen, in denen Kabellösungen und auch Funktechnik nicht geeignet/erwünscht sind, bietet sich als Alternative die Vernetzung über das häusliche Stromnetz an (Abb. 9.1-2).

Die Abb. 9.1-2 zeigt zwei Computer, die im Haus per Stromleitung vernetzt sind. Das hier dargestellte Netzwerk können Sie hardwaretechnisch mit je zwei Computern mit Netzwerkkarte nach IEEE 802.3-Standard, Netzwerkkabeln mit RJ45-Steckern, HomePlug-Adaptern realisieren.

Auch eine Konstellation wie in der Abb. 9.1-3 ist denkbar.

Frage Welche Netzwerktopologie liegt hier vor?

Antwort Das in der Abb. 9.1-3 dargestellte Vernetzungsszenario stellt eine Bustopologie dar, da alle Computer an einem einzigen Strang angeschlossen sind.

Vernetzt sind hier 3 Computer über die häuslichen Stromleitungen. Sie sind alle an das Internet angeschlossen. Die Realisierung ist mit 3 Computern mit je einem Netzwerkadapter nach IEEE 802.3-Standard, 1 DSL-Modem und 1 Router (alternativ 1 DSL-Router), 5 bzw. 4 Netzwerkkabeln mit RJ45-Steckern und 4 HomePlug-Adaptern möglich.

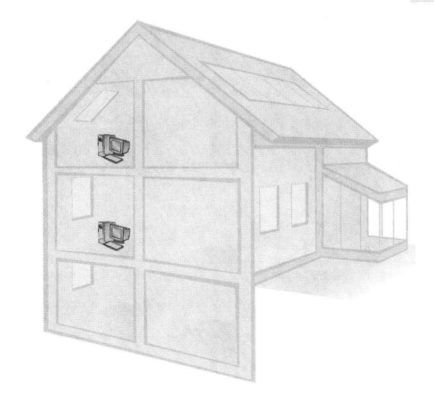

Abb. 9.1-2: Das vernetzte Haus, Quelle: www.devolo.de.

Hier wird das Signal vom DSL-Anschluss im Keller – der Anschluss kann sich auch an jeder anderen Stelle im Haus befinden – über das Stromnetz im ganzen Haus verteilt – kaum ein einzelnes Wireless-Gerät (Access-Point/WLAN-Router) wäre in der Lage, ein ausreichend starkes Signal an alle Clients im Haus zu senden.

Ein Nebeneffekt dieser Lösung ist, dass alle Computer vernetzt sind und per Fernzugriff bzw. *Remote* auf freigegebene Ordner, Drucker etc. zugreifen können.

Die Abb. 9.1-4 zeigt die schematische Darstellung eines Home-Plug-Netzwerkes.

Die zugrunde liegende dLAN-Technik *(direct local area network)*, auch *Powerline*[3], HomePlug-Technik oder PowerLAN genannt, wird immer populärer. Mehr und mehr Hersteller bieten dLAN-Geräte an.

---

[3] Hier besteht Verwechslungsgefahr mit dem heute veralteten Verfahren *Internet Powerline*. Da dieses jedoch heute keine Bedeutung mehr besitzt, wird hier der Powerline-Begriff gleichbedeutend mit dLAN verwendet.

Abb. 9.1-3: Internet für alle, Quelle: www.devolo.de.

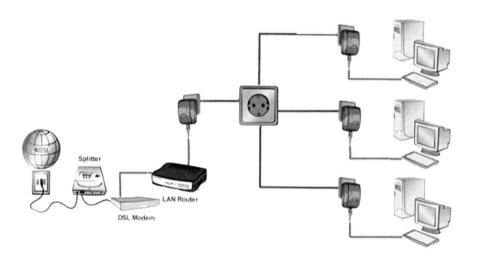

Abb. 9.1-4: Internetzugang über Stromleitung, Quelle: www.devolo.de.

9.1 dLAN-Grundlagen **

Suchen Sie im Web nach den neuesten dLAN-Adaptern und ermitteln Sie, welche Schnittstellen zu anderen Kommunikationsgeräten diese besitzen.	Frage
Wie schon bei WLAN-Geräten sind auch auf diesem Sektor kurze Entwicklungszyklen zu verzeichnen; die neu angebotenen Geräte sind im Gegensatz zu ihren Vorgängern bzw. Vorversionen erheblich verbessert und weiter entwickelt in Bezug auf	Antwort

- Kompaktheit und Bauform,
- Datendurchsatz,
- Reichweite,
- Kompatibilität,
- Konfigurierbarkeit,
- Störanfälligkeit,
- Verschlüsselung,
- Plug & Play/automatische Installation,
- Schnittstellen (USB-Anschluss, RJ45-Buchse für Ethernet, WLAN-Antenne etc.).

Powerline- bzw. dLAN-Adapter verbinden digitale Datennetze und Audio-/Videoquellen mit dem häuslichen Stromnetz. Der Anschluss erfolgt in der Regel per Euro-Stecker (siehe Marginalspalte).

Welcher spezielle Vorteil ist mit der USB-dLAN-Vernetzung verbunden?	Frage
Die gängigsten Schnittstellen zum Datennetz sind Ethernet, WLAN, USB und AV. Selbst Computer ohne eingebaute Netzwerkkarte können an ein Stromnetz angeschlossen werden. Sie nehmen per USB-Schnittstelle die Verbindung zu einem Adapter auf. Solch eine Schnittstelle besitzt heute jeder Computer, auch Apple- und Linux-Computer, sodass sich diese ebenfalls per USB-Kabel an ein HomePlug-Netzwerk anschließen lassen.	Antwort
Praktisch ist der mögliche Anschluss einer Musikanlage. Sie kann entweder Musik ins Netz abgeben oder von einem PC empfangen und abspielen. Mit speziellen Adaptern ist zudem das Übertragen von Videodaten möglich.	dLAN als AV-Netzwerk
Trotzdem die Stromkabel in Wände eingemauert sind, treten Störungen im dLAN auf. Wie kommen diese zustande?	Frage
Die Stärke des Datensignals im dLAN hängt entscheidend von der Leitungsqualität und auch von den Signalstörungen ab. Speziell, wenn die einzelnen Kabeladern nicht ausreichend gegeneinander isoliert sind, mehrere Kabel streckenweise nebeneinander verlegt sind oder die Abschirmung nicht groß genug ist, können sich die einzelnen Ströme gegenseitig stören oder auslöschen.	Antwort

9 dLAN – Netzwerk über Stromleitung **

Reichweite — Je nach Dämpfungsfaktor der Elektroinstallation lassen sich bei HomePlug AV-Hardware entsprechend den Herstellerangaben höchstens Entfernungen von etwa 300 m überbrücken. Die höchsten Übertragungsgeschwindigkeiten misst man zwischen Steckdosen, welche sich in unmittelbarer Nähe befinden. Bei etwa 10 Meter Entfernung halbiert sich allerdings oft schon die Bandbreite.

Stromzähler sind jedoch in der Regel *unüberwindbare* Hürden für PowerLANs. Störungen können außerdem durch Neonröhren, Energiesparlampen oder durch eine veraltete Stromkabelinstallation mit zu dünnen Adern auftreten.

Durch automatische Frequenzwechsel vermindert die HomePlug-Technik Einflüsse auf die Datenübertragung durch an demselben Stromnetz angeschlossene Haushaltsgeräte wie Waschmaschinen oder Kühlschränke. Im Unterschied zu drahtlosen Funknetzen wirkt bei HomePlug der Stromzähler im Haus als Sperre gegen unerwünschten Zugriff von außen, da das Signal durch ein solches Gerät stark gedämpft wird.

Verschlüsselung — Zusätzliche Sicherheit gegen Abhören und unautorisierten Zugang zum Netzwerk bietet bei Geräten nach dem heutigen HomePlug AV-Standard eine leistungsfähige **AES**-Verschlüsselung mit 128 Bit Schlüssellänge, siehe auchWebsite TU Cottbus (http://www-rnks.informatik.tu-cottbus.de/content/unrestricted/animations/Sicherheit/AES.swf) und Website Uni Ulm (http://theorie.informatik.uni-ulm.de/Lehre/SS4/krypto-seminar/aes.pdf).

Ältere Geräte gewährleisten keine besonders sichere Übertragung. Sie arbeiten mit der veralteten **DES**-Technik, siehe Website Devolo.de (http://www.devolo.de).

DESpro — Bei Devolo-Geräten – Devolo ist einer der größten Hersteller von HomePlug-Hardware – ist noch häufig die DESpro-Verschlüsselung implementiert. Hier handelt es sich um eine eher mysteriöse proprietäre Technik, und nicht um einen Standard. Allerdings unterstützen HomePlug-AV-Geräte von Devolo neuerdings auch das AES-Verfahren zur Verschlüsselung bei der Datenübertragung.

Wie schon bei der Konfiguration von Ethernet und WLAN sollte man auch im dLAN die werksseitigen Einstellungen und Passwörter sicherheitshalber ändern, da diese allgemein bekannt sind. Daher sollten Sie bei der Ersteinrichtung entweder über eine mitgelieferte Software oder im Browser-Menü des dLAN-Adapters ein neues LAN-Kennwort eingeben, aus welchem die Adapter den Netzwerk-Schlüssel generieren.

Über dLAN-Vernetzung findet man noch relativ wenige Informationen. Die aktuellsten Informationen über das Angebot an dLAN-Hardware und die dLAN-Technik finden Sie auf den Websites der Hersteller:

- Devolo: www.devolo.de
- Corinex: www.corinex.info
- Allnet: www.allnet.de
- Netgear: www.netgear.de

9.2 Der HomePlug-Standard **

An der HomePlug-Allianz sind über 100 Unternehmen beteiligt. Sie legt die dLAN-Standards fest und zertifiziert auch die Geräte. Im dLAN tauschen sowohl Computer und Peripheriegeräte als auch Geräte der Unterhaltungselektronik Daten aus. Durch OFDM werden trotz starker Störungen im Netzwerk hohe Datenraten möglich.

Die dLAN-Technik wird durch die »HomePlug Powerline Alliance« – eine Gruppe von Technik-Unternehmen, die gemeinsam an der Entwicklung des globalen Marktes für interoperable, standardbasierte Powerline-Kommunikationstechniken arbeiten – standardisiert. Alle durch die Allianz veröffentlichten HomePlug-Standards entstehen aus dem globalen Wettbewerb, indem die HomePlug-Allianz Powerline-Produkte und -Techniken verschiedener Unternehmen testet.

HomePlug-Allianz

Nach Labortests und Feldversuchen wählen die Mitglieder der HomePlug-Allianz die beste Basis-Technik. Anschließend beginnt ein unternehmensübergreifender Spezifizierungsprozess, in dem Verbesserungsvorschläge aufgenommen werden, aus welchen letztendlich ein neuer Standard hervor geht.

Die meisten technischen Grundlagen für den HomePlug-AV-Standard stammen von den Unternehmen Arkados, Conexant Systems, Intellon Corporation und Sharp.

Die HomePlug-Allianz nimmt allerdings nicht nur die Standardisierung vor. Sie zertifiziert durch eine Qualitätskennung oder ein Label diejenigen Geräte, welche eine bestimmte Norm erfüllen. Informationen über die aktuellen Projekte und Standards findet man etwa unter

- Website Inventures.com (http://www.inventures.com) und
- Website Homeplug.org (http://www.homeplug.org)

dLAN ermöglicht u. a. die Nutzung der herkömmlichen Stromkabel für

- Computervernetzung,
- Übertragung von Audio-Signalen,
- Internet-Fernsehen,
- Video on Demand oder

■ Internetempfang per Computer.

Geräte der Unterhaltungselektronik wie TV-Geräte, Festplattenrekorder, aktive Lautsprecherboxen, **SetTopBoxen** oder Hifi-Anlagen lassen sich ebenso in das Netzwerk einbinden wie Home-Server oder Arbeitsplatzcomputer. Das hausinterne Stromnetz wird so zum *Backbone* bzw. zum Gerüst für alle Applikationen im Haus und ermöglicht die Vernetzung von Unterhaltungsgeräten und Kommunikationsgeräten in der gesamten Wohnung. Über das Stromnetz können zusätzlich zum Hausstrom gleichzeitig Text, Bilder und Sprache übertragen werden.

Durch Übertragungsraten in Höhe von 100 MBit/s oder mehr wird aus jeder Steckdose ein leistungsfähiger Kommunikationsanschluss. Insbesondere die klassische asynchrone Vernetzung von Computern und Druckern über TCP/IP ist so möglich.

Die HomePlug-Frequenzen liegen im Bereich von 4 MHz bis 21 MHz, somit werden die Rundfunkbänder, welche in den Bereichen 520 kHz bis 1605 kHz (Mittelwelle), 150 kHz bis 285 kHz (Langwelle), 87,20 MHz bis 108,00 MHz (UKW) liegen, nicht gestört.

OFDM

In die HomePlug-Lösung integriert ist ein intelligentes Bandbreitenmanagement, welches den Benutzern je nach Bedarf Datenübertragungsvolumen zur Verfügung stellt. Durch OFDM *(Orthogonal Frequency Division Multiplexing)*, eine für das Übertragungsverhalten des Stromnetzes optimierte Übertragungstechnik, werden hohe Datenraten sogar bei starken Störungen auf dem Energienetz möglich.

Im Stromnetz ist viel los. Zahlreiche Geräte werden mit Energie versorgt und nehmen je nach technischer Beschaffenheit auch Einfluss auf die Qualität des Stromsignals. So lässt sich vermuten, dass bei vielen Verbrauchern der Strom »unreiner« wird und die Datenübertragung im dLAN dadurch Probleme bekommen könnte.

Theoretisch ist das so, jedoch haben die Hersteller von HomePlug-Adaptern ihre Geräte durch das Mehrträgerverfahren OFDM dagegen abgesichert. Durch *Orthogonal Frequency Division Multiplexing* werden die Informationsströme in viele Teilkanäle aufgeteilt und die Übertragung der Signale findet im von wenigen anderen Geräten genutzten Frequenzspektrum zwischen 4 und 21 Megahertz statt. Auf diese Weise gehen die Daten eventuellen Störungen beim Netzwerkbetrieb aufgrund von anderen Elektrogeräten manipulierter Stromsignale effektiv aus dem Weg.

9.2 Der HomePlug-Standard **

Heimnetzwerke via Stromleitung finden immer mehr Verbreitung. Diese Entwicklung wird sich durch höhere Bandbreiten in den kommenden Jahren noch verstärken.

Es gibt dLAN-Adapter, die einen maximalen Datendurchsatz (das sind die Herstellerangaben, die in der Praxis bei Weitem nicht erreicht werden) von z. B. 80 MBit/Sekunde, 200 MBit/Sekunde oder 500 MBit/Sekunde zulassen – Tendenz steigend. Der Datendurchsatz derartiger Geräte stellt das Datenvolumen dar, das über den *Backbone* (Stromleitung) zwischen zwei Steckdosen je Sekunde übertragen wird. Für neueste Geräte wird nominell bzw. brutto schon die 1 Gigabit-Marke angepeilt.

Wie heißen die bisherigen HomePlug-Standards und welche Übertragungsraten waren bei diesen vorgesehen? — Frage

Die erste Norm für Powerline bzw. dLAN hieß HomePlug 1.0 mit einer maximalen Datenübertragungsgeschwindigkeit von 14 MBit/s. brutto. Für Geräte mit 85 MBit/s brutto erfanden die Hersteller den (nicht offiziellen) Standard HomePlug 1.0 Turbo. Der Folgestandard HomePlug AV (auch als HomePlug 2.0 bezeichnet) sieht Datenübertragung mit bis zu 200 MBit/s vor. In der Praxis lassen sich entgegen anderer Versprechen der Hersteller – je nach Leitungsqualität – nur Bandbreiten von 50 MBit/s bis zu etwa 100 MBit/s erreichen. Das ist sicher genug für die Verlängerung des DSL-Anschlusses, jedoch zu wenig Bandbreite für die Übertragung großer Datenmengen, wie sie für multimediale Anwendungen notwendig ist. — Antwort

Das Update der Firmware eines HomePlug-Adapters ist unter anderem sinnvoll, wenn Sie Geräte verschiedener Standards in demselben dLAN verwenden möchten. So funktionieren zwar Geräte nach dem HomePlug 1.0-Standard und HomePlug-AV-Adapter störungsfrei nebeneinander, sofern sie nicht direkt miteinander kommunizieren. Damit sie allerdings reibungslos in einem gemeinsamen dLAN betrieben werden können, müssen die älteren HomePlug-Adapter in der Regel durch ein Firmware-Update zunächst auf den Stand von HomePlug AV gebracht werden. — Firmware-Update

Mit Hilfe eines vom Hersteller zur Verfügung gestellten Programmes lässt sich bei zahlreichen dLAN-Geräten die Firmware-Version des Adapters ermitteln. Auf der Website des Herstellers finden Sie im Regelfall

- eine Anleitung zum Firmware-Update,
- eine Software, mit der Sie das Update durchführen können sowie
- Informationen zur aktuellsten Firmware und deren Funktionalitäten.

9.3 dLAN-Technik **

Wie im Ethernet findet der Zugriff auf das Medium im dLAN per CSMA/CD statt. Der Transport der Datenpakete erfolgt entweder verbindungslos oder es wird ein Übertragungsweg mit der benötigten Bandbreite reserviert. Ein dLAN-Adapter übernimmt die zentrale Koordination im HomePlug-Netzwerk; er vergibt per TDMA Zeitscheiben/Sendeberechtigungen an die einzelnen Stationen. Dieser zentrale Koordinator speichert Informationen über die Stationen seines AVLN und auch eine Liste der entdeckten Netzwerke in einer Topologiekarte.

Um insbesondere den QoS-Anforderungen *(Quality of Service)* der Unterhaltungselektronik (aber auch den Anforderungen an VoIP) gerecht werden zu können, arbeitet die HomePlug-Technik sowohl mit verbindungsorientierten als auch mit verbindungslosen Kommunikationskanälen.

Verbindungsorientierte Kommunikationskanäle stellen – wie etwa bei einem Telefongespräch – logische Punkt-zu-Punkt-Verbindungen dar (Abb. 9.3-1), in denen dem Datenverkehr eine definierte und für die Dauer der Übertragung garantierte Bandbreite zur Verfügung steht. Genauer: Sobald sich eine Anwendung einen solchen Übertragungsweg zwischen Sender und Empfänger reserviert hat, kann für die Dauer der Übertragung keine andere mehr darauf zugreifen. Dadurch reduziert sich die Gefahr einer Datenkollision auf nahezu Null.

Ein Nachteil der verbindungsorientierten Kommunikation ist, dass die Realisierung eine präzise und netzwerkweite Zeitsteuerung aller beteiligten Kommunikationspartner erfordert, die nur durch einen zentralen Kontrollmechanismus realisierbar ist. Vorteil ist, dass alle Datenpakete genau in der Reihenfolge ankommen, in der sie gesendet wurden, und jeweils genau gleich lange unterwegs sind.

Verbindungslose Kommunikationskanäle kennen Sie schon von der Kommunikation über das Internet. Sie sind auch aus dem herkömmlichen Ethernet-LAN und auch dem WLAN wohlbekannt, in welchem Anwendungen über das Netzwerkkabel oder per Funk Datenpakete unter Kollisionsgefahr senden.

Um Datenkollisionen zu erkennen und zu vermeiden bzw. deren Häufigkeit zu vermindern, kommt im dLAN das schon aus dem Ethernet bekannte CSMA/CD *(Carrier Sense Multiple Access with Collision Detection)* zum Einsatz. Sollten zwei Datenpakete kollidieren, was zu deren Zerstörung führt, müssten diese erneut gesendet werden.

9.3 dLAN-Technik **

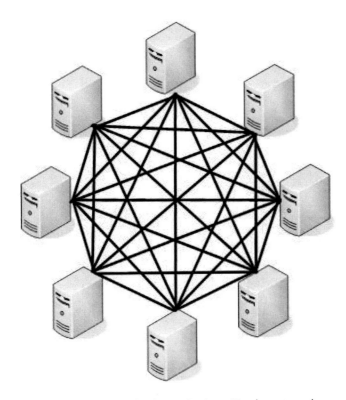

Abb. 9.3-1: Punkt-zu-Punkt Verbindungen in einem Maschennetzwerk.

Damit es nicht erneut zu einer Kollision kommt, lassen die betroffenen HomePlug-Geräte zunächst eine kleine Zeitspanne verstreichen, deren Länge zufällig variiert. Daher kann eine zentrale Zeitsteuerung entfallen, was das System weniger komplex und damit robuster gegen Störungen macht. Allerdings kann sich die Reihenfolge, in der gesandte Pakete tatsächlich beim Empfänger ankommen, ändern, ebenso die Laufzeit durch das Netzwerk.

Um diese beiden eigentlich unvereinbaren Funktionsweisen in einem einzigen Netzwerk realisieren zu können, geht HomePlug-AV den gleichen Weg, den bereits die Telekommunikationsunternehmen im Datenfernverkehr mit **ATM** oder später Apple mit dem Firewire-Bus beschritten haben.

Die zentrale Instanz für die Steuerung dieses Prozesses ist ein netzwerkweiter *Central Coordinator* (CCo). Er sorgt zunächst dafür, dass sämtliche Stationen im Netzwerk zeitgleich arbeiten/synchronisiert sind. Sodann vergibt der CCo Zeitscheiben, teilt also die Gesamtbandbreite – das ist das Bruttotransportvermögen (gemessen in Bit pro Sekunde) des Übertragungskanals –

CCo

in mehrere Bereiche auf und weist sie dynamisch den einzelnen Stationen im Netz zu.

Wo aber sind nun welche Informationen gespeichert? Da Home-Plug AV-Netzwerke grundsätzlich ohne eine übergeordnete Instanz funktionieren sollen[4], muss jede Station in der Lage sein, solche Informationen zu speichern. Also befindet sich in jedem HomePlug-AV-Adapter eine lokale Koordinationseinheit. Wie aber können sich mehrere Stationen darauf verständigen, welche Instanz netzwerkweit die Funktion des CCo ausübt?

HomePlug AV löst diesen Alleinvertretungsanspruch ganz pragmatisch direkt beim Anschluss an das Stromnetz: Sobald eine HomePlug AV-Station am Hausstromnetz angeschlossen und dadurch mit Energie versorgt wird, hört sie das Medium (Stromkabel) auf Steuerinformationen, sogenannte *Beacons* (Leuchtfeuer) anderer HomePlug AV-Stationen, ab.

Erkennt die Station keinerlei derartige Signale bzw. *Beacons*, so wird sie automatisch zum netzwerkweiten CCo und teilt das ihrer Umgebung mit, indem sie beginnt, ihrerseits *Beacons* auszusenden. Wird eine zweite HomePlug AV-Station an das Hausstromnetz angeschlossen, so hört diese, dass bereits *Beacons* in den Stromleitungen unterwegs sind und »unterwirft« sich dem bereits vorhandenen CCo, indem sie Informationen über ihre eigene Beschaffenheit, etwa MAC-Adresse, Netzwerkschlüssel etc. dem CCo in die Liste der entdeckten Stationen (*Discovered Station List*, DSL), eine Art Routing-Tabelle, einträgt.

AVLN Ein CCo steuert also zumindest ein logisches AV-Netzwerk (*Audio Video Logical Network, HomePlug AV In-Home Logical Network*, AVLN). Ein AVLN besteht aus mehreren AV-Stationen, welche alle den gleichen Netzwerkmitgliedsschlüssel (*Network Membership Key*, NMK) verwenden, welcher den Stationen exklusiven Zugang zu einem AVLN verschafft, damit sie ungestört und sicher miteinander kommunizieren können.

Der CCo lernt also nach und nach, wie die Topologie seines AVLN beschaffen ist und wie die Topologie benachbarter AVLNs aussieht. Dazu senden die AV-Stationen in periodischen Abständen ihrerseits *Beacons*. Dabei verwenden sie diejenigen Zeitfenster, welche ihnen der CCo vorgegeben hat. Diese Entdeckungs-Leuchtfeuer *(Discover Beacons)* enthalten Informationen über die AV-Station und über das AVLN, zu dem sie gehört.

Jede Station, die einen *Discover-Beacon* hört, trägt diese Information in ihre eigene Liste der entdeckten Stationen (DSL) ein. Informationen von Stationen aus einem anderen AVLN werden

---

[4]In einem Netzwerk nach HomePlug-Standard gibt es keine dedizierte zentrale Basisstation wie etwa im Infrastruktur-WLAN den *Access-Point*.

zusätzlich in eine zweite Liste, die Liste der entdeckten Netzwerke (*Discovered Network List*, DNL) eingetragen.

Der CCo fragt dann in periodischen Abständen die Stationen ab, lässt sich von ihnen deren DSLs und DNLs übermitteln und stellt sich daraus eine Topologie-Karte zusammen.

Die aus den gesammelten DSL- und DNL-Informationen erstellte Topologie-Karte nutzt der Zentralkoordinator um zu entscheiden, ob es irgendwo im Netz eine Station gibt, die einen besseren CCo abgeben würde, als er selbst einer ist. Als Entscheidungshilfe dient ihm folgende Prioritätsliste:

1 Auswahl durch den Anwender
2 Fähigkeiten des CCo
3 Anzahl der entdeckten AV-Stationen in der *Discovered Station List*

Sind alle Stationen untätig, versetzt der CCo sämtliche Stationen in einen Stromsparmodus, schaltet also das gesamte AVLN in einen Schlaf-Zustand. In dieser Situation bleibt lediglich

- ein minimaler CSMA-Bereich aktiv, damit die Stationen einen Verbindungsaufbau veranlassen können, sowie
- ein minimales Zeitintervall, welches gerade lang genug ist, um die *Beacons* empfangen zu können.

Die Stationen müssen ihre Empfänger nur während dieser sehr kurzen Zeitspannen einschalten, um kurz ihre Aktivität bzw. Funktionsfähigkeit zu bestätigen und so ihre Anmeldung am AVLN beizubehalten. Für die restliche Beacon-Zeitspanne können Sender und Empfänger ausgeschaltet bleiben.

Die hier beschriebene Energiespar-Funktion im dLAN und deren zentrale Steuerung durch den CCo erleichtert es den Herstellern der HomePlug AV-Hardware, ihre Produkte für das **Energy-Star-Programm** zu zertifizieren und wirksame Energiespar-Techniken zu implementieren.

HomePlug-AV ermöglicht verbindungsorientierte Gerätevernetzung, um den Echtzeitanforderungen Bandbreitengarantie, Zeitversatz (**Latenzzeit**) und Laufzeitunterschiede (**Jitter**) anspruchsvoller Audio-/Video- und IP-Anwendungen zu genügen. — QoS im dLAN

Dabei werden Überlastkontrolle und Stauvermeidung durch ein periodisches Zeitscheibenmanagement (*Time Division Multiple Access*, TDMA) realisiert, welches in Phasen der Sendeberechtigung logische Verbindungen ausreichender Dauer zur Erfüllung der jeweiligen QoS-Anforderungen organisiert. — TDMA

Die netzwerkweite Zeitsteuerung wird durch periodische Leuchtfeuer, die *Beacons*, möglich, welche der *Central Coordinator* aussendet. Eine Beacon-Periode erstreckt sich jeweils über zwei volle 50/60-Hz-Wechselstromperioden. Je nach Stromfrequenz wird alle 40 bzw. 33 1/3 Millisekunden ein neues *Beacon* gesendet.

Bei der Datenübertragung über das Stromnetz sind physikalische Begrenzungen, wie sie bei einem Ethernet schon alleine durch die festen Kabellängen gegeben sind, naturgemäß nicht vorhanden. Deshalb muss die (Abhör-)Sicherheit mit anderen, logischen Mitteln sichergestellt werden.

So müssen Maßnahmen zur Zugangskontrolle sicherstellen, dass ausschließlich zugelassene Geräte an der Kommunikation im HomePlug-AV-Netzwerk (AVLN) teilnehmen können. Die Fähigkeit, mehrere Sicherheitsschlüssel zu verwalten, ermöglicht es den Stationen im dLAN, sich mehreren AVLNs anzuschließen.

Was ist darunter zu verstehen?

Beispiel

Hier ein Beispiel (Abb. 9.3-2):

○ AVLN Nummer 1 kann beispielsweise einen LCD-Fernseher mit dem Sat-Receiver verbinden.
○ Das AVLN Nummer 2 stellt die Verbindung zwischen mehreren aktiven Lautsprechern und einer Dolby-Surround-Anlage her.
○ Zum dritten AVLN gehört ein (AV-)Netzwerk-Player und eine IPTV-SetTopBox.
○ Das AVLN Nummer 4 besteht aus einem Notebook, einem Arbeitsplatzrechner sowie einem Media-Server.
○ Die Sprachausgabe der SetTopBox, der beiden Computer, des Media-Servers und auch des Fernsehers erfolgt über die Dolby-Surround-Anlage.
○ Die SetTopBox ist dem Fernseher vorgeschaltet.
○ Die Bildausgabe des Netzwerk-Players erfolgt über den LCD-Fernseher.
○ Der Media-Server dient auch als Datenquelle des LCD-Fernsehers.

Es sind also nahezu beliebige Verbindungen zwischen verschiedenen benachbarten HomePlug AV-Netzwerken und den zugehörigen Geräten möglich. Wie schon bei WLAN, Bluetooth und Ethernet gehen auch hier die Möglichkeiten der Vernetzung weit über die Kommunikation von Computer zu Computer hinaus.

Der gesamte Datentransport und nahezu sämtlicher Steuerungsverkehr in einem AVLN sind durch eine starke Verschlüsselung gemäß 128 Bit-AES abgesichert. Ausgenommen sind lediglich einige wenige Steuerkommandos, die unverschlüsselbar sind. Als Schlüssel dient der *Network Encryption Key*, der erst dann auf individuelle Netzwerksegmente angewendet wird, wenn MPDUs

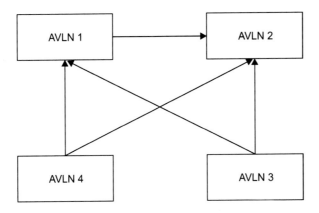

Abb. 9.3-2: Schematische Darstellung der Beziehungen zwischen den AVLNs.

(MAC *Protocol Data Units*) generiert werden[5]. Die Schlüsselzuweisung kann auf unterschiedliche Arten erfolgen:

- Der voreingestellte Schlüssel wird verwendet, der werksseitig in alle Stationen programmiert wurde, um den Benutzern bei der Erstinstallation echtes Plug & Play zu ermöglichen. Hohe Sicherheit ist damit allerdings nicht gegeben, weil dieser Schlüssel bei allen HomePlug-AV-Adaptern eines Herstellers oder zumindest einer Baureihe identisch ist.
- Der Anwender definiert ein Netzwerk-Passwort und gibt es direkt in eine neue Station ein. Ein Hash-Algorithmus[6] generiert daraus den NEK – einen 128 Bit langen AES-Schlüssel.
- Mithilfe der Geräte-Software des Herstellers wird ein zufälliger Schlüssel generiert, welcher die höchste Sicherheit gewährleistet.

HomePlug-AV-Stationen können Mitglied mehrerer logischer Netzwerke in einem physikalischen Netzwerk sein. HomePlug-AV kann darüber hinaus mehrere benachbarte Netzwerke *(Neighbouring Networks)* koordinieren. Sobald der Zentralkoordinator (CCo) ein benachbartes Netzwerk entdeckt, handelt er mit dessen CCo einen Zeitplan für die Übertragung von Daten in dessen Netzwerk aus, so dass es zu keinen Überschneidungen (Interferenzen) kommt.

Homeplug-AV ist eine mächtige Technik, die wie kaum eine andere Netzwerk-Technik in der Lage ist, sowohl Audio- und Video-

---

[5] Eine MPDU ist eine Dateneinheit, welche über das Netzwerk zwischen zwei verbundenen Clients ausgetauscht wird.
[6] Hash-Algorithmen sind darauf optimiert, Kollisionen zu vermeiden. Eine Kollision tritt im vorliegenden Fall auf, wenn in zwei verschiedenen Netzwerken derselbe Hashwert, d.h. derselbe AES-Schlüssel zugeordnet wird. Eine gute Hashfunktion zeichnet sich dadurch aus, dass sie wenige Kollisionen erzeugt.

signale als auch Ethernet-Pakete über die Stromleitungen eines Hauhaltes zu verteilen.

Verglichen mit den Kosten einer strukturierten LAN-Verkabelung, der Kabel für ein Fernsehverteilnetzwerk, für Telefonleitungen, etwaige Verteilergeräte, Stecker und Adapter entstehen in vielen Fällen (je nach räumlicher Entfernung der zu vernetzenden Geräte untereinander und dem damit verbundenen Verlegungsaufwand für die Netzwerkkabel) für Anschaffung und Installation der HomePlug-AV-Geräte nur geringe Aufwendungen/Kosten.

Unschlagbar ist die Flexibilität von HomePlug-AV, wenn es um Veränderungen im Homenetzwerk geht. Denn im Gegensatz zu fest installierten bzw. verlegten Kabeln, welche neu verlegt werden müssten, sind per HomePlug-AV angesteuerte Geräte, seien es Wiedergabegeräte wie IP-Fernseher, Beamer oder Lautsprecher, Abspielgeräte wie Sat-Receiver, CD/DVD-Player, Media-Server oder Computer, ganze Netzwerke wie WLANs oder Ethernet-LANs, grundsätzlich über jede Steckdose im Haus zu erreichen.

9.4 HomePlug-Hardware *

HomePlug-Adapter werden direkt an das Stromnetz angeschlossen. Die Kommunikation mit den Endgeräten erfolgt über AV-Kabel, Netzwerkkabel, Funkstrecken oder über USB-Kabel. Die Adapter besitzen Netzfilter zur Kompensation von Störungen im Stromnetz; zum Teil verfügen sie über mehrere Stromanschlüsse (Verteilerfunktion), zahlreiche Kontrollleuchten und mehrere RJ45-Schnittstellen (Switch-Funktionalität).

Welche Hardware benötigen Sie nun, um Computer über die häuslichen Stromleitungen zu vernetzen? Als Schnittstelle zwischen einzelnen Computern oder auch einem ganzen Computernetzwerk und Stromnetz bieten die einzelnen Hersteller HomePlug-Ethernet-Bridges und auch andere HomePlug-Adapter an. Die Verbindung zwischen Stromnetz und Computer kann je nach HomePlug-Hardware über die USB-Schnittstelle, Ethernet-Kabel oder WLAN erfolgen.

Je nach Hersteller sind die Adapter entweder einzeln oder als Starter-Kit, welches im Regelfall aus zwei Geräten und Anschlusskabeln besteht, erhältlich.

dLAN-Adapter gibt es in vielen unterschiedlichen Bauformen (Abb. 9.4-1).

Ein weiteres Gerät dieser Kategorie zeigt die Abb. 9.4-2.

Diese Geräte besitzen eine RJ45-Schnittstelle für die Vernetzung von Ethernet-Geräten und/oder Ethernet LANs über das häusliche Stromnetz.

9.4 HomePlug-Hardware *

Abb. 9.4-1: Devolo HomePlug-Adapter.

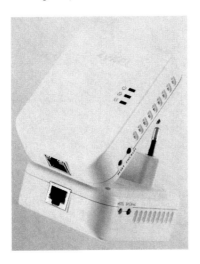

Abb. 9.4-2: dLAN-Adapter von Zyxel.

Die Box in der Abb. 9.4-3 ist ebenfalls ein dLAN-Adapter. Das Gerät muss per separatem Stromkabel mit einer Elektrosteckdose verbunden werden.

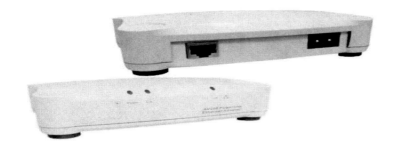

Abb. 9.4-3: HomePlug-Adapter Box CORINEX AV200.

Es gibt auch derartige Geräte mit USB- statt mit Ethernet-Schnittstelle (Abb. 9.4-4).

Abb. 9.4-4: HomePlug-Adapter für die Vernetzung über USB.

Über derartige HomePlug-Adapter werden bidirektional Datenpakete durch bereits vorhandene Stromleitungen gesendet. Softwaretechnische Voraussetzung für den Betrieb eines HomePlug-Adapters ist lediglich, dass das Betriebssystem auf den einzelnen Computern TCP/IP-fähig ist. Somit kommen unter anderem Windows, Mac OS und Linux in Frage.

 Ethernet/dLAN-Vernetzung funktioniert in der Regel betriebssystemunabhängig ohne Treiber. Andere Schnittstellen (etwa USB) benötigen allerdings bei vielen Fabrikaten betriebssystemabhängige Treiber, die der Hersteller nur für bestimmte Windows-Versionen zur Verfügung stellt.

Nach dem Anschluss an das Hausstromnetz und der Verkabelung mit einem Computer sind die Adapter in der Regel sofort für den normalen Netzwerkbetrieb einsatzfähig (Plug & Play). Die Verschlüsselung ist je nach Gerät per Software oder durch einen am Gerät angebrachten Schalter (vergleichbar mit WPS bzw. *WiFi Protected Setup* bei WLAN-Geräten) zu aktivieren.

In vielen Fällen wird die HomePlug-Technik als Ergänzung oder auch als Ersatz für Ethernet-LANs eingesetzt.

Als Schnittstelle zum Computer-Netzwerk besitzen die meisten dLAN-Adapter – ebenso wie die Netzwerkkarte Ihres Computers – einen Ethernet-Anschluss (RJ45-Buchse) und unterstützen den IEEE 802.3-Standard.

Für den Einsatz eines Ethernet/dLAN-Adapters benötigen Sie

- netzwerkfähige Geräte (mit Ethernet-Schnittstelle nach IEEE 802.3-Standard),
- ein Netzwerkkabel je Gerät sowie
- je Gerät einen HomePlug-Adapter.

9.4 HomePlug-Hardware *

Die aktuellen HomePlug-Adapter besitzen einen integrierten Netzfilter für bessere Qualität der Datenübertragung. Ein Netzfilter ist eine elektrische Schaltung, welche

- sowohl elektrische Störungen von elektronischen Geräten in das öffentliche Stromversorgungsnetz begrenzt (Funkentstörung) als auch
- die elektromagnetische Verträglichkeit elektrischer Geräte gegen Störungen aus dem Stromnetz verbessert (Erhöhung der Störfestigkeit).

Netzfilter

Netzfilter sind oft **Tiefpässe** aus Induktivitäten und Kondensatoren. Sie werden in vielen Fällen direkt in empfindliche elektronische bzw. in Störungen verursachende Netzteile, z. B. bei Computern, Fernsehern oder Monitoren integriert. Sie werden zum Teil in spezielle Steckdosen und Steckdosenleisten eingebaut oder sind als eigenständiges Modul erhältlich. Sie finden ebenso in HomePlug-Adaptern Anwendung.

Netzfilter werden sehr häufig mit der Reduktion von Rückkopplungen, Brummen und Rauschen bei HiFi-Anlagen in Verbindung gebracht. Moderne Netzfilter haben allerdings viel weitgreifendere Aufgaben. Gerade die moderne Kommunikations-Technik nutzt hohe Frequenzen

- im kabellosen Netzwerk (WLAN) oder
- für mobiles Telefonieren (DECT).

Dabei entstehen unerwünschte Effekte, die einfach als Elektrosmog bezeichnet wird. Das Kabelnetz in den Wänden und auch geerdete Wasserleitungen wirken wie leistungsstarke Antennen und sorgen für nicht unerhebliche Strahlungsbelastung in der heimischen Umgebung. Netzfilter bieten eine effektive Möglichkeit, die Verbreitung von Elektrosmog über das Stromnetz weitestgehend abzuschwächen.

Netzfilter arbeiten bidirektional, die Signaldämpfung erfolgt in beide Richtungen. Im praktischen Einsatz bedeutet das, dass die Endgeräte durch einen solchen Filter

- vor unnötigen Hochfrequenzen geschützt werden und auch
- gehindert werden, die selbst erzeugten hohen Frequenzen über das Stromnetz zu verbreiten bzw. weiter zu leiten.

Je nach Richtung der Filterwirkung werden sie als aktive Filter (aus dem Stromnetz zum Endgerät, Gleichtaktstörung) oder passive Filter (vom Endgerät ins Netz, Gegentaktstörung) kategorisiert.

Ein praktisches Beispiel für aktive Filter liefert die moderne HomePlug-Technik. Dabei werden verschiedene Trägerfrequenzen von 4,5 bis 27 MHz genutzt. Auf in Deutschland übliche 50 Hz-Wechselspannung hat das keinerlei Auswirkung. Die elektrischen Geräte funktionieren trotz ausmodulierter Hochfrequenz unverändert.

Allerdings wirkt jedes Kabel, über welches hohe Frequenzen übertragen werden, auch als Antenne und erzeugt kontinuierlich Strahlungen – ein Netzfilter stoppt zuverlässig die Ausbreitung derartigen Elektrosmogs und schirmt zusätzlich das Netz nach außen ab. Weitere Informationen zu diesem Thema finden Sie unter Website Brieselang.Net (http://www.brieselang.net/ueberspannungsschutz-netzfilter.php).

Einige dLAN-Adapter verfügen über eine integrierte Steckdose, damit kein Stromanschluss verloren geht (Abb. 9.4-5).

Abb. 9.4-5: Devolo dLAN-Adapter mit einem Stromanschluss.

Die Entwicklung der dLAN-Hardware schreitet derzeit sehr schnell fort. Die Anzahl der Schnittstellen nimmt stetig zu, ebenso die Kompaktheit (Abb. 9.4-6).

Das HomePlug-Gerät in der Abb. 9.4-6 besitzt je vier Netzwerk- und Stromanschlüsse. Zusätzlich zur Funktion einer dLAN/Ethernet-Bridge besitzt der Adapter die Funktionalität

- einer Mehrfachsteckdose sowie
- eines *Switches*.

Abb. 9.4-6: dLAN-Adapter (www.allnet.de).

Wer WLAN und dLAN kombinieren möchte, der kann seinen *Access-Point* oder auch den WLAN-Router per Ethernet-Kabel mit einem HomePlug-Adapter verbinden.

Man erhält jedoch im Handel kombinierte dLAN WLAN-Modems bzw. dLAN WLAN-Extender, in welche die Funktionalität des HomePlug-Adapters bereits eingebaut ist. Zusätzlich besitzen diese Geräte oft auch *Router-* und/oder DSL-Funktionalität. Die Abb. 9.4-7 zeigt ein solches Gerät.

dLAN WLAN-Extender

Abb. 9.4-7: dLAN WLAN-Extender.

Das hier abgebildete Gerät besitzt zusätzlich zur WLAN-Antenne einen Ethernet-Anschluss. Allerdings hinkt die Entwicklung dieser Geräte den aktuellen WLAN-Standards ein wenig hinterher. Nicht selten ist hier die Funkverbindung sehr langsam, da der eingebaute WLAN-Chip nur eine ältere Norm, wie IEEE 802.11b, IEEE 802.11g oder Draft IEEE 802.11n unterstützt. Einige Geräte, beispielsweise der *Extender* in der Abb. 9.4-8, unterstützen allerdings schon den aktuellen WLAN-Standard.

Abb. 9.4-8: dLAN WLAN-Extender (IEEE 802.11n).

Dieses Gerät sieht aus wie ein herkömmlicher *Access-Point* bzw. WLAN-Router. Es erfüllt die WLAN-Spezifikation IEEE 802.11n und unterstützt unter anderem

- MIMO,
- WPA2-Verschlüsselung,
- IEEE 802.3-Ethernet,
- HomePlug AV.

An den einzelnen HomePlug-Geräten sind zahlreiche Kontrollleuchten angebracht, welche je nach Gerätetyp den Zustand des Gerätes allgemein, der HomePlug-Verbindungen, der Ethernet-Verbindungen und der WLAN-Verbindungen signalisieren (Abb. 9.4-9).

Ein dLAN WLAN-Extender ist ein vollwertiger *Access-Point* mit Schnittstelle zum Stromnetz. Sicherheitseinstellungen und -Standards sind die gleichen wie diejenigen einer WLAN-Basisstation. Seine dLAN-Konfiguration erfolgt analog zu der eines einfachen HomePlug-Adapters. Je nach Hersteller und Fabrikat/Modell ist eine spezielle über den Standard/die Werksein-

	Betrieb
Ein	Es herrscht normaler Betrieb.
Aus	Die Stromversorgung ist abgeschaltet.
	HomePlug
Ein	Das Powerline-Netzwerk ist aktiv. Dies bedeutet, dass mindestens ein anderes dem eigenen AVLN zugehöriges HomePlug-Gerät erkannt wurde.
Aus	Das PowerLine-Netzwerk ist nicht verfügbar - es wurden keine anderen HomePlug-Geräte erkannt.
Blinkt	Es findet gerade Datenübertragung oder -empfang über das Powerline-Netzwerk statt.
	Ethernet
Ein	Die Ethernet-Verbindung ist aktiv.
Aus	Es besteht keine Ethernet-Verbindung.
Blinkt	Gerade findet eine Datenübertragung oder ein -empfang über den Ethernet-Anschluss statt.
	WLAN
Ein	Die Funkverbindung ist aktiv: es befinden sich ein oder mehrere WLAN-Geräte in Reichweite, welche erfolgreich (durch SSID und Verschlüsselungsdaten) authentifiziert wurden.
Aus	Derzeit ist kein Client am Funknetzwerk angemeldet.
Blinkt	Soeben findet die Datenübertragung zwischen einem WLAN-Client und einem anderen Gerät im dLAN statt.

Abb. 9.4-9: Kontroll-LEDs der HomePlug-Adapter.

stellungen hinausgehende Einrichtung über eine Web-Schnittstelle per Browser oder eine herstellerspezifische Software vorzunehmen.

Falls das Signal zu schwach ist und Sie die Reichweite erhöhen möchten, stoßen Sie allerdings an die Grenzen der dLAN-Technik. Signalverstärkung durch *Repeater* ist problematisch, da die Stromleitungen dann zu Störquellen werden können.

Auch wenn die Kommunikation im dLAN kein bestimmtes Betriebssystem voraussetzt und es ermöglicht, dass Computer miteinander kommunizieren, auf welchen unterschiedliche Betriebssysteme installiert sind, so müssen Sie bei einigen HomePlug-Geräten mit einer Einschränkung rechnen: Es ist eine vom Hersteller entwickelte und mitgelieferte Software zu installieren, die nur unter Microsoft Windows lauffähig ist.

Für die Konfiguration der Sicherheit im dLAN besitzen viele aktuelle Geräte einen kleinen Druckschalter. Fehlt ein solcher Schalter, so benötigen Sie möglicherweise einmalig einen Windows-Computer für die Vergabe der Passwörter und einige andere Sicherheitseinstellungen im dLAN. Der spätere Netzwerkbetrieb erfolgt dann allein auf Basis von TCP/IP, die einzelnen Client-Systeme sind somit (fast) beliebig.

Trotz der Dominanz von Microsoft Windows als Desktop-Betriebssystem setzen die Hardware-Produzenten nicht ausschließlich auf Windows: Mehr und mehr Hersteller von

HomePlug-Hardware stellen (zumindest auf ihrer Website) zur Einrichtung ihrer Geräte eine Software für die gängigsten Betriebssysteme zur Verfügung.

Wenn Ihnen für die Konfiguration der Netzwerksicherheit kein Windows-Computer zur Verfügung steht, sollten Sie unbedingt dLAN-Adapter einsetzen, die zumindest keine zusätzlichen Konfigurationsprogramme benötigen.

Bei derartigen Geräten/Fabrikaten werden die Sicherheitseinstellungen (ähnlich dem Bios-Konfigurationsprogramm Ihres Computers) über eine Software getätigt, die sich auf dem (ROM-)Chip des dLAN-Gerätes befindet. Als Benutzungsschnittstelle dient dann ein beliebiger Webbrowser.

Der Datendurchsatz der eingesetzten HomePlug-Adapter im dLAN hängt stark von der Elektroinstallation in den heimischen Wänden bzw. in den Büroräumen sowie von der Netzwerk-Technik ab:

- Die Leistung der dLAN-Geräte in Räumen mit längeren Kabelstrecken und mehr elektrischen Geräten im Stromnetz liegt unterhalb der Leistung, die bei einer geringen Anzahl angeschlossener Geräte und/oder weniger Kabellänge zu erreichen wäre.
- In mancher Umgebung lässt sich an allen Steckdosen eine Verbindung aufbauen, in anderer Umgebung möglicherweise nicht.
- In einigen Fällen kommt nicht einmal eine Verbindung zwischen Steckdosen auf derselben Etage zustande.

Um mögliche Störquellen von vornherein auszuschließen, empfehlen die Hersteller, sich an einige Anschlussregeln zu halten.

- Es sollte auf eine räumliche Trennung geachtet werden; ein Computer könnte den HomePlug-Adapter stören.
- Für die Geräte sollten jeweils in verschiedene Steckdosen verwendet werden. Die Steckdosen sollten nicht zur gleichen Steckdosenleiste gehören.
- Auch die Verbindung mittels Steckdosenleisten sollte man vermeiden, da die Übertragung der dLAN-Signale hier eingeschränkt sein kann. Besser ist es, stattdessen freie Wandsteckdosen zu verwenden.

Signaldämpfung Ebenfalls bremsend auf die Datenübertragungen in einem HomePlug-Netzwerk wirken sich **Überspannungsschutz**, USV (unterbrechungsfreie Stromversorgung)[7] und auch **Drehstromzäh-**

---

[7] Alltäglich mögliche Stromausfälle können große Schäden an Computersystemen anrichten, denn nicht zwangsläufig werden bei einem Stromausfall direkt und sofort alle Daten auf eine Computerfestplatte zurück geschrieben. Ist der Stromausfall vorüber und man schaltet seinen Computer wieder an, kann man mit seiner Arbeit von vorne beginnen. Ärgerlicher jedoch ist es, wenn es durch den Stromausfall zu einer Inkonsis-

ler aus: Das Signal ist dahinter häufig zu schwach, als dass es noch auswertbar bzw. eindeutig interpretierbar wäre – das ist gut für den Datenschutz, falls Nachbarn ausgesperrt bleiben sollen. Die Vernetzung zweier Wohnungen (im Regelfall sind diese durch Drehstromzähler »gesichert«) mittels dLAN ist daher kaum möglich.

Trotz Signalschwächung/Dämpfung und der damit verbundenen geringen Reichweite ist ein Abhören nicht auszuschließen. Es kann nämlich passieren, dass das Signal durch elektrische Induktion bzw. »Übersprechen« (Signalübertragung zwischen zwei nebeneinander liegenden Leitungen durch Kopplung) auch in einen Nachbarstromkreis gelangt. Dieser Effekt kann entstehen, falls die Stromleitungen – wenn auch nur streckenweise – nahe nebeneinander und parallel verlegt sind. Eine solche Signalkopplung lässt sich nicht kontrollieren. Daher sollte in jedem Fall die Verschlüsselung für die Datenübertragung genutzt werden, um eventuelles Abhören – egal ob absichtlich oder zufällig – zu erschweren.

<small>Abhörgefahr</small>

Nicht alle dLAN-Adapter sind kompatibel zu ihren Vorgängermodellen oder gar zu Produkten eines anderen Herstellers. Sind allerdings verschiedene Geräte/Fabrikate kompatibel, so reduziert sich bei einer solchen inhomogenen Vernetzung oft die Datenrate erheblich. Einige Geräte zeigen sich beim Betrieb äußerst dominant und sorgen in einem gleichzeitig innerhalb desselben Stromnetzes betriebenen weiteren dLAN für deutliche Geschwindigkeitsverluste. Oft teilen sich parallel im gleichen Stromnetz eingerichtete dLANs die Bandbreite und es gibt ansonsten keinerlei Beeinträchtigung. Wenn allerdings in beiden Netzen gleichzeitig größere Datenmengen übertragen werden, ist aufgrund der hohen Netzwerkbelastung ein weiterer deutlicher Rückgang des Datendurchsatzes zu erwarten.

<small>Kompatibilität</small>

Unterschiede gibt es auch bei der Konfigurationssoftware:

- Einige Geräte besitzen eine eigene IP-Adresse und lassen sich mit einem Browser einstellen, wobei das Betriebssystem (TCP/IP-fähig) keine Rolle spielt.
- Manches Gerät benötigt ein zuvor zu installierendes Setup-Programm für Microsoft Windows.
- Manches Konfigurationsprogramm ist in der Lage, auch fremde Adapter einzurichten/zu verschlüsseln.

<small>tenz der Dateisysteme kommt oder die Hardware Schaden nimmt; in solchen Fällen ist der Computer anschließend gar nicht mehr arbeitsfähig. Der Einsatz einer USV-Anlage reduziert derartige Risiken erheblich. Eine USV-Anlage wird zwischen einem Computer und der entsprechenden Stromversorgungsquelle angeschlossen. Damit die Anlage auch richtig arbeiten kann, muss eine Software installiert werden, die beim Kauf einer USV-Anlage in der Regel beiliegt. Die USV-Anlage besitzt eine Batterie, einen Akkumulator, der sich während der regulären Stromversorgung ständig auflädt und dann Strom abgibt, wenn es zu einem Stromausfall kommen sollte.</small>

Phasenwechsel   Man sollte bei der Auswahl der Adapter unterschiedlicher Hersteller auf jeden Fall darauf achten, dass diese automatisch die Phasen wechseln können, da die Adapter ansonsten Probleme mit der Kommunikation bekommen können. In heutigen Stromnetzen sind nämlich drei Wechselspannungen (Phasen) miteinander verkettet und laufen in bestimmten Abständen durch die Leitungen (Dreiphasenwechselstrom).

HomePlug-Adapter können nur auf einer gemeinsamen Phase kommunizieren und sollten sich automatisch darauf verständigen können. Können die Adapter die Phasen nicht wechseln, dann muss man einen sogenannten **Phasenkoppler** vom Elektroinstallateur einbauen lassen.

9.5 Vernetzungsszenarien **

In vielen HomePlug-Netzwerken ist jede Station mit einem separaten dLAN-Adapter verbunden. Verbindet man etwa einen *Switch* mit einem einzigen dLAN-Adapter, so können mehrere Stationen bzw. Endgeräte durch Anschließen an den *Switch* in das Netzwerk integriert werden, ohne dass für jedes Gerät ein separater HomePlug-Adapter notwendig ist. Das Gleiche gilt für einen dLAN/WLAN-Extender.

Über die häuslichen Stromleitungen lassen sich beliebige Kommunikationsgeräte miteinander vernetzen. Beispielsweise können drei Computer mit Ethernet-Schnittstelle über dLAN verbunden werden. Jeder Computer ist per Netzwerkkabel an einen HomePlug-Adapter angeschlossen, welcher für Verschlüsselung, Kollisionsvermeidung und sichere Authentifizierung verantwortlich ist.

Ein weiterer HomePlug-Adapter integriert einen DSL-Router in das Netzwerk, welcher allen Computern den Internetzugang ermöglicht. Bei der Einrichtung des Netzwerkes muss dieser Adapter zuerst konfiguriert werden.

Da dLAN nur das Netzwerkkabel ersetzt, muss vor dem erstmaligen Herstellen der Netzwerkverbindung an jedem anderen HomePlug-Adapter die Sicherheits-ID desjenigen HomePlug-Adapters, an welchem der DSL-Router angeschlossen ist, eingegeben werden.

Die Adressierung im Netzwerk muss entweder automatisch über die DHCP-Server Funktion des *Routers* erfolgen, oder es ist auf jedem Computer und auch am *Router* eine für die vorhandene Netzwerk-Konfiguration gültige IP-Adresse lokal in den IP-Einstellungen anzugeben anzugeben (Abb. 9.5-1).

9.5 Vernetzungsszenarien **

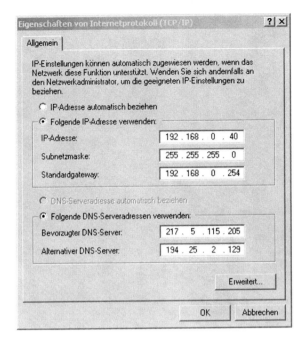

Abb. 9.5-1: IP-Adresse manuell festlegen.

Nach Änderungen der Konfiguration muss im Regelfall der Computer neu gestartet werden. Danach können die einzelnen Computer auf das gesamte Netzwerk und damit auch auf das Internet Zugriff erhalten.

Eine weitere Möglichkeit der dLAN-Vernetzung sehen Sie in der Abb. 9.5-2.

Hier sind zwei Computer per Netzwerkkabel an jeweils einen HomePlug-Adapter angeschlossen, wobei einer der Computer über einen lokalen Drucker verfügt.

Ist der Drucker korrekt installiert, so kann der zweite Computer über das Netzwerk bei entsprechenden Freigabeeinstellungen nach der Einrichtung des Druckertreibers auf diesen zugreifen.

Auch eine Situation wie in der Abb. 9.5-3 ist denkbar.

Hierbei symbolisiert die Steckdose in der Mitte das Stromnetz. Drei Computer bilden ein Ethernet-LAN, welches einen *Switch* als zentralen Verteiler besitzt. Die Darstellung des LAN ist so zu verstehen, dass jeder Computer durch ein separates Netzwerkkabel direkt mit einer RJ45-(Ethernet-)Buchse des *Switch* verbunden ist.

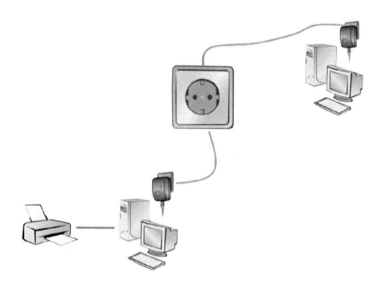

Abb. 9.5-2: Print-Server im dLAN.

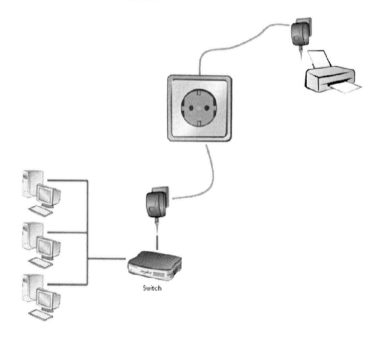

Abb. 9.5-3: Netzwerkdrucker im dLAN.

Der *Switch* und auch ein Netzwerkdrucker (beide mit Ethernet-Schnittstelle) nutzen über je einen HomePlug AV-Adapter das häusliche Stromnetz für die Netzwerkverbindung.

Wenn der Drucker hinsichtlich Gerätename, IP-Adresse und Freigaben konfiguriert und schließlich auf den einzelnen Computern korrekt eingerichtet ist, lässt sich der Drucker von jeder Station aus nutzen.

Sollen also mehrere Computer vernetzt werden, so ist nicht zwangsläufig jeder Computer mit einem HomePlug-Adapter zu verbinden. Befinden sich wie im soeben gezeigten Vernetzungsszenario beispielsweise mehrere Computer in einem Raum, genügt dort ein einziger dLAN-Adapter für sämtliche PCs. Nämlich dann, wenn man einen *Switch*, also einen Netzwerkverteiler, an den HomePlug-Adapter anschließt. Sämtliche Computer werden dann per Ethernet mit dem *Switch* verbunden und teilen sich den HomePlug-Adapter, wie es in der Abb. 9.5-3 zu sehen ist.

In der Abb. 9.5-4 sehen Sie eine Kombination aus dLAN und Funknetzwerk.

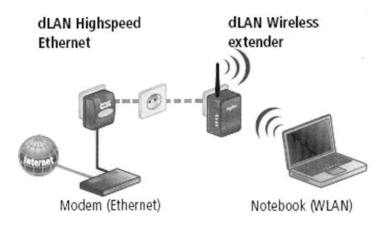

Abb. 9.5-4: WLAN-dLAN.

Ein dLAN-Adapter und ein dLAN-WLAN-Extender sind am Stromnetz angeschlossen, mit dem dLAN-Adapter ist per Netzwerkkabel ein DSL-Modem verbunden, ein Notebook (IEEE 802.11g/n-Standard) kommuniziert per Funk mit dem Extender.

Auf diese Weise kann vom Notebook aus auf das Internet zugegriffen werden.

Auch mehrere mobile Clients können Sie in ein dLAN integrieren (Abb. 9.5-5). Der dLAN-WLAN-Extender (2) hat hier die Funktion eines *Access-Points*. Er bildet mit den drei Computern ein Infrastruktur-Netzwerk. Das DSL-Modem ist per Ethernetkabel mit dem dLAN-Adapter (1) verbunden. Der dLAN-WLAN-Extender (2) und auch der dLAN-Adapter (1) ist an das Stromnetz angeschlossen. Die beiden HomePlug-Geräte sind also über das häusliche Stromnetz miteinander verbunden.

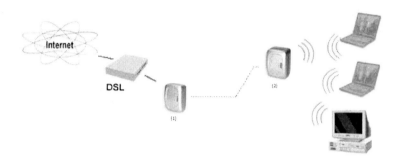

Abb. 9.5-5: Infrastruktur-Netzwerk mit Internet-Anbindung über dLAN.

9.6 Praxis: dLAN einrichten ***

Die HomePlug-Technik eignet sich *nicht* ausschließlich für die Computervernetzung (Abb. 9.6-1).

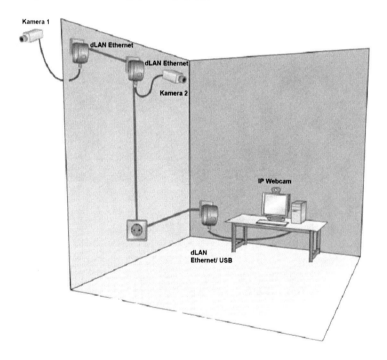

Abb. 9.6-1: dLAN-Beispiel.

Im Beispiel der Abb. 9.6-1 sind zwei IP-Kameras über je einen dLAN-Adapter vernetzt und mit einem Computer verbunden.

Wie können Sie nun vorgehen, um ein dLAN einzurichten?

Verbinden Sie alle zu vernetzenden Computer je nach HomePlug-Hardware jeweils per Netzwerkkabel, per WLAN oder per USB mit je einem HomePlug-Adapter.

Schließen Sie jeden HomePlug-Adapter an das häusliche Stromnetz an (Steckdose).

Richten Sie für die einzelnen Adapter die Verschlüsselung ein und nehmen Sie nach Bedarf weitere Einstellungen vor (siehe Herstellerhandbuch bzw. Produktdokumentation); für die Konfiguration können Sie die Software des Herstellers verwenden, welche Sie beim Kauf des HomePlug-Adapters erhalten oder von dessen Webseite herunter geladen haben (Abb. 9.6-2).

Abb. 9.6-2: Verschlüsselung für die Datenübertragung beim dLAN-Adapter per Software einstellen.

Je nach Adapter stehen Ihnen hier mehrere Optionen zur Verfügung (Abb. 9.6-3).

Das Standardkennwort ist hardwaremäßig im Gerät festgelegt. Im Regelfall finden Sie es auf dem Gerät aufgedruckt (Abb. 9.6-4).

Die Verschlüsselung lässt sich bei einigen Geräten auch per Knopfdruck einrichten. Bei HomePlug-Adaptern, welche mit Verschlüsselungsknopf ausgestattet sind, wird durch Drücken dieses Knopfes Ihr dLAN mittels eines Zufallskennwortes gesichert (Abb. 9.6-5).

Konfigurieren Sie ggf. jeden Computer für die Anbindung an das Netzwerk (Arbeitsplatz-Einstellungen, TCP/IP etc.).

Überprüfen Sie die Netzwerkverbindungen (Ping absetzen, Freigaben öffnen, Laufwerksmapping etc.) und beseitigen Sie ggf. Dämpfungseffekte und Inkompatibilitäten.

Abb. 9.6-3: Kennwort-Optionen bei der dLAN-Verschlüsselung.

Nehmen Sie das Netz in Betrieb und ändern Sie in kurzen Zeitabständen die Verschlüsselungseinstellungen.

Um mehrere Computer eines Büros, die optimalerweise in geringer räumlicher Entfernung aufgestellt sind, an ein dLAN zu koppeln, benötigen Sie nicht unbedingt je Computer einen HomePlug-Adapter, sondern Sie können die Computer zunächst mit einem *Switch* oder *Router* vernetzen (Ethernet-Verbindung) und diesen dann mit einem einzigen HomePlug-Adapter verbinden. So ist die Kommunikation mit allen weiteren dLAN-Teilnehmern möglich.

Um die netzwerkweiten dLAN-Einstellungen zu überprüfen, liefern die Hersteller mit ihren Geräten eigene Werkzeuge aus. So etwa stellt Devolo, der Marktführer, den Microlink-Informer bereit (Abb. 9.6-6).

Der Microlink-Informer ist ein kleines Hilfsprogramm, welches auf irgendeinem Computer im dLAN einmalig installiert werden muss. Es zeigt jederzeit den Status aller angeschlossenen dLAN-Adapter an. Dazu gehört etwa

- die MAC-Adresse sowie
- die momentane Datenübertragungsrate,
- Verschlüsselungsdaten und
- die Firmware-Version.

9.6 Praxis: dLAN einrichten ***

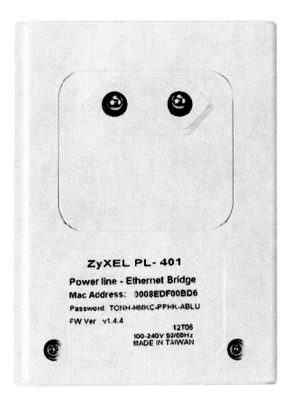

Abb. 9.6-4: Geräte-Informationen beim Zyxel PL-401-Adapter.

9 dLAN – Netzwerk über Stromleitung **

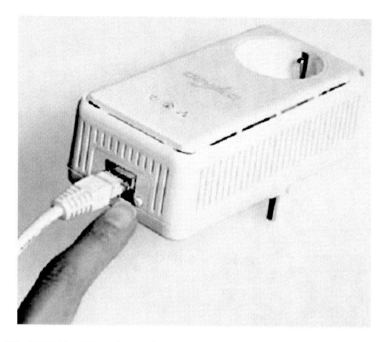

Abb. 9.6-5: Verschlüsselung auf Knopfdruck beim dLAN-Adapter einstellen.

Abb. 9.6-6: Anzeige der verfügbaren dLAN-Geräte im Microlink-Informer.

9.7 Firmware und Verschlüsselung **

Bei dLAN-Geräten, welche für verschiedene HomePlug-Standards zertifiziert sind, ist oft ein Firmware-Update notwendig, damit diese direkt miteinander kommunizieren können. Die Verschlüsselung erfolgt dann auf Knopfdruck oder durch ein Konfigurationsprogramm.

Wenn Sie dLAN-Geräte verschiedener Standards in demselben HomePlug-Netzwerk verwenden möchten, etwa 200 AVplus- und ältere dLAN 200 AV-Geräte, so ist im Regelfall bei den älteren Geräten eine Aktualisierung der Firmware notwendig.

Bei Devolo-Geräten müssen Sie dann etwa wie folgt vorgehen:

1. Legen Sie die mitgelieferte CD-ROM in das CD-ROM-Laufwerk und schließen Sie dazu jedes dLAN 200 AV-Gerät an den Computer an.
2. Falls auf Ihrem Computer Autoplay aktiviert ist, startet die Installation automatisch. Öffnen Sie ansonsten das Verzeichnis mit dem Windows Explorer, indem Sie mit der rechten Maustaste auf Start klicken und im Kontextmenü den Eintrag Explorer auswählen.
3. Wählen Sie jetzt Ihr CD-ROM-Laufwerk aus. Starten Sie dann den Installationsassistenten manuell. Wählen Sie im Hauptmenü dLAN 200 AVplus installieren den Untermenüpunkt Firmware-Aktualisierung für dLAN 200 AV-Produkte aus, um die Firmware-Aktualisierung durchzuführen.

Anschließend kann das Gerät an gewohnter Stelle wieder angeschlossen werden.

Schließen Sie das dLAN-Gerät über das beiliegende Netzwerkkabel an einen Netzwerkanschluss Ihres eingeschalteten Computers oder an ein anderes Netzwerkgerät an. Stecken Sie den HomePlug-Adapter in eine Wandsteckdose. Weitere mittels Mehrfachsteckdose angeschlossene Netzwerkgeräte werden mit dem Stromnetz verbunden, indem Sie diese Mehrfachsteckdose in die integrierte Steckdose des dLAN-Adapters stecken.

Nachdem Sie mindestens zwei HomePlug-Adapter wie beschrieben konfiguriert und angeschlossen haben, ist Ihr HomePlug AV-Netzwerk bereits eingerichtet. Um schließlich Ihr Netzwerk zu sichern bzw. zu verschlüsseln, setzen Sie entweder die mitgelieferte Software ein oder Sie nutzen die Verschlüsselung auf Knopfdruck (WPS).

Bei Geräten von Devolo funktioniert dieses Verfahren wie folgt:

- Befinden sich die Geräte noch im Auslieferungszustand, drücken Sie an allen Geräten mindestens 10 Sekunden den Verschlüsselungsknopf, bis die Power-LED erlischt und zu blinken beginnt. Das Gerät erhält auf diese Weise ein neues Zufallskennwort, das werksseitig festgelegte Kennwort wird damit geändert.

- Nachdem Sie die dLAN-Adapter erfolgreich angeschlossen haben, drücken Sie – innerhalb von 2 Minuten – jeden Verschlüsselungsknopf 2 Sekunden lang. Nun ist Ihr HomePlug-Netzwerk vor unbefugtem Zugriff geschützt.

Soll ein bereits per Verschlüsselungsknopf gesichertes dLAN um ein weiteres Gerät erweitert werden (Abb. 9.7-1)?

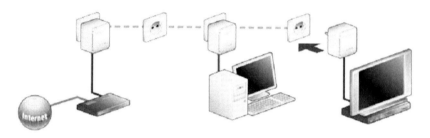

Abb. 9.7-1: Erweiterung eines HomePlug-Netzwerkes.

Falls Ihr bestehendes HomePlug AV-Netzwerk bereits mithilfe eines Verschlüsselungsknopfes gesichert ist, können Sie wie oben beschrieben weitere Adapter integrieren. Nachdem Sie das neue dLAN-Gerät erfolgreich angeschlossen haben, drücken Sie – innerhalb von 2 Minuten – zuerst den Verschlüsselungsknopf (2 Sekunden) eines Adapters aus Ihrem bestehenden Netzwerk und anschließend den Verschlüsselungsknopf (2 Sekunden) des neuen HomePlug-Gerätes, damit die Verschlüsselungsdaten übertragen werden. Nun ist das neue Gerät Ihr Netzwerk eingebunden und Sie können mit weiteren Geräten ebenso verfahren.

Auch das Entfernen eines HomePlug-Gerätes aus einem bestehenden Netzwerk (Abb. 9.7-2) stellt kein Problem dar.

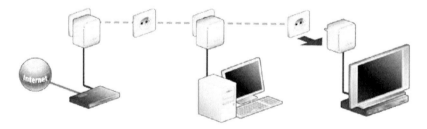

Abb. 9.7-2: HomePlug-Adapter aus dem Netzwerk entfernen.

Um ein dLAN-Gerät aus einem bestehenden (nicht notwendig per Verschlüsselungsknopf gesicherten) Netzwerk zu entfernen, drücken Sie mindestens 10 Sekunden den Verschlüsselungsknopf des entsprechenden Adapters. So erhält dieses Gerät ein neues Zufallskennwort und ist damit aus Ihrem Netzwerk ausgeschlossen. Um es anschließend in ein anderes dLAN einzubinden, verfahren Sie wie oben beschrieben. Ihr Vorgehen hängt davon ab, ob Sie ein neues Netzwerk einrichten oder ein bestehendes erweitern möchten.

Das Vorgehen ist bei Geräten anderer Hersteller sehr ähnlich.

9.8 Internet-Powerline ***

Internet über Stromleitung hat sich *nicht* durchgesetzt. Bei der Breitbandübertragung über den Hausstromanschluss verteilte sich die gesamte Leitungskapazität auf zahlreiche Haushalte. dLAN verwendet dagegen die hausinternen Stromleitungen (LAN) und die Leitungskapazität verteilt sich auf wenige Geräte.

Powerline ist nicht gleich Powerline. Internet-Powerline ist der Vorgänger des heutigen HomePlug-Standards. Dass beide Techniken als Powerline bezeichnet werden liegt daran, dass sie beide das Stromnetz als *Backbone* verwenden.

Durch Trägerfrequenzanlagen (auch als Powerline-Adapter bekannt) wird bei Internet-Powerline ein Internetzugang über das Stromkabel auf der Strecke zwischen Steckdose und Trafostation bereitgestellt.

In der Trafostation befindet sich der Übergang zu reinen Internetleitungen, dem *Backbone*. Da sowohl zwischen Trafostation und Hausanschluss als auch zwischen Hausanschluss und Steckdose verschiedene Frequenzen verwendet werden, sind insgesamt drei Adapter notwendig: Einer wird in der Trafostation, einer am Hausanschluss beim Stromzähler und einer an der Steckdose benötigt.

Der Hausanschluss darf höchstens etwa 300 m von der Trafostation und höchstens etwa 100 m von der Steckdose entfernt sein. Höhere Reichweiten sind nur mit Verstärkern möglich.

Der verwendete Frequenzbereich liegt zwischen 1 und 30 MHz, dabei sind pro Trafostation Datenübertragungsraten zwischen 1,5 MBit pro Sekunde und 205 MBit pro Sekunde möglich. Diese Bandbreite steht allen aktiven Nutzern des Dienstes, die an einer Trafostation angeschlossen sind, insgesamt zur Verfügung.

Powerline-Trägerfrequenzanlagen (Datenübertragung über das Stromnetz zur Internetanbindung) verursachen unerlaubt hohe Funkabstrahlungen (Störfeldstärken).

Zwischen den beiden Techniken HomePlug und Internet-Powerline gibt es maßgebliche Unterschiede:

- Die zu überbrückenden Distanzen bei der HomePlug-Technik sind viel kleiner. Bei Internet-Powerline musste deshalb mit viel größeren Signalpegeln gesendet werden, was zu verschiedenen Problemen führte. Dazu gehörte elektromagnetische Verträglichkeit (**CE/EMV**) bzw. Abstrahlungsprobleme und Kompatibilitätsprobleme mit anderen Geräten, siehe Website IHK (http://www.braunschweig.ihk.de/innovation_umwelt/innovationsberatung/ce-kennzeichen/?viewMeldung=meldung_1077021841.45).
- Bei Internet-Powerline musste die zur Verfügung stehende Bandbreite mit bis zu mehreren hundert Teilnehmern geteilt werden, während bei der HomePlug-Technik die Bandbreite nur unter wenigen Benutzern bzw. Geräten geteilt wird.
- Während Internet-Powerline einen Internetzugang bietet, können die einzelnen Computer eines HomePlug-Netzwerkes nur über einen herkömmlichen DSL-Router oder ein DSL-Modem, welcher bzw. welches per dLAN-Adapter in das Netzwerk integriert ist, eine Internetverbindung herstellen.

9.9 Die neue Norm IEEE P1901 ***

Das IEEE definiert in der Norm IEEE P1901 einen über das LAN hinaus gehenden Standard für die Datenübertragung über Stromkabel. Das breitere Frequenzband (2....50 MHz) wird hohe Datenraten ermöglichen (ca. 500 MBit/s).

Das IEEE ist dabei, eine Spezifikation für Datenübertragung im Stromnetz zu erstellen. Allerdings gehen die Anstrengungen des IEEE weit über HomePlug hinaus. Sie betreffen auch den WAN- und MAN-Bereich.

Die Arbeitsgruppe IEEE P1901 soll Breitbandübertragungen über die Kupferdrähte des Stromnetzes, bekannt als *Powerline Communication* (PLC) oder auch HomePlug, standardisieren[8]. Die derzeit in der Entwicklung befindlichen Normierungen des IEEE bezüglich HomePlug-Technik werden als *Standards for Broadband over Power Line Networks* (BPL) bezeichnet.

---

[8] Das IEEE übernimmt hier die Definition von HomePlug, beschränkt sich allerdings nicht ausschließlich auf den LAN-Bereich. Es bezeichnet *Powerline Communication* (PLC) als eine Technik, mit welcher Sprache, Daten und Videosignale über das Stromnetz übertragen werden können. Diese Technik kann im Anschlussbereich zur Überbrückung der letzten Meile und in Heimnetzwerken eingesetzt werden. Das Powerline-Netz besteht aus dem Netz für den Anschlussbereich, welches bis zur Trafostation für den Niederspannungsbereich reicht, und dem Inhouse-Bereich bis zu den Elektro-Steckdosen. Mit *Powerline* kann ein interaktiver Zugang zu den Telekommunikationseinrichtungen geschaffen werden.

9.9 Die neue Norm IEEE P1901 ***

Der Standard IEEE P1901 soll ein Verfahren für den breitbandigen Zugang über die Stromnetze auf der letzten Meile definieren. Mit diesem Verfahren sollen auch lokale Netze (LAN) und andere Verteilnetze das Stromnetz als *Backbone* nutzen können. Neben der Bandbreite soll dem Benutzer auch eine spezifizierte Dienstgüte (QoS) bereitgestellt werden[9]. Die neue Technik ist speziell auf die Anforderungen von Hochleistungs-Netzwerkarchitekturen und Anwendungen mit sehr großen Datentransfermengen zugeschnitten. So können beispielsweise mehrere Video-Streams im HD-Format gleichzeitig und ohne Qualitätseinbußen übertragen werden.

Der flexible Breitbandzugang ist zukünftig auch als Alternative der letzten Meile vorgesehen. Die Hersteller erwarten, dass die IEEE P1901 eine ernst zu nehmende Alternative zu klassischen DSL-Anschlüssen oder VDSL-Zugängen darstellt.

Die neue Technik wird auch eine sehr gute Schnittstelle zu den Highspeed-Glasfaserzugängen von bis zu 100 MBit/s bieten. Sie soll die hohen Übertragungsraten voll ausnutzen und an die Teilnehmer des Netzwerkes weiterverteilen.

Durch die technischen Möglichkeiten, große Datenmengen zu transportieren, lassen sich mit der neuen Technik – wie schon bei den bisherigen dLAN-Standards – auch lokale Netzwerke einrichten.

Durch die neue IEEE P1901-Technik wird ebenfalls eine deutlich höhere Reichweite der Datenübertragung über das Stromkabel als die bisherige Maximalgrenze von knapp 300 Metern möglich. Unterschiedliche Verschlüsselungsmechanismen sollen einen sicheren Datentransfer über das Stromnetz ermöglichen und so sensible Daten vor unberechtigtem Zugriff schützen.

IEEE P1901 soll die konkurrierenden Powerline-Verfahren OFDM-Modulation und Wavelet-Modulation (siehe Wikipedia: Wavelet-Transformation (http://de.wikipedia.org/wiki/Wavelet-Transformation)) in einem Industriestandard vereinen.

Allerdings wird dabei nicht verpflichtend vorgeschrieben, dass auch beides unterstützt werden muss. Nicht alle IEEE P1901-Adapter werden also zueinander kompatibel sein. Dafür wird aber im Vergleich zum HomePlug-AV-Standard ein breiteres Frequenzband unterstützt: 2 bis 50 MHz statt 2 bis 30 MHz.

---

[9] Die historische Entwicklung der Netze und Dienste und damit auch der Bedarf nach Leitungsqualität und -kapazität erstreckt sich von der Übertragung zeitunkritischer Daten, wie sie bei Dateitransfer oder der Übertragung von E-Mails anfallen, hin zu Netzwerken mit zeitkritischen Daten: VoIP, Webkonferenzen und Videoübertragung in Echtzeit *(Streaming-Media)* bestimmen heute maßgeblich die Datenstruktur. Um den Anforderungen an die Übertragung von zeitkritischen Daten gerecht zu werden, müssen die die Übertragung beeinflussenden Faktoren wie die Latenz, der Jitter, der Paketverlust, die Bandbreite oder die Verfügbarkeit in definierten Grenzen gehalten werden.

Dadurch wird eine höhere Bandbreite als bei Homeplug-AV (brutto 200 MBit/s) möglich.

Zwar ist HomePlug eine eingetragene Handelsmarke der *HomePlug Powerline Alliance* – doch das IEEE scheint auch hier das Kommando übernehmen zu wollen. Die Spezifikation IEEE P1901 geht allerdings weit über den Heimbereich hinaus.

Die bisherigen Abstimmungen mit der HomePlug-Allianz verliefen positiv. Auch soll die HomePlug-Allianz weiterhin die »ausführende Gewalt« bleiben und die Zertifizierung der neuen Gerätegenerationen nach den Vorgaben des IEEE vornehmen.

Geplant ist, dass die Norm IEEE P1901 zum bestehenden »Standard HomePlug AV« kompatibel sein wird. Das IEEE hat bereits im 1. Quartal des Jahres 2010 die noch inoffiziellen Inhalte der IEEE P1901-Norm veröffentlicht, mit der gleichzeitigen Ankündigung, dass dies nahezu der endgültige Standard sein wird.

Da der Entwurf schon weit fortgeschritten ist, können die Hersteller schon jetzt mit der Entwicklung von Anwendungen für intelligente Stromnetze (**Smart Grids**) und von Netzwerkgeräten auf Basis des neuen Standards beginnen. Für weitere Informationen zu dieser Thematik siehe etwa Wikipedia: Intelligentes Stromnetz (http://de.wikipedia.org/wiki/Intelligentes_Stromnetz).

Dementsprechend haben einige Hardware-Hersteller bereits Geräte vorgestellt. Beispielsweise hat Allnet bereits auf dem neu definierten, internationalen Powerline-Standard IEEE P1901 basierende 500 MBit/s-Geräte vorgestellt. Die neuen Geräte bringen deutliche Verbesserungen im Performance-Bereich und ermöglichen Breitbandübertragungen über das vorhandene Stromnetz.

Die neuen Highspeed-Adapter werden zu den weitverbreiteten 200 MBit/s Homeplug-AV-Adaptern abwärtskompatibel sein und sie sollen damit einen Parallelbetrieb von Geräten unterschiedlicher Standards in bereits existierenden Powerline-Netzwerken möglich machen. Wie schon bei HomePlug-AV werden durch Bandbreiten-Management über QoS unterschiedliche Anwendungen möglich.

Laut *HomePlug Powerline Alliance* soll demnächst auch die Arbeit an der neuen HomePlug-Green-PHY-Spezifikation (HomePlug GP) abgeschlossen werden, die eine energieeffiziente Datenübertragung über Stromnetze zum Ziel hat. Sie wird Teil der Norm IEEE P1901 werden. Siehe dazu Website HomePlug.org (http://www.homeplug.org/tech/homeplug_gp).

Neben dem IEEE (Website IEEE (http://www.ieee.org)) arbeiten auch
- die HomePlug-Allianz (Website HomePlug-Allianz (http://www.homeplug.org)),
- CEPCA (*Consumer Electronic Powerline Communication Alliance,* Website CEPCA (http://www.cepca.org)) und
- OPERA (*Open PLC European Research Alliance,* Website OPERA (http://www.ist-opera.org)) sowie
- die global arbeitende *Universal Powerline Association* (UPA, Website UPA (http://www.upaplc.com)) an neuen Powerline-Standards.

9.10 Box: Zusammenfassung **

Mit der HomePlug-Technik lassen sich Massenspeicher, DVD-Player, Drucker, Lautsprecher, Fernseher, *Switches,* Computer, Modems und *Router* problemlos innerhalb eines Stromkreises vernetzen, ohne dass lange Kabelschächte oder Leitungen verlegt werden müssen.

Jeder Zugang zum *Backbone* bzw. zum häuslichen Stromnetz läuft über einen dLAN-Adapter, welcher u. a. die notwendigen Signalanpassungen vornimmt (Bridge-Funktion).

Da sämtliche HomePlug-Adapter eigenständige bzw. externe Geräte sind, ist eine reine dLAN-Vernetzung nicht möglich. Dazu bedürfte es einer einbaufähigen dLAN-Schnittstelle oder eines Onboard-Moduls (dLAN-Chipsatz).

Schnittstelle zwischen Computer/Kommunikationsgerät und dem HomePlug-Adapter (Stromnetz) ist zum Beispiel

- Ethernet (RJ45-Stecker),
- WLAN,
- USB,
- Audio/Video (Cinchstecker, Abb. 9.10-1, Abb. 9.10-2).

An einigen Geräten können auch Aktiv-Lautsprecher per Klinkenstecker (Abb. 9.10-3) angeschlossen werden.

Dabei gilt es zu beachten, dass nie beide Anschlusstypen (Cinchbuchsen und Klinkenbuchse) gleichzeitig verwendet werden dürfen. Außerdem sollten niemals Kopfhörer direkt an den Adapter angeschlossen werden, da die eingebauten Buchsen ausschließlich für den Anschluss von Aktivlautsprechern oder einer HiFi-Anlage vorgesehen sind. Einer der Vorteile von dLAN ist die Möglichkeit, Musik in CD-Qualität durch die Leitungen zu übertragen. Dies kann entweder von Computer zu Computer aber auch von einem Computer zu einer Stereoanlage geschehen. Selbst ohne Computer lässt sich Musik übertragen: von Stereoanlage zu Stereoanlage oder zu einem Paar Aktivboxen.

Abb. 9.10-1: Cinchstecker.

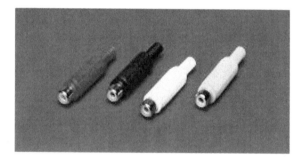

Abb. 9.10-2: Cinch-Stecker und -Buchsen.

Abb. 9.10-3: Klinkenstecker.

Werden etwa MP3-Dateien von einem Computer oder einem MP3-Player in das HomePlug-Netzwerk gesendet, so übernehmen die HomePlug-Adapter die erforderliche Dekomprimierung, sodass sich die Musik problemlos auf der HiFi-Anlage abspielen lässt.

Wer möchte, kann auch ein Radioprogramm aus dem Internet über einen Computer in sein Netzwerk übertragen. Allerdings ist dafür ein ausreichend schneller Internetzugang erforderlich, der ständig geöffnet ist, also etwa ein DSL-Anschluss. Die Audiodaten können dann alle per dLAN-Adapter angeschlossenen Geräte gleichzeitig empfangen.

Ein dLAN ist also primär eine Netzwerk-Extension. Es erhöht die Reichweite eines bestehenden LANs je nach Leitungsqualität und Gerätestandard auf bis zu 300 Meter, unter Verwendung der bereits fest verlegten/eingemauerten Stromleitungen.

Aufgrund der einfachen Handhabung, hoher Flexibilität und geringer Abstrahlung findet dLAN in zahlreichen Heimnetzwerken Anwendung.

Grundsätzlich sind dLAN-Geräte kompatibel zum HomePlug-Standard, daher können Sie in Ihrem Heimnetzwerk Geräte verschiedener Hersteller einsetzen, falls diese dem gleichen HomePlug-Standard entsprechen.

Um allerdings eine optimale Performance und Handhabbarkeit zu erreichen, wird empfohlen, nur Geräte von einem einzigen Hersteller zu verwenden, da speziell diese auf Interoperabilität hin geprüft und optimiert sind.

dLAN-Produkte sind nach allen notwendigen Standards zertifiziert. Dazu gehört auch die Prüfung auf Störausstrahlung und Störbeeinflussung.

Grundsätzlich können innerhalb eines Stromkreises bis zu 253 dLAN-Geräte eingesetzt werden. Die Hersteller empfehlen allerdings, nicht über mehr als 10 Geräte gleichzeitig Daten zu übertragen, da die Bandbreite einer einzelnen Verbindung ansonsten erheblich zurückgeht.

10 Internetzugang *

Die Abkürzung »Internet« steht für *Interconnected Networks*, das sind heute Millionen vernetzter Computer und LANs. Das Internet soll die Kommunikation der Menschen untereinander unterstützen und fördern. Um die Dienste, Möglichkeiten und Chancen des Internet privat oder für das eigene Unternehmen zu nutzen, ist es wichtig und unumgänglich, mit den richtigen Partnern zusammenzuarbeiten.

Internet Service Provider (ISP) bieten Dienstleistungen rund um den Zugang und die Präsentation im Internet an. Dabei kann man einige Dienstleistungsbereiche unterscheiden.

Grundvoraussetzung für alle Online-Aktivitäten ist der Zugang zum Netz der Netze – also eine Verbindung zu den öffentlichen Einwahlknoten[1] in das Internet. Das heißt, ein *Internet Access Provider*, der den benötigten Zugang *(Access)* bereitstellt, muss ausgewählt werden.

Dieser Provider verfügt über einen Server, der Zugang zum Internet (über einen Einwahlknoten) hat. Dieser läuft über eine Datenleitung mit extrem hoher Bandbreite, welche sich auf die Kunden des Providers aufteilt. Mit diesem Server verbindet sich der Abonnent gegen eine Gebühr und kann somit den Zugang zum Internet verwenden.

Die Auswahl eines *Internet Access Providers* erfolgt anhand verschiedener Kriterien, entsprechend den individuellen Ansprüchen beziehungsweise Bedürfnissen der Anwender bzw. des Unternehmens.

Grundsätzlich stellen *Internet Content Provider* Inhalte *(Contents)* und Informationen im Internet bereit. Jede Seite, die im Web veröffentlicht wird, muss kontinuierlich gewartet und von Zeit zu Zeit überarbeitet werden.

---

[1] Derartige Einwahl-Knoten sind die Zugangsstellen zum Internet. Sie dienen als Austauschpunkte für den Datenverkehr des Internet bzw. als Schnittstellen zwischen Computernetzen (LANs, MANs und WANs). Der Gesamtverbund der als autonome Systeme bezeichneten Netzwerke bildet das Internet, welches auf dem *Internet Protocol* basiert. Weltweit existieren über 100 Einwahl- bzw. Internet-Knoten, von denen über die Hälfte sich in Europa befindet. Viele große Internet-Knoten bestehen aus mehreren Gebäuden, die untereinander über Glasfaserkabel verbunden sind. Deren steigender Platzbedarf ist weniger durch steigende Bandbreiten als vielmehr durch die steigende Anzahl der *Hosts* bedingt, die direkt in einem einzigen Knoten untergebracht sind. Kleinere Internet-Knoten dienen in erster Linie als *Uplink* für regionale *Carrier*. Der Datenaustausch zwischen den Teilnehmern (Provider oder Netzbetreiber) wird durch ein so genanntes *Peering-Agreement* geregelt. Internet-Knoten werden von ISPs üblicherweise dazu genutzt, um Kosten zu sparen und die Abhängigkeit von den Upstreamprovidern (größere Netzbetreiber) zu verringern. Des Weiteren erhöhen Internet-Knoten die Effizienz und die Ausfallsicherheit des Datenaustausches. Die Kosten für den Betrieb werden in der Regel von den teilnehmenden Providern gemeinsam getragen. Üblicherweise erhebt der Betreiber des Internet-Knotens Gebühren auf jeden angeschlossenen Port, die Kosten für einen Port sind abhängig von dessen Datenübertragungsgeschwindigkeit (momentan 10 Megabit pro Sekunde bis 10 Gigabit pro Sekunde).

Die Verwaltung, aber auch die Pflege und Aktualisierung der Webseiten wird als *Webhosting* bezeichnet. Dabei wird der Online-Auftritt des Unternehmens mithilfe leistungsfähiger Server von einem entsprechenden Dienstleister, z. B. *Webhosting Provider*, **Webhoster** oder *Internet Content Provider* betreut.

Wichtig ist die Wahl des passenden Providers:
- »Provider und Internet-Tarife«, S. 388

Sie sollen das Prinzip des der *Webhostings* verstehen:
- »Webspace«, S. 391

Ein Internetzugang muss konfiguriert werden:
- »Zugang zum Internet«, S. 392
- »ICS«, S. 398
- »Internetzugang einrichten«, S. 399
- »Praxis: DSL-Router und Betriebssystem (TCP/IP) konfigurieren«, S. 402

Das Wichtigste über DSL und seine Alternativen werden vermittelt:
- »Highspeed-Internet«, S. 407

10.1 Provider und Internet-Tarife *

Ein *Internet Access Provider* vermietet Leitungskapazitäten zum Zugriff auf das Internet. Kosten, Verfügbarkeit und Bandbreite sind wichtige Kriterien bei der Providerwahl.

Für den Zugriff auf das Internet benötigen Sie einen Provider und einen passenden Tarif. Wenn Sie Ihren Computer, Ihr LAN oder gar einen eigenen Web-Server mit dem Internet verbinden möchten, müssen Sie entweder selber Provider werden oder einen entsprechenden Vertrag mit einem ISP abschließen.

Provider   Als Provider benötigt man
- Server mit spezieller Server-Software,
- eine Breitbandverbindung (LWL-Technik) zum Einwahlknoten,
- mehrere Terabyte Speicherplatz,
- Serverraum,
- Klimaanlage,
- unterbrechungsfreie Stromversorgung und
- eigene IP-Adressen und Domains.

Lizenzen und der ununterbrochene Einsatz der Computer verursachen hohe laufende Kosten, mehrmals täglich sollten vollständige *Backups* durchgeführt werden.

10.1 Provider und Internet-Tarife *

Ein *Internet Service Provider* (ISP) bietet Privatpersonen und Gewerbetreibenden u. a. einen Zugang zum Internet an. Heute gibt es unzählige Provider bzw. Dienstleistungsunternehmen, welche den Anwendern zahlreiche Dienste rund um das Internet anbieten. Die Angebote sowie die Preise variieren ständig.

ISP

Es gibt verschiedene Tarifmodelle bei der Abrechnung von Online-Kosten und -Nutzung. Bei manchen Tarifen (Anmeldung ist erforderlich) wird eine monatliche Grundgebühr für den Internetzugang berechnet. Zusätzlich zur Grundgebühr werden zeitabhängige Kosten fällig. In manchen Fällen wird zusätzlich eine Pauschale für jede einzelne hergestellte Internetverbindung berechnet.

Auch gibt es Anbieter, deren Angebot Sie ohne vorherige Anmeldung nutzen können. Es wird dann ausschließlich nach tatsächlichem Verbrauch (Zeit und/oder Menge), d. h. nach Online-Zeit oder Upload- und Download-Volumen abgerechnet. Oft erfolgt dabei die Abrechnung im Minutentakt, manchmal auch zeit- und mengenabhängig. Die Kosten für den Internetzugang werden über die normale Telefonrechnung verbucht. Dieses Abrechnungs- bzw. Vertragsmodell nennt man *Internet by Call*.

Ein weiteres Tarifmodell stellt eine Flatrate dar. Bei einer Flatrate wird den Anwendern weder Zeit noch Menge berechnet, sondern es wird jeden Monat eine Pauschalgebühr verlangt. Eine Flatrate ist eher etwas für Vielsurfer, wobei die in den letzten Jahren ständig gefallenen Preise auch für Wenigsurfer eine Flatrate interessant gemacht haben. Internet-Flatrates sind oft kombiniert mit Telefon-Basisanschlüssen und Telefon-Flatrates.

Flatrate

Der Begriff »Flatrate« bezeichnet ein flaches Tarifmodell. Es handelt sich dabei um eine feste Monatspauschale ohne Zeit- oder Mengenbegrenzung. Mittlerweile gibt es derartige Pauschalangebote bei Handy-, Festnetz- und Internettarifen. Besonders die Flat-Tarife in Großstädten erscheinen sehr attraktiv. Echte Flatrates sind für die Anbieter immer ein Zuschussgeschäft. Sie werden nur dort angeboten, wo der Preiskampf es erfordert, da sie durch andere Einnahmen subventioniert werden müssen. Diverse Anbieter versuchen daher, *Power User* wieder loszuwerden, welche das unbegrenzte Surfen ausnutzen. Allerdings: Nicht jede Flatrate ist auch eine. Bei Internet-Tarifen wird Flatrate oft als Synonym für DSL-Tarif – ohne Zeitbegrenzung, allerdings mit Volumenbegrenzung – verwendet, sodass zusätzliche Kosten entstehen können.

In vielen Fällen liefert Ihnen der Provider bei Vertragsabschluss als Einsteigerpaket zahlreiche Hard- und Softwareprodukte. Dazu gehören etwa

10 Internetzugang *

- Web-Editor,
- Anti-Malware,
- Personal Firewall,
- Router/Modem,
- Anschluss-/Verbindungskabel,
- USB-Dongle,
- *Splitter*,
- *Access-Point*,
- Webcam,
- Internet-Telefon.

Kriterien Bei der Auswahl eines Internetproviders und eines geeigneten Tarifes sind unter anderem folgende Kriterien zu berücksichtigen:

- Umfang der vom Provider gelieferten Hardware und Software,
- die maximale (Brutto-)Bandbreite (z. B. 6 MBit pro Sekunde), welche allerdings im Regelfall bei Weitem nicht erreicht werden kann, oft differenziert nach *Upload* und *Download*,
- die Höhe der (einmaligen) Freischalt- bzw. Anmeldegebühr,
- monatliche Freikontingente, welche durch die Grundgebühr abgedeckt sind,
- die zu erwartende Zuverlässigkeit/Verfügbarkeit des Anschlusses,
- Support-Leistungen,
- Hotline bei Installationsproblemen,
- Mindestlaufzeit,
- Kündigungsfristen,
- Möglichkeit und Fristen, einzelne Vertragsbestandteile (etwa Bandbreite, Mindestumsatz, monatlich freies Datenvolumen, freie Online-Zeit) zu ändern,
- Qualität der mitgelieferten Geräte und Software (USB-Schnittstellen, WLAN-Fähigkeit, Update-Berechtigung, Aktualität der Treiber).

Viele Internet-Dienstleister (t-online, Arcor, ...) liefern zusätzlich eine kostenlose Software an ihre Kunden aus, in welche unter anderem zahlreiche Clients (etwa IRC oder E-Mail), Sicherheitsmechanismen (Firewall, ...), Konfigurationshilfen (z. B. für DHCP) sowie Browser-Funktionalitäten integriert sind.

Die Software wird im Regelfall auf einer CD/DVD geliefert und muss auf dem Anwendersystem installiert werden. Sie ermöglicht den vereinfachten Zugriff auf das Internet-Portal bzw. die speziellen Web-Dienste des Providers.

10.2 Webspace *

Webspace ist Speicherplatz auf einem Web-Server. Er wird u.a. zum Veröffentlichen einer Website benötigt.

Die meisten Provider bieten ihren Kunden die Möglichkeit, auf den Web-Server beim Provider HTML-Seiten (eine Homepage bzw. eine Website) hochzuladen und im Web zu veröffentlichen. Sie stellen ihnen dafür Webspace zur Verfügung sowie einige andere Dienste rund um das Webhosting bzw. die Verwaltung des Webspace.

Webspace ist Speicherplatz auf einem Computer, auf welchem ein Web-Server Programm wie etwa Apache installiert ist; meistens ist das ein Server des Webhosting-Providers.

Webspace

Eine fertige Website, die veröffentlicht werden soll, muss auf den Server hochgeladen werden *(Upload)*, damit sie im Web für alle Anwender weltweit zur Verfügung steht. Das direkte Abrufen der Website vom lokalen Computer des Anwenders ist im Regelfall nicht möglich (Abb. 10.2-1).

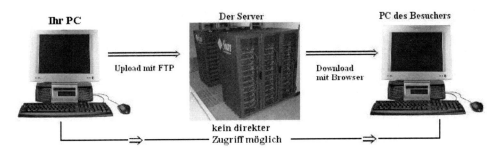

Abb. 10.2-1: Up- und Download via Web-Server.

Es gibt Webhoster, die Webspace (unter bestimmten Bedingungen) kostenlos anbieten. Kostenlosen, allerdings selten werbefreien Webspace bekommt man etwa unter

- Website Strato (http://www.strato.de)
- Website Freenet.de (http://www.freenet.de)
- Website Hosteurope.de (http://www.hosteurope.de)
- Website 1und1 (http://www.1und1.com)
- Website Evanzo.de (http://www.evanzo.de)
- Website Alfahosting.de (http://www.alfahosting.de) oder
- Website Kilu.de (http://www.kilu.de)

Kostenlose Webspace-Angebote werden üblicherweise durch Werbeeinblendungen auf der Homepage finanziert und einen technischen Support gibt es – wenn überhaupt – nur theoretisch.

Zuverlässigen, werbefreien Webspace gibt es bereits für wenige Euro im Monat. Zu nennen sind hier vor allem die großen Provider Strato und 1und1. Wenn die technischen Ansprüche etwas weitergehen und man konkrete Vorstellungen von den zu erbringenden Leistungen hat, sollte man sich aber auch bei anderen Webhostern informieren.

Wer höhere Ansprüche an seinen Webspace stellt, sollte über die Nutzung gegen Entgelt nachdenken. Schon für wenige Euro monatlich bekommt man einen oder mehrere eigene Domain-Namen in der Form www.MeineAdresse.de, erstklassige telefonische Hilfestellung (Support), mehrere komfortable E-Mail Adressen, Anti-Malware und vieles mehr.

Infrage kommen hier etwa Domainfactory (http://www.df.eu/) und auch Neue Medien Münnich (Website All-inkl.com (http://www.all-inkl.com)) sowie viele andere Provider.

10.3 Zugang zum Internet *

Ein Internetzugang erfolgt je nach Netz-Infrastruktur über *Splitter*, Modem, Kabel- und/oder Funkverbindungen.

Um einen Zugang zum Internet zu erhalten, benötigen Sie einen *Internet Access Provider*, der Ihnen die Verbindung zum Einwahlknoten herstellt. Im Regelfall wird Ihr Haus/Ihre Wohnung mit einem DSL-Signal versorgt. Bei Ihnen wird dann vor Ort eine entsprechende Anschlussbox montiert und das DSL-Signal freigeschaltet.

Als Zugangs-Techniken kommen u. a. infrage:
- DSL per Telefonkabel,
- WiMax,
- Satellitenübertragung,
- Internetzugang per Fernsehkabel (Kabel-DSL).

Die Abb. 10.3-1 zeigt eine typische Architektur zweier entfernter Anwendercomputer, die über das Internet miteinander verbunden sind und deren Internetzugang jeweils über einen Internet-Provider führt.

Jeder Teilnehmer hat hier seinen eigenen Internet Provider, der ihm den Internetzugang zur Verfügung stellt.

Um eine Verbindung zum Internet herzustellen, ist, je nach verwendeter Technik, eine bestimmte Hardware notwendig (Abb. 10.3-2).

Ein marktübliches Modem ist heute kein reines Modem in der ursprünglichen Form mehr, sondern ein DSL-Router, mit welchem jeder Computer per Ethernetkabel verbunden wird. Sollte es sich

10.3 Zugang zum Internet * 393

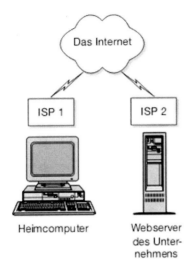

Abb. 10.3-1: Verbindung zweier Computer über das Internet (Quelle: www.pearson.ch).

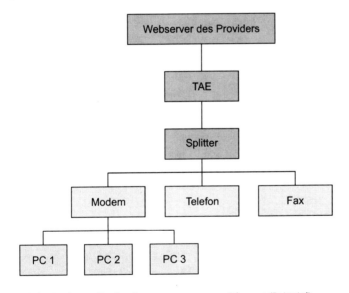

Abb. 10.3-2: Hardware für den Internetzugang per Ethernet (Beispiel).

um ein reines DSL-Modem mit genau einem LAN-Anschluss handeln (derartige Geräte gelten als veraltet), so müssen die Computer zunächst mit einem *Switch/Router* per Ethernetkabel verbunden werden, welcher dann wiederum mit einem Ethernetkabel an das DSL-Modem angeschlossen wird.

Die Abb. 10.3-3 zeigt Ihnen einen *Splitter* an den Sie Telefone und Telefaxgeräte anschließen können.

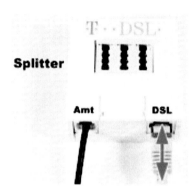

Abb. 10.3-3: Splitter.

Bei obiger Netzwerkkonfiguration benötigt jeder PC eine Netzwerkkarte. Ein *Splitter* und ein DSL-Modem mit Anschluss an einen Provider oder Online-Dienst sind notwendig. Die Internetdienste können bei entsprechender Konfiguration der einzelnen Computer und des Modems von jedem Arbeitsplatz aus genutzt werden. Wenn die Datenübertragung zum Web-Server über das öffentliche Telefonnetz erfolgt, muss ein *Splitter* zwischen DSL-Modem und Telefonanschlussbox (TAE) geschaltet werden, welcher analoge Sprachsignale, Faxdaten und digitale Computerdaten voneinander trennt und an das entsprechende Endgerät bzw. Netzwerk (LAN) weiterleitet. Eine TAE (Teilnehmer Anschluss Einheit, Abb. 10.3-4) wird vom Netzbetreiber (T-Com, Arcor etc.) im Rahmen der Anschlussgebühren kostenfrei in den Räumen des Endkunden installiert. Sie ist der Übergabepunkt zum Endkunden und gehört dem Netzbetreiber.

Die Abb. 10.3-5 zeigt eine offene TAE.

Es gibt unterschiedliche Arten von TAE-Dosen. Die Geläufigste sehen Sie in der Abb. 10.3-5. Es handelt sich dabei um eine TAE-Aufputz-Dose mit NFN-Belegung. Es lassen sich an eine solche Box ein analoges Fernsprechgerät (Abkürzung »F«) und 2 Nebengeräte (»N«) wie beispielsweise Anrufbeantworter, analoges Modem oder Faxgerät parallel anschließen.

Frage   Finden Sie per Web-Suche heraus, welche Funktion das Modem besitzt. Ein solches Modem ist das Bindeglied zwischen Computer(n)/LAN und Internet.

Antwort   Ein solches Modem ist das Bindeglied zwischen Computer(n)/LAN und Internet. Je nach Gerätetyp/Modell stellt es Funkverbindungen, Ethernet-Schnittstellen und/oder einen dLAN-Anschluss zur Verfügung.

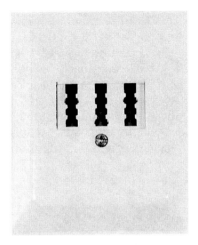

Abb. 10.3-4: TAE, geschlossen.

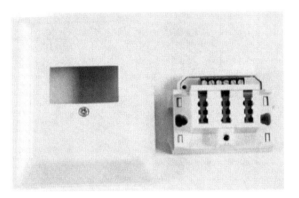

Abb. 10.3-5: TAE, offen.

Je nach lokal vorhandener Hardware kann die Verbindung der einzelnen PCs mit dem Modem etwa über Ethernet, WLAN oder auch dLAN erfolgen:

1. Im Falle einer Ethernetverbindung benötigt jeder Computer eine Netzwerkkarte, das Modem muss mindestens einen Ethernet-Eingang (LAN) je Computer sowie einen WAN-Anschluss für die Verbindung zum *Splitter* besitzen. Alternativ ist ein *Switch* oder ein *Router* davor zu schalten.
2. Für Funkverbindungen zum Modem muss dieses die Funktionalität eines *Access-Point* besitzen und die PCs benötigen jeweils einen WLAN-Adapter.
3. Falls das Stromnetz als *Backbone* dient, könnte jeder Computer und auch das Modem per Ethernetkabel mit jeweils einem dLAN-Adapter verbunden sein.

Das DSL-Modem verbindet Ihren Computer bzw. Ihr lokales Netzwerk mit dem Internet. Ein heute übliches externes DSL-Modem wird direkt an den DSL-Splitter angeschlossen und per USB- oder Netzwerkkabel bzw. LAN-Kabel *(Straight through)* mit Ihrem Computer verbunden. Im Regelfall besitzt Ihr Computer eine Netzwerkkarte, welche per Netzwerkkabel mit einem externen Modem verbunden ist. Am einfachsten allerdings ist die Installation eines DSL-Modems mit USB-Anschluss über eine USB-Schnittstelle Ihres lokalen Computers. Das Betriebssystem (z. B. Windows) erkennt und installiert das Gerät in der Regel dann automatisch (Plug & Play), wobei Ihr Computer nicht einmal eine Netzwerkkarte benötigt.

Die Abkürzung Modem steht für Modulator-Demodulator. Ein DSL-Modem wandelt die Daten, welche durch die Telefonleitung aus dem Internet kommen, so um, dass der Computer diese verarbeiten kann – das gleiche gilt auch für die Übertragung vom Computer ins Internet. Ein DSL-Modem ist also absolut unabdingbar, wenn es darum geht, eine DSL-Internetverbindung aufzubauen. Reine DSL-Modems sind heute kaum noch erhältlich. Das beste Preis-/Leistungsverhältnis bieten Kombi-Geräte, welche zahlreiche Netzwerk-Funktionen beherrschen; einige davon sind:

- DHCP-Server,
- Firewall,
- *Switch/Router*,
- Modem,
- VPN-Gateway.

Abhängig von den integrierten Netzwerk-Schnittstellen verbindet ein solches Gerät z. T. mehrere unterschiedliche Computernetzwerke, wie dLAN, Glasfaser-Ethernet, WLAN und Ethernet *(Twisted-Pair)* untereinander (Bridge-Funktion).

Es gibt auch DSL-Modems in Form einer Schnittstellenkarte (derartige Exemplare finden heute kaum noch Einsatz/Verwendung), ähnlich wie ein in den Computer eingebauter Netzwerkadapter. Ein solches internes Modem kann allerdings (ohne Einsatz von ICS) nur durch einen einzigen Computer genutzt werden. In der folgenden Konfiguration (Abb. 10.3-6) erfolgt die Datenübertragung zum Internet via Fernsehkabel. In diesem Fall ist kein *Splitter* zwischen dem Modem und dem Anschluss für das DSL-Signal notwendig.

Der einzelne Home-PC verbindet das lokale Netzwerk bzw. Intranet mit dem Internet. Nur wenn dieser als Proxy-Server eingerichtet wird, können die anderen Computer Internetdienstleistungen in Anspruch nehmen. Da der Home-PC das Bindeglied zwischen dem lokalen Netzwerk und dem DSL-Modem ist, muss dieser immer eingeschaltet sein, wenn sich die anderen Stationen mit dem Internet verbinden möchten.

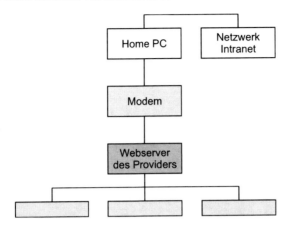

Abb. 10.3-6: Internetanbindung über einen Proxy-Server (Beispiel).

Der Home-PC (mit Proxy-Server-Funktion) oder ein dazwischen geschaltetes Kopplungsgerät (*Router* o. ä.) sollten hier durch Firewall und **Paketfilter** für die Sicherheit des lokalen Netzwerkes sorgen und dieses gegen Angriffe von außen schützen.

Der Anschluss eines Standalone-Computers an das Internet ist zum Beispiel wie in der Abb. 10.3-7 realisierbar. Auf dieser Abbildung symbolisiert die Steckdose in der Mitte die *Blackbox* des häuslichen Stromnetzes. In obiger Konstellation ist der Einzelplatz-PC über das Stromnetz mit einem Kabelmodem verbunden, über welches die Internetverbindung hergestellt wird. Für diese Konstellation benötigen Sie:

- 1 Computer mit Ethernet-Karte,
- 2 dLAN-Adapter mit integrierter Steckdose,
- 2 Ethernetkabel,
- 1 Kabelmodem,
- Internetzugang.

Für jedes weitere Gerät mit Ethernet-Schnittstelle bzw. RJ45-Anschluss, welches Zugang zum Internet erhalten soll, benötigen Sie einen weiteren dLAN-Adapter und ein Ethernetkabel (Abb. 10.3-8).

Als Alternative kann die Internetverbindung auch – allerdings nur bei Windows-Computern – über ICS erfolgen (siehe »ICS«, S. 398).

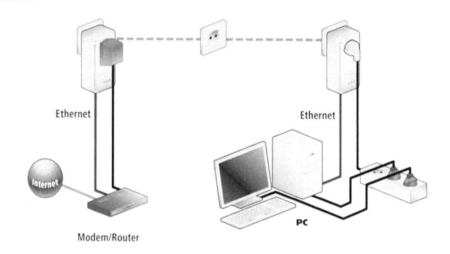

Abb. 10.3-7: Einzelplatz mit Internetzugang (Beispiel).

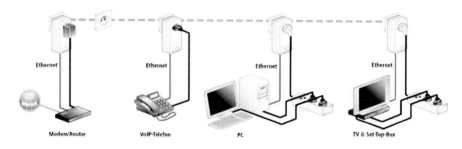

Abb. 10.3-8: Heimnetzwerk (dLAN) mit Internetzugang.

10.4 ICS ***

ICS ist ein windowseigener Dienst für den Webzugang ohne *Router*.

Die Abkürzung ICS *(Internet Connection Sharing)* bezeichnet die windowseigene Internetverbindungsfreigabe – eine Art Software-Router. Mit ihr ist es möglich, mehreren Computern in einem Netzwerk den Internetzugang zu ermöglichen, ohne dass jedes betroffene Gerät bzw. alle Computer an einem *Router* angeschlossen sind, sodass Sie nicht jedes Mal das Kabel zwischen Modem und Computer umstecken müssen.

Der ICS-Host-Computer, welcher die Internetverbindungsfreigabe bewerkstelligt, verbindet direkt das LAN mit dem Internet, besitzt also die Funktion eines *Gateway*. Er sollte über zwei Netzwerkkarten verfügen. An eine Netzwerkkarte wird dann das DSL-Modem angeschlossen, über die andere Netzwerkkarte erfolgt die Verbindung zu einem andern Computer (Abb. 10.4-1).

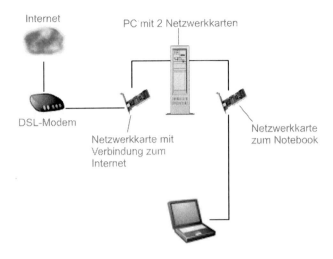

Abb. 10.4-1: Internet Connection Sharing.

Der ICS-Host-Computer übernimmt dabei auch die Funktion eines *Routers*. Das bedeutet, er ist für die Weiterleitung des Datenverkehrs in das Internet und zu den anderen Computern zuständig[2]. Der Host-Computer muss immer angeschaltet sein, damit der andere Computer seine Verbindung zum Internet aufbauen kann. Wenn auf allen Computern die Internetverbindungsfreigabe aktiv ist, kann der Client den ICS-Host-Computer als *Gateway* nutzen.

Aufgrund der mangelnden Flexibilität, der geringen Preise für *Router/Switches* und des hohen Einrichtungsaufwandes findet ICS selten Anwendung. Informationen zur Einrichtung von ICS finden Sie unter Website WLAN-Hilfe (http://www.heimnetzwerk-und-wlan-hilfe.com/internet_connection_sharing_host.html).

10.5 Internetzugang einrichten *

Der Anschluss eines Computersystems oder eines LANs an das Internet beginnt bei der Providerwahl. Er führt über die Konfiguration von *Router* und den lokalen Betriebssystemen bis hin zur Installation von *Anonymizern* und Web-Anwendungen.

Um die Dienste und Vorteile des Internets nutzen zu können, benötigen Sie zunächst einen Computer mit Peripherie und Betriebssystem. Je nachdem, ob ein bereits funktionierendes LAN

---

[2] Beachten Sie dabei, dass für die Verbindung zwischen den beiden Computern ein Crossover-Kabel notwendig ist. Da heutige DSL-Router in den meisten Fällen über eine USB-Schnittstelle verfügen, ist die Anbindung des ICS-Servers anstatt über eine zweite Netzwerkkarte auch über ein USB-Kabel möglich.

an das Internet anzuschließen ist, Sie sich schon für einen Internet-Tarif entschieden haben, der Zugang über das Telefonnetz, Fernsehkabel oder Funk laufen soll und welche Dienste Sie zusätzlich nutzen möchten, sind ggf. folgende Vorbereitungen notwendig:

1. Sie wählen einen Provider, welcher den Zugang zum Internet bereitstellt, z. B. Arcor, t-Online, GMX, Tiscali, AOL ...
2. Sie entscheiden sich für einen Tarif, dabei spielen Mengenbegrenzung für *Upload* und *Download,* zeitabhängige Berechnung der Online-Zeit, Flatrate, Bandbreite für *Download/Upload*, Zusatzleistungen eine Rolle.
3. Sie beschaffen die Hardware, etwa Modem/Router, Netzwerkkarten, *Splitter*, Verbindungskabel.
4. Sie bauen die Hardware auf und vernetzen alles ordnungsgemäß.
5. Sie richten ggf. die Treiber für Netzwerkadapterkarte ein.
6. Optional ist die Installation der Zugangssoftware Ihres Internet-Providers, welche Sie per Assistenten die Internet-Anbindung interaktiv einrichten lässt. Diese Software vereinfacht/erübrigt einen Großteil der nachfolgend aufgeführten Arbeitsschritte:
Betriebssystem anpassen,
Router konfigurieren,
Browser installieren, konfigurieren,
Sicherheitsprogramme einrichten.
7. Zur Anpassung Ihres Betriebssystems gehören folgende Arbeitsschritte:
Dienste und Protokolle installieren,
Netzwerkkonfiguration einrichten,
lokale Adressierung konfigurieren (manuell/DHCP),
Freigaben abschalten,
Firewall aktivieren und konfigurieren,
Benutzerkonto ohne Administratorrechte erstellen.
8. Zur Konfiguration Ihres Routers gehören
Zugangsdaten,
Firewall,
Verschlüsselung,
DHCP,
Ports, ...
9. Sie installieren einen Browser (Opera, Firefox ...).
10. Installieren Sie
Antispy,
Personal Firewall,
Antivirenprogramm
und konfigurieren Sie die Software.

11 Konfigurieren Sie Ihren Browser bezüglich
Sicherheit,
PopUp-Blocker,
zu sperrender Seiten.
12 Installieren Sie weitere Clients:
FTP,
Chat,
E-Mail ...
13 Entfernen Sie alle Dateien von Ihrem Computer, welche nicht öffentlich zugänglich sein sollen (Spionagegefahr).
14 Erstellen Sie eine Systemsicherung (*Image* der Startpartition) und brennen Sie diese auf DVD oder setzen Sie (unter Windows) einen Wiederherstellungszeitpunkt.
15 Empfehlenswert ist es, eine Anonymisierungssoftware und/oder VM-Ware[3] zu installieren, um Internetspuren zu verwischen und die Angreifbarkeit des eigenen Systems zu verringern.
16 Zuletzt können Sie zusätzliche Dienste einrichten:
Online-Banking,
Profimail,
Cloud Computing[4],
Webhosting.

---

[3] Eine virtuelle Maschine, kurz VM, ist ein virtueller per Software simulierter Computer. Eine solche Maschine besteht nicht aus Hardware, sondern aus Software. Auf einem physischen Computer können gleichzeitig mehrere virtuelle Maschinen betrieben werden. Mit VM-Ware bzw. einem VM-Player lassen sich mehrere Betriebssysteme auf einem PC ausführen. Dazu simuliert VM-Ware einen kompletten Computer, mit eigenständiger virtueller Hardware: Das simulierte System hat eine eigene Grafikkarte, Soundkarte, Netzwerkkarte, CD-ROM Laufwerk und Festplatte. Installierte Systeme unter VM-Ware laufen in einem eigenen Programmfenster – sozusagen als »PC im PC«. Der virtuelle Computer nimmt vom Hauptsystem zwar Rechenleistung, Speicher- und Festplattenplatz in Anspruch, läuft aber softwaretechnisch autonom als eigenständiges System.

[4] *Cloud Computing* ist einer der vielen Dienste des neuen Web. Der Grundgedanke beim *Cloud Computing* ist, dass alle Anwendungen im Web laufen – von einfacher Software bis hin zu kompletten Betriebssystemen. Die Benutzer müssen sich keine teure Hardware anschaffen, sich keine Gedanken um die Aktualisierung des Systems machen und auch keine Software-Lizenzen mehr kaufen. Möglich wird das *Cloud Computing* durch riesige Serverparks von Unternehmen wie Microsoft, Google, Amazon oder IBM: Die Anlagen stellen viel mehr Leistung bereit, als sie verbrauchen können. Es entsteht Leerlauf, der Geld kostet, ohne Nutzen zu bringen. Um die Computerauslastung zu optimieren, bieten die Firmen ihre Rechenpower den Privatkunden und Unternehmen an. Ansätze gibt's genug. Google zeigt uns, wie's geht: Office-Werkzeuge, E-Mail-Konten, RSS-Reader, ein Kalender und weitere Programme laufen plattformunabhängig im Webbrowser. Alle Programme und Daten lagern auf den Google-Servern und werden je nach Bedarf geladen.

10.6 Praxis: DSL-Router und Betriebssystem *

Sie haben bereits ein lokales Netzwerk aufgebaut und konfiguriert. Nun möchten Sie einen oder mehrere Computer an das Internet anschließen.

Ihr Provider sendet Ihnen nach Vertragsabschluss eine Bestätigung, in welcher das Datum der Freischaltung sowie die Anmeldedaten (Benutzername und Passwort) aufgeführt sind.

Ermitteln Sie zunächst mit Hilfe eines Netzwerk-Werkzeuge oder anhand des Handbuches die IP-Adresse Ihres Modems. Rufen Sie nun durch Eingabe von http://<IP-Adresse> in der Adresszeile Ihres Browsers den Konfigurationsdialog des Gerätes auf. Ihre Eingabe könnte wie folgt lauten: http://192.168.0.254

Sollten die Werkseinstellungen Ihres Modems nicht mehr aktiv sein oder sollten Sie die Adresse des Gerätes nicht kennen, so können Sie ebenso verfahren, wie Sie es bereits beim Ethernet-Router getan haben.

Im Standard- bzw. Basic-Setup Ihres Modems können Sie im Bereich PPPoE Ihren Benutzernamen *(User ID)* sowie das Passwort eingeben (Abb. 10.6-1).

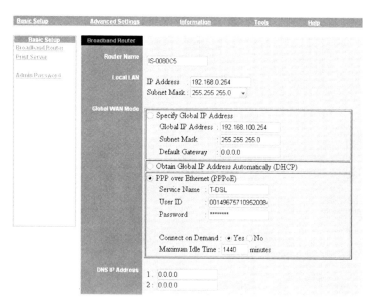

Abb. 10.6-1: Einstellungen am Modem vornehmen.

Gegebenenfalls tragen Sie hier auch die Adressen der DNS-Server Ihres Providers ein.

Da die Verbindung zum Internet über TCP/IP erfolgt, könnte es sein, dass Sie an den einzelnen betroffenen Computern ein paar Konfigurationsschritte vornehmen müssen.

Falls Sie noch keine TCP/IP-Verbindung eingerichtet haben, können Sie folgendermaßen vorgehen.

Wählen Sie unter Netzwerk- und DFÜ-Verbindungen Neue Verbindung erstellen und klicken Sie hier auf Weiter – unter Windows XP erhalten Sie dann ein Bild, wie es die Abb. 10.6-2 zeigt.

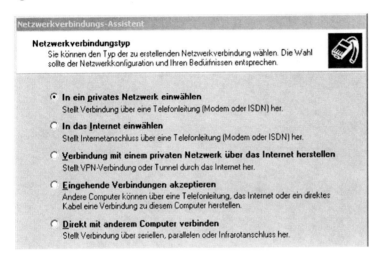

Abb. 10.6-2: Netzwerkverbindungstyp auswählen.

Aktivieren Sie In das Internet ein einwählen und klicken Sie auf Weiter (Abb. 10.6-3).

Wählen Sie hier Manuelle Einrichtung und klicken Sie auf Weiter (Abb. 10.6-4).

Aktivieren Sie hier Internetzugang über ein lokales Netzwerk und schalten Sie weiter (Abb. 10.6-5).

Wählen Sie Automatische Suche des Proxyservers und schalten Sie über Weiter zum nächsten Bildschirm. Erstellen Sie ggf. ein E-Mail-Konto. Zum Schluss meldet Ihnen Windows, dass die Verbindung eingerichtet ist (Abb. 10.6-6).

Mit Fertig stellen schließen Sie den Vorgang ab.

Öffnen Sie nun Ihren Browser und rufen Sie eine gültige Webseite, zum Beispiel durch Eingabe von www.msn.de auf. Sollte keine Verbindung zustande kommen oder sollten Sie manuelle Einstellungen bevorzugen, so sollten Sie zunächst die DNS-Adresse Ihres Providers ermitteln (per Websuche) oder bei diesem erfragen, falls Ihnen diese noch nicht mitgeteilt worden ist.

Abb. 10.6-3: Internetzugangsassistent.

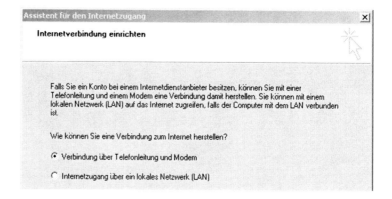

Abb. 10.6-4: Verbindung einrichten.

Es gibt allerdings auch Webseiten, auf welchen Sie eine Liste der DNS-Server der einzelnen Provider finden (Abb. 10.6-7). Eine weitere Liste von DNS-Servern finden Sie unter Website Stanar.de (http://www.stanar.de/).

Wenn Sie die DNS-Adresse(n) Ihres Providers herausgefunden haben, können Sie Ihre lokalen IP-Einstellungen den Gegebenheiten Ihres Netzwerkes und denen Ihres Internetzuganges entsprechend anpassen (Abb. 10.6-8). Hier ist als Standardgateway die IP-Adresse Ihres Modems sowie als DNS-Server die Adresse eines Web-Servers Ihres Providers einzutragen. IP-Adresse und Subnetzmaske sind entsprechend der Konfiguration Ihres lokalen Netzwerkes zu wählen.

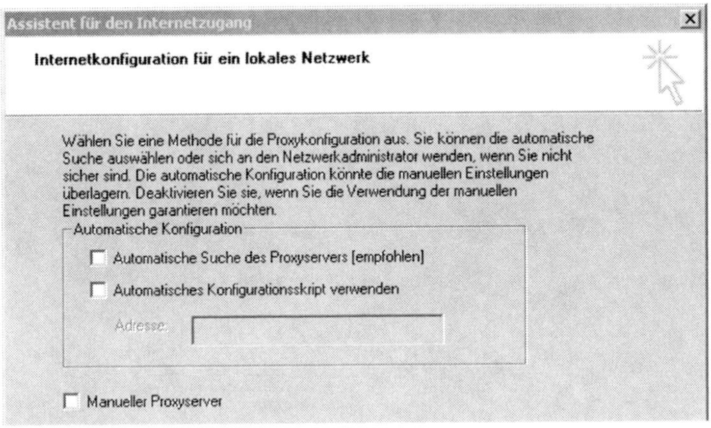

10.6 Praxis: DSL-Router und Betriebssystem *

Abb. 10.6-5: LAN-Einstellungen.

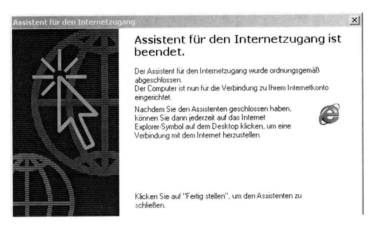

Abb. 10.6-6: Assistenten beenden.

Den Status Ihrer Internet-Verbindung können Sie jederzeit über das Konfigurationsprogramm Ihres Modems ermitteln. Dieser wird Ihnen im Bereich WAN-Status angezeigt (Abb. 10.6-9). Hier sehen Sie etwa

- Ihre öffentliche IP-Adresse,
- die (statischen oder dynamischen) DNS-Adressen Ihres Providers,
- den Zustand der Verbindung *(connected/disconnected)*.

10 Internetzugang *

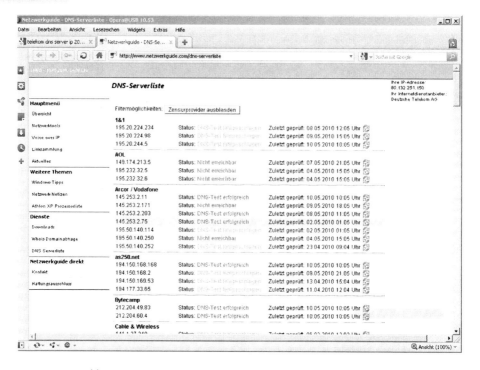

Abb. 10.6-7: DNS-Server Liste auf der Webseite http://www.netzwerkguide.com/dns-serverliste.

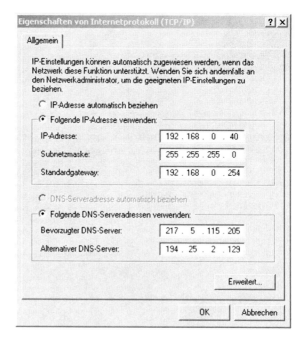

Abb. 10.6-8: IP-Einstellungen für die Internet-Anbindung vornehmen.

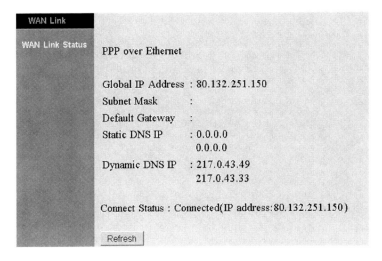

Abb. 10.6-9: WAN-Einstellungen im Konfigurationsprogramm des Modems.

10.7 Highspeed-Internet *

Hochgeschwindigkeits-Internet kommt heute nicht nur über das Telefonkabel. Allerdings ist diese Technik schon seit Jahren marktbeherrschend:

- »DSL-Varianten«, S. 407
- »ADSL/VDSL: Anbieter und Tarife«, S. 409

Weitere Möglichkeiten, Internetzugang zu erhalten sind etwa

- »Kabel-DSL«, S. 415
- »Internetempfang über Satellit«, S. 417
- »Mobile Datendienste«, S. 418

10.7.1 DSL-Varianten *

DSL ist die verbreitetste Technik für den Internetzugang. Während die Standards mit geringer Bandbreite, zu denen UADSL, HDSL, SDSL und auch deren Weiterentwicklungen gehören, in Deutschland kaum (noch) verbreitet sind, erfreuen sich die Hochgeschwindigkeitszugänge per ADSL/ADSL2+ (bis zu 26 MBit/s) und besonders VDSL (bis zu 100 MBit/s) großer Beliebtheit.

Bei DSL *(Digital Subscriber Line)* handelt es sich um ein Breitbandverfahren. DSL ist eine Datenübertragungstechnik, die auf den Kupferleitungen des Telefonnetzes basiert. Da Deutschland ein beinahe flächendeckendes Telefonnetz besitzt, sind hier theoretisch nahezu alle Haushalte aus den alten Bundesländern DSL-tauglich.

Jedoch wurden beim Aufbau des Telefonnetzes in den neuen Bundesländern teilweise Glasfaserleitungen eingesetzt. Aus diesem Grund ist DSL hier in einigen Gebieten nicht verfügbar, und es steht noch keine wirklich flächendeckende Lösung für dieses Problem zur Verfügung. Allerdings wird immer häufiger die letzte Meile per WiMax überbrückt.

Momentan heißen die vorherrschenden Varianten

- ADSL,
- SDSL und
- VDSL.

XDSL Manchmal hört oder liest man von der Bezeichnung XDSL. Hierbei handelt es sich nicht um eine spezielle DSL-Technik sondern um einen Sammelbegriff für die unterschiedlichen Arten von DSL-Techniken. Das »X« steht dabei für den jeweiligen Anfangsbuchstaben der Technik.

HDSL HDSL *(High Data Rate Digital Subscriber Line)* war einst eine Übertragungstechnik für Leitungen mit sehr hohen Datenraten. Es handelte sich um die erste DSL-Technik, welche ein höheres Frequenzspektrum der Kupferleitungen nutzte; sie kam häufig bei Standleitungen zum Einsatz.

HDSL überträgt im Gegensatz zu den heute marktüblichen DSL-Techniken die Daten symmetrisch. Hier stehen daher sowohl für den *Upload* als auch für den *Download* identische Übertragungsraten zur Verfügung. HDSL hat zum Ziel, ein Leitungsnetz ohne *Repeater* (Signalregenerator) zu nutzen, da dieser viel Strom verbraucht. Bei dieser Technik benötigt man zwar am Empfangsende eine nur minimale Stromversorgung, jedoch spielt HSDL aufgrund seiner geringen Datenrate von maximal 2 MBit pro Sekunde praktisch keine Rolle mehr.

SDSL SDSL ist eine Weiterentwicklung von HDSL. Beim ebenfalls schon veralteten **symmetrischen DSL** (SDSL) steht bei einem maximalen Abstand von weniger als drei Kilometern zur Vermittlungsstelle eine theoretische Übertragungsrate von 2,3 MBit/s in beide Richtungen zur Verfügung. SDSL unterstützt keine Splitter-Technik, die Leitung wird ausschließlich zum Übertragen der digitalen Daten verwendet. Sprach- oder Fax-Übertragung sind nicht per SDSL möglich.

G.SHDSL Die Weiterentwicklung von SDSL ist **G.SHDSL** *(Global Standard for Single-Pair Highspeed DSL)*. Hauptvorteil von G.SHDSL ist die um bis zu 30 Prozent erhöhte Reichweite der Verbindung zwischen Vermittlungsstelle und Nutzer.

ADSL **Asymmetrisches DSL** (ADSL) weist unterschiedliche Übertragungsgeschwindigkeiten für den Datenempfang und -versand auf. Es ist ein *Downstream* von 8 MBit/s und ein *Upstream* von rund 1 MBit/s technisch möglich. Bei ADSL teilen sich Telefon- und Internetdaten eine Leitung. Daher benötigt man einen *Splitter*, welcher die verschiedenen Signale voneinander trennt.

Eine Weiterentwicklung von ADSL ist ADSL2+. Der bei ADSL2+ höchstmögliche *Downstream* liegt bei 26 MBit/s, der *Upstream* bei 1 MBit/s. Sollte sich allerdings der Standort bzw. der ADSL-Anschluss dieses Haushaltes in mehr als anderthalb Kilometer Entfernung von der Vermittlungsstelle befinden, so ist eine erheblich geringere Übertragungsleistung zu erwarten. ADSL2+

Auch bei ADSL2+ lässt sich die DSL-Leitung gleichzeitig zum Telefonieren nutzen. Allerdings existieren noch immer in Deutschland schwarze Flecken auf der DSL-Landkarte, welche noch nicht vollständig durch ADSL2+ abgedeckt sind. Speziell für zahlreiche ländliche Haushalte steht noch kein Hochgeschwindigkeits-Internetzugang über die Telefonleitung zur Verfügung. Es gibt jedoch eine Reihe von Alternativen, die an die Stelle von DSL treten können.

UADSL *(Universal Asymmetric Digital Subscriber Line)* ist eine US-amerikanische langsame DSL-Variante. Für UADSL wird kein *Splitter* (das Zwischengerät zur Trennung der Datenströme, welches bei einigen anderen DSL-Techniken zwischen Telefondose und DSL-Modem angeschlossen werden muss) benötigt. UADSL

Die Abkürzung VDSL steht für *Very High Bitrate Digital Subscriber Line* und bezeichnet ein digitales Übertragungsverfahren, welches – wie das herkömmliche asymmetrische DSL (ADSL) – einen unterschiedlich schnellen *Downstream* und *Upstream* aufweist, dieses aber an Geschwindigkeit weit hinter sich lässt. Die aktuellen Standards sind als VDSL1 und VDSL2 bekannt. VDSL

Very High Speed Digital Subscriber Line ist ein Highspeed-DSL-Standard. Dieser ermöglicht eine Datenübertragungsgeschwindigkeit von bis zu 100 MBit/s. Das entspricht der 50-fachen DSL-2000-Geschwindigkeit. Diese theoretische Datenübertragungsrate nimmt jedoch mit der Entfernung des Endverbraucheranschlusses von der Vermittlungsstelle ab.

10.7.2 ADSL/VDSL: Anbieter und Tarife **

Die großen Anbieter 1&1, T-Home, Vodafone und Alice besitzen zum Teil eigene Glasfaser-Netzwerke. Neben den großen Anbietern gibt es auch regional tätige Unternehmen wie M-Net, welche DSL-Kapazitäten an die Endkunden verkaufen. Zusätzlich zum Breitbandinternet enthalten die verschiedenen Angebote oft auch Telefonie und IPTV. Manche Zugänge ermöglichen sogar den Empfang von *Video on Demand* und HDTV.

Bis 2009 bot in Deutschland lediglich T-Home, ehemals Telekom, VDSL-Anschlüsse sowohl in Ballungsgebieten, als auch in ländlichen Gebieten an. Konkurrenten wie 1&1 und HanseNet (heute Alice) warteten lange auf ein OK der Telekom, um deren Leitungen nutzen zu können.

Im Sommer 2009 lenkte die Deutsche Telekom ein und verkündete die Bereitschaft zu einer Öffnung des VDSL-Marktes. Der Druck von der EU-Kommission und der **Bundesnetzagentur** (siehe Website Bundesnetzagentur (http://www.bundesnetzagentur.de/)) auf die Bundesregierung (welche die Telekom bis dahin unterstützt hatte) wurden anscheinend zu groß. Streitpunkt sind nach wie vor noch die Gebühren für die Nutzung des Netzes.

Die Deutsche Telekom AG ist nicht nur Deutschlands, sondern Europas größter Telekommunikations- und Internetkonzern. Unter der Marke Telekom Deutschland GmbH werden Internet- und Telefonanschlüsse sowie Mobilfunkanschlüsse vertrieben, welche preislich allerdings nicht zu den günstigsten Angeboten auf dem Markt gehören.

Die Dienste der Telekom sind gekennzeichnet durch

- eine kostenlose Service-Hotline,
- kurze Entstörzeiten,
- umfangreichstes Know-how und Erfahrung.

Mittlerweile hat die Telekom bei der Vermarktung von VDSL einige Konkurrenten bekommen. Zu diesen gehören 1&1, Vodafone und Alice.

Der Internetanbieter 1&1 (siehe Website 1und1 (http://www.1und1.de)) zählt zu den größten seiner Art in Deutschland. Neben breitbandigen Internetanschlüssen bekommt man bei 1&1 auch andere Webdienstleistungen. Bei 1&1 gibt es die Service-Offensive: Verschiedene Teams sorgen bei Problemen schnell für Abhilfe und eine Lösung sorgen. 1&1 hat erkannt, dass der Service ein entscheidender Punkt für viele VDSL-Kunden ist.

Der britische Konzern Vodafone (siehe Website Vodafone (http://www.vodafone.de)) ist eines der weltweit größten Mobilfunkunternehmen. Er bietet seit wenigen Monaten auch Festnetz- und VDSL-Anschlüsse an. Bei Vodafone ist kein Telekomanschluss notwendig.

Alice (siehe Website Alice (http://www.alice-dsl.de/)) ist inzwischen ein etablierter Internetanbieter. Er gehört zur Telecom Italia. Unter der Marke Alice werden vorrangig Produkte für den Privatbereich angeboten. Aber auch für kleine Geschäfte sind die Angebote attraktiv.

10.7 Highspeed-Internet *

Das Serviceversprechen von Alice ist u. a. die Unterstützung beim Wechseln des Internetanbieters. Auch bei Alice bekommt man, wie bei 1&1, eine UMTS-Lösung zur Verfügung gestellt, wenn der Anschluss nicht sofort geschaltet werden kann. Die schnelle Bereitstellung des richtigen Anschlusses (innerhalb von 3 Wochen) sowie schnelle Hilfe bei Störungen zählen auch dazu.

Neben den oben genannten großen und bekannten Anbietern der Telekommunikationsbranche gibt es noch einige weitere, meist regional agierende Unternehmen, die VDSL anbieten. Hier sei insbesondere M-net genannt. Das Unternehmen offeriert in Teilen Bayerns VDSL auf Basis eigener Glasfasernetze.

Das Unternehmen M-Net gehört zu den regionalen Anbietern von DSL und VDSL. M-Net versorgt nach eigenen Angaben große Teile Bayerns sowie den Großraum Ulm. Insgesamt 120 Ortsnetze können die Angebote bereits nutzen. Den Webauftritt des Anbieters finden Sie unter Website m-net.de (http://www.m-net.de).

Ein weiterer kleiner VDSL-Anbieter ist Primacall, dessen Homepage Sie unter Website Primacall (http://www.primacall.de/) finden. Seit Januar 2010 verkauft Primacall überregional VDSL-Anschlüsse mit bis zu 50000 KBit/s. Der Anbieter differenziert nicht zwischen VDSL25 und VDSL50. Wer sich für einen VDSL-Tarif entscheidet, erhält immer die maximal mögliche Downloadleistung, die technisch am Wohnort realisierbar ist.

Trotz der stark gestiegenen Anbieterzahl ist noch nicht ganz Deutschland durch VDSL abgedeckt. Während in Großstädten eine flächendeckende Versorgung ermöglicht wird, so können Haushalte auf dem Land nur in einem bestimmten Radius um die jeweilige Vermittlungsstelle einen VDSL-Anschluss erhalten.

Verwendung findet VDSL bei sogenannten Triple-Play-Diensten. Diese ermöglichen über ein einziges Kabel die Nutzung von

- Telefonie (Festnetz oder VoIP) [5],
- Breitbandinternet und
- Internet-Fernsehen (IPTV) [6].

Triple-Play-Dienste

T-Home bietet derzeit VDSL 25- und VDSL 50-Verträge, wobei bis zu 25 MBit/s bzw. 50 MBit/s Downstreamgeschwindigkeit erreicht werden können. Beide VDSL-Tarife bieten Internet-TV in

---

[5] *Voice over IP* (kurz VoIP) ist das Telefonieren über Computernetzwerke, welche nach Internetstandards aufgebaut sind. Dabei werden für Telefonie typische Informationen, d. h. Sprache und Steuerinformationen, beispielsweise für den Verbindungsaufbau, über ein auch für Datenübertragung nutzbares Netz übertragen. Bei den Gesprächsteilnehmern können sowohl Computer, auf IP-Telefonie spezialisierte Telefonendgeräte als auch über spezielle Adapter angeschlossene klassische Telefone die Verbindung zum Telefonnetz herstellen.

[6] Als *Internet Protocol Television* (IPTV) wird die digitale Übertragung von breitbandigen Anwendungen wie Fernsehprogrammen und Filmen über ein digitales Datennetz bezeichnet. Hierzu wird das auch dem Internet zugrunde liegende Internet-Protokoll (IP) verwendet.

HDTV-Qualität[7]. Gerade dieses benötigt auch das höchste Datenvolumen. Über einen Digitalreceiver werden die gestreamten Daten an das Fernsehgerät übertragen.

Anders als die Werbung und die Medien vermuten lassen, wird VDSL nicht bis zum Endkunden über ein Glasfasernetz übermittelt. Lediglich bis zur Vermittlungsstelle werden Glasfaserkabel verwendet. Der hausseitige Anschluss bedarf wie beim klassischen DSL einer Kupferleitung.

Wie bei DSL werden auch bei VDSL unterschiedliche Frequenzen für Festnetztelefonie und Datendienste verwendet. Der Endkunde muss einen *Splitter* installieren, welcher diese Frequenzen trennt.

Fraglich ist, ob VDSL in Deutschland weiter verbreitet wird und ob in Zukunft noch weitere Anbieter diesen Standard anbieten werden. Genau wie bei DSL entsteht hier ein sehr hoher technischer Aufwand für eine flächendeckende Versorgung. Der deutschlandweite Aufbau dieser Netzinfrastruktur ist sehr kostenintensiv.

Die schon vorhandenen DSL-Vermittlungsstellen müssen für die Übertragung von VDSL aufgrund der komplizierteren Technik modifiziert werden. Letztlich wird für den Ausbau wohl ausschlaggebend sein, ob überhaupt eine Nachfrage nach Triple-Play-Diensten besteht.

VDSL1-Netze sind zwar in einigen Ländern eingerichtet worden, haben aber weltweit keine allzu große Bedeutung erlangt. Das VDSL-Netz der Deutschen Telekom, das 2006 gestartet ist und dessen Ausbau noch andauert, verwendet bereits VDSL2, auch wenn der Netzbetreiber die Versionsnummer fortlässt und diese Technik einfach VDSL nennt.

Realisiert wird das schnellere VDSL2 über eine Kombination aus Kupfer- und Opal-Glasfaserleitungen (optische Anschlussleitung), wobei die Netzanbindung umso schneller ist, je näher die Glasfaserleitung an die Teilnehmeranschlüsse heranreicht.

FTTC Über Lichtwellenleiter wird das Datensignal bis zur örtlichen Vermittlungsstelle oder zum Kabelverzweiger am Straßenrand (*Fibre to the Curb* oder kurz FTTC) geleitet, von wo aus es über das Kupferkabel zum Anschluss des Kunden übertragen wird. Dazu müssen spezielle VDSL-Modems (Abb. 10.7-1) beim Nutzer sowie im Kabelverzweiger installiert werden.

---

[7] Das Kürzel HDTV steht für *High Definition Television*. Dies ist ein weltweiter digitaler Fernseh-Standard, der im Breitwandformat mit superscharfen Konturen, satten Farben und enormer Tiefenschärfe aufwartet. Passend zum hochauflösenden Bild werden HDTV-Sendungen oft mit beeindruckendem *Surround-Sound* im 5.1.-Dolby-Digital-Format ausgestrahlt. Der größte technische Vorteil von HDTV ist die hohe Auflösung. Damit werden Fernsehbilder feiner gezeichnet, und Details, welche beim früher üblichen PAL-Standard verloren gingen, werden wieder sichtbar.

10.7 Highspeed-Internet *

Abb. 10.7-1: VDSL-Modem (Frontansicht).

Ein solches Gerät besitzt auf der Rückseite einige Netzwerkschnittstellen sowie Anschlüsse für Ein- und Ausgabegeräte (Abb. 10.7-2).

Abb. 10.7-2: VDSL-Modem (Rückansicht).

Für die Übergabe zwischen den verschiedenen Leitungsarten kommen in den vielen Kabelverzweigern für Straßenzüge oder Wohnblöcke sogenannte Outdoor-DSLAM (*Digital Subscriber Line Access Multiplexer*) zum Einsatz (Abb. 10.7-3).

Beim herkömmlichen DSL sind es größere DSLAM in der Vermittlungsstelle. Auf diese Weise erreicht VDSL2 theoretisch bis zu 100 MBit/s im *Downstream*, allerdings nur auf sehr kurze Distanzen. Das VDSL-Angebot der Telekom beschränkt sich derzeit auf maximal rund 50 MBit/s im *Downstream*.

Bei VDSL1, das Frequenzen bis 12 MHz verwendet, sind 52 MBit/s bereits das theoretische Maximum, während der Effekt der abnehmenden Leistung mit zunehmender Distanz zur Vermittlungsstelle noch größer ist. Bereits bei etwa zwei Kilometern Abstand übersteigt die Leistung eines VDSL1-Anschlusses die von gewöhnlichem ADSL nicht mehr.

VDSL2 kommt unter Nutzung von Frequenzen bis 30 MHz bei einer solchen Distanz derzeit immerhin noch auf die Geschwin-

10 Internetzugang *

Abb. 10.7-3: DSLAM von Siemens.

digkeit von ADSL2+, also etwa 26 MBit/s. Weitere Vorteile von VDSL2 sind,

- dass es im Unterschied zu VDSL1 voll mit ADSL/ADSL2+ abwärtskompatibel ist und
- dass es ermöglicht, per QoS *(Quality of Service)* bestimmte Datendienste zu priorisieren, sodass beispielsweise ein Internet-Telefonat über VoIP oder eine IPTV-Übertragung immer die benötigte Bandbreite bekommt, auch wenn die Leitung parallel dazu noch anderweitig stark beansprucht wird.

Nicht nur die Telekom baut ihr VDSL-Netz in den deutschen Städten immer weiter aus. Seitdem nach langjähriger Monopolstellung der Telekom die Bundesnetzagentur verfügt hat, dass die Telekom ihren Wettbewerbern Zugang zu den Kabel-Leerrohren oder alternativ zu den unbeschalteten Glasfaserleitungen zwischen Hauptverteilern und Kabelverzweigern gewähren muss, beginnt auch die Konkurrenz, VDSL-Netze aufzubauen bzw. zu erweitern.

Für den Aufruf von Webseiten, das Lesen von E-Mails und auch das Downloaden von Mediendateien wie etwa MP3-Musiktiteln reichen die gängigen Downstream-Geschwindigkeiten von etwa 6 MBit/s bei ADSL vollkommen aus.

Die höheren VDSL-Geschwindigkeiten sind hingegen für Triple-Play nötig, denn dabei können Internetzugang, Telefonie und Web-Fernsehen parallel über die Breitbandanbindung genutzt werden.

Mit VDSL wird auch *Video on Demand*[8] und die Übertragung von hoch auflösendem Fernsehen (HDTV) möglich, ebenfalls parallel auf mehreren Kanälen.

So vermarktet die Telekom ihre VDSL-Anschlüsse vornehmlich im Zusammenhang mit ihren Triple-Play-Komplettpaketen. Sie bietet Tarife mit 16 MBit/s schnellen Zugängen über ADSL2+, optional aber auch mit 25 oder wahlweise 50 MBit/s im Downstream über die neuen VDSL-Anschlüsse.

ADSL ist im Gegensatz zu VDSL in sehr viel mehr Haushalten verfügbar.

ADSL

Die meisten deutschen Internetanschlüsse basieren auf ADSL oder VDSL. Die Haushalte stellen heute ihre Internetverbindung über den häuslichen Telefonanschluss her. Von der Telefondose führt ein Kupferkabel zum Kabelverzweiger bzw. zur Vermittlungsstelle. Die einzelnen Vermittlungsstellen sind per Glasfaserkabel miteinander verbunden. ADSL und VDSL sind allerdings nicht die einzigen Zugangsmöglichkeiten zum Internet.

Zwar wurde für einige Zeit Internet-Powerline als zukunftsweisende Alternative zu DSL gehandelt, doch konnte sich die Technik, Internet-Signale über Stromkabel zu übertragen, nicht durchsetzen. Ob Powerline allerdings durch den neuen IEEE P1901-Standard wieder Aufwind bekommt und eine interessante DSL-Alternative wird, bleibt abzuwarten. VDSL über Telefonkabel ist in Deutschland noch immer marktbeherrschend.

10.7.3 Kabel-DSL **

Kabel-DSL bietet die gleichen technischen Merkmale wie VDSL: Geschwindigkeit bis zu 100 MBit/s, kombinierbar mit Fernsehempfang und Telefonie. Zahlreiche regionale Anbieter vermarkten Internet über Fernsehkabel zu günstigen Preisen.

In den USA ist das Surfen über die Kabelfernseh-Verbindung weit verbreitet, in Deutschland befindet es sich noch in der Wachstumsphase. Die größeren Kabelgesellschaften in Deutschland arbeiten allerdings am Ausbau und auch an der Verbreitung der Internetanschlüsse über Fernsehkabel. Auf jeden Fall sind Internetverbindungen per Kabel bis jetzt nur regional verfügbar.

In Deutschland sind wenige große Anbieter am Markt vertreten, die zusammen große Teile des Bundesgebietes abdecken. Auch

---

[8] *Video-on-Demand* (VoD, Video auf Nachfrage bzw. Abruf) beschreibt die Möglichkeit, digitales Videomaterial auf Anforderung von einem Internetangebot oder -dienst herunter zu laden *(Download)* oder über einen Videostream direkt mit einer geeigneten Software anzusehen. Für den Videostream, den Empfang in Echtzeit, ist ein schneller Breitbandinternetzugang per Kabel oder DSL (mindestens 6.000 Kilobit pro Sekunde für optimale Bildqualität) erforderlich. Ein Internettarif mit unbegrenztem Datenvolumen (Datenflatrate) ist von Vorteil, da ein hoher *Traffic* entsteht.

gibt es zahlreiche kleine Anbieter, welche nur in kleinen Regionen tätig sind.

Die wichtigsten Anbieter und ihre Angebotsgebiete sind:
- Unitymedia (siehe Website Unitymedia (http://www.unitymedia.de)): Nordrhein-Westfalen und Hessen
- Kabel Deutschland (www.kabeldeutschland.de): fast deutschlandweit
- Kabel-BW (siehe Website Kabelbw.de (http://www.kabelbw.de)): Baden-Württemberg
- Telecolumbus (siehe Website Telecolumbus (http://www.telecolumbus.de)): Großraum Berlin
- EWE TEL (siehe Website Ewetel.de (http://www.ewetel.de)): Brandenburg, Niedersachsen und Bremen.

Viele kleine Kabelunternehmen bieten ihre Dienste jeweils nur in einem regional stark begrenzten Gebiet an. Eine Liste der Anbieter finden Sie zum Beispiel unter Website Wikipedia (http://de.wikipedia.org/wiki/Kabelnetzbetreiber).

Die verfügbaren Geschwindigkeiten reichen – je nach Anbieter – bis 100 MBit/s.

Für Internet via Fernsehkabel benötigen Sie ein spezielles Kabelmodem (Abb. 10.7-4), welches die Anbieter vermieten oder in einigen Fällen auch kostenlos zur Verfügung stellen.

Abb. 10.7-4: Kabelmodem (Frontansicht).

Ein derartiges Kabelmodem besitzt auf der Rückseite (Abb. 10.7-5)
1 einen Reset-Schalter,
2 Ethernet-Anschluss,
3 USB-Schnittstelle,
4 Buchse für das Fernsehkabel,
5 Strom-Anschluss.

10.7 Highspeed-Internet *

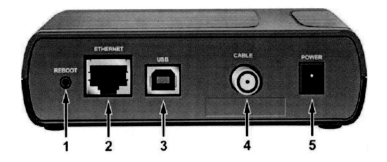

Abb. 10.7-5: Kabelmodem (Rückansicht).

10.7.4 Internetempfang über Satellit *

Auch Internet per Satellit wird zu einer ernst zu nehmenden VDSL-Alternative. Allerdings ist die Downloadrate mit bis zu 24 MBit/s noch relativ gering und es erfolgt der Upload bei einigen Anbietern über einen zusätzlichen Telefonanschluss, welcher weitere Kosten verursacht.

Der Internetempfang per Satellitenschüssel ist flächendeckend verfügbar und ermöglicht Downloadraten bis hin zu 24 MBit/s. Allerdings hat die Technik einen entscheidenden Nachteil gegenüber DSL per Kupferkabel: Viele Lösungen, etwa diejenige des Anbieters SkyDSL (siehe Website SkyDSL (http://de.skydsl.eu)), ermöglichen über die Satellitenverbindung nur den *Download*. Der *Upload* geschieht über eine Telefonleitung, wodurch zusätzliche Kosten entstehen.

Für DSL per Satellit wird neben einer Satellitenempfangsanlage entsprechende Hard- und eventuell auch Software benötigt, welche auf einem marktüblichen Computer eingerichtet werden muss. Eventuell fallen zusätzliche Kosten für die Internetverbindung über das Telefonnetz an, wenn eine Internetverbindung über die Telefonleitung erforderlich ist, um Daten zu senden und Internet-Inhalte anzufordern.

Verwendet der Anbieter das Zwei-Wege-System, entfällt diese Notwendigkeit. Einige Anbieter, beispielsweise StarDSL (siehe Website StarDSL (http://www.stardsl.de/)) vermarkten daher eine Lösung, welche keine zusätzliche Telefonleitung erfordert und über den Satelliten auch einen Upload-Kanal bereitstellt. Dafür müssen Sie sich allerdings spezielle Hardware anschaffen und die Satellitenschüssel durch einen Fachmann installieren lassen.

10.7.5 Mobile Datendienste *

Auch mobiles Internet ist nicht mehr wirklich langsam. Nach UMTS und HSDPA lassen sich heute mit HSPA+ knappe 20 MBit/s netto erreichen, wobei die Hardware-Hersteller schon von kurzfristig möglichen 80 MBit/s sprechen. Mit der neuen LTE-Technik sollen noch weitere erhebliche Leistungssteigerungen möglich sein. Mit einem flächendeckenden LTE-Netz ist allerdings in Deutschland erst in einigen Jahren zu rechnen.

Auch mobiles Internet ist eine durchaus ernst zunehmende Alternative zum kabelgebundenen DSL-Anschluss. Nicht nur die (sehr einfache) Konfiguration der Anwender-Hardware und -Software bringt hier entscheidende Vorteile.

Der Bedarf nach Mobilität und erst recht nach Bandbreite wächst bei den Benutzern permanent. Schließlich sind für die massenhafte Verbreitung von Internet-Videos, die immer häufiger auch in HD-Auflösung vorliegen, sehr hohe Übertragungsraten notwendig.

Während stationäre Internet-Zugänge, also DSL- und Kabelinternet-Anschlüsse, vom Tempo her bereits heute für derartige Anwendungen gute Bitraten und damit akzeptable Übertragungszeiten ermöglichen, sieht das bei den mobilen Diensten etwas anders aus. Das Hauptproblem ist dabei, dass sich alle Benutzer des Mobilnetzes eine Funkzelle teilen müssen.

Im Folgenden erhalten Sie einen Überblick über die aktuellen Mobilfunk-Standards:

UMTS
: *Universal Mobile Telecommunication System* (UMTS) wird zur 3. Mobilfunkgeneration gezählt und sendet auf 2000 MHz. Die maximale Datenrate *(Download)* beträgt 384 KBit/s. UMTS ist seit Mai 2004 in Deutschland verfügbar.

HSDPA
: Zur Beschleunigung hat man HSDPA *(High Speed Downlink Packet Access)* eingeführt. Ein Übertragungsverfahren in UMTS-Netzen, das Download-Geschwindigkeiten von bis zu 7,2 MBit/s ermöglicht, welche sich ebenfalls auf die angemeldeten Benutzer verteilen.

Effektiv bleiben beim UMTS-HSDPA-Standard nach Abzug von Protokoll- und Fehlerkorrektur-Paketdaten sowie unter Berücksichtigung anderer, gerade zeitgleich aktiver Nutzer schwankende Netto-Datenraten von bis zu 4 MBit/s.

Kurzfristig geplant sind bis zu 14,4 MBit/s brutto. Damit wäre die Grenze der UMTS-Beschleunigungs-Technik HSDPA erreicht.

HSPA
: *High Speed Packet Access* (kurz HSPA) ist ein Verfahren der mobilen Datenübertragung, das eine entsprechend optimierte UMTS-Infrastruktur verwendet und damit Download- und Uploadraten

10.7 Highspeed-Internet *

auf DSL-Niveau ermöglicht. Dass derzeit noch meistens von den etwas längeren Kürzeln HSDPA und HSUPA die Rede ist, hat einen einfachen Grund:

- HSDPA *(High Speed Downlink Packet Access)* beschleunigt den Datenempfang,
- HSUPA *(High Speed Uplink Packet Access)* beschleunigt den Datenversand.

Obwohl die technischen Verfahren ähnlich sind, müssen HSDPA und HSUPA gesondert umgesetzt werden. Dies erfordert eine zweifache Aufrüstung der Mobilfunk-Basisstationen sowie der mobilen Endgeräte für HSPA.

Da bei den Benutzern typischerweise der Datenempfang eine größere Rolle spielt als der Versand, treiben Mobilfunk-Anbieter und Endgerätehersteller erst einmal HSDPA voran und lassen HSUPA später folgen. Erst wenn der *High Speed Packet Access* in beiden Richtungen verfügbar bzw. mit einem Endgerät möglich ist, spricht man kurz von HSPA.

Derzeit können mit HSPA Übertragungsgeschwindigkeiten bis zu 7,2 MBit/s im *Downlink* und 1,45 MBit/s im *Uplink* erreicht werden – mehr als mit vielen heutigen DSL-Zugängen.

Dabei ist für HSPA, abgesehen von den Endgeräten, keine neue technische Infrastruktur in großem Maßstab nötig, wie es beim UMTS-Ausbau der Fall war. Vielmehr wird die vorhandene Kapazität eines UMTS-Netzes durch HSPA erheblich effizienter genutzt.

Dazu werden beispielsweise die Mobilfunkteilnehmer bei HSPA unterschiedlich priorisiert, sodass Übertragungsverfahren, die leistungsfähiger, aber auch störanfälliger sind, nur für Nutzer in der Nähe der Basisstation genutzt werden. Außerdem wird bei HSPA-Verbindungen mit guter Qualität weniger Kapazität zur Fehlerkorrektur aufgewandt, wodurch ein größerer Teil der vorhandenen Bandbreite für Nutzdaten zur Verfügung steht (Reduktion des *Overhead*).

Obwohl HSPA auf dem relativ langsamen UMTS basiert, ist seine Entwicklung noch nicht abgeschlossen. Es steht nämlich inzwischen eine verbesserte Variante namens HSPA+ zur Verfügung, welche immer noch, wie schon HSDPA, auf Basis von UMTS arbeitet.

HSPA+

Mit HSPA+ werden noch schnellere Geschwindigkeiten als mit HSPA möglich sein. Schon jetzt ermöglicht HSPA+ durch technische Weiterentwicklung von Sendern und Empfängern sowie verbesserte Übertragungsverfahren deutliche Geschwindigkeitsvorteile.

Die Schnittstelle zum Mobilnetz bildet in vielen Fällen ein USB-HSPA Stick (siehe Marginalie), welcher einen *Slot* für die SIM-Karte besitzt, über welche die Netzwerkanmeldung und die eindeutige Identifikation realisiert wird.

Öffentliche Feldversuche laufen bereits. HSPA+ wird erhebliche Geschwindigkeitssteigerungen bringen. Wie schon im WLAN kommt auch hier Mehrantennen-Technik zum Einsatz. 28 MBit/s brutto sind bereits im Angebot, allerdings nur in sehr wenigen (Ballungs-)Gebieten.

Mit HSPA+ sind unter Idealbedingungen Datenraten von netto 15 bis 18 MBit/s möglich – in der Praxis ist mit einer Geschwindigkeit von etwa 10 MBit/s zu rechnen, was gegenüber herkömmlichem HSDPA einen deutlichen Fortschritt darstellt.

Die Hardware-Hersteller gehen davon aus, HSPA+ auf bis zu 42 MBit/s brutto steigern zu können, bei der Kombination von zwei Funkzellen soll sogar eine Steigerung auf 80 MBit/s möglich sein.

LTE Obwohl HSPA+ noch wenig verbreitet ist, ist schon ein neuer, erheblich verbesserter Mobilfunkstandard in Sicht: LTE.

Als Nachfolger von HSPA+ wird bereits die Übertragungstechnik LTE gehandelt, bei der ein Datenvolumen von über 100 MBit/s erreicht werden soll, so wird nun auch das mobile Internet schnell und unterbrechungsfrei. Durch LTE soll die Leistung des mobilen Internets um den Faktor 5 steigen.

Im ersten Halbjahr 2010 hat die Bundesnetzagentur die LTE-Frequenzen versteigert. LTE ist die Abkürzung für *Long Term Evolution*. Es handelt sich dabei um einen neuen Mobilfunkstandard für die Übertragung von Daten, der bald die Nachfolge von UMTS sowie allen auf UMTS basierenden Techniken antreten soll.

LTE-Netze sind zwar schon marktreif, allerdings gibt es bislang nur sehr wenige davon. In Deutschland sollen die ersten LTE-Netze gegen Ende des Jahres 2010 zur Verfügung stehen. Etwa 2015 ist nach Angaben der Lizenzinhaber mit deutschlandweiter Netzabdeckung zu rechnen.

Bei LTE sorgen neue Frequenzbänder, flexiblere Kanalraster und eine engmaschigere Aufteilung der Trägersignale für einen klaren Geschwindigkeitsvorteil gegenüber UMTS und HSDPA. Möglich wird dies vor allem durch immer leistungsfähigere und empfindlichere Sende- und Empfangstechnik.

Neben der Geschwindigkeit ist die geringe Signallaufzeit von weniger als 5 Millisekunden ein weiterer Vorteil der LTE-Technik. Das macht sich insbesondere bei Online-Spielen und VoIP-Telefonaten positiv bemerkbar, welche dadurch nahezu verzögerungsfrei laufen.

10.7 Highspeed-Internet *

Die neue Technik bedeutet Betreiber mobiler Kommunikationsnetze Investitionen in neue Hardware für jede Basisstation, die LTE-fähig sein soll. Somit wird es noch einige Zeit dauern, bis die LTE-Technik in Deutschland Verbreitung finden wird.

Die höchsten Datenraten sind sicherlich nur im stationären Betrieb erreichbar. Bei Fahrten im Zug oder Auto werden die 100 MBit/s nur selten erreicht, ansonsten ist mit Übertragungsgeschwindigkeiten von 200 MBit/s und mehr zu rechnen.

So wird LTE zu einer echten Alternative für kabelgebundene Internetzugänge. Sogar diejenigen Haushalte, welche sich in Gebieten ohne schnelle DSL- und Kabelinternet-Anschlüsse befinden, können dann endlich am Hochgeschwindigkeits-Internet angeschlossen werden.

Weitere Informationen zu den heutigen und auch den zukünftigen mobilen Techniken finden Sie hier:

- Website Computerwoche.de (http://www.computerwoche.de/netzwerke/mobile-wireless/1887820/index3.html)
- Website Computerwelt.de (http://www.computerwelt.at/detailArticle.asp?a=125945\&n=5)
- Website hspa-lte.de (http://www.hspa-lte.de/hspa-plus_evolved-hspa)
- Website LTEmobile.de (http://www.ltemobile.de)
- Website Heise.de (http://www.heise.de/meldung/Nokia-Siemens-Networks-praesentiert-HSPA-und-LTE-in-Wien-Update-752571.html)
- Website Laptopkarten.de (http://www.laptopkarten.de/T-Mobile/HSPA+.html)
- WebsiteTripple.net (http://www.tripple.net/contator/webwizard/news.asp?nnr=36314)

Glossar

5-4-3-Regel
Bei Netzen, in denen Datenkollisionen auftreten können, ist die maximale Anzahl der *Repeater* und Segmente begrenzt. Die 5-4-3-Regel beschreibt die maximal zulässige Konfiguration solcher Netze: Zwischen zwei Stationen dürfen sich nicht mehr als 5 Segmente und nicht mehr als 4 *Repeater/Hubs* befinden, maximal 3 der Segmente dürfen Hosts enthalten.

Access Control List
Tabelle, welche in WLANs für die Zugangskontrolle auf MAC-Ebene (Bitübertragungsschicht im OSI-Modell) eingesetzt wird. Eine Zugangskontrollliste wird zentral durch die Basisstation verwaltet. Zugriffskontrolllisten werden auch beim Internetworking eingesetzt. Die ACL beschreibt hier, welche Datenpakete von welchem Host ausgefiltert werden und welche Dienste von Computern an LANs angeboten oder von diesen abgerufen werden können. Die Zugriffskontrollliste kann den Dienstzugang unterstützen oder verhindern. (Abk.: ACL)

AES *(Advanced Encryption Standard)*
AES – der Nachfolger der DES-Verschlüsselung – ist ein symmetrisches Verschlüsselungssystem, welches ein Höchstmaß an Sicherheit gewährleistet. Durch AES werden digitale Daten verschlüsselt gespeichert und auch übertragen. AES verwendet den schnell arbeitenden Rijndael-Algorithmus. Die AES-Verschlüsselung beinhaltet eine Blockgröße von 128 Bit und zudem eine variable Schlüssellänge von 128, 192 oder 256 Bit. Die AES-Verschlüsselungstechnik ist öffentlich und frei verfügbar. In den USA ist AES für staatliche Dokumente der höchsten Sicherheitsstufe zugelassen. Der Advanced Encryption Standard wird u. a. vom Verschlüsselungsstandard IEEE 802.11i für Wireless LAN und sowie bei SSH und bei IPsec genutzt. Auch in der IP-Telefonie kommt AES zum Einsatz.

Arbeitsspeicher *(RAM;* random access memory*)*
Medium zur kurzfristigen Aufbewahrung nicht zu umfangreicher Information in einem Computer; Bestandteil der Zentraleinheit. (Abk.: RAM)

ATM *(Asynchronous Transfer Mode)*
Bei ATM Mode handelt es sich um ein asynchrones Datenübertragungsverfahren für Hochgeschwindigkeitsnetze, bei dem die Daten in winzige Pakete (cells, Zellen) von 53 Byte Länge (davon 48 Bytes Daten) zerlegt werden. ATM wurde für Digitalnetzkonzepte entworfen, die weder auf spezielle Dienste noch auf Anwendungen zugeschnitten sind und keine festen Bitraten unterstützen. Somit ist es egal, ob Daten für Internetanwendungen, Telefongespräche, Videokonferenzen, HDTV oder etwa Bildtelefonie übertragen werden. Ziel von ATM war es, jedem Benutzer des Netzes unter Anwendung eines Zeitmultiplexverfahrens nur diejenige Bandbreite und Übertragungsqualität zur Verfügung zu stellen, die er für seine Anwendung benötigt. Somit kann er zwischen Kosten, Übertragungsrate und Qualität selbst optimieren.

Authentifizierung
Authentifizierung bedeutet aufgaben- und benutzerabhängige Zugangs- und/oder Zugriffsberechtigung. Die Authentifizierung hat den Zweck, Systemfunktionen vor Missbrauch zu schützen. Bei der Kommunikation stellt die Authentifizierung sicher, dass der Kommunikationspartner auch derjenige ist, für den er sich ausgibt. Bei der Authentifizierung wird zwischen einseitiger und gegenseitiger Authentifizierung unterschieden. In der Praxis wird meistens die einseitige Authentifizierung verwendet, wobei beispielsweise beim Login der Benutzer sein Passwort eingibt und damit nachweist, dass

er wirklich der angegebene Benutzer ist. Als Sicherheitsdienst für die einseitige Identifikation dient der Empfängernachweis, durch den die Benutzer-Identität und damit auch die Benutzungsberechtigung gegenüber dem System nachgewiesen wird. Dazu dienen hauptsächlich Passwörter, persönliche ID-Nummern, kryptografische Techniken sowie Magnet- oder Chip-Ausweiskarten. Eine strenge Authentifizierung kann mit der Vergabe von Einmalpasswörtern (OTP = One Time Passwords) erfolgen. Darüber hinaus gibt es Authentisierungssysteme, die mit biometrischen Daten arbeiten, und Mehrfaktorsysteme, die unter anderem auf so genannte USB-Token (Stecker oder Dongle, der zur persönlichen Authentifizierung des Anwenders dient) setzen. Sicherer als die einseitige Authentifizierung ist die gegenseitige, bei der alle Kommunikationspartner ihre Identität beweisen müssen, bevor untereinander vertrauliche Daten ausgetauscht werden. So sollte beispielsweise beim Abheben von Bargeld an einem Terminal (Ein-/Ausgabegerät) dieses vor Eingabe der PIN beweisen, dass es sich bei dem Gerät um ein echtes Geldausgabegerät handelt und nicht um einen Nachbau oder eine Konsole, welche nur die eingegebenen Daten aufzeichnet (Keylogging).

Basisbandübertragung
Bei der Basisbandübertragung wird kein Frequenz-Multiplexing (FDM) des Übertragungsmediums durchgeführt. So steht zu einem bestimmten Zeitpunkt immer nur ein Übertragungskanal zur Verfügung – es nicht möglich, dass mehrere Geräte gleichzeitig übertragen. Das klassische Ethernet benutzte Basisbandübertragung. Das Gegenstück zur Basisbandübertragung ist die Breitbandübertragung, eine Übertragungstechnik, die mit einer hohen Bandbreite arbeitet und so hohe Übertragungsraten gestattet. Zudem können dadurch mehrere Geräte gleichzeitig übertragen. Dies ist möglich, indem verschiedene Frequenzen (FDM) oder unterschiedliche Kabelwege benutzt werden oder die Übertragungsstrecke zeitlich in mehrere Kanäle aufgeteilt bzw. zerlegt wird (Zeitscheiben-Multiplexing).

Berkeley Software Distribution
Die Berkeley Software Distribution ist eine Version des Betriebssystems Unix, die an der Universität von Kalifornien in Berkeley ab 1977 entstanden ist. Inzwischen ist der komplette Quelltext umgeschrieben, die ursprüngliche durch die Universität erstellte BSD ist kaum noch gebräuchlich. Heute ist Mac OS X, dessen Kern BSD-Code verwendet, die meistverbreitete und bei Weitem kommerziell erfolgreichste Unix-Variante auf dem PC-Markt. (Abk.: BSD)

Bundesnetzagentur
Die Bundesnetzagentur (BNetzA) ist eine obere deutsche Bundesbehörde (Regulierungsbehörde). Ihre Aufgaben bestehen aus der Aufrechterhaltung und der Förderung des Wettbewerbs in sogenannten Netzmärkten. Die Bundesnetzagentur ist außerdem Wurzelbehörde nach dem Signaturgesetz ist. Sie ist gegründet worden, um die Liberalisierung des Telekommunikations- und Postmarkts zu begleiten. Im Jahr 1998 nahm sie als Regulierungsbehörde für Post und Telekommunikation (RegTP) ihre Arbeit auf. Mit der Übernahme der Regulierung des Energie- und Eisenbahnmarkts erfolgte die Umbenennung in »Bundesnetzagentur für Elektrizität, Gas, Telekommunikation, Post und Eisenbahnen (Bundesnetzagentur)« im Jahr 2005. Im Rahmen der Liberalisierung des Energiemarkts ist eine zentrale Aufgabe der Bundesnetzagentur durch Entflechtung und Regulierung der Elektrizitäts- und Gasversorgungsnetze die Voraussetzungen für einen wirksamen und unverfälschten Wettbewerb zu schaffen. Die Regulierungstätigkeit umfasst dabei die Sicherstellung eines diskriminierungsfreien Netzzugangs sowie die Kontrolle der von den Energieversorgungsunternehmen erhobenen Netznutzungsentgelte. Zudem gewährleistet sie die Sicherung eines langfristig angelegten leistungsfähigen und zuverlässigen Betriebs von Energieversorgungsnetzen.

Glossar

CE/EMV
Auf fast allen elektronischen Geräten ist ein CE-Kennzeichen (CE steht für Communauté Européenne, Europäische Gemeinschaft) aufgeklebt, denn elektronische Geräte können Störungen verursachen. Die einzelnen Hersteller garantieren damit, dass ihre Geräte den dafür gültigen Vorschriften entsprechen. Würden den Geräten und den Herstellern keine Grenzwerte auferlegt, so würden unsere elektronischen Geräte laufend Knacken, Rauschen und ggf. sogar Konflikte verursachen. Die CE/EMV-Kennzeichnung (»Elektromagnetische Verordnung der Communauté Européenne«) sagt allerdings nichts über die biologische Belastung durch elektromagnetische Strahlung aus. CE auf elektronischen Geräten schützt die Geräte untereinander, trifft aber keine Aussage zu der Belastung der biologischen Umwelt.

Computer-Virus
Ein Virus zählt zur Malware, zur Kategorie der schadhaften Programme. Der Virus verbreitet sich auf einem PC. Sobald ein verseuchtes Programm gestartet wurde, infiziert der Virus andere Programmdateien. Wichtiges Merkmal: Der Virus wird grundsätzlich nur aktiv, wenn man ihn von Hand startet. Ausgetauscht wird ein Virus über Datenträger oder per Mail-Anhang. Viren breiten sich relativ langsam aus.

Datagrammdienst
Ein Datagrammdienst arbeitet verbindungslos in einem paketvermittelten Netzwerk mit wenig Protokoll-Overhead. Die Datagramme bzw. Datenpakete werden ohne Quittungsmechanismus bzw. Empfangsbestätigung vom Sender zum Empfänger übermittelt. Für die Übertragung eines Datagramms muss lediglich die komplette Empfängeradresse und die Absenderadresse angegeben werden. Da das Datagramm im Netzwerk als eigene Einheit behandelt wird, ist kein Protokollaufwand für den Verbindungsaufbau erforderlich.

Datenspiegelung
Redundante Haltung von Daten auf mehreren Speichersystemen, sodass zu jeder Zeit ein annähernd identischer Datenstand vorliegt. Bei der synchronen Datenspiegelung ist eine Schreib- oder Löschaktion für das veranlassende IT-System erst dann abgeschlossen, wenn die Datenänderung auf allen gespiegelten Speichersystemen vollzogen worden ist. Bei der asynchronen Datenspiegelung ist eine Schreib- oder Löschaktion für das veranlassende IT-System bereits dann abgeschlossen, wenn die Datenänderung auf einem der gespiegelten Speichersysteme vollzogen worden ist. Auf den anderen Datensystemen wird die Änderung allerdings zeitnah nachvollzogen.

DES *(Data Encryption Standard)*
Die DES-Verschlüsselung der dLAN-Geräte war der Vorgänger von AES; DES arbeitete allerdings mit 56 Bit Schlüssellänge. Schon bei DES ließ sich der Netzwerkverkehr kaum von der Stromleitung abhören, da der HomePlug-Chip keine verschlüsselten Daten direkt an die Netzwerkschnittstelle weiterleitet. Im Chip wird das Signal sowohl verschlüsselt, als auch direkt moduliert, sodass sich Angreifer nur zu den modulierten Daten Zugang verschaffen konnten, mit denen allerdings kaum etwas anzufangen war, da die Rückmodulierung schwierig war. DES galt zunächst als sicher, wurde jedoch geknackt und schließlich 2002 durch AES abgelöst.

Distance-Vector-Verfahren
Beim Distance-Vector-Verfahren werden Informationen über die Erreichbarkeit von IP-Netzen zusammen mit einem Entfernungswert (distance metric) übertragen, wobei jeder Router eine Datenbasis unterhält, aus der hervorgeht, welches IP-Netz am besten über welchen nächsten Hop (Zwischenstation) zu erreichen ist. Das bedeutet, jeder Router hat seine eigene Sichtweise seiner unmittelbaren Nachbarschaft mit Wegweisern zum jeweils nächsten

Hop für jedes entfernte IP-Netz. Die Erreichbarkeitsinformation wird fortlaufend durch Nachrichten eines entsprechenden Routingprotokolls aktualisiert.

DNS *(DNS; domain name server, domain name system)*
1 *Domain Name Server:* Spezieller →Server im Internet, der zu →Domain-Namen anhand von Tabellen die zugehörige →IP-Adresse ermittelt. Kurz auch →*Nameserver* genannt.
2 *Domain Name System:* Verteilte Datenbank im Internet, die in der Lage ist, die →IP-Adresse für alle →Hostnamen zu ermitteln.

Domain-Name *(domain name)*
Hierarchisch gegliederter, funktionsbezogener Computername im →Internet. Ein →*Nameserver* setzt Domain-Namen in →IP-Adressen um. Typischer Aufbau: Computer.bereich.institution.land. (Abk.: DNS)

Drehstromzähler
Ein Drehstromzähler ist eine Messvorrichtung zur Ermittlung des Stromverbrauchs. In Deutschland ist in beinahe jeder Wohneinheit/jedem Haushalt ein Drehstromzähler eingerichtet, damit der individuelle Stromverbrauch, welcher kostenmäßig durch das Energieversorgungsunternehmen abgerechnet wird, überhaupt verursachungsgemäß festgestellt werden kann.

DSL *(Digital Subscriber Line)*
Oberbegriff für eine Breitband-Übertragungstechnik, die vorwiegend für Internetnetzugänge verwendet wird. Durch DSL wird schnelles Surfen und umfangreicher Datentransfer im Internet über das Telefonnetz und auch andere Netze ermöglicht. Technisch betrachtet geschieht dies, indem für den Datenverkehr höhere Frequenzbereiche der Telefonleitungen (Kupferkabel) genutzt werden als zur Übertragung der Sprachinformationen. Dies hat den zusätzlichen Vorteil, dass die Sprachübertragung über die Telefonleitungen durch die Übertragung von DSL-Signalen nicht gestört wird. Die AnwenderInnen können also während der DSL-Nutzung gleichzeitig über ihren analogen Telefonanschluss telefonieren oder faxen und bleiben telefonisch erreichbar.

Energy-Star
Das Energy-Star Programm der Europäischen Gemeinschaft soll die Energieeffizienz von Bürogeräten verbessern; das Energy-Star Gütezeichen kennzeichnet Strom sparende Computer, Bildschirme, Drucker, Kopierer und andere Geräte. Bei entsprechender Energieeffizienz dürfen zertifizierte Geräte ein Gütezeichen (Label) tragen. Die Vergabekriterien für das Energy-Star Gütezeichen werden gemeinsam von der U.S. Umweltbehörde (EPA), der EU-Kommission und Experten für Informationstechnik festgelegt, regelmäßig überprüft und dem aktuellen Stand der Technik angepasst; die Anforderungen sollen so gestaltet werden, dass sie nur von etwa einem Viertel der am Markt befindlichen Geräte erfüllt werden.

Fast Packet Keying
Sicheres Verfahren für die Schlüsselgenerierung. (Abk.: FPK)

Firewall *(firewall)*
»Schutzmauer« (wörtlich: Brandschutzmauer) zwischen einem Computersystem bzw. einem lokalen Netzwerk und dem Internet, die den Datenverkehr zwischen »innen« und »außen« filtert. Zu der Basis-Funktionalität einer Firewall gehören Paketfilterung, NAT *(Network Address Translation)*, Anwendungs-Proxy und Überwachung/Protokollierung.

Flash *(Flash)*
Von Intel entwickelte Speichertechnik für schnelle, nichtflüchtige Speicher, deren Inhalt auch nach Abschalten der Stromversorgung erhalten bleibt.

HF-Kanal *(High Frequency Channel; Hochfrequenz-Kanal)*
Derjenige für alle WLAN-Geräte gleichermaßen festgelegte Frequenzbereich im 2,4 oder 5 GHz-Band, auf dem die Übertragung innerhalb desselben Netzwerkes zwischen den Clients bzw. zwischen Router und Clients stattfindet. (Abk.: HF-Kanal)

Hop
Station (Zwischenstopp) auf dem Weg eines Datenpaketes zum Zielrechner; je nach Entfernung von Rechner zu Rechner und momentaner Netzbelastung können einzelne Datenpakete über unterschiedliche Hops geleitet werden.

Host *(host)*
Ein Host ist in erster Näherung ein Computer (ein Rechner, eine Maschine) in einem Netzwerk. Genauer gesagt ist ein Host eine Ablaufumgebung für Prozesse der Verarbeitungsschicht. Im einfachsten Fall handelt es sich dabei um einen sogenannten realen Host; ein solcher besteht aus einer Computerhardware und einem darauf installierten Betriebssystem. Zu den realen Hosts zählen auch dedizierte Computersysteme wie Netzwerkdrucker, IP-Telefonapparate oder Webcams. Darüber hinaus gibt es sogenannte virtuelle Hosts. Solche sind gegeben, wenn Computer mehrere Ablaufumgebungen gleichzeitig bereithalten, z. B. mehrere Betriebssysteme oder mehrere virtuelle Maschinen, die quasi gleichzeitig auf einer Computerhardware ablaufen. Dann stellt jede dieser Ablaufumgebungen einen virtuellen Host dar. Der Begriff Host stammt aus dem Englischen und bedeutet so viel wie Wirt oder Gastgeber. Damit wird auf die Eigenschaft abgehoben, dass ein Host Prozesse der Verarbeitungsschicht beherbergt.

HTTPS *(Hypertext Transfer Protocol Secure)*
HTTPS steht für sicheres Hyptertext-Übertragungsprotokoll und ist ein URL-Schema, das eine zusätzliche Schicht zwischen HTTP und TCP definiert. Das HTTPS dient zur Verschlüsselung und zur Authentifizierung der Kommunikation zwischen Web-Server und Browser im World Wide Web. Ohne Verschlüsselung sind Datenströme für jeden, der Zugang zum entsprechenden Netz hat, als Klartext lesbar. Mit der zunehmenden Verbreitung von Funkverbindungen, die etwa über WLAN-Hotspots (frei zugängliche Funknetzwerke) häufig unverschlüsselt laufen, nimmt die Bedeutung von HTTPS zu, da hiermit die Inhalte unabhängig vom Netz verschlüsselt werden. Es stellt dabei das einzige Verschlüsselungsverfahren dar, das ohne gesonderte Softwareinstallation auf allen internetfähigen Computern unterstützt wird. Syntaktisch ist HTTPS identisch mit dem Schema für HTTP, die zusätzliche asymmetrische Verschlüsselung der Daten geschieht mittels SSL; SSL (Secure Sockets Layer) sorgt zusätzlich für eine zuverlässige Authentifizierung.

Internet *(internet)*
Weltweites, dezentralisiertes, allgemein zugängliches Computernetz, in dem eine Vielzahl von Diensten angeboten und genutzt werden. Als Übertragungsprotokoll wird TCP/IP verwendet.

Internet-Provider
Dienstleistungsanbieter, der u. a. seinen Kunden über den eigenen Web-Server einen Internetzugang zur Verfügung stellt.

Intranet *(intranet)*
Firmeninternes, nicht öffentliches Netz, das auf der Technik des Internet basiert, insbesondere auf TCP/IP.

IP-Adresse *(IP adress; Internet Protocoll-Adresse)*
Eindeutig zugewiesene Adresse eines Computersystems im Internet; besteht aus vier Bytes, durch Punkte getrennt, z. B. 134.147.80.1.

IPSec *(IPSec; Internet Protocol Security)*
Sicherheitsarchitektur für die Kommunikation über IP-Netzwerke, um die Schwächen des Internetprotokolls (IP) zu beheben. Es gewährleistet Vertraulichkeit, Authentizität und Integrität und schützt vor Replay-Angriffen bzw. Replay-Attacken, so dass Angreifer nicht durch erneutes Absenden einer zuvor abgehörten Anfrage bei einem Gerät oder einer Netzwerk-Instanz eine wiederholte Aktion erreichen. (Abk.: IPSec)

Java
Java ist eine objektorientierte Programmiersprache und eingetragenes Warenzeichen der Firma Sun Microsystems. Sie ist ein Bestandteil der Java-Technik. Java-Programme werden in Bytecode übersetzt und dann in einer speziellen Umgebung ausgeführt, die als Java-Laufzeitumgebung oder Java-Plattform bezeichnet wird. Deren wichtigster Bestandteil ist die Java Virtual Machine (JVM), die die Programme ausführt, indem sie den Bytecode interpretiert und bei Bedarf kompiliert (Hotspot-Optimierung). Java-Programme sind plattformunabhängig, das heißt, sie laufen in aller Regel ohne weitere Anpassungen auf verschiedenen Computern und Betriebssystemen, für die eine JVM existiert.

JavaScript
JavaScript ist eine Programmiersprache, die in Webseiten benutzt wird. Sie dient dazu, Internetseiten mit bestimmten Funktionen auszurüsten. Zum Beispiel können mittels JavaScript Formulardaten auf Vollständigkeit überprüft, kleine Fenster (PopUps) geöffnet oder die Seitennavigation optimiert werden. Durch die Verwendung von JavaScript wird es ermöglicht, dass sich eine aufgerufene Internetseite auf Eingaben des Anwenders per Maus oder Tastatur verändert (zum Beispiel durch das sogenannte Mouseover). Auch können Menüs für eine benutzerfreundliche Navigation dynamisch gestaltet werden. Durch JavaScript werden Internetseiten zu interaktiven Anwendungen, wodurch sie sich auch zu didaktischen Zwecken nutzen lassen.

Jitter
Zeitliche Schwankung zwischen dem Empfang von zwei Datenpaketen. Um diese zu kompensieren, werden bei manchen Anwendungen Pufferspeicher (Jitterbuffer) eingesetzt, welche eine zusätzliche, gewollte Verzögerung der empfangenen Daten bewirken, um anschließend die Daten isochron weiter verarbeiten zu können. Datenpakete, welche noch später ankommen, können nicht mehr in den Ausgabedatenstrom eingearbeitet werden, gehen also verloren. Die Verwendung eines größeren Pufferspeichers führt zu einer Steigerung der Laufzeit.

Kerberos
Technik zur Authentifizierung von Computern und Diensten in TCP/IP Netzwerken. Dabei werden Tickets zur einmaligen Verwendung von Diensten ausgestellt und vom Kerberos-Server kontrolliert. Der Kerberos-Dienst authentifiziert sich am Client und auch am Server und überprüft deren Identität. Für die Verschlüsselung der Kommunikation wird ein Session Key ausgehandelt.

Kollisionsdomäne
Eine Kollisionsdomäne ist ein Netzwerk oder ein Teil eines Netzwerkes, in dem mehrere Netzwerkknoten ein gemeinsames Übertragungsmedium nutzen. Wenn zwei oder mehr Stationen gleichzeitig senden, dann überlagern sich deren Signale und jede Sendung ist gestört. Dies nennt man Kollision. Wird ein Netzwerk durch einen *Repeater* oder *Hub* erweitert, so vergrößert sich die Kollisionsdomäne. Mit der Anzahl der Stationen steigt auch die Anzahl der Kollisionen. Ab einer bestimmten Anzahl von Stationen ist keine Datenübertragung mehr möglich, da alle Sendungen durch Kollisionen zerstört werden.

Glossar

Konzentrator
Ein Konzentrator ist eine technische Vorrichtung, die etwas zusammenfasst bzw. verdichtet. In der Optik wird Licht mit hoher Effizienz auf einer möglichst geringen Fläche gebündelt, also eine hohe Bestrahlungsstärke erzielt. Hierzu werden oft Sammellinsen, Hohlspiegel, Prismen oder Kegel verwendet.
In der Netzwerktechnik versteht man unter einem Konzentrator ein Gerät, das mehrere Leitungen einer bestimmten Bandbreite auf eine Leitung größerer Bandbreite zusammenfasst und umgekehrt; er besitzt eine Multiplexer-Funktionalität.

Latenzzeit
Der Transport von Daten benötigt Zeit. Sie wird als Laufzeit bzw. Latenz (engl. delay oder latency) bezeichnet und besteht bei der Datenübertragung in IP-Netzwerken im Wesentlichen aus den Signallaufzeiten auf den Übertragungskanälen, der Zeitverzögerung durch die Paketzerlegung und Zwischenspeicherung sowie gegebenenfalls Kompression, Dekompression, Ver- und Entschlüsselung der digitalen Daten.

letzte Meile
Die letzte Meile ist die Verbindung von der Ortsvermittlungsstelle des Netzbetreibers bis zum Telefonanschluss des Nutzers im Haushalt. Größtenteils bestehen diese Leitungen noch aus Kupferadern, während die einzelnen, überregionalen Netzknoten der verschiedenen Anbieter meist über schnelle Glasfaserkabel miteinander verbunden sind. (Syn.: Amtsleitung)

Link-State Routingprotokoll
Link-State Routingprotokoll wird von Routern genutzt, um eine komplexe Datenbank mit Topologie-Informationen aufzubauen. Mit Hilfe dieser Datenbank werden die Pakete dann im Netzwerk weitergeleitet.

Malware
Gängige Bezeichnung für jede Art von bösartiger Software.

Nameserver *(nameserver)*
Computersystem im Internet, das eine Tabelle mit Domain-Namen und den zugehörigen IP-Adressen enthält. Auch DNS *(domain name server)* genannt. (Syn.: DNS, domain name server)

Nebensprechen
Nebensprechen ist ein Begriff aus der Nachrichtentechnik; es bezeichnet die gegenseitige Störung verschiedener Übertragungskanäle, die z. B. bei mehradrigen Kabeln durch induktive, kapazitive oder galvanische Kopplungen hervorgerufen wird. Das Nebensprechen kann durch gleichmäßigen Kabelaufbau, durch Isolation/Abschirmung und auch durch Ausgleichskondensatoren in seiner Wirkung reduziert oder gar ganz unterdrückt werden.

NetWare
Proprietäres Betriebssystem von Novell zum Bereitstellen von Dateisystemen, Druckern und Verzeichnisdiensten in einem Rechnernetz. Es unterscheidet sich von anderen Betriebssystemen für Mikrocomputer dadurch, dass es nicht als Betriebssystem eines Personal Computers (PC) gedacht ist. Selbst seine Verwaltung erfolgt ausschliesslich über das Netzwerk. Zur Verwaltung und Nutzung von Netware werden auf den anderen Computern im Netzwerk entsprechende Clients installiert.

OPAC *(Online Public Access Catalogue)*
Katalogsystem vieler Bibliotheken, speziell bei Universitäts-, Hochschulbibliotheken und Stadtbüchereien ist ein solches System im Einsatz.

Glossar

Overhead
Daten, die nicht zu den eigentlichen Nutzdaten gehören, sondern lediglich der Verwaltung und der Transportbewerkstelligung dienen. Diese Verwaltungsdaten werden von manchen Protokollen (etwa TCP) zur Erkennung von Übertragungsfehlern verwendet. Bei Protokollen, die keine Fehlererkennung vorsehen, z. B. UDP, entfällt zumindest ein Teil des Overhead, so dass in vielen Fällen das Datenvolumen bei der Übertragung erheblich geringer als bei fehlertoleranten Protokollen ist.

Paketfilter
Software, die den ein- und ausgehenden Datenverkehr in einem Computernetz filtert. Dies dient in der Regel dem Schutz des Netzes vor Angreifern. Ebenso wichtig wie der Schutz gegen Angreifer von außen ist der Schutz gegen ungewollt ausgehende Pakete; damit kann man z. B. erschweren, dass der eigene Computer ungewollt und unbemerkt Viren im Internet verbreitet. Paketfilter werden verwendet, um etwa in einem Router das Konzept einer Firewall umzusetzen. Sie verhindern zum Beispiel, dass Datenpakete aus oder in ein Netz gesendet werden, welche ungültige Absender- oder Ziel-Adressen beinhalten. Derartige Datenpakete werden vom Router bei Verwendung eines entsprechenden Filters verworfen. Auch Multicast- und Broadcast-Sendungen lassen sich so filtern.

PCI *(PCI; Peripheral Component Interconnect)*
Schnittstelle, die dazu verwendet wird, Baugruppen auf der Hauptplatine von Computern miteinander zu verschalten und auch Steckplätze für Erweiterungskarten zur Verfügung zu stellen.

Point-to-Point
Eine End-zu-Ende Verbindung ist eine direkte Verbindung zweier Kommunikationspartner, wie sie etwa bei Unicast zu Stande kommt. (Syn.: Point-to-Point)

Postfach, virtuelles
Dem Anwender zugeordneter Speicher auf dem Mail-Server, eine hierarchische Struktur von Ordnern.

PPPoE *(Point-to-Point Protocol over Ethernet)*
Dieses Protokoll dient zum Verbindungsaufbau zwischen Mac-OS Kunden und dem Internet-Provider, welcher den Kunden den Anschluss an das Internet zur Verfügung stellt. Dazu muss am MacIntosh-Computer ein DSL-Modem per Ethernet (Netzwerkverbindung über Kabel) angeschlossen sein (Hochgeschwindigkeits-Internetanschluss per Kabel).

Public-Key-Verfahren
Asymmetrisches Kryptosystem, bei dem jede der kommunizierenden Parteien ein Schlüsselpaar besitzt, das aus einem geheimen Teil (privater Schlüssel) und einem nicht geheimen Teil (öffentlicher Schlüssel) besteht. Der öffentliche Schlüssel ermöglicht es jedem, Daten für den Inhaber des privaten Schlüssels zu verschlüsseln, dessen digitale Signaturen zu prüfen oder ihn zu authentifizieren. Der private Schlüssel ermöglicht es seinem Inhaber, mit dem öffentlichen Schlüssel verschlüsselte Daten zu entschlüsseln, digitale Signaturen zu erzeugen oder sich zu authentisieren. Im Gegensatz zu einem symmetrischen Kryptosystem wie PSK müssen die kommunizierenden Parteien keinen gemeinsamen geheimen Schlüssel kennen.

RC4 *(Ron's Cipher 4)*
Ein für Software optimierter Verschlüsselungsalgorithmus, welcher eine variable Schlüssellänge von bis zu 2048 Bit verwendet. Bei RC4 wird jeweils nur ein einzelnes Byte verschlüsselt. Der bei WEP implementierte RC4-Algorithmus besitzt erhebliche Schwächen; er gilt als äußerst unsicher.

Glossar

Round-Trip Time *(Round-Trip Time)*
Reaktionszeit eines kompletten Netzwerks. Es ist die Zeitspanne, die erforderlich ist, um ein Signal von einer Quelle über das Netzwerk zum Empfänger zu senden und die Antwort des Empfängers wiederum über das Netzwerk zurück zum Sender zu transportieren. Die Round-Trip Time wird in einigen Routing-Algorithmen bei Bestimmung der optimalen Route berücksichtigt. (Abk.: RTT)

Router
Ein Router übernimmt im Netzwerk vorwiegend zwei Aufgaben. Er ermittelt eine geeignete Verbindung zwischen Sender und Empfänger und leitet die Datenpakete entlang dieser Verbindung. Wenn das Zielsystem (Zielnetz) direkt an dem Router angeschlossen ist, wird das vom Quellsystem aus gesendete Datenpaket direkt an das Zielsystem gesendet, ansonsten erst an einen Router des Zielsystems. Router sind heute meistens Kombi-Geräte: Sie besitzen oft eine eingebaute Switch-Funktion und verbinden einzelne Computer oder ganze Netzwerke miteinander.

Segment
Teilnetz, in dem die einzelnen Computer direkt kommunizieren, ohne dass sich ein Router zwischen ihnen befindet.

Server *(server)*
Vernetztes Computersystem, das Clients Dienstleistungen zur Verfügung stellt.

SetTopBox
Eine SetTopBox ist ein dem Fernsehempfänger vorgeschaltetes Gerät, welches codierte Fernsehsignale, die das Fernsehgerät nicht empfangen kann, decodiert und damit in für den Fernseher verwertbare Signale umwandelt. SetTop-Boxen können darüber hinaus auch diverse Zusatzfunktionen übernehmen wie das Descrambling; hierunter ist das Entschlüsseln oder die Signaltrennung für computer-orientierte Anwendungen, zu denen etwa die Nutzung von Online-Diensten und auch interaktive Verteildienste wie Video-on-Demand, Pay-per-View, Teleshopping, usw. gehören. Codierte Signale findet man bei dem Digital TV, welches in Deutschland im Rahmen der DVB-Spezifikation ausgestrahlt wird. Je nach Übertragungsmedium gibt es DVB-Boxen für den Satellitenempfang (DVB-S), für den terrestrischen Empfang (DVB-T) oder für den digitalen Kabelempfang (DVB-C). Zunehmend werden die SetTopBoxen um zusätzliche Funktionen erweitert. Beispielsweise findet man neuerdings Set-TopBoxen mit einer integrierten Festplatte; so kann das Gerät die Funktion eines digitalen Videorecorders übernehmen. Man nimmt dann den entsprechenden Film nicht mehr mit dem Videorecorder auf eine VHS Kassette auf, sondern speichert ihn digital auf der eingebauten Festplatte. Unterstützt wird oft auch das Time-Shift Verfahren, welches das gleichzeitige Aufnehmen und Abspielen eines Films ermöglicht.

Smart Grid
Ein Smart Grid umfasst die kommunikative Vernetzung und Steuerung von Stromerzeugern, Speichern, elektrischer Verbraucher und Netzbetriebsmitteln in Energieübertragungs- und -verteilungsnetzen der Elektrizitätsversorgung. Damit wird eine Überwachung und Optimierung der miteinander verbundenen Bestandteile ermöglicht. Ziel ist die Sicherstellung der Energieversorgung auf Basis eines effizienten und zuverlässigen Systembetriebs. In Zukunft soll nicht nur Strom von den traditionellen Energieversorgern kommen, sondern auch von Anlagen, welche Strom aus regenerativen Quellen erzeugen. Das kann auch die Solaranlage auf dem Dach des Wohnhauses sein. Um all das zu koordinieren und abzurechnen, bedarf es intelligenter Stromnetze – Smart Grids. (Syn.: intelligentes Stromnetz)

Snapshot
Momentanaufnahme des Systems einschließlich der Systemeinstellungen.

Sniffer
Spezielles Programm, das dazu dient, sensible Daten zu stehlen indem diese abgefangen werden. Ein Packet Sniffer gilt dabei als recht gefährlich, denn er nutzt dazu die Übertragung via Netzwerkkarte und spioniert unverschlüsselte Datenpakete aus, welche von Anwendungsprotokollen übertragen werden. Eine Sniffer-Software kann durch Einsatz eines Authentifizierungsmechanismus wie etwa die Abfrage eines per Zufall generierten Passwortes und einer PIN daran gehindert werden, auf sensible Daten zuzugreifen. Eine weitere sichere Möglichkeit ist die Verschlüsselung des Datenübertragungskanals. Auch die Personen, welche Daten ausspähen und abzweigen, werden häufig als Sniffer bezeichnet.

SSH *(Secure Shell)*
Bezeichnet ein Netzwerkprotokoll der TCP/IP-Familie, das eine sichere verschlüsselte Netzwerkverbindung mit einem entfernten Computer zulässt. Häufig wird SSH in Verbindung mit VPN verwendet, um Tastatureingaben an einen entfernten Computer zu senden. Die aktuelle Protokoll-Version bietet erweiterte Funktionen wie Datenübertragung per SFTP (Secure Shell File Transfer Protocol).

SSL *(Secure Sockets Layer)*
Sicherheitstandard, um eine verschlüsselte Verbindung zwischen einem Webserver und einem Browser herzustellen. Für die Verschlüsselung Ihrer Daten benötigen Sie keine spezielle Software, sondern lediglich einen marktüblichen Browser mit Sicherheitsfunktion.

Standleitung
Eine Standleitung (auch als Festverbindung bezeichnet) ist eine permanente digitale Datenverbindung, die von einem Netzbetreiber zur Verfügung gestellt wird. Im Gegensatz zu einer Wählverbindung steht der gesamte Übertragungsweg immer zur Verfügung. Dieser Verbindungstyp kann also nicht über ein Wahlverfahren hergestellt werden, sondern muss beim Netzbetreiber beantragt werden.

Terminalemulation
Software, mit der Computer das Verhalten von Terminals nachbilden (emulieren). Ist die Software gestartet, so verhält sich der Computer anderen Computern gegenüber wie ein Terminal mit den entsprechenden Diensten und Funktionen, etwa dem Zugriff auf Hosts oder Multi-User-Systeme.

Tiefpass
Ein Tiefpass ist ein Filter, welcher hohe Frequenzen unterdrückt, ein einfacher Spannungsteiler. Er enthält rein ohmsche Widerstände und auch Bauteile, welche einen frequenzabhängigen, "komplexen" Widerstand aufweisen. Dies können Kondensatoren und/oder Induktivitäten sein. Ein Tiefpass hat mindestens einen Energiespeicher, dies kann wiederum entweder ein Kondensator oder eine Induktivität sein. Hat er mehr als einen Energiespeicher so handelt es sich um einen Tiefpass höherer Ordnung.

Touchpad
Berührungsempfindliches Tastfeld als Tastatur-Ersatz.

Trojaner
Ein Trojaner ist eine Malware, welche sich sich als nützliches Programm tarnt und so den Nutzer zum Programmstart animieren will. Doch dann tritt die im Trojaner versteckte Software in Aktion. Dabei kann es sich um einen Virus handeln oder um Funktionen, die z. B. Benutzerkennwörter ausspähen.

Überspannungsschutz
Überspannungsschutz ist eine unerlässliche technische Maßnahme, Stromschwankungen zu kompensieren. welche täglich in jedem Haushalt, Büro oder an anderen Orten mit Stromversorgung auftreten. Eine unerwartete Erhöhung der Stromspannung wird nicht nur durch die Stromzentrale verursacht, sondern auch durch Geräte, die zu einer bestimmten Zeit an das Stromnetz angeschlossen sind. Auch das Einschalten eines Elektrogerätes oder ein Blitzschlag kann Stromschwankungen verursachen.

UWB *(Ultra Wideband)*
Eine gegen Störungen relativ unempfindliche Funktechnik, die in Autosensoren eingesetzt wird, um mit äußerster Genauigkeit Distanzen zu messen.

UMTS *(Universal Mobile Telecommunications System)*
Mobilfunkstandard der dritten Generation (3G). UMTS stellt für Provider und Nutzer von Mobiltelefonen somit eine deutliche Verbesserung gegenüber den Mobilfunkstandards der zweiten Generation 2G dar. Es ermöglicht Audio-/Videokommunikation und den mobilen Zugfang zum Internet. Mit UMTS können aufgrund der Phasenaufteilung mehrere Funktionszugriffe und Übertragungen gleichzeitig durchgeführt werden, so lassen sich z. B. während des Telefonierens gleichzeitig E-Mails abrufen. Die Geschichte des UMTS begann im Jahr 2000, als in Deutschland die ersten UMTS-Lizenzen versteigert wurden.

USB *(Universal Serial Bus)*
Von Intel entwickelte Schnittstelle für den Anschluss von Peripheriegeräten, Massenspeichern und Verteilern.

VLAN *(Virtual Local Area Network)*
Ein VLAN ist ein nicht öffentliches Computernetz bestehend aus einer Anzahl von nicht physisch sondern logisch verbundenen Computer. Tatsächlich läuft die Netzwerkkommunikation zwischen verschiedenen Computern über eine physische Architektur. Dank virtueller Netze (VLANs) wird es nun ermöglicht, sich von den Einschränkungen der physischen Architektur zu befreien (geographische Hindernisse, Adressmangel, ...), durch das Einsetzen einer logischen (softwaremäßigen) Segmentierung basierend auf dem Zusammenlegen von Computern nach bestimmten Kriterien (MAC-Adressen, Portnummern, verwendeten Protokollen etc.). (Syn.: Virtual LAN, virtuelles lokales Netzwerk)

Webhoster
Unternehmen, die Speicherplatz auf Web-Servern zu Vermietung bereitstellen. Der Webhoster stellt dabei im Normalfall gegen eine entsprechende Bezahlung seine Ressourcen (Leitungen, Speichervolumen, Rechnerleistung, Zugriffssoftware) zur Verfügung. Es gibt Angebote, die nur Speicherplatz für eine einfache Webpräsenz beinhalten, die bekommt man teilweise sogar kostenlos oder für geringe Cent-Beträge im Monat. Es gibt auch erweiterte Angebote, welche auch den Einsatz von serverseitigem Skripting (etwa PHP, CGI oder Perl) unterstützen und zusätzlich noch ein Datenbanksystem wie MySQL zur Verfügung stellen. Außerdem gibt es Komplettangebote, welche bereits ein komplettes Web Content Management System wie Joomla oder Typo3 enthalten. (Syn.: Webhosting-Provider)

Wurm
Ein Wurm gehört zur Malware. Ein Wurm nutzt Netzwerke, um sich zu verbreiten. Sobald er aktiviert ist, versendet sich ein Wurm selbstständig an andere Computer. Als Fracht trägt ein Wurm oft einen Virus in sich, der dann den eigentlichen Schaden anrichtet. Ein Wurm verbreitet sich oft per E-Mail. Speziell Microsofts Outlook Express und Outlook sind gefährdet, da alte, nicht per Update abgesicherte Versionen selbsttätig Code ausführen.

Sachindex

A
Access-Point 71, 254, 259, 265, 266, 274, 311
Access Control List 309
ACL-Verbindung 286
Adhoc-Modus 256, 282, 339
ADSL 408, 415
AES 325, **348**, 356
All-in-one PC 87
Anwendungsschicht 127, 154
APIPA 129
Arbeitsspeicher **18**
ARPANet 138, 151
ATM **353**
Authentifizierung **288**
Auto-IP 129
AVLN 354, 356

B
Bandbreite 146
Basisbandübertragung **186**
Beacon 254, 354
Benutzerkonto 55
Berkeley Software Distribution **152**
Bitübertragungsschicht 124, 153
Bluetooth 15, 244, 280, 356
Bridge 209, 358
Broadcast 71, 96, 130, 215, 340
Bundesnetzagentur **410**

C
CAN 37
CCo 353
CE/EMV **380**
Client/Server-System 104
Cluster 35
Computer-Direktverbindung 36
Computer-Virus **120**
CRC-Checksumme 10
CSMA/CA 247, 251
CSMA/CD 190, 247, 352

D
Darstellungsschicht 127
Datagrammdienst **149**
Datenpakete 8
Datenspiegelung **70**
DECT 268, 271, 361
Denial-of-Service-Attacke 306
DENIC 44, 48
DES **348**
Desktop-Computer 87
DESpro 348
DHCP-Client 71
DHCP-Server 70, 99, 129, 130, 134, 170, 368
DIFS 248
Distance-Vector-Verfahren **149**
Distributed Computing 83
dLAN-Technik 345
DLS 279
DNS 48, **48**, 75, 99, 403
DNS-Server 75, 402
Drehstromzähler **367**
Drucker, virtueller 68
DSL 71, **153**, 291, **341**, 351, 385, 392
DSL-Modem 118

E
EAP 322
EDR 284
Energy-Star **355**
Ethernet 184, 342

F
Fast Packet Keying **320**
Fax-Server 68
Fehlerkontrolle 144, 177
File-Server 69
Firewall **66**, 109, 117, 215, 309, 340, 397
Firewire 232
Firmware 309, 329, 338
Firmware-Update 351
Flash **8**
Flatrate 389
Flusskontrolle 147, 177
Frame 144
Frequenzhopping 286, 348
FTP 74
FTP-Server 74
FTPS 164
FTTC 412

G
GAN 41, 151, 169
Gateway 133, 169, 173, 222, 398
Gateway-Server 80

Glasfaserkabel 204
Großrechner 89
Gruppenrichtlinien 55

H
Halbduplex 103
Handshake-Verfahren 168
HDSL 408
HF-Kanal **244**
HomePlug 349
HomePlug-Adapter 209, 351, 358, 368
HomePlug-Allianz 349
Hop 141
Hop 141, **149**
Host **13**
Hotspot 272, 308, 333
HSDPA 418
HSPA 418
HTTP 79, 105, 155
HTTPS **157**, 164
Hub 206, 211
Hypertext 156

I
IANA 106, 158
ICANN 50
ICMP 149, 173
ICS 398
IEEE 183, 240, 278
IEEE 802.11n 242, 243, 364
IEEE 802.3 186, 344
IEEE 802.3-Standard 360
IETF 138
IMAP 157, 160
Infrarot 295
Infrastruktur-Modus 254, 265, 282, 339
Internet **3**, 41, 80, 169, 387
Internet-Powerline 341, 379
Internet-Provider **66**
Intranet **3**
IP 168
IP-Adresse 44, 71, 105, 128, 134, 169, 312, 402
IP-Aliasing 134
IP 4 44, 173
IP 6 47, 173
ipconfig 27, 317
IPSec **11**, 309, **314**, 325
ISM 276, 286
ISO 39, 123

J
Java **120**
JavaScript **120**
Jitter **355**

K
Kaskadieren 206
Kerberos **320**
Klassenbildung 44
klassenlos 47
Koaxialkabel 199
Kollisionsdomäne **209**
Kommunikation, synchron 104
Konzentrator **232**

L
LAN 39, 41, 342
Laplinkkabel 6
Latenzzeit **355**
letzte Meile **341**, 381
Link-State Routingprotokoll **150**
LTE 420

M
MAC-Adresse 22, 71, 207, 213, 285, 308, 317
MAC-Filter 316
MAC-Spoofing 23, 27, 308
Mail-Server 79
Malware **32**
MAN 40, 169, 291, 380
Man-in-the-Middle-Attacke 308
MIMO 245
Modem 71, 209, 268, 327, 371, 380, 392, 396, 398, 402
Multicast 97

N
Nebensprechen **143**
Netbook 93
Netzwerk 12
Netzwerkkarte 15, 17, 18, 20, 118, 134, 285, 344

O
OFDM 350, 381
OPAC **165**
OPAC-System 165
OSI-Modell 123, 137, 141, 153, 168, 323
Overhead **142**, 148, 152

P

P2P 81, 83, 88, 256
Pairing 288
Paketfilter **397**
Paketzerlegung 8
Path MTU Discovery 153
PCI **15**
Personal Firewall 112
Piconetz 282
Ping 277, 373
PLC 380
Point-to-Point **126**, 282, 323
POP3 157, 158, 160
Port 44, 105
Port 25 158
Portsperre 108
Postfach, virtuelles **79**
PPPoE **153**
Print-Server 79
Proxy-Server 65, 397
PSK 322, 338
Public-Key-Verfahren **322**
Punkt-zu-Punkt 285, 352

R

Radius 322, 324
RC4 **319**
Registered Port 106
Remote Framebuffer Protocol 178
Repeater 125, 186, 208
RFC 138, 140
Roaming 275
Round-Trip Time **277**
Router **39**, **97**, 122, 173, 207, 214
Routingtabelle 214
RTD 194

S

SAN 37
Scatternetz 282
SCO-Verbindung 285
SCTP 176
SDSL 408
Segment **97**
Server, dediziert 84
Service Discovery Protocol 280
SetTopBox **350**
Sicherungsschicht 125, 153
Simplex-Übertragung 103
Sitzungsschicht 126
Smart Grid **382**
SMTP 157, 160
Snapshot 70
Sniffer 311
Spatial Multiplexing 246

SS7 177
SSH **179**, **313**
SSID 258, 314, 329
SSL **11**, 164, 309
Standalone-Computer 5
Standardgateway 71, 223
Standleitung **179**
Subnetzmaske 46, 133
Supercomputer 89
Switch 125, 146, 211, 265

T

Tablet-PC 91
TAE 394
TCP 102, 155, 158, 172
TCP/IP 107, 123, 130, 151, 157,
  350, 360, 365, 403
TDMA 355
Telnet 164
Terminal 89
Terminalemulation **89**
Tiefpass **361**
TKIP 321
Top-Level Domain 49
Touchpad **93**
Trägererkennungsprotokoll 248
Transportschicht 126, 168
Trojaner **120**
TTL 172
Tunnel 179
Tunnelsoftware 178

U

UDP 8, 102, 172, 176
Ultra Wideband **278**
UMTS **341**, 418
Unicast 70
Unicast 96, 130
URL 80, 155
USB **6**, 231, 360

V

VDSL 381, 409
verbindungslos 101, 169, 176, 352
verbindungsorientiert 100, 352
Verkabelung 198
Vermittlungsschicht 126, 168, 223
Verteiler 169
Virtual WiFi 333
VLAN **189**
VNC 177
Vollduplex 103, 285
VPN 178, 324, 340

W

WAN 40, 169, 222, 291, 380
Wardriving 302
WDS 259, 260, 272, 274, 283, 314
Web-Server 79, 388
Webhoster **388**
Website 391
Webspace 391
WECA 242
WEP 319, 325, 329
Whois 76
WiMax 290
Wireless Distribution Systems 283
WLAN 15, 180, 294, 312, 342, 361
WLAN-Dongle 261, 265
WPA 321
WPA2 325, 340
WPS 327, 360, 373, 377
Wurm **120**

Z

Zeitmultiplex 103
Zeroconf 129

Hochschulzertifikate

web life long learning

Die FH Dortmund besitzt einen der größten und renommiertesten Fachbereiche Informatik. Ein qualifiziertes Hochschulzertifikat der FH Dortmund dokumentiert Ihnen und Ihrem Arbeitgeber, dass Sie eine hochwertige wissenschaftliche Weiterbildung durchgeführt haben.

Fachhochschule Dortmund
University of Applied Sciences and Arts

Wissenschaftliche Informatik-Weiterbildung Online
mit Hochschulzertifikaten der Fachhochschule Dortmund

Upgrade Your Knowledge

- Junior-Programmierer/in
- Anwendungsprogrammierer/in
- Web-Frontend-Programmierer/in
- Web-Entwickler/in
- Requirements Engineer
- Software-Architekt/in
- Software-Manager/in

Vorteile des Online-Lernens
- Sie können jederzeit beginnen.
- Sie können beliebig viele oder beliebig wenige Module belegen, je nach Vorkenntnissen, Finanz- und Zeitbudget.
- Einheitliche Darstellung und Didaktik über alle Module hinweg durch die E-Learning-Plattform von W3L.
- Sie werden durch qualifizierte Online-Tutoren persönlich betreut.
- Alle Module wurden speziell für das Online-Lernen neu entwickelt und basieren auf einem didaktisch durchdachten und bewährten Lehr- und Lern-Konzept.

Fordern Sie noch heute unser kostenloses Infopaket an:
www.W3L.de